डॉक्टरी सलाह

बच्चे का स्वास्थ्य आपके हाथ

बाल्यवस्था में होने वाले रोगों व समस्याओं से संबंधित व्यवहारिक जानकारी

डा॰ मृदुला पांडे

डी॰एच॰एम॰एस॰, एन॰डी॰, डी॰आर॰एल॰

हैल्थ हार्मोनी

प्रथम भारतीय संस्करण 2000
पुनः मुद्रण 2005

मूल्य : 300.00

प्रिन्ट और प्रकाशक
कुलदीप जैन
द्वारा

हैल्थ हार्मोनी

1921, गली नं॰ 10, चूना मण्डी, पहाड़गंज
नई दिल्ली-110 055
दूरभाष : 2358 0800, 2358 1100, 2358 1300, 2358 3100
फैक्स : 011-2358 0471: *Email:* bjain@vsnl.com
Website: **www.bjainbooks.com**

इंडिया प्रिन्टर्स

यूनिसन टैक्नो फाइनेन्शियल कन्सलटेन्ट्स (प्रा०) लि०
522, एफ० आई० ई०, पटपड़गंज, दिल्ली-110092
दूरभाष : 2169633

***

***BOOK CODE:* BM-5165**
ISBN : 81-7021-730-X

सत्यमेव जयते

मदन लाल खुराना

मुख्यमंत्री
CHIEF MINISTER

राष्ट्रीय राजधानी क्षेत्र दिल्ली सरकार
GOVT. OF NATIONAL CAPITAL TERRITORY OF DELHI
पुराना सचिवालय, दिल्ली-110054
OLD SECRETARIAT, DELHI-110054
TEL. NO.
D.O. NO. मु०मं०/95/9257
दिनांक
Dated : 26/10/95

सन्देश

यह हर्ष की बात है कि 'हैल्थ हार्मोनी' नई दिल्ली स्वास्थ्य मेले के दौरान *"बच्चे का स्वास्थ्य आपके हाथ"* नामक पुस्तक का विमोचन करेंगे। मुझे बताया गया है कि इन्होंने पहले भी ऐसी कई स्वास्थ्य सम्बन्धी किताबें प्रकाशित की हैं जो कि आम आदमी के लिए बहुत ही उपयोगी सिद्ध हुई हैं। इस किताब में भी आम घरेलू बिमारियाँ जो कि बच्चों से संबंधित हैं उनका सरलता से विवरण दिया गया है जिसके फलस्वरूप यह पुस्तक आम आदमी के काफी काम आएगी, यह मेरी आशा है।

मैं इस किताब के विमोचन के अवसर पर हैल्थ हार्मोनी को शुभकामनायें देता हूँ।

(मदन लाल खुराना)

समर्पित

मेरे अविभाज्य

अंश लावण्या को

प्रस्तावना

स्वस्थ बच्चे ही हमारे राष्ट्र का भविष्य हैं। हर माता पिता की इच्छा रहती है कि उनका बच्चा हृष्टपुष्ट हो। मां बनने के पश्चात बच्चों में मेरी रूचि अत्यधिक बढ़ गई। हर समय अपने बच्चे के लिए चिंतित रहना विशेषकर जब बच्चा बिमार हो तब मस्तिष्क में उठते ढेरों प्रश्न मुझे हर समस्या का हल ढूँढने के लिए मजबूर करते रहे। विभिन्न पुस्तकों से जानकारी हासिल करना मेरे अनुभवों को गहराई में पहुँचाता रहा। एक होम्योपैथ होने के नाते अपने 14 वर्षों के अनुभवों में मैंने महसूस किया कि बच्चों के रोग बच्चे के साथ साथ उसके माता पिता को भी प्रभावित करते हैं। बच्चे की छोटी सी भी तकलीफ माता पिता को व्याकुल कर देती है। यद्यपि माता पिता शिक्षित हों चाहे वे चिकित्सा विज्ञान से ही जुड़ें क्यों न हो फिर भी अपने बच्चे के बिमार होते ही घबरा जाते हैं। कई तरह के प्रश्नों व भ्राँतियों से वे घिर जाते हैं।

इस पुस्तक को लिखने का मेरा मुख्य उद्देश्य रहा कि बच्चों में होने वाले रोगों के बारे में सभी को अवगत करा सकूँ। इसलिए इस पुस्तक को मैंने हिन्दी व आसान भाषा, जो कि अधिकतर लोग इस्तेमाल करते हैं, उसमें लिखने की भरपूर कोशिश की। मेडिकल भाषा में इस्तेमाल होने वाले शब्दों को उसी भाषा में जिसमें कि डॉक्टर इस्तेमाल करते हैं या सरल भाषा में जो सभी आसानी से समझ सकते हैं, लिखा है।

पुस्तक में हर रोग को अंग के अनुसार स्थान दिया है। रोग के बारे में एक पृष्ठ में तुरंत जानकारी के लिए मुख्य लक्षण बताये हैं। घर पर आप चिकित्सा दें, कि न दें; दें तो किस प्रकार की चिकित्सा और सावधानियों का विवरण दिया है। सामने के पृष्ठ में रोग के बारे में विस्तृत जानकारी, लक्षण व चिन्ह एवं आमतौर पर की जाने वाली एलोपैथिक जाँचों व चिकित्सा के बारे में बताया है। साथ ही होम्योपैथिक चिकित्सा में इस्तेमाल की जाने वाली दवायें 'होम्योपैथिक चिकित्सा' शीर्षक के अंतर्गत लिखी हैं। पुस्तक के अंत में कुछ

विषय जैसे कि रोग प्रतिरोधक टीके, पोलियो व बच्चे का इन्फैक्शंस से बचाव संबंधी जानकारी भी देने का प्रयत्न किया है। हर रोग के साथ 'संबंधित विषय' नामक ब्लॉक में जो रोग दिये गये हैं वह सभी आपस में मिलते जुलते रोग हैं इसलिए उनकी भी जानकारी आवश्यक है।

'घर पर चिकित्सा' के अंतर्गत मैंने दर्द निवारक व बुखार तोड़ने वाली दवा देने के लिए लिखा है। आमतौर पर घर में अंग्रेजी दवायें जैसे कि पेरासिटामोल, एस्प्रीन इत्यादि का प्रयोग किया जाता है। आप अपने डॉक्टर से सलाह कर ये दवायें दे सकते हैं। होम्योपैथिक चिकित्सा के अंतर्गत फेरम फॉस 6 x बुखार के लिए व मैगफॉस 6 x दर्द निवारक की तरह इस्तेमाल किया जा सकता है।

होम्योपैथिक दवाओं की पोटेंसी (शक्ति) घर पर स्वंय देने के लिए 6 या 30 में प्रयोग करें जिन दवाओं को 200 में देना है या उन दवाओं का मदर टिंक्चर (मूल अर्क) इस्तेमाल करना है उनकी जानकारी दवा के साथ दी गई है। तेज शक्तियों में दवा होम्योपैथिक विशेषज्ञ की राय पर ही इस्तेमाल करें। रोग की तीव्र अवस्था होने पर दवा को जल्दी जल्दी दिया जा सकता है।

आपात्तकालीन रोगों में समय नष्ट किये बगैर तुरंत ही बच्चे को अस्पताल ले जाना आवश्यक है।

अपनी मां की प्रेरणा, परिवार वालों का भरपूर सहयोग, पति का प्रोत्साहन साथियों की शुभकामनाएं एवं प्रकाशक आदरणीय डॉ॰ प्रेमनाथ जेन, चित्रकार सुरेन्द्र व कम्पोजिटर बब्लू की सहायता से इस पुस्तक का प्रथम अंक आपके समकक्ष है।

आपकी राय एवं विचार सादर आमंत्रित हैं।

—मृदुला

अणुक्रमाणिका

मस्तिष्क

आँख

कान

मुँह/चेहरा

नाक

गला

वक्ष

हृदय

रक्त

अंत: स्त्रावी व लसिका ग्रंथि

संक्रमण

आमाशय व आँतें

मूत्र एवं जनांनाग

मांसपेशी व जोड़

त्वचा

आपातकालीन

इनसे घबरायें नहीं

—:::::::—

डॉक्टरी सलाह

बच्चे का स्वास्थ्य

आपके हाथ

बाल्यवस्था में होने वाले रोगों व समस्याओं
से संबंधित व्यवहारिक जानकारी

डा॰ मृदुला पांडे
डी॰एच॰एम॰एस॰, एन॰डी॰, डी॰आर॰एल॰

हैल्थ हार्मोनी

प्रथम भारतीय संस्करण 2000
पुनः मुद्रण 2005

मूल्य : 149.00

प्रिन्ट और प्रकाशक

कुलदीप जैन

द्वारा

हैल्थ हार्मोनी

1921, गली नं॰ 10, चूना मण्डी, पहाड़गंज

नई दिल्ली-110 055

दूरभाष : 2358 0800, 2358 1100, 2358 1300, 2358 3100

फैक्स : 011-2358 0471: *Email:* bjain@vsnl.com

Website: **www.bjainbooks.com**

इंडिया प्रिन्टर्स

यूनिसन टैक्नो फाइनेन्शियल कन्सलटेन्ट्स (प्रा0) लि0

522, एफ0 आई0 ई0, पटपड़गंज, दिल्ली–110092

दूरभाष : 2169633

***

BOOK CODE: **BM-5165**

ISBN : 81-7021-730-X

मदन लाल खुराना

मुख्यमंत्री
CHIEF MINISTER

सत्यमेव जयते

राष्ट्रीय राजधानी क्षेत्र दिल्ली सरकार
GOVT. OF NATIONAL CAPITAL TERRITORY OF DELHI
पुराना सचिवालय, दिल्ली-110054
OLD SECRETARIAT, DELHI-110054
TEL. NO.

D.O. NO. मु०मं०/95/9257

दिनांक

Dated : 26/10/95

सन्देश

यह हर्ष की बात है कि 'हैल्थ हार्मोनी' नई दिल्ली स्वास्थ्य मेले के दौरान *"बच्चे का स्वास्थ्य आपके हाथ"* नामक पुस्तक का विमोचन करेंगे। मुझे बताया गया है कि इन्होंने पहले भी ऐसी कई स्वास्थ्य सम्बन्धी किताबें प्रकाशित की हैं जो कि आम आदमी के लिए बहुत ही उपयोगी सिद्ध हुई हैं। इस किताब में भी आम घरेलू बिमारियाँ जो कि बच्चों से संबंधित हैं उनका सरलता से विवरण दिया गया है जिसके फलस्वरूप यह पुस्तक आम आदमी के काफी काम आएगी, यह मेरी आशा है।

मैं इस किताब के विमोचन के अवसर पर हैल्थ हार्मोनी को शुभकामनायें देता हूँ।

(मदन लाल खुराना)

समर्पित

मेरे अविभाज्य
अंश लावण्या को

प्रस्तावना

स्वस्थ बच्चे ही हमारे राष्ट्र का भविष्य हैं। हर माता पिता की इच्छा रहती है कि उनका बच्चा हृष्टपुष्ट हो। मां बनने के पश्चात बच्चों में मेरी रूचि अत्यधिक बढ़ गई। हर समय अपने बच्चे के लिए चिंतित रहना विशेषकर जब बच्चा बिमार हो तब मस्तिष्क में उठते ढेरों प्रश्न मुझे हर समस्या का हल ढूँढने के लिए मजबूर करते रहे। विभिन्न पुस्तकों से जानकारी हासिल करना मेरे अनुभवों को गहराई में पहुँचाता रहा। एक होम्योपैथ होने के नाते अपने 14 वर्षों के अनुभवों में मैंने महसूस किया कि बच्चों के रोग बच्चे के साथ साथ उसके माता पिता को भी प्रभावित करते हैं। बच्चे की छोटी सी भी तकलीफ माता पिता को व्याकुल कर देती है। यद्यपि माता पिता शिक्षित हों चाहे वे चिकित्सा विज्ञान से ही जुड़ें क्यों न हो फिर भी अपने बच्चे के बिमार होते ही घबरा जाते हैं। कई तरह के प्रश्नों व भ्राँतियों से वे घिर जाते हैं।

इस पुस्तक को लिखने का मेरा मुख्य उद्देश्य रहा कि बच्चों में होने वाले रोगों के बारे में सभी को अवगत करा सकूँ। इसलिए इस पुस्तक को मैंने हिन्दी व आसान भाषा, जो कि अधिकतर लोग इस्तेमाल करते हैं, उसमें लिखने की भरपूर कोशिश की। मेडिकल भाषा में इस्तेमाल होने वाले शब्दों को उसी भाषा में जिसमें कि डॉक्टर इस्तेमाल करते हैं या सरल भाषा में जो सभी आसानी से समझ सकते हैं, लिखा है।

पुस्तक में हर रोग को अंग के अनुसार स्थान दिया है। रोग के बारे में एक पृष्ठ में तुरंत जानकारी के लिए मुख्य लक्षण बताये हैं। घर पर आप चिकित्सा दें, कि न दें; दें तो किस प्रकार की चिकित्सा और सावधानियों का विवरण दिया है। सामने के पृष्ठ में रोग के बारे में विस्तृत जानकारी, लक्षण व चिन्ह एवं आमतौर पर की जाने वाली एलोपैथिक जाँचों व चिकित्सा के बारे में बताया है। साथ ही होम्योपैथिक चिकित्सा में इस्तेमाल की जाने वाली दवायें 'होम्योपैथिक चिकित्सा' शीर्षक के अंतर्गत लिखी हैं। पुस्तक के अंत में कुछ

विषय जैसे कि रोग प्रतिरोधक टीके, पोलियो व बच्चे का इन्फैक्शंस से बचाव संबंधी जानकारी भी देने का प्रयत्न किया है। हर रोग के साथ 'संबंधित विषय' नामक ब्लॉक में जो रोग दिये गये हैं वह सभी आपस में मिलते जुलते रोग हैं इसलिए उनकी भी जानकारी आवश्यक है।

'घर पर चिकित्सा' के अंतर्गत मैंने दर्द निवारक व बुखार तोड़ने वाली दवा देने के लिए लिखा है। आमतौर पर घर में अंग्रेजी दवायें जैसे कि पेरासिटामोल, एस्प्रीन इत्यादि का प्रयोग किया जाता है। आप अपने डॉक्टर से सलाह कर ये दवायें दे सकते हैं। होम्योपैथिक चिकित्सा के अंतर्गत फेरम फॉस 6 x बुखार के लिए व मैगफॉस 6 x दर्द निवारक की तरह इस्तेमाल किया जा सकता है।

होम्योपैथिक दवाओं की पोटेंसी (शक्ति) घर पर स्वंय देने के लिए 6 या 30 में प्रयोग करें जिन दवाओं को 200 में देना है या उन दवाओं का मदर टिंक्चर (मूल अर्क) इस्तेमाल करना है उनकी जानकारी दवा के साथ दी गई है। तेज शक्तियों में दवा होम्योपैथिक विशेषज्ञ की राय पर ही इस्तेमाल करें। रोग की तीव्र अवस्था होने पर दवा को जल्दी जल्दी दिया जा सकता है।

आपात्तकालीन रोगों में समय नष्ट किये बगैर तुरंत ही बच्चे को अस्पताल ले जाना आवश्यक है।

अपनी मां की प्रेरणा, परिवार वालों का भरपूर सहयोग, पति का प्रोत्साहन साथियों की शुभकामनाएं एवं प्रकाशक आदरणीय डॉ॰ प्रेमनाथ जेन, चित्रकार सुरेन्द्र व कम्पोजिटर बब्लू की सहायता से इस पुस्तक का प्रथम अंक आपके समकक्ष है।

आपकी राय एवं विचार सादर आमंत्रित हैं।

—मृदुला

अणुक्रमाणिका

मस्तिष्क

आँख

कान

मुँह/चेहरा

नाक

गला

वक्ष

हृदय

रक्त

अंत: स्त्रावी व लसिका ग्रंथि

संक्रमण

आमाशय व आँतें

मूत्र एवं जनांनाग

मांसपेशी व जोड़

त्वचा

आपातकालीन

इनसे घबरायें नहीं

–:::::::–

दौरे (Convulsions)

दौरे, बुखार के साथ (Convulsions with Fever)

तुरंत जानकारी के लिए

लक्षण

- 6 माह से 5 वर्ष तक के बच्चों में
- बुखार
- बेहोशी
- हाथ-पैरों में झटके
- मांसपेशियों में ऐंठन
- आँखों की पुतलियों का पलटना
- मल-मूत्र के वेग पर नियंत्रण न कर पाना

घर पर चिकित्सा

- बच्चों को करवट लेकर या उल्टा लिटायें

यदि बुखार के साथ बच्चे को दौरे पड़ते हों तो उसके शरीर को बुखार के पहले लक्षण के साथ ही ठंडे पानी से स्पंज करें।

* झटकों के दौरान बच्चे को चोट लगने से बचायें
* तुरंत डॉक्टर को बुलायें
* बच्चे के मुंह में कुछ भी न डालें-जैसे पानी इत्यादि
* बच्चे को ठंडे पानी से स्पंज करें

सावधानियां

- बेहोश बच्चे को मुँह द्वारा कोई दवा देने का प्रयत्न न करें।
- ऐसे बच्चे को कृत्रिम श्वास देने की कोशिश न करें।
- दौरा पड़े बच्चों को टब में न बिठायें।
- यदि दौरे के बाद बच्चा अपनी गर्दन आगे की तरफ न झुका पाये या बिल्कुल शिथिल पड़ जाए तो डॉक्टर को बुलाएं।

संबंधित विषय

* सरसाम–मेनिन्जाइटिस/इनसिफएलियम
* बिना बुखार के दौरे–मिरगी के दौरे
* बुखार

कन्वलजंस या दौरे पड़ना शरीर की माँसपेशियों में अनियंत्रित झटकों व ऐंठन को कहते हैं। यदि बच्चे को बुखार हो और दौरे भी पड़ रहे हों, तो दो कारण हो सकते हैं। दौरे या तो बुखार की वजह से होते हैं, या फिर मस्तिष्क की किसी बीमारी की वजह से जिसमें कि बुखार भी हो जाता है।

बुखार के दौरान पड़ने वाले दौरों को फेब्राइल कन्वलजंस कहते हैं। 5 से 10 प्रतिशत बच्चों में बुखार के दौरान ऐसे दौरे पड़ सकते हैं। बुखार कितना तेज है इससे कहीं ज्यादा महत्त्वपूर्ण होता है कि बुखार कितनी तेजी से ऊपर चढ़ा है। अचानक व जल्द ही एक-दो डिग्री बुखार चढ़ जाने पर दौरे पड़ सकते हैं। यदि बुखार इससे कहीं ज्यादा हो पर धीरे-धीरे से चढ़ा

हो तो दौरे नहीं पड़ते। छह महीने की उम्र से लेकर पांच वर्ष तक की उम्र के बच्चों में ये दौरे ज्यादा देखने को मिलते हैं। एक बार भी बुखार के दौरान दौरा पड़े तो भविष्य में भी उस बच्चे को बुखार आने पर दौरे पड़ने का डर रहता है, लेकिन इन दौरों का यह अर्थ नहीं होता कि बच्चे को भविष्य में मिरगी का दौरा पड़ सकता है।

मस्तिष्क की कोई बीमारी जैसे कि मेनिनजाइटिस, एन्सिफलाइटिस या दिमाग में फोड़ा/रसौली होने की वजह से भी बच्चे को दौरे पड़ सकते हैं। इन बीमारियों के साथ भी बच्चे को बुखार होता है। परन्तु ये दौरे बुखार की वजह से न होकर बीमारी के कारण होते हैं।

लक्षण एवं चिन्ह

बुखार के दौरान बच्चा बेहोश हो जाता है, साथ ही उसका शरीर भी अकड़ जाता है। उसकी साँस तेज चलती है। हाथ, पांव, जबड़े व आँख की पलकों में झटके आने लगते हैं। इस प्रकार का दौरा 2 मिनट से लेकर आधे घंटे या इससे भी ज्यादा देर तक रह सकता है। होश में आने पर बच्चे को दौरे की याद नहीं रहती। आँखों की पुतली का ऊपर चढ़ना, मुँह से झाग आना, इसके अन्य लक्षण होते हैं।

बुखार की वजह से दौरा (फेब्राइल कन्वलजंस) होने पर बच्चा मिनटों में ही ठीक हो जाता है और उसके बाद स्वस्थ नजर आता है परन्तु मस्तिष्क की बीमारी की वजह से दौरा पड़ने के बाद बच्चा थका हुआ, शिथिल नजर आता है और अपनी गर्दन भी आगे की तरफ झुका नहीं पाता जबकि फेब्राइल कन्वलजंस की वजह से गर्दन पर कोई असर नहीं होता।

चिकित्सा

बच्चे का पूर्ण शारीरिक परीक्षण किया जाना चाहिए। रक्त की जाँच, रीढ़ की हड्डी में से पानी की जाँच, ई०ई०जी० व कैटस्कैन के द्वारा बीमारी का पता लगा कर इलाज किया जाता है। कुछ मामलों में दौरे नियंत्रित करने के लिए बच्चे को वर्षों तक प्रतिदिन दवा खानी पड़ सकती है।

होम्योपैथिक चिकित्सा

नीले ओंठ पड़ जाये–*क्यूप्रम*
हाथ पैर ठंडे हों–*क्यूप्रम*
उन्माद सहित–*स्ट्रेमोनियम* (आँखों की पुतली फैल जाए)
बच्चों के दांत निकलते वक्त–*बैल, सिना, क्यूप्रम*
पेट में कीड़े हों–*सिना, साइकूटा*

रोकथाम

* बुखार चढ़ने पर पहले ही ठंडे पानी से स्पंज करें।
* बच्चे को ठंडी जगह पर रखें।

–:::::::–

बिना बुखार के दौरे/मिरगी के दौरे

(Convulsions without Fever)

तुरंत जानकारी के लिए

लक्षण

- बेहोशी
- शरीर् का अकड़ना
- शरीर का झटके से हिलना
- मांसपेशियों का अकड़ना
- मलमूत्र पर नियंत्रण न रख पाना
- दौरे के पश्चात गहरी नींद
- नींद से उठने पर बेचैनी व नींद की सी अवस्था

घर पर चिकित्सा

- ध्यान रखें की शरीर के झटके से हिलने पर बच्चे को चोट न लगे।
- बच्चे के मुंह में उंगली या चम्मच न डालकर कपड़ा या कोई मुलायम वस्तु डालें जिससे कि जीभ न कटे।
- तुरंत डॉक्टर को बुलायें।
- बच्चे को अकेले बगैर निगरानी के तैराकी या ड्राइविंग, न करने दें।

महत्वपूर्ण सावधानियां

- कभी भी दौरा पड़ने पर तुरंत डॉक्टर को बुलायें। दौरे का कारण जानकर डॉक्टर ही चिकित्सा निर्देश बता सकता है।
- बिना बुखार के दौरे पड़ना किन्हीं भी अन्य बीमारियों की वजह

से हो सकता है, केवल मिरगी ही इसका कारण नहीं होता।

- कभी भी बेहोश बच्चे को दौरा के दौरान कृत्रिम श्वास देने का प्रयास न करें।
- बच्चों को करवट लेकर या उल्टा लेटायें।

दौरों के अन्य लक्षण

- शून्य में घूरना
- आँखों का बार बार झपकना
- गतिहीन बैठे रहना
- लगातार अथवा असामान्य ढंग से शरीर व अंगों का हिलना
- हाथ-पैरों में झनझनाहट
- अजीब सी गंध महसूस करना
- आँखों के आगे बिजली सी चमकना
- बेसमझी की बातें करना।

इन्हीं सभी लक्षणों के साथ बेहोशी हो भी सकती है और नहीं भी।

संबंधित विषय

* मस्तिष्क में सूजन या रसौली
* बुखार के साथ दौरे

दौरे

कारण
सिर में चोट
कान में मवाद
संक्रामक रोग रसौली

अकारण
मिरगी के दौरे

बच्चों में बिना बुखार के दौरे कई कारणों की वजह से हो सकते हैं। एपीलेप्सी या मिरगी के दौरे इसका एक मुख्य कारण है।

मिरगी के दौरे–

मस्तिष्क में किसी खराबी की वजह से मिरगी के दौरे पड़ते हैं। यह कई प्रकार के होते हैं। इन दौरों के लक्षणों को देखकर ही मिरगी के प्रकार की पहचान की जा सकती हैं। मिरगी के किन्हीं दौरों में तो शरीर के अंगों का असामान्य रूप से हिलना डुलना जैसे लक्षण होते हैं और किसी में नहीं, इसलिए मिरगी के दौरों के लिए आमतौर पर 'सीज़र' शब्द का प्रयोग किया जाता है। मिरगी के दौरों का सही कारण अभी तक पता नहीं लग पाया है।

लक्षण एवं चिन्ह

अपस्मार या मिरगी का निदान डाक्टर ही लक्षणों के आधार पर कर पाते हैं।

जनरलाइज्ड कन्वलज़िव सीज़र में बच्चा अचानक बेहोश हो जाता है। वह दौरा दुबारा शुरू होने से पहले चिल्लाता है। उसका सारा शरीर अकड़ जाता है और बच्चा जमीन पर गिर पड़ता है। मांसपेशियों में अकड़न आने की वजह से शरीर के अंग हिलने लगते हैं।

बच्चे का मल मूत्र भी नियंत्रण खोने की वजह से निकल जाता है। दौरा समाप्त होने के पश्चात बच्चा गहरी नींद में सो जाता है। नींद से उठने के बाद बच्चा बैचेन हो उठता है। कई बार ऐसे दौरे शुरु होने से पहले दौरा पड़ने का संकेत देने वाले लक्षण भी हो सकते हैं जिसे कि 'ऑरा' कहते हैं। इसमें नींद सी लगना, सिर दर्द, हाथ पैरों में झनझनाहट, कमजोरी या उबासी आना जैसे कोई भी लक्षण हो सकते हैं।

बिना दौरे वाले मिरगी (जनरलाइज़्ड नॉन कन्वलजिव सीज़र) में बच्चा हाथ पैर नहीं फैलाता और इसलिए कई बार तो ऐसी मिरगी का पता ही नहीं लग पाता। ऐसी अवस्था में बच्चा शून्य में घूरता रहता है और जल्दी-जल्दी आँखें झपकाने लगता है। कई बार ऐसे लक्षणों

को देखकर यह समझ लिया जाता है कि बच्चा ध्यान ही नहीं दे रहा है या फिर दिन में भी सपने देख रहा है।

कॉम्पलेक्स पार्शियल सीज़र (एक अन्य प्रकार की मिरगी) में बच्चा होश में नहीं रहता है, पर गतिहीन सा हो जाता है या फिर लगातार असामान्य सी हरकत करता है।

सिंपल पार्शियल सीज़र में बच्चा बेहोश नहीं होता। उसे सिर्फ हाथ पैरों में झनझनाहट सी महसूस होती है या दुर्गंध आती है। कभी-कभी आँखों के आगे बिजली सी चमकती दिखाई देती है या फिर वह बेसमझ सी बातें करता है।

चिकित्सा

न्यूरोलोजिस्ट ही इसे पूरी तरह जाँच करने के पश्चात इसकी चिकित्सा व दवायें बता सकते हैं। दवा का इस्तेमाल लगातार व लंबे समय तक करना पड़ता है। कभी भी बगैर डॉक्टर की राय के बच्चे को दी गई दवाओं को बंद नहीं करना चाहिए।

होम्योपैथिक चिकित्सा

बच्चों को मिरगी के दौरे पड़ते हों तो *बेल, केमोमिला साइकूटा, क्यूप्रम, हाइड्रो, इग्रेशिया, हायोसमस नक्स, आएनेंथी, पेसीफ्लोरा, स्ट्रेमोनियम* दवायें लक्षणों के आधार पर जाँच के पश्चात होम्योपैथिक विशेषज्ञ की राय पर ही दें।

—:::::::—

चक्कर आना (Dizziness)

तुरंत जानकारी के लिए

लक्षण

- चक्कर आना
- शरीर का संतुलन खोना
- आँखों का झटके से घूमना
- जी मिचलाना व उल्टियाँ

घर पर चिकित्सा

- बच्चे को आराम से लिटाइये, पैरों को ऊंचा रखें। इससे बेहोशी की अवस्था में आराम मिलेगा।
- यदि आराम करने पर चक्करों में राहत न आये तो डॉक्टर से सम्पर्क करें।
- बच्चे का सिर घुटनों के बीच रखकर कुर्सी पर बैठायें। अब अपना हाथ बच्चे के सिर के पीछे रखें और बच्चे को सिर ऊपर उठाने को कहें।

साधारण चक्कर हों तो बच्चे के इस प्रकार बैठने से (सिर को घुटनों तक नीचे लाकर) उसे आराम पहुँचता है।

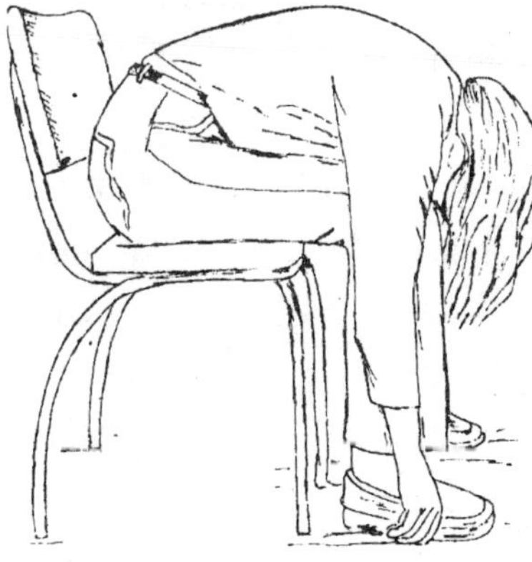

सावधानियां

- यदि अक्सर चक्कर आते हों तो डॉक्टर का परामर्श लें।
- यदि एक दो घंटे से ज्यादा देर तक चक्कर रहें तो बच्चे को डॉक्टर के पास ले जाएें।
- बच्चा कई बार अपनी अन्य परेशानियों को जैसे कि सिर में हल्कापन, बेहोशी, जी मचलाना व दृष्टि दोष को 'चक्कर' कहता है इसलिए डॉक्टर से संपर्क करने से पहले बच्चे से पूरी तरह पूछताछ कर लें।

संबंधित विषय

* सिर में चोट
* कान से मवाद
* बेहोश होना
* मेनिनजाइटिस/दिमाग में रसौली
* उल्टियाँ

चक्कर आना (वर्टिगो) एक ऐसी अवस्था है जिसमें बच्चे का सिर चकराता है या उसे अपने आस पास की सभी चीजें अपने चारों तरफ घूमती नज़र आती है। इसमें ऐसा प्रतीत होता है मानों सब कुछ तेजी से घूम रहा हो। ऐसे में शरीर को नियंत्रित कर पाना भी मुश्किल होता है। लगातार चक्कर आने से उल्टियाँ व जी मिचलाने की अवस्था भी पैदा हो सकती है।

यदि संभव हो सके तो बच्चे से यह पूरी तरह पूछना आवश्यक है कि उसे कैसे प्रतीत होता है; क्योंकि अक्सर बच्चे बेहोशी, सिर में हल्कापन, जी मिचलाना व दृष्टि दोष को समझाने के लिए भी 'चक्कर' शब्द का प्रयोग करते हैं। इन समस्याओं के अलग ही कारण होते हैं।

वास्तविक चक्कर होने के कुछ ही कारण होते हैं। आमतौर पर पाया जाने वाला कारण है–कान के अंदर के भाग में संक्रमण और कभी

कभी वायरस (विषाणु) के कारण एक बीमारी 'मेनिएर्स.सिड्रोंम' की वजह से भी चक्कर आते हैं। यह बीमारी कोई विशेष हानि नहीं पहुँचाती और कुछ ही हफ्तों में स्वयं बिना उपचार के भी ठीक हो जाती है।

सिर में चोट

हड्डी के निचले भाग में दरार (फ्रैक्चर) होने के कारण भी आ सकते हैं। मस्तिष्क की नवीं, क्रेनिअल वातनाड़ी (नर्व) यदि रसौली के कारण प्रभावित हो, तब भी चक्कर आ सकते हैं। मेनिनजाइटिस व एनसिफलाइटिस की वजह से भी चक्कर आते हैं।

लक्षण एवं चिन्ह

यदि आपका बच्चा चक्करों की शिकायत करे तो इस बात को बच्चे से ठीक प्रकार से जानें कि वास्तव में बच्चे को चक्कर आ रहे हैं या फिर किसी दूसरे लक्षणों को बच्चा चक्कर समझ रहा है। बच्चे का शारीरिक संतुलन खोने व आँखों का झटके के साथ एक तरफ घूमने के लक्षणों की पहचान करनी चाहिए। लंबे समय तक चक्करों की वजह से बच्चे को जी मचलाना व उल्टियाँ भी हो सकती है।

चिकित्सा

डॉक्टर द्वारा पूर्ण शारीरिक व न्यूरोलोजिकल परीक्षण किया जाना चाहिए। सिर का एक्स रे व रक्त की जाँच करवानी चाहिए। कान, नाक और गला रोग विशेषज्ञ द्वारा कान की जाँच भली प्रकार की जानी चाहिए। साथ ही श्रवण शक्ति की भी जाँच करना आवश्यक है। आवश्यकता पड़ने पर कैट स्कैन व ई०ई०जी भी करवाया जा सकता है।

होम्योपैथिक चिकित्सा

चक्कर सिर दर्द के साथ–*बैल, केल्क कार्ब, कोनियम, नक्स, साइलीशिया*

मतली के साथ–*कोकुलस, फेरममैट, पैट्रोलियम*

उल्टी के साथ–*वरेट्रम एल्ब*

लेटने पर–*कोनियम*

मानसिक कार्य से–*नेट्रम कार्ब*

सिर घुमाने पर–*केल्क कार्ब, कोनियम*

हिलने डुलने पर–*ब्रायोनिया*

बंद कमरे में–*नेट्रम म्यूर*

झुकने पर–*बैल, नक्स, पल्स, सल्फर*

सीढ़ियाँ उतरते वक्त या लिफ्ट में–*बोरेक्स*

ऊंचे स्थानों पर–*कोकुलस, नक्स*

नींद पूरी न होने पर–*कोकुलस, नक्स*

–:::::::–

बेहोशी/Syncope

तुरंत जानकारी के लिए

लक्षण

- सिर में हल्कापन
- चक्कर आना
- आँखों में धुँधलापन
- ठंडी, नम त्वचा
- हल्के से मितली आना
- पीली व सफेद सी त्वचा प्रतीत होना
- आँखों में हल्की चमक दिखाई देना
- बेहोशी आना
- जल्दी ही पूर्ण रूप से ठीक होना

घर पर चिकित्सा

- बेहोशी से गिरने वाले बच्चे को पकड़कर चोट लगने से बचाइये
- बच्चे को पीठ के बल, उसके पैर सिर की सतह से थोड़ा ऊपर कर लिटा दीजिए।
- खिड़की, दरवाजे खोल दें। ठंडी स्वच्छ हवा बच्चे को मदद करती है।

बेहोश बच्चे के पैर सिर से थोड़ा ऊंचा कर उसे आराम से लिटा दीजिए।

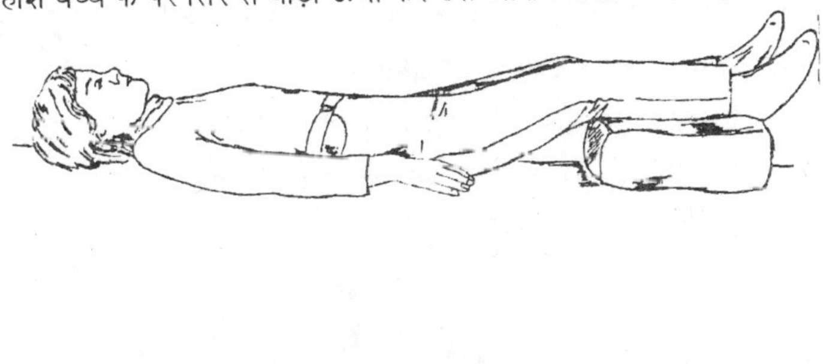

- ❊ होश में आने के पश्चात भी बच्चे को 5-10 मिनट तक लेटे रहने दीजिए।
- ❊ यदि बच्चा बेहोशी सी महसूस कर रहा हो, परंतु होश में हो तो बच्चे को बैठाकर उसका सिर घुटनों के बीच रख दीजिए। अब बच्चे के सिर के पीछे ऊपर से अपने हाथ द्वारा दबाव डालिए और बच्चे को हाथ के दबाव के विपरीत ऊपर की तरफ दबाव डालने को कहिये।

सावधानियां

- ◆ यदि बच्चा अक्सर बेहोश हो जाता हो तो यह मिरगी का भी लक्षण हो सकता है तो तुरंत डॉक्टर से सम्पर्क करें।
- ◆ यदि बच्चे की त्वचा का रंग प्रत्यक्ष बेहोशी के दौरान नीला नजर आये या बच्चा बेहोशी के पहले व बाद में पूरी तरह ठीक न हो पाये, तो डॉक्टर से परामर्श करें।
- ◆ सुंघाने वाले लवणों की आवश्यकता नहीं होती और यह हर बार सहायक भी नहीं होते। पर यदि आप कुछ सुंघा रहे हों तो ध्यान रखें कि बच्चे की नाक की अंदर की त्वचा को कोई हानि न पहुँचे।

संबंधित विषय

* मिरगी के दौरे
* चक्कर आना

बेहोशी में बच्चा थोड़ी देर के लिए (अस्थायी तौर पर) अपने होश खो बैठता है जो कि अनैच्छिक वात नाड़ी मंडल (ओटोनोमिक नर्वस सिस्टम) के कारण होता है। मस्तिष्क में कुछ समय के लिए रक्त न पहुँच पाने के कारण यह स्थिति पैदा होती है। बच्चा दर्द, शारीरिक थकावट, शरीर में शुगर (चीनी) की मात्रा कम होने पर या कोई बेचेन कर देने वाले दृश्य, अचानक डरने व गहरे विचारों के कारणवश बेहोश हो सकता है।

किशोरावस्था के पहले या इसके दौरान बच्चों में बेहोशी के लक्षण देखने को मिलते हैं। यदि बच्चे ने काफी समय से भोजन न किया हो, तब भी वह बेहोश हो सकता है। आँशिक बेहोशी (सिर में हल्कापन व चक्कर आना) अथवा पूर्ण बेहोशी किशोरों में आमतौर पर अचानक स्थिति परिवर्तन जैसे कि झुके होने या बैठे रहने पर या एकदम उठने से पैदा हो सकती है। किसी भी अवस्था जिसमें कि गर्दन की केरोटिड आर्ट्ररी में दबाव पड़े, यह स्थिति देखी जा सकती है।

लक्षण एवं चिन्ह

बेहोश होने से पहले बच्चे को सिर में हल्कापन या चक्कर, आँखों के आगे धुंधलापन, त्वचा का ठंडा या नम होना और कभी कभी हल्की मितली सी आना महसूस हो सकता है। सामने खड़ा व्यक्ति बेहोशी की अवस्था से पहले यदि बच्चे को ध्यान से देख रहा हो तो बच्चे की त्वचा में पीलापन अथवा हरा सा रंग व आँखों में अजीब सी चमक देख सकता है। कभी कभी बच्चा अपने मलमूत्र के वेग पर भी नियंत्रण नहीं कर पाता है। ऐसी बेहोशी की अवस्था कुछ ही मिनटों में ठीक हो जाती है और बच्चे को इसकी याद भी नहीं रहती।

नाड़ी परीक्षण किये जाने पर नाड़ी की गति अत्यन्त ही धीमी व कमजोर होती है और कई बार नाड़ी मिलती भी नहीं। दिल की धड़कन यदि बच्चे की छाती पर कान रखकर सुनी जाये तो धीमी (50 प्रति मिनट या इससे भी कम) होती है।

बच्चा जब बेहोश हो, तो सभी परिस्थितियों का ब्यौरा लेना चाहिए। यदि कोई बेहोशी पैदा करने वाला कारण मिल जाये तो ज्यादा घबराने की कोई आवश्यकता नहीं।

चिकित्सा

यदि कोई विशेष कारण बेहोशी का न मिले तो बच्चे का ई०सी०जी०, ई०ई०जी०, छाती का एक्सरे व खून की जांच की जानी आवश्यक होती है।

होम्योपैथिक चिकित्सा

बेहोशी

डर के कारण – *आपियम*

गर्माहट के साथ – *सीपिया*

गर्म कमरे में – *पल्स*

व्यायाम से – *सीपिया*

बुखार के साथ – *सीपिया*

खड़े होने पर – *एलुमिना*

बंद कमरे में – *सीपिया*

नोट :–देखे 'चक्कर' भी

—:::::::—

झटका/धक्के का प्रभाव (सिर में अन्दरूनी चोट)

तुरंत जानकारी के लिए

लक्षण

- बेहोशी
- याददाश्त खोना
- व्याकुलता
- लगातार उल्टियाँ
- चलने-फिरने में असमर्थता
- आँखों में असामान्यता
- पुतली का आकार बढ़ना
- रोशनी (प्रकाश) से पुतली का प्रभावित न होना
- कान व नाक से रक्तस्राव
- नाक से न जमने वाला रक्त मिला पानी रिसना
- तेज सिर दर्द
- गर्दन अकड़ना
- नींद की सी अवस्था
- नब्ज हल्की चलना
- असामान्य साँस

घर पर चिकित्सा

- ऊपर लिखे लक्षणों पर तुरंत गौर करें। सिर पर यदि चोट लगी हो और कॉन्कशन के कोई भी लक्षण न हों तो बच्चे को आराम से बिस्तर पर सिर के नीचे तकिया रख लिटायें।
- बच्चे को सोने दें, पर हर घंटे बाद जगाकर देख ले कि बच्चा सामान्य है कि नहीं।
- जब तक बच्चा पूरी तरह ठीक न हो जाये लगभग पूरें दिन उसे आराम करने दें।
- सिर दर्द के लिए दर्द निवारक दे सकते हैं।

सावधानियां

- यदि कॉन्कशन का कोई भी लक्षण मौजूद हो तो बच्चे की घर पर चिकित्सा करने की कोशिश न करें।
- सिर पर चोट लगने पर किसी प्रकार का तेज दर्द निवारक या बेचैनी दूर करने वाली दवा (सेडेटिव) अपनी मर्जी से बच्चे को न दें।
- सिर कहीं से पिचका या दबा हुआ सा प्रतीत हो या हल्के से उंगलियों द्वारा मारने पर, अजीब सी आवाज सुनाई पड़े तो तुरंत डॉक्टर से सम्पर्क करें।

मस्तिष्क पर लगी चोट को कॉन्कशन कहते हैं, यह गिरने या सिर पर किसी वस्तु द्वारा तेज चोट लगने पर होता है। इससे मस्तिष्क में सूजन आ जाती है और कभी कभी रक्त निकल कर मस्तिष्क के ऊतकों (टीशूज) में फैल जाता है। कई बार सिर की हड्डी बगैर टूटे भी अंदर मस्तिष्क में चोट लग जाती है। कॉन्कशन निम्न से तीव्र स्तर तक हो सकता है।

बच्चों को बचपन में कभी न कभी सिर पर अवश्य ही चोट लगती है। जब बच्चा जोर से काफी देर तक रोता रहे; उसे सिर दर्द हो, चेहरा पीला पड़े या एक दो उल्टियाँ हो जाये, सिर पर गुल्म पड़े या कट जाये तब वह सिर पर बाहरी चोट लगने के लक्षण हैं, अन्दरूनी चोट हो भी सकती है और नहीं भी। ये लक्षण कॉन्कशन के नहीं हैं।

लक्षण एवं चिन्ह

कॉन्कशन के लगभग सभी लक्षण, लक्षण शीर्षक के अंतर्गत बताये गये हैं। कई बार चोट लगने के घंटों बाद कॉन्कशन के लक्षण पैदा होते हैं, यह 'एपीड्यूरल ब्लीडिंग' के कारण पैदा होते हैं और यही लक्षण कई दिनों या हफ्तों बाद हों तो 'सबड्यूरल ब्लीडिंग' की वजह से होते हैं।

चिकित्सा

सिर की एक्सरे द्वारा जाँच की जानी चाहिए। आजकल कैट स्कैन भी किया जाता है। कॉन्कशन की चिकित्सा केवल अस्पताल में ही जाँचों के बाद की जा सकती है। कोई भी कॉन्कशन का लक्षण नजर आने पर तुरंत अस्पताल जाना आवश्यक है।

होम्योपैथिक चिकित्सा

आर्निका 200 की तीन खुराक दें।

नेट्रम सल्फ 6 × दिन में तीन बार दें।

विशेषज्ञ की राय आवश्यक है।

—:::::::—

सिर दर्द (Headache)

तुरंत जानकारी के लिए

लक्षण

- सिर के किसी भी भाग में पीड़ा, फड़कने अथवा फटने जैसा दर्द

घर पर चिकित्सा

- कोई भी दर्द निवारक दवा दे सकते हैं।
- सिर पर ठंडे पानी की पट्टी रखें।
- बच्चे को अंधेरे व शांत कमरे में लिटायें।
- यदि सिर दर्द नाक बंद होने के कारण है तो नाक खोलने की दवा डालकर या कोई दवा देकर नाक खोलने का प्रयत्न करें इससे सिर दर्द में भी लाभ पहुँचता है। ऐसी अवस्था में सिर पर गर्म पानी की पट्टी रखें।
- चिंता व तनाव का कारण जानिए। यदि इस कारण सिर दर्द है तो बच्चे को थोड़ा लाड प्यार से आश्वस्त कीजिए।
- लगातार सिर दर्द बने रहने पर डॉक्टर की सलाह लीजिए।

सावधानियां

- यदि बच्चे को अचानक ही भयंकर सिर दर्द हो, विशेषकर इन लक्षणों के साथ जैसे कि बुखार, अत्यधिक थकावट, बेहोशी, काफी उल्टियाँ, गर्दन अकड़ना अथवा व्याकुलता तो तुरंत ही डॉक्टर से परामर्श करें।
- यदि बच्चे को अक्सर ही, जल्दी जल्दी व तेज सिर दर्द होता हो तो भी डॉक्टरी सलाह आवश्यक है।

- ध्यान रखें कि सिर दर्द किस स्थान पर होता है, कब होता है किन परिस्थितियों के कारण होता है अथवा बढ़ता है, कितनी देर तक रहता है। सिरदर्द के साथ अन्य लक्षण कौन से होते हैं, किसी दर्द निवारक दवा से आराम मिलता है कि नहीं। आपके द्वारा बताई गई यह सब जानकारी डॉक्टर के लिए महत्त्वपूर्ण है ताकि सिर दर्द का निदान किया जा सके।

संबंधित विषय

* कन्काशन/सिर में चोट
* उच्च रक्त चाप
* मेनिनजाइटिस
* नजला
* दृष्टि दोष

सिर दर्द जिस प्रकार बड़े लोगों में पाई जाने वाली आम समस्या है, उसी प्रकार बच्चो में भी सिरदर्द आमतौर पर पाया जाता है और इसके कई एवं बहुत सारे कारण होते हैं। बुखार व मानसिक आवेग (चिंता, दृष्टि दोष, भय, उत्तेजना, दुःख और निराशा) लगभग 95 प्रतिशत बच्चों में सिर दर्द का कारण होते हैं। बच्चों में सिर दर्द होने के बाकि कारण अक्सर कम देखने में आते हैं जैसे कि उच्चरक्तचाप, सिर में चोट व झटका, मस्तिष्क में रसौली या सूजन (जैसे कि मेनिनजाइटिस, एनसिफलाइटिस), सिर के अंदर रक्तस्राव, नजला, आँखों में भार पड़ना या कोई मनोरोग।

लक्षण एवं चिन्ह

दर्द, पीड़ा अथवा फड़कने व सिर फटने जैसा दर्द ही सिरदर्द का महत्त्वपूर्ण लक्षण है। किस तरह का दर्द महसूस किया जाता है यह सिर दर्द होने के कारण पर निर्भर करता है। दर्द का कारण जानने के लिए दर्द का स्थान, दर्द कितने समय तक रहता है, किस समय पर होता

है, किन परिस्थितियों में बढ़ता है और कौन से लक्षण उसके साथ हैं, दवा का दर्द पर क्या असर होता है इत्यादि जानकारी आवश्यक है। यदि दवा लेने पर दर्द में आराम आ जाता है तो सिरदर्द को गंभीर नहीं समझना चाहिये।

सिर दर्द के कारण व प्रकार

माइग्रेन (आधा सीसी का दर्द)–बच्चे के परिवार में इस तरह का दर्द देखा जाता है, यह अक्सर आधे सिर में होता है। इस दर्द के साथ उल्टियाँ व मितली भी होती है इसलिए इसे 'सिक हैडेक' भी कहा जाता है। कई बार इस दर्द से पहले पूर्व लक्षण (ओरा) भी देखा गया है जैसे कि आँख के आगे तेज चमकदार रौशनी अथवा धुंधला दिखाई देना या एक के दो दिखाई देना इत्यादि। माइग्रेन का दर्द ज्यादा देर, कई घंटों तक रहता है और आम दर्द निवारक लेने पर भी ठीक नहीं होता।

उच्च रक्त चाप–फड़कने वाला दर्द हाई ब्लड प्रेशर के कारण हो सकता है। इसमें पसीना छूटने के साथ बच्चा पीला पड़ जाता है अथवा उसका चेहरा लाल हो जाता है। दिल व नब्ज भी तेजी से धड़कती है। दर्द निवारक जैसे कि एस्प्रीन या परासिटामोल देने से ऐसे दर्द में आराम नहीं मिलता।

कन्कशन–सिर में चोट लगने पर कन्कशन के कारण सिर में दर्द रहता है। ट्यूमर (रसौली), संक्रमण (इन्फैक्शन), सिर के अंदर रक्तस्राव होने पर सिर दर्द धीरे-धीरे बढ़ता है और काफी भयंकर हो जाता है। बच्चे को उल्टियों के साथ मस्तिष्क में खराबी होने के अन्य लक्षण जैसे कि गर्दन अकड़ना, दृष्टि दोष, व्याकुलता, असंतुलन व कभी कभी बुखार भी होता है।

नजला (साइनासाइटिस)–नजले के कारण सिर दर्द होने पर नाक का बंद होना या नाक बहने जैसे लक्षण भी सिरदर्द के साथ जुड़े रहते हैं।

आँख में खिंचाव–पढ़नें, आँखों द्वारा महीन काम करने या टेलीविजन देखने पर आँखों में भार पड़ने के कारण सिर दर्द होता है।

मानसिक परेशानी–सिर दर्द के साथ बच्चे में अन्य व्यावहारिक समस्यायें भी देखी जाती हैं। ऐसा दर्द अक्सर सिर के सबसे ऊपर के भाग में अधिक देखा जाता है और कभी कभी पूरे सिर में भी होता है।

चिकित्सा

डॉक्टर बच्चे के पूरे शारीरिक निरीक्षण के साथ रक्तचाप की जाँच व आँखों की जाँच भी करते हैं। तंत्रिका संस्थान की किसी बीमारी के निदान के लिए जाँचे की जाती है। इसके लिए न्यूरोलोजिस्ट या साइक्रेटिस्ट द्वारा भी जाँच करवाई जाती है।

होम्योपैथिक चिकित्सा

सिर दर्द के साथ हाथ पाँव ठंडे हो – *सीपिया*

आँखों की पलकें व चेहरा लाल – *ग्लोनाइन*

चेहरा फीका पड़ा हो – *नेट्रम फॉस*

सिर में भारीपन – *कार्बोवेज, जेल्स, नक्स वोम*

आँखों के गोलों के पीछे दर्द – *ब्रायोनिया*

साइनस प्रभावित होने के कारण दर्द – *काली बाईक, साइलीशिया*

शरीर में रक्त की कमी के कारण – *कल्क फॉस*

जुकाम के साथ – *मर्कसोल, नक्स*

ठंडी हवाओं से – *साइलीशिया*

आँखों में भार पड़ने से – *रुटा*

डर के कारण – *एकोनाइट*

सिर पर चोट लगने से – *नेट्रमसल्फ*

नींद पूरी न होने से – *कोकुलस*

ज्यादा खाना खाने पर – *नक्सवोम*

धूप में जाने से – *बेल, ब्रायो, ग्लोनाइन, लेकेसिस*

लू लगने से – *नेट्रमकार्ब*

तूफान से – *फास्फोरस*

सर्दियों में – *सल्फर*

हथोड़े लगने सा दर्द – *नेट्रम म्यूर, बैल, ग्लोनाइन*

फटने सा दर्द – *ब्रोयो, सीपिया*

फड़कने वाला दर्द – *एकोनाइट, आर्स, बैल*

लहरों में चलने वाला दर्द – *सीपिया*

बांधने से दर्द में आराम – *आर्जेटम नाइट्रिकम*

आंख बंद करने पर आराम – *साइलीशिया*

ठंडक से आराम – *फोसफोरस, सल्फर*

गर्मी से आराम – *मेगफास, साइलीशिया*

मलने से आराम – *फासफोरस*

खाने से आराम – *लेकेसिस, सीपिया*

मूत्र त्यागने से आराम – *जेल्सीमियम*

तेज दबाव से आराम – *ब्रायो, बैल, ग्लोनाइन*

बाँधने से आराम -- *नक्स, रस टाक्स, साइलीशिया*

—:::::::—

दुःस्वप्न (Nightmare)

तुरंत जानकारी के लिए

लक्षण

- नींद में चीख के साथ उठ बैठना
- नींद खुलने पर व्याकुलता/बेचैनी, चिल्लाना, रोना
- पागलों की भाँति हरकत करना
- नींद में चलना (Night walking)

घर पर चिकित्सा

- बच्चे को धीरे-धीरे सावधानी पूर्वक उठायें।
- बच्चे को प्यार से बात कर सांत्वना दें।
- बच्चा यदि नींद में चलता हो तो ध्यान रखें कि कहीं उसे चोट न लगे, वह गिरे नहीं।

सावधानियां

- बार-बार नींद में डरना दर्शाता है कि बच्चा किसी गहरे तनाव में है, इसका कारण ढूंढ समस्या को सुलझाना चाहिए। यदि आवश्यकता पड़े तो डॉक्टर व स्कूल के अध्यापकों से बात कर बच्चे के तनाव का कारण जानना चाहिए।
- ध्यान रहे कि स्कूल, समाज व घर में किसी प्रकार का तनाव अथवा दबाव बच्चे में नाइट मेयर का कारण हो सकता है।
- यह भी ध्यान रखें कि बच्च टी॰वी॰ के कौन से कार्यक्रम व फिल्में देखता है क्योंकि इनका प्रभाव भी बच्चे के मस्तिष्क पर पड़ता है।
- बच्चा यदि नींद में चलता हो तो ध्यान रखें कि उसके बिस्तर के आसपास कोई ऐसी वस्तु न हो जिससे बच्चा टकराकर गिर पड़े या उसे चोट लगे।

कुछ एक विशेषज्ञ नाइटमेयर, गंदे स्वप्न व रात में डरने को अलग अलग मानते हैं। यह तीनों समस्याएँ एक हीं प्रकार की हैं, परन्तु इन तीनों में रोग की तीव्रता भिन्न भिन्न होती है।

नाइट मेयर के दौरान बच्चा अपनी दिनभर की चिंताओं व डर का नींद में सामना करता है। कभी कभी बच्चे पर आम तनाव ही नाइटमेयर का कारण बन जाता है, जल्दी जल्दी रात में डरना (नाइटमेयर) असामान्य होता है और वह दर्शाता है कि बच्चे पर किसी प्रकार का दबाव पड़ रहा है।

तेज बुखार और किसी बीमारी के होने पर भी बच्चा रात में डरने लगता है पर इस अवस्था को 'डिलिरियम' कहा जाता है। बच्चे के स्वस्थ हो जाने पर यह स्वयं ठीक हो जाता है। यदि कोई बीमारी के न होने पर भी बच्चा डरे तो नाइटमेयर का निदान आसानी से किया जा सकता है।

लक्षण एवं चिन्ह

बच्चा कोई भयानक स्वप्न देख कर चिल्लाता है, उसकी नींद खुलने पर वह डरा हुआ भयभीत नजर आता है और कुछ पलों तक व्याकुल या पागलों की तरह हरकतें करता है, कभी तो उसे अपने स्वप्न की याद रहती है और कभी उसे कुछ याद नहीं आता। अक्सर अगले दिन सुबह तक बच्चा इस हादसे को भूल जाता है। कई बार नाइटमेयर के कारण बच्चा नींद में चलने लगता है। यह रोग बच्चे को 4 से 8 वर्ष की उमर तक होता है।

चिकित्सा

डॉक्टर बच्चे से बात कर उसकी चिंता का कारण व पारिवारिक संबंधों की पूरी जानकारी हासिल करता है। कई बार बच्चे की चिंता का निवारण करने के लिए स्कूल में संबंधित लोगों से भी जानकारी लेनी आवश्यक होती है। ज्यादातर बच्चे खुद ही जवान होने तक ठीक हो जाते हैं।

होम्योपैथिक चिकित्सा

होम्योपैथिक विशेषज्ञ की राय पर लक्षणों के आधार पर बच्चे को *एकोनाइट, ओरम ब्रोम, सिना, काली ब्रोम, स्ट्रेमोनियम* दिया जा सकता है।

—:::::::—

अतिसक्रियता (Hyper Activity)

तुरंत जानकारी के लिए

लक्षण

- थोड़े से समय के लिए भी टिक कर शांति से न बैठ पाना
- झगड़ालू स्वभाव व किसी भी काम में ध्यान न लगा पाना

घर पर चिकित्सा

- अति सक्रिय बच्चों के लिए योग्य एवं व्यवसायिक चिकित्सक की आवश्यकता पड़ती है।

सावधानियां

- बच्चे की प्राकृतिक चंचलता व वास्तविक अतिसक्रियता को एक न समझें।
- किसी योग्य चिकित्सक के निदान पर ही बच्चे को अतिसक्रियता से ग्रस्त समझें अन्यथा नहीं।
- अतिसक्रिय बच्चों की घर पर चिकित्सा संभव नहीं। इसके लिए किसी विशेषज्ञ का ही सहारा लें।
- ध्यान रखें कि ऐसा बच्चा जानबूझ कर गलत व्यवहार नहीं करता।
- यदि बच्चा 2 वर्ष की उम्र के बाद अचानक ही अतिसक्रिय हो जाये तो बच्चे के माहौल की तरफ ध्यान दें क्योंकि अतिसक्रियता का रोग बच्चे में जन्म से ही होता है।
- हाइपर एक्टिव बच्चे को लंबे समय तक चिकित्सा एवं दवाओं की आवश्यकता पड़ सकती है।

सभी स्वस्थ बच्चे एक वयस्क के मुकाबले अधिक सक्रिय होते हैं, कुछ बच्चे अधिक फुर्तीले होते हैं। इन बच्चों में से लगभग एक से 10 प्रतिशत बच्चे सचमुच अधिक सक्रिय होते हैं। इन्हें 'हाइपर एक्टिव चिल्ड्रन' कहा जाता है। इस शब्द को अधिक फुर्तीले बच्चों के लिए अक्सर गलत इस्तेमाल किया जाता है। परन्तु सत्य यह है कि अतिसक्रियता एक प्रकार की ऐसी अवस्था होती है जिसमें बच्चा कुछ पलों के लिए भी शांत नहीं रह पाता। यह मस्तिष्क में उपस्थित विभिन्न केन्द्रों के देर से व ठीक तरह विकसित न हो पाने के कारण होती है। बच्चे की विभिन्न इन्द्रियाँ जैसे कि सुनना, देखना, सूंघना, स्वाद व स्पर्श की इन्द्रियाँ ठीक प्रकार से कार्य नहीं करती हैं या यों कहना चाहिए कि इनके प्रति बच्चे की संवेदनशीलता सामान्य रूप में कार्य नहीं करती है।

कई बार वे बच्चे जिन पर अधिक ध्यान नहीं दिया जाता या फिर वे जिन्हें अत्यधिक निगरानी में रखा जाता है अति सक्रिय बच्चों की भांति व्यवहार करने लगते हैं। इन बच्चों का मस्तिष्क तो सही प्रकार से विकसित हुआ होता है परन्तु उचित व्यावहारिक ज्ञान न मिल पाने पर इनका व्यवहार एक सामान्य बच्चे से भिन्न होता है।

लक्षण एवं चिन्ह

एक अतिसक्रिय बच्चा लगातार शारीरिक रुप से सक्रिय रहता है, वह एक जगह टिक कर बैठ नहीं पाता, हर पल वह हिलता-डुलता रहता है। उसका व्यवहार विनाशकारी होता है हालाँकि वह किसी शत्रुता के कारण ऐसा नहीं करता, परन्तु वह अपने व्यवहार को नियंत्रित नहीं कर पाता। एक कुशल बालरोग विशेषज्ञ या न्यूरोलोजिस्ट ही ऐसे बच्चे को आसानी से पहचान सकते हैं। कई बार इस निदान तक पहुँचने में कई विभिन्न क्षेत्रों के विशेषज्ञों से मशविरा करना पड़ता है।

चिकित्सा

एक अतिसक्रिय (हाइपर एक्टिव) बच्चे का पूरा परीक्षण ज़रूरी है। इसमें

उसकी सुनने व देखने की क्षमता भी जाँची जाती है। मनोरोग विशेषज्ञ बच्चे की स्कूल की रिपोर्ट, पूरी शारीरिक जाँचों की रिपोर्ट के आधार पर विश्लेषण कर ही किसी निदान पर पहुंच पाते हैं। बच्चे को सही प्रकार से शिक्षित करने के लिए विशेष प्रोग्राम तैयार किया जाता है ताकि समाज में, स्कूल में, बच्चे के व्यवहार व संबंधों में सुधार लाया जा सके। इसके लिए कांऊसेलिंग का सहारा भी लिया जाता है।

—:::::::—

डिसलेक्सिया (Dyslexia)

तुरंत जानकारी के लिए

लक्षण

- दायें व बायें हाथ को इस्तेमाल करने की समझ न होना
- समय बताने व क्रम से याद कर पाने में असक्षम होना
- अत्यधिक चुस्त होना
- भाषा संबंधित समस्या
- याददाश्त कमजोर होना
- संतुलन में कमी
- अक्षर व अंक उल्टे दिखाई पड़ना

घर पर चिकित्सा

- डिसलेक्सिया ग्रस्त बच्चे को परिवार से उत्साह व सहारे की आवश्यकता होती है, न कि अत्यधिक सुरक्षा की।
- बच्चे के अध्यापक व डॉक्टर से संपर्क में रह कर बच्चे के साथ काम कीजिए।
- ध्यान रहे कि बच्चे की इस समस्या का प्रभाव घर के किसी और बच्चे पर न पड़े।

सावधानियां

- डिसलेक्सिया ग्रस्त बच्चे को जल्द ही विशेषज्ञ को दिखाना चाहिए
- ध्यान रखें कि एक होशियार बच्चे को पढ़ने में काफी दिक्कत आये तो उसे डिसलेक्सिया हो सकता है।

- डिसलेक्सिया ग्रस्त बच्चे के भाई-बहनों को भी व्यवसायिक सलाह की आवश्यकता होती है। माता-पिता को भी परामर्श लेना आवश्यक है ताकि बच्चे की जरूरत ठीक प्रकार से पूरी कर सकें।
- ध्यान रहे कि डिसलेक्सिया दिमागी कमजोरी के कारण नहीं होता।
- डिसलेक्सिया के निदान से पहले बच्चे की किसी भी शारीरिक अथवा भावनात्मक समस्या के बारे में जानना आवश्यक है।

संबंधित विषय

* हाइपर एक्टीविटी

डिसलेक्सिया एक प्रकार की सीखने की असमर्थता होती है जो बच्चे की सीखने व पढ़ने की क्षमता को प्रभावित करती है। लड़कियों की अपेक्षा यह लड़कों में अधिक देखा जाता है। किस कारण से यह समस्या बच्चे में पैदा होती है इसका कारण नहीं मालूम है। डिसलेक्सिया अक्सर पीढ़ी दर पीढ़ी चलता है पर इसमें कोई विशेष जींस विकृति नहीं पाई जाती। कई बार दुर्घटना के कारण बिना पता चले लगी चोट भी डिसलेक्सिया वाले बच्चों में देखी गई है। पर सभी में ऐसा कुछ पाया जाना ज़रूरी नहीं है। दिमाग की बढ़ोतरी कम होना डिसलेक्सिया में नहीं होता और न ही डिसलेक्सिया कम बुद्धि, शारीरिक बाधा, निम्न सामाजिक व आर्थिक स्थिति व मस्तिष्क के नष्ट होने से संबंधित है।

स्कूल में जाने से पहले ऐसे बच्चों में कोई समस्या नहीं होती। कुछ समय बाद बच्चा ऐसा महसूस करता है कि अन्य बच्चे जिस काम को आसानी से कर लेते हैं वह नहीं कर पाता, यह अनुभव बच्चे को शर्मिंदा व दुखदायक महसूस होता है। ऐसा बच्चा अपनी समस्या किसी को बता नहीं पाता और स्कूल से जी चुराता है या फिर कक्षा में चुपचाप बैठा रहता है। दूसरे अन्य बच्चे उसे बेवकूफ कहकर पुकारते हैं, अध्यापक व माता-पिता ऐसे बच्चे को सुस्त व नकारा समझने लगते हैं। डिसलेक्सिया वाला बच्चा काफी होशियार होता है और सीखने व

समझने का काफी प्रयास करता है। घर व स्कूल से 'मेहनत करो' का दबाव बच्चे को परेशान व निराश कर देता है जिसके कारण बच्चा गुस्सेवाला व विद्रोही हो जाता है। डिसलेक्सिया से ग्रस्त कुछ बच्चे पढ़ाई छोड़कर अन्य कार्यों जैसे कि खेलकूद व गाने बजाने के कामों में तेज होते हैं। यह कार्य उन्हें अच्छे लगते हैं और उनके व्यवस्थित होने में लाभ पहुँचाते हैं।

लक्षण एवं चिन्ह

डिसलेक्सिया से ग्रस्त कुछ बच्चों में दायें अथवा बायें हाथ के इस्तेमाल की पहचान न होना, समय बताने, दिन, महीने व मौसम को क्रमवार याद रखना, अत्यधिक चुस्त होना, भाषा संबंधी समस्यायें, बायें से दायें व ऊपर से नीचे बताने में समस्या, समन्वय व सन्तुलन संबंधी समस्यायें, याददाश्त की समस्या व शब्दों व अंकों को उल्टादेखना इत्यादि लक्षण देखने को मिलते हैं। डिसलेक्सिया वाले बच्चे को मस्तिष्क, तंत्रिका संस्थान की बीमारी, सुनने व देखने से संबंधित रोग अथवा भावात्मक समस्यायें हो सकती हैं।

चिकित्सा

डिसलेक्सिया का कोई इलाज संभव नहीं। यदि बच्चे को कोई शारीरिक या मानसिक रोग भी डिसलेक्सिया के साथ हों तो पहले इन समस्याओं को ठीक करना आवश्यक है। डिसलेक्सिया ग्रस्त बच्चों के लिए माता-पिता व अध्यापकों को विशेष ध्यान व ट्रेनिंग देने की आवश्यकता पड़ती है।

होम्योपैथिक चिकित्सा

बच्चे का पढ़ाई में मन न लगना, नाम भूलना, शब्द का आखिरी अक्षर पहले लिखना, मंदबुद्धि वाला बच्चा–*ज़ीरोफाइलम*

बच्चे का पूरा व्यक्तित्व व लक्षण जानकर 'कंसटीट्यूशनल' दवायें देने पर बच्चे को लाभ पहुँचता है।

–:::::::–

मस्तिष्कोशोथ (Encephalitis)

तुरंत जानकारी के लिए

लक्षण

- दौरे
- बेहोशी
- बिना सहारे के न उठ पाना
- गर्दन में अकड़ाहट

अन्य लक्षण

- सिर दर्द
- उल्टियाँ
- नींद आना
- दिमागी बैचेनी
- तेज बुखार या बुखार का न होना
- गर्दन में अकड़ाहट

महत्त्वपूर्ण

- एनसिफलाइटिस एक घातक रोग है और इसके लक्षण देखते ही तुरंत डॉक्टर से सम्पर्क करें।

घर पर चिकित्सा

- कुछ नहीं। तुरंत डॉक्टर से मिलें।

एनसिफलाइटिस का एक लक्षण है कि बच्चा अपने हाथों को पीछे टिकाकर गर्दन को सहारा दिये बगैर नहीं बैठ पाता।

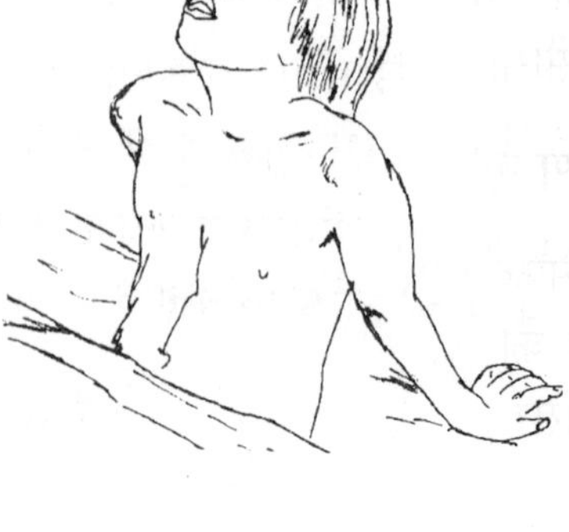

सावधानियां

- एनसिफलाइटिस के लक्षण होने पर डॉक्टर को बतायें कि कहीं बच्चे का लींड व पारे से तो सम्पर्क नहीं हुआ।
- यदि आपके बच्चे को पहले किसी वैक्सीन के दुष्प्रभाव हुए हों तो बूस्टर डोज दिलवाने से पहले डॉक्टर को अवश्य बतायें।

संबंधित विषय

* चिकन पॉक्स
* जुकाम
* बुखार के साथ दौरे
* हिपेटाइटिस
* रोग प्रतिरोधक टीके
* इन्फ्लूएंजा
* कनफेड़
* कूकर खांसी

मस्तिष्क में होने वाली सूजन/शोथ को 'एनसिफलाइटिस' कहते हैं। इसके कई कारण हो सकते हैं जैसे कि विषाणु, जिवाणु, वैक्सीन और परजीवी। अक्सर यह विषाणु की वजह से होता है जो कि सामान्य बीमारियों जैसे कि कनफेड़, खसरा, रुबेला, छोटीमाता (काकड़ा) हरपीज़, मोनोन्युक्लोसिस, हिपेटाइटिस और इन्फ्लूएंजा से फैलते हैं। कूकर खांसी पैदा करने वाले जीवाणु के कारण भी एंसिफलाइटिस हो सकता है। सीसा व पारा जैसे विष भी इसका कारण हो सकते हैं।

लक्षण एवं चिन्ह

एनसिफलाइटिस साधारण जुकाम के लक्षण के साथ शुरू हो सकता है। बच्चे को तेज बुखार या बिल्कुल भी बुखार नहीं होता। अक्सर बच्चे को सिर दर्द व उल्टियाँ होती हैं। वह घबराया हुआ सा, बेचैन नजर

आता है, उसकी आँखों में नींद सी रहती है। कभी कभी बच्चे को दौरे व बेहोशी भी हो सकती है।

कई बार बच्चा अपने दोनों हाथों को पीछे की ओर टेक कर गर्दन व कमर को सहारा दिये बगैर बैठ ही नहीं पाता। यह बच्चे के लिए एक घातक स्थिति होती है।

चिकित्सा

एनसिफलाइटिस क्योंकि अन्य बीमारियों जैसे कि कनफेड़ व काली खाँसी इत्यादि की जटिलताओं के कारण होता है तो बच्चे को इस प्रकार की कोई भी बीमारी होने पर एनसिफलाइटस की जाँच की जानी आवश्यक होती है। पूर्ण जाँच के बाद एनसिफलाइटिस का पता लगते ही बच्चे को अस्पताल में रखकर इलाज किया जाना जरूरी है। अतिशीघ्र चिकित्सा से जान बच सकती है।

होम्योपैथिक चिकित्सा

एपिस, बेल, ब्रायोनिया, साइकूटा, क्यूप्रम मेट, हेलीबोरस, ओपियम, जिंकम मेट

होम्योपैथिक विशेषज्ञ की राय पर ही औषधि दें।

—:::::::—

मस्तिष्कावरणशोथ (Meningitis)

तुरंत जानकारी के लिए

लक्षण

- बुखार
- गर्दन का अकड़ना
- सिर दर्द
- उल्टियाँ
- थकावट अथवा बेहोशी
- दौरे पड़ना
- बहुत ज्यादा रोना
- चिड़चिड़ापन

घर पर चिकित्सा

- ऊपर लिखे लक्षण नजर आने पर तुरंत ही डॉक्टर के पास जायें क्योंकि बच्चे को तुरंत ही चिकित्सा की आवश्यकता होती है।

सावधानियां

- कमजोर बच्चे में जैसे ही बुखार व गर्दन में अकड़ाहट के लक्षण मिलें, तुरंत ही डॉक्टर के पास जायें।
- केवल मेरूरज्जा से निकाले गये द्रव की जाँच करने पर ही रोग का निदान संभव है।
- मध्य कान व ऊपरी श्वसनतंत्र के भागों में संक्रमण व खोपड़ी के फ्रैक्चर के पश्चात मेनिनजाइटिस होने की आशंका रहती है।

संबंधित विषय

* सिर में चोट लगना

* कान में दर्द/मवाद

मेनिनजिस (मस्तिष्क व मेरुरज्जा का बचाव करने वाली बाहरी परत) में होने वाले संक्रमण को 'मेनिनजाइटिस' कहते हैं। यह अक्सर जिवाणुओं के संक्रमण द्वारा होता है–'मेनिनजियोकोकस' न्यूमोकोकस' व 'हीमोफिलस इन्फ्लूएंजी' नामक जीवाणु भी मेनिनजाइटिस का कारण होते हैं।

एक स्वस्थ व्यक्ति जिसमें बीमारी के लक्षण नहीं होते हैं मगर उसके भीतर यह विषाणु मौजूद है उसे तो 'कैरियर' कहते हैं। यह व्यक्ति बीमारी फैलाने में सक्षम होता है। उस व्यक्ति के द्वारा ड्रापलैट माध्यम से यह विषाणु या जीवाणु हवा में फैलते हैं और बच्चे तक पहुँच सकते हैं।

सिर की खोपड़ी के फ्रेक्चर ने यदि नाक, कान व नाक के साइनसेज़ को प्रभावित किया हो तब भी इस रोग के होने का भय रहता है। ऊपरी श्वसन तंत्रों व मध्य कान के संक्रमण के पश्चात होने वाली जटिलताओं में मेनिनजाइटिस भी एक है।

लक्षण एवं चिन्ह

इस रोग के विशेष लक्षणों में तेज बुखार, सिर दर्द, उल्टियाँ, थकावट या बेहोशी, दौरे पड़ना व गर्दन का अकड़न है। बच्चा मुँह बंद रखते हुए अपनी ठोढी को छाती में नहीं लगा पाता। नीले लाल रंग के छोटे छोटे धब्बे यदि शरीर में बुखार के साथ हो जाएं तो वह एक प्रकार का 'मेनिनजियोकोकस' संक्रमण कहलाता है। मेरुरज्जु से पानी निकालकर जाँच के पश्चात ही इस रोग का निदान किया जाता है। अतिशीघ्र चिकित्सा की जरूरत होती है।

चिकित्सा

बच्चे के रोग का पूरा विवरण लिया जाता है। तत्पश्चात् मेरुरज्जु का द्रव निकाल कर उसकी जाँच की जाती है, इसी जाँच के आधार पर मेनिनजाइटिस या एनसिफलाइटिस का पता लगाया जा सकता है। साथ ही गले, नाक के म्यूकस व रक्त की कल्चर जाँच भी की जाती है।

होम्योपैथिक चिकित्सा

विशेषज्ञ की राय लें।

—:::::::—

धनुस्तम्भ (Tetanus)

तुरंत जानकारी के लिए

लक्षण

- मांसपेशियों में अकड़न, विशेषकर जबड़े व गर्दन की
- निगलने में कठिनाई
- बाँहों व टाँगों में दर्द
- मांसपेशियों में ऐंठन
- दौरे झटके पड़ना

घर पर चिकित्सा

- टेटनेस से बचाव के लिए अपने बच्चे को टेटनेस का टीका अवश्य लगायें।
- हर घाव चाहे वह मामूली ही क्यों न हो उसकी तुरंत ही चिकित्सा आवश्यक है।
- मां को गर्भ के दौरान दो टेटनस के टीके अवश्य लगवायें।

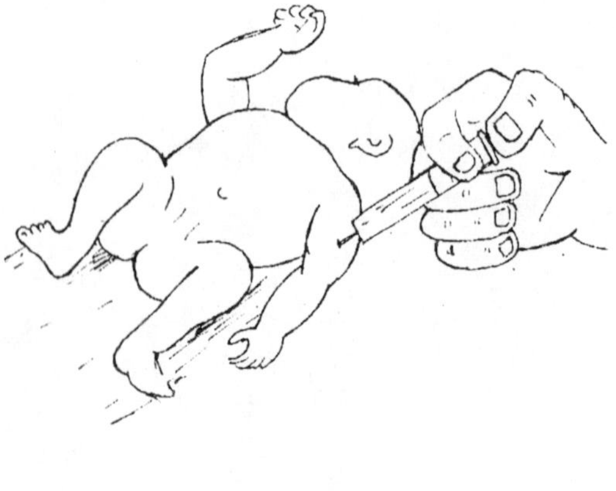

सावधानियां

- टेटनेस एक घातक रोग है। टीका अवश्य लगवायें।
- टेटनेस शरीर में छोटे से छोटे घाव होने पर, कटने, खरोंच आने, जलने व जानवरों के काटने पर हो सकता है इसलिए हर घाव की चिकित्सा की जानी चाहिए।
- परिवार में सभी लोगों को टेटनेस का टीका लगा होना चाहिए।
- यदि मां को टेटनेस का टीका न लगा हो तो पैदा हुए बच्चे को टेटनेस होने की आशंका रहती है।
- नये जन्मे बच्चे की आंवल नाल काटते वक्त सफाई व संक्रमण रहित तकनीकों का प्रयोग किया जाना चाहिए। विशेषकर जब घर में प्रसूति करवायी जाये।

संबंधित विषय

* खरोंच
* जानवरों द्वारा काटना
* जलना
* कटना
* एंसिफ्लाइटिस
* रोग प्रतिरोधक टीके
* कीड़ों के डंक/काटना
* विषाक्तता
* मेनिनजाइटिस
* पंक्चर वूंड्स

टेटनस (धनुस्तम्भ) तंत्रिका संस्थान का ऐसा रोग है जो कि 'कोलस्ट्रीडियम टिटेनाई' नामक जीवाणु की वजह से होता है। यह जीवाणु ऑक्सीजन के न होने पर पनपता है और आमतौर पर धूल, मिट्टी और मनुष्यों तथा जानवरों की आँतों व मल में पाया जाता है। गहरा कटने से घाव

होने पर आसानी से यह जीवाणु शरीर में प्रवेश कर जाता है परन्तु खरोंच आने, छिलने, जलने व कीड़े-मकोड़ों के काटने पर भी यह शरीर में प्रवेश पा सकता है। जीवाणु का शरीर में सम्पर्क होने व लक्षण पैदा होने में 3 से 21 दिन तक का समय लग सकता है। टेटनस होने पर अक्सर मृत्यु हो जाती है।

लक्षण एवं चिन्ह

पूर्ण अवस्था में संक्रमण होने पर मांसपेशियाँ अकड़ जाती है विशेषकर जबड़े व गर्दन की मांसपेशियाँ (इसीलिए इसे लॉक जॉ के नाम से भी जाना जाता है); निगलने में परेशानी, बाँहों व टाँगों में दर्द, पूरे शरीर की मांसपेशियों में ऐंठन एवं दौरे जैसे लक्षण हो सकते हैं। बच्चे को चोट लगने के कुछ दिनों पश्चात भी मांसपेशियों में ऐंठन व दौरे के लक्षण हों तो टेटनस का शक किया जाना चाहिए। कई बार टेटनस और (नवजात शिशु का टेटनस) या बड़े बच्चों में किसी दवा के दुष्प्रभाव, विष प्रभाव, मेनिनजाइटिस, एंसिफलाइटिस या रेबीज़ के लक्षण मिलते जुलते होते हैं इसलिए टेटनस के निदान के लिए प्रयोगशाला की जाँच जरूरी होती है ताकि कोलस्ट्रीडियम टिटेनाई का पता लग सके।

चिकित्सा

घाव को भली प्रकार साफ किया जाना आवश्यक है। टेटनस बूस्टर डोज़ या जिस बच्चे को टीका न लगा हो डॉक्टर उसे टेटनस प्रतिरोधक एन्टीबोडीस का इन्जैक्शन देते हैं। टेटनस के होने पर तुरंत ही अस्पताल में चिकित्सा शुरु की जाती है।

होम्योपैथिक चिकित्सा

लीडम पाल 200, *हाइपेरिकम* 200, टेटनस से बचाव करते हैं।

टेटनेस होने पर होम्योपैथिक विशेषज्ञ की राय से *स्ट्राइचीनीनम, उपास, पैसीफ्लोरा फाइसोस्टिगमा* दी जाती सकती है।

—:::::::—

आँखों के रोग

आँखों में एलर्जी (Eye Allergy)

तुरंत जानकारी के लिए

महत्त्वपूर्ण लक्षण

- लाल आँखें
- आँखों में खुजली व पानी निकलना
- आँखों के सफेद भाग में सूजन

अन्य लक्षण

- सूजी हुई, लाल पलकें
- पलकों की त्वचा में सूखापन व खुरदरापन
- आँखों के नीचे के भाग बैग की भांति सूजे हुए व नीले

घर पर चिकित्सा

- एलर्जी कम करने वाली दवा खाने को दी जा सकती है।
- आँखों में ठंडे पानी की पट्टी रखें।

बच्चे की आँखों में एलर्जी पैदा करने वाला एक आम पदार्थ होता है। बच्चे द्वारा इस्तेमाल किये गए पेन्ट्स वाले रंग जिसे बच्चा उंगलियों द्वारा अपनी आँखों तक पहुंचा देता है।

※ एलर्जी पैदा करने वाले पदार्थों को खोजें व उनसे बच्चे को दूर रखें।

सावधानियां

- आँखों में पीब व दर्द होने पर एलर्जी कारण नहीं हो सकता
- आँखों की पुतलियां फैल जाएं व आँखों को रोशनी बर्दाश्त न हो पाए तो बच्चे को तुरंत डॉक्टर के पास ले जाएं।
- घर में दवा डालने पर यदि 24 घंटों के भीतर आराम न आये तो डॉक्टर को दिखायें।
- दृष्टि के प्रभावित होने पर डॉक्टर को दिखायें।
- बच्चे की आँखों में दवा डालने से पहले डॉक्टर की राय अवश्य लें।

संबंधित विषय

* आँखें दुखना
* अश्रु नाल का बंद होना
* आँख में चोट
* गुहेरी

आँखों में किसी भी प्रकार की एलर्जी होने को 'आई एलर्जीज़' कहा जाता है। एलर्जी के कारण आँखों का कंजक्टिवा (आँखों के सफेद भाग व पलकों को अंदर से ढकने वाली पारदर्शी परत) प्रभावित होता है। इसकी वजह से आँखों की पलकों व आसपास के भागों की त्वचा भी प्रभावित हो सकती है।

आँखों में एलर्जी का कारण कई सारे पदार्थ होते हैं जो हाथों व हवा द्वारा आँखों तक पहुँचते हैं। फूलों के परागकण, घास व अन्य हवा में मौजूद कण जैसे कि घर में इकट्ठी हुई धूल, पक्षियों व जानवरों के पंख व बाल इत्यादि और हाथ द्वारा कई नुकसान पहुंचाने वाले पदार्थ जैसे कि नाखून पॉलिश, घर में सफाई करने वाले पदार्थ, खिलौनों में इस्तेमाल किया गया पदार्थ अथवा पेंट्स इत्यादि आँखों में एलर्जी का कारण होते हैं।

लक्षण एवं चिन्ह

आँखों का सफेद भाग लाल हो जाता है और उसमें ख़ुजली लगने लगती है, आँखों से पानी निकलता है पर पीब नहीं निकलती। कई बार आँखों के सफेद भाग में जैली जैसे पदार्थ की सूजन नजर आती है। आँखों की पलकें लाल हो कर सूज जाती हैं। पलकों की त्वचा मुलायम, खुरदरी अथवा परतों वाली कुछ भी हो सकती है। आँखों के नीचले के भाग थैली की तरह फूल कर नीले से प्रतीत होते हैं। कुछ एक कारण जानकर व लक्षण देखकर एलर्जी को आँखों में होने वाली अन्य बीमारियों से जिनमें की आँखें लाल हो सकती है, जैसे कि कंजक्टिवाइटिस, वायरस के कारण कोई बीमारी, गुहेरी, ग्लुकोमा या आँख में कोई बाहरी वस्तु का पड़ जाना इत्यादि से अलग किया जा सकता है। आँखों में खुजली होना व आँसू निकलना जैसे लक्षण तो एलर्जी में होते हैं परंतु दर्द होना व पीब निकलना नहीं। आँखों के सफेद भाग का सूज जाना महत्त्वपूर्ण लक्षण है।

चिकित्सा

त्वचा में एलर्जी की जाँच कर एलर्जी पैदा करने वाले पदार्थ का पता लग सकता है। दवायुक्त आँखों के ड्राप्स लाली कम करने के लिए दिये जाते हैं।

होम्योपैथिक चिकित्सा

आँखों से स्राव (पानी जैसा) बहना, व खुजली – *यूफ्रेशिया, एलियम सीपा*

पलकों से सूजन – *एपिस, युफ्रेशिया, रस टॉक्स*

आँखों में एलर्जी – *आर्स, सल्फर*

—:::::::—

आँखें दुखना (Conjunctivitis)

तुरंत जानकारी के लिए

लक्षण

- आँख के सफेद भाग का लाल होना
- आँख से पीली पीब (पस) आना
- सूजी हुई लाल पलकें
- आँख में जलन व कंकरी सी महसूस होना

घर पर चिकित्सा

- डॉक्टर से अवश्य संपर्क करें।
- डॉक्टर बच्चे को देखने के पश्चात जो भी दवा डालने को दें, उसे सावधानीपूर्वक आँख में डालें।
- संक्रमण चाहे एक ही आँख में हो पर दवा दोनों ही आँखों में डालें।
- बच्चे को अन्य लोगों से दूर रखें।
- घर के अन्य सदस्यों की भी आँखों की जाँच करवायें।

आँख में ड्रॉप्स या मलहम डालने के लिए आँख की निचली पलक को हल्के से नीचे को खीचें। आँख में जगह बनाते हुए उसमें दवा डालें। ध्यान रहे कि आँख से उंगली, ड्रापर या मलहम की ट्यूब का मुँह न छूने पाये। फिर बच्चे को आँख बंद करने को कहें। ध्यान रखें कि बच्चा आँख न रगड़े। किसी साफ कपड़े या रूमाल अथवा रूई द्वारा आँख के इर्द गिर्द दवा को साफ कर दें।

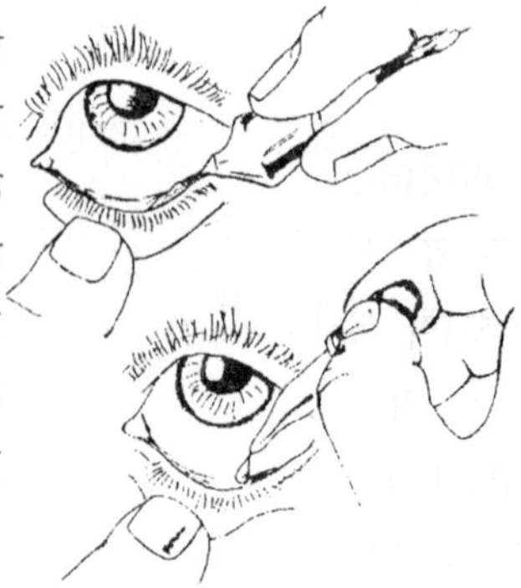

सावधानियां

- यदि आँख में दवा डालने के 24 घंटों पश्चात भी आँख साफ न लगे तो डॉक्टर से सम्पर्क करें।
- आँख में मलहम डालने के पश्चात कुछ देर तक देखने में धुँधलापन नजर आता है। यदि यह धुँधलापन ज्यादा देर तक रहे तो ऐसी अवस्था में भी डॉक्टर को पुनः दिखायें।
- कंजक्टीवाइटिस के साथ अन्य लक्षण जैसे गला खराब, नाक बंद होना, कान में दर्द, बुखार या गर्दन की गिल्टियाँ सूजने जैसे लक्षण हों, तो डॉक्टर को इस बारे में भी बतायें।

संबंधित विषय

* साधारण जुकाम
* कान में दर्द
* अश्रु नाल का बंद होना
* आँखों में एलर्जी
* आँख में चोट
* बुखार
* गले की ग्रंथियों में सूजन
* सायनासाइटिस
* गला खराब होना
* टाँसीलाइटिस

कंजक्टीवाइटिस आँख की पारदर्शी परत (कंजक्टीवा) आँख के सफेद भाग व पलकों के अंदर के भाग को ढके रहने वाली पारदर्शी परत के संक्रमण की वजह से होता है।

यह भयंकर रूप से छूत द्वारा फैलने वाला रोग है। आँखों से निकले पानी के संपर्क में आने से यह रोग हो जाता है। संक्रमण होने के पश्चात एक से तीन दिन के भीतर इसके लक्षण पैदा हो जाते हैं।

एक आँख में होने पर जल्द ही दूसरी आँख में भी यह संक्रमण हो जाता है, कई बार कंजक्टीवाइटिस के साथ अन्य लक्षण जैसे कि गला खराब होना, टांसिल्स में संक्रमण होना या कान दर्द इत्यादि भी हो सकते हैं।

लक्षण एवं चिन्ह

कंजक्टीवाइटिस में आँखें लाल हो जाती हैं वैसे आँख लाल होना अन्य बीमारियों का लक्षण भी हो सकता है। आँख में एलर्जी होने की वजह से भी आँख से पानी आना व खुजली होना जैसे लक्षण हो सकते हैं। परन्तु आँख से पीब निकलना व आँख में दर्द होना नहीं पाया जाता है। वायरस द्वारा संक्रमण होने पर आँखों में दर्द होगा व पानी निकलेगा परन्तु पीब (पस) नहीं आयेगा, आँख के अंदर कोई बाहरी वस्तु गिरने पर आँख में दर्द, प्रकाश के प्रति संवेदनशीलता तथा पानी निकलना जैसे लक्षण होते हैं परन्तु आँख में पीब नहीं पड़ती। लाली भी सीमित भाग में ही जहाँ वस्तु हो उतने में ही होगी।

ग्लूकोमा में आँख में दर्द, पुतली का बढ़ना, प्रकाश के लिए अधिक संवेदनशील होना जैसे लक्षण रहेंगें पर पीब नहीं पड़ेगी जो कि केवल कंजक्टीवाइटिस में ही देखने को मिलती है। यदि आपके बच्चे की आँखें केवल लाल हों तो इन बीमारियों या कारणों की तरफ भी ध्यान दें।

चिकित्सा

आँखों के डॉक्टर को दिखाने के पश्चात ही चिकित्सा आरंभ करें।

होम्योपैथिक चिकित्सा

बच्चे की आँखों में सूजन व लाली–*एपिस*

बच्चा रोशनी को न झेल पाये, आँखों में जलन–*आर्सेनिक*

बच्चे की आँखें चिपक जाये, आँखों से अत्यधिक गाढ़ा चिपचिपा स्राव, जुकाम के लक्षण। *आर्जेंटम नाइट्रीकम, कल्क कार्ब*

आँखों से पानी, पलकों में सूजन–*नाइट्रिक एसिड*

आँखों से पीला गाढ़ा स्राव, दर्द, खुजली, जलन, पलकों का चिपकन–*पल्सेटिला*

आँखों में कोई बाहरी वस्तु पड़ जाए। *एकोनाइट, साइलीशिया*

आँखों में अत्यधिक खुजली व पानी निकलना–*सल्फ*

–:::::::–

आँखों की चोट (Eye Injuries)

तुरंत जानकारी के लिए

लक्षण

- आँख में दर्द
- आँख न खोल पाना
- आँख के गोले के अंदर या आँख से रक्तस्राव होना
- आँख की पुतली के आकार व रंग में अंतर
- आँख के तारे के रंग व जगह में परिवर्तन
- आँख के गोले का पिचकना
- देखने में धुंधलापन
- आँख में बाहरी वस्तु का गिरना
- आँख में हानिकारक पाऊडर व तरल पदार्थ का गिर जाना।

घर पर चिकित्सा

- आँख में हानिकारक तरल पदार्थ व पाऊडर (किसी भी रसायन) के चले जाने पर प्रत्येक सेकेंड कीमती होता है। तुरंत ही आँख खोलकर ठंडे पानी के छींटें दें, नहीं तो आँख को पानी से धोते रहें और भली प्रकार धो लेने के पश्चात तुरंत ही डॉक्टर के पास जायें।
- यदि कोई वस्तु आँख में घुस गई हो तो उसे स्वयं निकालने का प्रयत्न न करें। आँख के ऊपर साफ कपड़ा रख तुरंत डॉक्टर के पास जायें।
- यदि बच्चा आँख न खोल पा रहा हो तब भी आँख के ऊपर साफ कपड़ा रख घर पर प्राथमिक चिकित्सा देने के बजाए तुरंत डॉक्टर के पास जाएं।

※ यदि बच्चे आसानी से आँख खोल पा रहा हो तो आँख को देखिये कि कहीं से कोई रक्तस्राव तो नहीं, पुतली का रंग व आकार तो नहीं बदला, आँख के तारे का रंग व जगह तो नहीं बदली, आँख का गोला पिचका तो नहीं और देखने में कोई धुँधलापन तो नहीं। इनमें से कोई भी लक्षण होने पर घर में चिकित्सा न कर, तुरंत अस्पताल जायें।

सावधानियां

- बच्चे को आँख में चोट लगी हो तो स्वयं चिकित्सा करते वक्त हमेशा सचेत रहें।
- बच्चे को घर में रखे रसायनों से दूर रखें।
- पटाखे इत्यादि छोड़ते वक्त भी बच्चों के साथ रहें।
- बच्चों को ऐसी मशीनों से दूर रखें, जिनमें काम करते वक्त धातु के टुकड़े इत्यादि छिटकने का डर रहता है।
- दीवाली-दशहरे के मौकों पर बच्चों को धनुषबाण जैसी वस्तुओं से न खेलने दें।

संबंधित विषय

* आँखों में एलर्जी
* दृष्टि दोष

आँखों का गोला एक नाजुक गोलाकार आकृति होती है जिसकी दीवारें तीन मि०मी० से भी कम मोटी तह की होती है। आँख के अंदर कई जटिल व नाजुक संरचनाएँ होती हैं। इसलिए प्रकृति ने ही आँख के बचाव के लिए आँखों की हड्डियों के कूप के अंदर रखा व सुरक्षा के लिए पलकें दीं।

आँख पर चोट छोटी-छोटी वस्तुओं द्वारा जैसे कि रेत के कण या धातु के टुकड़े पड़ने पर भी लग सकती है। कई बार ये वस्तुएँ आँख

के अंदर गड़ जाती है। नुकीली वस्तुओं जैसे कि चाकू, नाखून, कैंची, धनुष बाण से आँख में खरोंच आना या चोट लगना संभव है। गेंद या क्रिकेट के बल्ले जैसी वस्तुओं से भी आँख व आँख के अंदर पड़ी कोई छोटी सी भी वस्तु आँख के अंदर के भागों को नुकसान पहुँचा सकती है। एसिड (तेजाब), क्षारीय पदार्थ, कास्टिक या पेट्रोल जैसी रसायनिक वस्तुओं के सम्पर्क में आने से भी आँख को नुकसान पहुँच सकता है।

लक्षण एवं चिन्ह

यदि बच्चा आसानी से आँख न खोल पा रहा हो तो स्वयं बच्चे की आँख जोर लगाकर खोलने की कोशिश न करें।

यदि बच्चा आसानी से स्वयं आँख खोल सकता हो तो आँख में किसी भी प्रकार के नष्ट होने या चोट लगने के लक्षणों को ढूँढिए। बच्चे की आँख में कहीं रक्तस्राव तो नहीं हो रहा? (ध्यान रहे कि रक्त कहीं बाहर कटी जगह से भी बहकर आँख में जा सकता है।) आँखों की पुतलियों में तो कोई अंतर नहीं? (जैसे कि बड़ी या छोटी या फिर रंग बदलना इत्यादि।)? आँख के रंगीन भाग आइरिस (तारे) में तो कोई परिवर्तन नहीं? आँख का गोला कहीं पिचका तो नहीं? बच्चे को धुँधला तो नहीं दिखाई दे रहा? यदि इनमें से कोई भी लक्षण न नजर आये तो आँख के गोले व पलक में फँसी बाहरी वस्तु के लिये जाँचे।

चिकित्सा

डॉक्टर आँख को सुन्नकर बाहर व अँदर से अच्छी तरह जांच करते हैं। इसमें न तो बच्चे को कोई दर्द ही होता है और न ही आँख में नुकसान पहुँचने का डर रहता है।

होम्योपैथिक चिकित्सा

आर्निका, यूफ्रेशिया, लीडम, स्टैफ, सिम्फाइटम

आँख के गोले में चोट लगना–*आर्निका, सिम्फाइटस*

आसपास के भाग में चोट लगना – *आर्निका*

सूजन के साथ – *आर्निका*

त्वचा का रंग बदलना – *लीडम*

(काली आँख)

आँख की सूजन/इन्फ्लेमेशन – *यूफ्रेशिया*

आँख के अंदर छेदती हुई चोट – *स्टैफ*

(पंक्चर वूंड)

ठंडी सिकाई से आराम – *लीडम*

छूने पर दर्द का बढ़ना – *स्टैफ*

आँख के गोले में सीधी चोट जैसे कि मुक्का इत्यादि-- *सिंफाइटम*

आँख से महीन काम करने पर – *रूटा*

—:::::::—

अश्रुनली का बंद होना (Blocked Tearduct)

तुरंत जानकारी के लिए

लक्षण

- आँख से पानी बहना
- हरी या पीले रंग की पीब
- पलकों के किनारे लाल व त्वचा का कटना फटना
- अश्रुथैली (सैक) का नाक के किनारे पर सूजन

घर पर चिकित्सा

- साधारण आँसू बहते रहने पर किसी प्रकार की चिकित्सा की आवश्यकता नहीं होती, केवल साफ पानी में रूई के फोये डुबोकर आँखों को साफ कर दें।
- यदि आँख के किनारे या आँख लाल हो और उनमें पीब नजर आये तो डॉक्टर से सम्पर्क करें।
- नाक के किनारे पर अश्रुथैली सूजी नजर आये तो डॉक्टर को दिखायें।

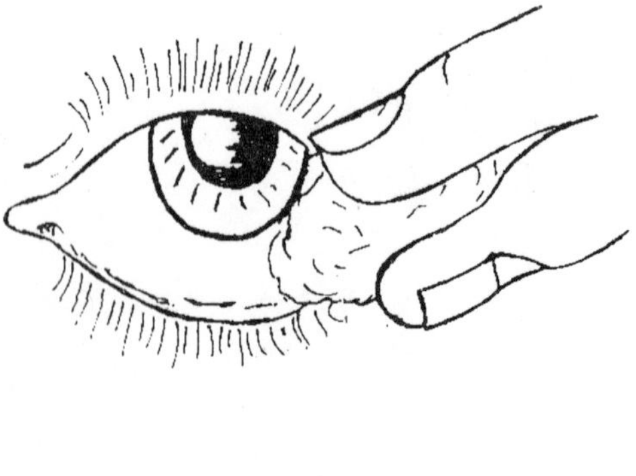

सावधानियां

- घर पर ध्यान देने से यदि 24 घंटों के भीतर लक्षणों में आराम न आये तो डॉक्टर को अवश्य दिखा लें।
- एक वर्ष से छोट बच्चों में इस तरह के आँखों में से आँसू बहते रहना बार बार हो सकता है।

संबंधित विषय

* आँखें दुखना

* आँखों में एलर्जी

आँसू, आँखों के गोलों के ऊपर स्थित अश्रुग्रंथी में बनते हैं। इन ग्रंथियों में लगातार अश्रु बनते रहते हैं, जो कि आँखों को अंदर से नम रखते हैं और उस नली में गिरते रहते हैं जो कि आँख को नाक से जोड़े रहती हैं, जिन्हें 'नेज़ोलेक्रिमल डक्ट्स' कहते हैं। इस नली में दो द्वार जो पिन के सिर के आकार के होते हैं दोनों आँखों की ऊपर व निचली पलक के नाक वाले सिरे पर देखे जा सकते हैं।

नये जन्में बच्चों में यह द्वार बहुत ही छोटे होते हैं। जन्म के समय आँखों को संक्रमण से बचाने के लिए यदि सिल्वारनाइट्रेट ड्राप्स डाले जाते हैं तब यह द्वार और भी बंद हो जाते हैं। इन द्वारों के बंद हो जाने पर यदि बच्चा न भी रोये तो आँसू बच्चे की आँख के कोने से टपकते रहते हैं। कई बार आँख में पानी की भाँति सामान्य स्राव न होकर हरे पीले रंग की पीब जमा हो जाती है इस कारण भी यह द्वार बंद हो जाते हैं।

यदि नेज़ोलेक्रिमल डक्ट का आखिरी भाग जो कि नाक के अंदर होता है, बंद हो जाये तब भी आँसू निकलते रहते हैं और संक्रमण होने का भय भी रहता है। यह रुकावट जन्म के समय भी हो सकती है और बाद में जुकाम व एलर्जी के कारण नाक में कन्जैशन होने से भी यह नली बंद हो सकती है। जब नाक की तरफ वाला सिरा बंद

रहता है तब 'नेजोलेक्रिमल सैक' जो कि आँख व नाक के बीच होता है, सूज जाता है। तब नाक के कोने में आँख के नीचे मटर के दाने की भाँति सूजन देखी जा सकती है।

लक्षण एवं चिन्ह

एक वर्ष की आयु से छोटे बच्चों में आँसू चाहे एक आँख से निकलें या दोनों से सामान्य ही समझा जाता है और यह नुकसानरहित होता है। परंतु यदि आँख में पीब आये, पलकों के किनारे सूजे व कटेफटे हों अश्रु सेक (थैली) सूज जाये (लाली हो या न हो), तब चिकित्सा की आवश्यकता होती हैं

चिकित्सा

डॉक्टर की व घर की चिकित्सा एक जैसी नहीं होती है। डॉक्टर आपको आँसूओं की थैली को सही तरीके से मलने की विधि बतायेगा। यदि फिर भी एक वर्ष तक यही स्थिति बनी रहे तब नेत्र रोग विशेषज्ञ, शल्य चिकित्सा द्वारा इस नली द्वार को बड़ा कर देते हैं।

होम्योपैथिक चिकित्सा

बेराइटा कार्ब, साईलीशिया साधारण सी बंद हुई नली (डक्ट) – *साइलीशिया* 6 या 12 शक्ति की तीन खुराक प्रतिदिन एक हफ्ते तक दें। यदि रोग के लक्षणें में कुछ कमी नज़र आये तो एक हफ्ता रूक कर पुनः इसे दोहरायें।

यदि *साइलीशिया* से आराम न मिले तो *बेराइटा कार्ब* की 6 से 12 शक्ति की खुराक दिन में दो बार दें।

—:::::::—

गुहेरी (Styes)

तुरंत जानकारी के लिए

लक्षण

- आँख की पलकों में सूजन
- पीब का पड़ना व दाने में मुँह बनना

घर पर चिकित्सा

- गुहेरी में आँख को गर्म पानी से दिन में कई बार सेकें
- दर्द निवारक दवा दें।
- संक्रमण को फैलने से बचाने के लिए कोई भी दवा लगाई जा सकती है।
- ऐलौपेथिक चिकित्सा में अक्सर एंटिबायोटिक दवा लगाने को दी जाती है।
- सिस्ट में यदि संक्रमण हो गई हो तभी इनकी गुहेरी की भाँति चिकित्सा की जाती है।

आँख की ऊपरी या निचली पलक पर मौजूद तेल अथवा पसीने की ग्रंथि में दाने के उभरने को 'स्टाई' (गुहेरी) कहते हैं।

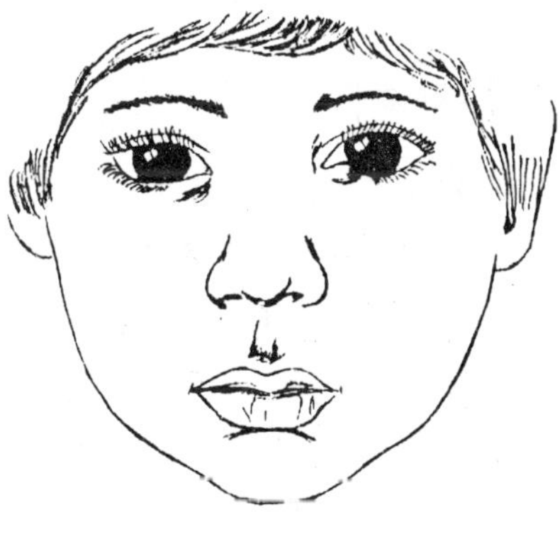

सावधानियां

- गुहेरी के कारण आँख के सफेद भाग में लाली नहीं होती
- यदि गुहेरी बार बार निकलती हो और यदि इसके साथ बच्चे को बुखार, सिर दर्द, भूख न लगना अथवा सुस्ती के लक्षण दिखाई दें तो डॉक्टर से राय लें।
- बच्चे द्वारा इस्तेमाल किया गया तौलिया या रूमाल घर के अन्य लोगों से अलग रखें।

संबंधित विषय

* फुंसियाँ
* आँखें दुखना
* कीड़ों का काटना/ डंक मारना

गुहेरी आँखों की ऊपरी और निचली पलकों में उपस्थित तेल या पसीने की ग्रन्थि में उभरनें वाले दानों का रोग है। यह अक्सर स्टेफाइलोकोकस नामक जीवाणु के कारण होती हैं और एक से दूसरे के सीधे सम्पर्क द्वारा फैलती है। गुहेरी एक साथ कई इकट्ठी भी हो सकती हैं क्योंकि इनमें पड़ी पीब में उपस्थित जीवाणु आसानी से पलक की दूसरी ग्रंथियों तक पहुँच जाते हैं।

लक्षण एवं चिन्ह

गुहेरी दाने की तरह पैदा होती है। पलक के किनारे का भाग सूजकर लाल हो जाता है, उसमें दर्द होता है। दो तीन दिन के पश्चात इसमें पीब नज़र आती है जो कि एक पीले बिन्दु की भाँति पलक के बाल की निचली सतह में नज़र आती है। फिर यह गुहेरी अचानक ही फट जाती है और इसमें से पीब रिसने लगता है और कुछ समय पश्चात स्वयं ही ठीक हो जाती है।

गुहेरी में क्योंकि दर्द होता है इसलिए यह कीड़े के काटने व सिस्ट से अलग पहचानी जाती है। कीड़े के काटने में दर्द नहीं होता बल्कि खुजली होती है और इसमें गुहेरी की भांति पीले रंग का नुकीला मुँह भी नहीं बनता। सिस्ट में अक्सर पलक के नीचे गुलाबी अथवा पीले रंग के धब्बे के आकार में सूजन आती है और इसमें दर्द भी नहीं होता। लेकिन कभी कभी सिस्ट भी गुहेरी की भाँति लाल होकर दर्द करती है परंतु सिस्ट काफी समय तक रहती है और इसमें गुहेरी की भाँति मुँह नहीं बनता।

चिकित्सा

गुहेरी में मुँह न बने तो इसे खोलकर इसमें से पीब निकाली जाती है जबकि सिस्ट कुछ महीनों या वर्षों में स्वयं ठीक हो जाती है। परन्तु सिस्ट में संक्रमण होने पर गुहेरी की भाँति चिकित्सा की आवश्यकता होती है, तब संक्रमण रोकने की दवाएँ देना आवश्यक है।

होम्योपैथिक चिकित्सा

ऊपर की पलक में गुहेरी–*पल्स*

छूने में दर्द–*स्टेफिसेग्रिया*

यदि बार बार गुहेरी हो–*केल्क पिकरेटा* 3 दिन में दो बार

इसके अतिरिक्त *ग्रेफ, हिपर सल्फ, सल्फ* भी देते हैं।

—::::::::—

भेंगापन/आँख का तीरा (Crossed Eyes)

तुरंत जानकारी के लिए

लक्षण

- एक या दोनों आँखों का असामान्य रूप से नाक की तरफ को घूम जाना

घर पर चिकित्सा

- घर पर किसी प्रकार की चिकित्सा संभव नहीं है, डॉक्टर को दिखायें।

सावधानियां

- यदि बच्चे की आँखों की पुतली एक जैसी काली, गोल या एक आकार की न हो तो डॉक्टर को दिखायें।
- बच्चे की आँखें समांतर न होने पर भी तुरंत डॉक्टर से परामर्श करें।
- चार/पांच वर्ष की आयु के बाद प्रतिवर्ष, बच्चों की दृष्टि (विजन) जाँच की जानी चाहिए।

आँखों का सीधापन जाँचने के लिए जब बच्चा सीधा देख रहा हो, तब हाईलाइट डालने पर यदि बिंदु आँख के अंदर एक ही जगह पर बनें तो आँखें ठीक हैं, यदि अलग अलग जगह बिंदु बनते हों जैसा कि चित्र में दिखाया गया है तो एक आँख भेंगी है।

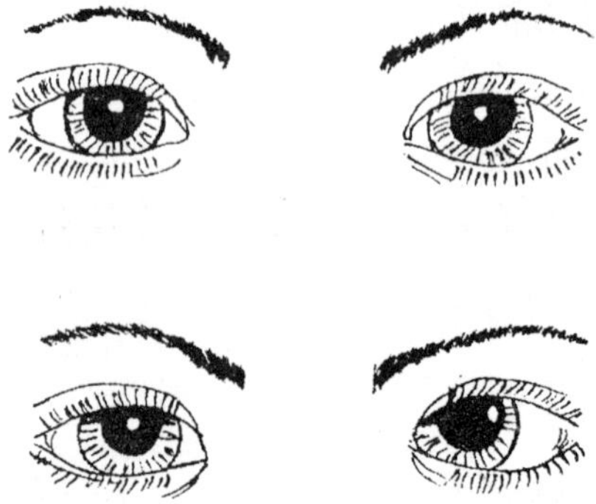

संबंधित विषय

* लेज़ी आई
* दृष्टि दोष

आँखों का भेंगापन होने पर एक या दोनों आँखें नाक की तरफ को घूम जाती है। ज्यादातर इस प्रकार का भेंगेपन आँख की मांसपेशी के ठीक काम न कर पाने की वजह से होता है। आँख सभी दिशाओं की ओर अपनी 6 मांसपेशियों की मदद से घूमती है। ये मांसपेशियाँ आँख को सीधा रखने में मदद करती हैं, जब बच्चा दूर की (20 फीट से ज्यादा दूर की) वस्तुओं को देख रहा हो। यदि बच्चा पास की वस्तुओं को देखता है तब ये मांसपेशियाँ आँख को थोड़ा अंदर की तरफ घुमा देती है।

बच्चा आँख को केन्द्रित करना 3 से 6 महीने तक की उम्र में सीखता है। कभी कभी आँखें अंदर की तरफ हो जाती है। जिसे 'इसोट्रोपिया' कहते हैं। ऐसा यदि एक वर्ष की आयु तक कभी कभार होता हो तो इसे सामान्य ही समझना चाहिए। परन्तु यदि बच्चे की आँखें हमेशा ही समानांतर प्रतीत ना दिखाई दे तो डॉक्टर की राय अवश्य लेनी चाहिए। हालाँकि आँखों में भेंगापन अक्सर माँसपेशियों के असामान्यकार्य करने की वजह से होता है परन्तु कई बार एक या दोनों ही आँखों में दृष्टि दोष की वजह से भी भेंगापन हो सकता है। कोई भी कारण जो कि आँखों में भेंगापन पैदा कर सकता है 'लेज़ी आई' का कारण भी बन सकता है। आँखों के इस दोष का यदि सात वर्ष की उम्र तक इलाज न करवाया जाये तो बच्चे की आँखों की दृष्टि भी नष्ट हो सकती है।

लक्षण एवं चिन्ह

जब बच्चा अपनी आँखें ऊपर, नीचे, दायें, बायें अथवा नजदीक व दूर की वस्तुएँ देखने के लिए घुमाये तब बच्चे की दोनों आँखों की तुलना

करनी चाहिए। यदि आँखें सामान्य न नज़र आयें तो डॉक्टर को दिखायें। कई बार बहुत छोटे बच्चों की आँख के ऊपर त्वचा के झुकाव से बच्चे की आँख में भेंगापन का शक होने लगता है। नाक के सपाट होने पर भी ऐसा शक पैदा होता है।

चिकित्सा

ऐसी अवस्था में आँखों की चिकित्सा सभी कारणों की जाँच के पश्चात ही तय की जाती है। इसमें आँख की शल्य चिकित्सा, चश्मे द्वारा चिकित्सा, आँख की माँसपेशियों के व्यायाम द्वारा या फिर दवा डालकर अथवा 'पैच' द्वारा, एक आँख को ढककर चिकित्सा की जाती है। इसके लिए नेत्र रोग विशेषज्ञ की सलाह द्वारा ही चिकित्सा की जानी चाहिए।

होम्योपैथिक चिकित्सा

स्किंट

कनवर्जेंट – *साइकूटा, साइक्लेमन*

डाईवर्जेंट – *एगेरीकस, कोलोसिंथ, कोनियम, जेबोरंडी, नेट्रमम्यूर*-

मांसपेशियों में सही प्रकार का नियंत्रण न हो दो वस्तुएँ दिखाई देना- *जेल्सीमियम*

—:::::::—

सुस्त आँख (Lazy Eye)

तुरंत जानकारी के लिए

लक्षण

- आँखों का समानांतर न होना
- आँख की एक पुतली का रंग दूसरी से भिन्न होना
- बच्चे द्वारा दूरी का सही अनुमान न लगा पाना
- बच्चा कुछ देखने के लिए अपना सिर घुमाये।

घर पर चिकित्सा

- डॉक्टर द्वारा ही चिकित्सा की जाती है।

सावधानियां

- सात वर्ष से छोटे बच्चे की आँखें समानांतर न दिखाई पड़ें तो डॉक्टरी सलाह लें।

लेज़ी आई को ठीक करने के लिए सही आँख में पेच लगाकर उसे बंद कर दिया जाता है ताकि बच्चा लेज़ी आई को इस्तेमाल करे।

- लेज़ी आई का यदि तुरंत ही उपचार न किया जाए तो आँख हमेशा के लिए खराब हो सकती है।
- तीन चार वर्ष की उम्र के पश्चात प्रतिवर्ष बच्चे की आँख की जाँच करवानी चाहिए।

संबंधित विषय

* आँखों में भेंगापन
* दृष्टि दोष

'लेज़ी आई' एक प्रकार का दृष्टि दोष है जो कि बच्चे द्वारा आँख को न इस्तेमाल करने के कारण पैदा होता है। इस कारण आँख की दृष्टि कमजोर होती जाती है जिसे मेडिकल भाषा में 'एम्बलाइओपिया' के नाम से जाना जाता है। अधिकतर लेज़ी आई आँख के गोले को हिलाने डुलाने वाली 6 मांसपेशियों में से एक या उससे ज्यादा मांसपेशियों की कमजोरी के कारण पैदा होती है। आँख की मांसपेशी में कमजोरी आने पर बच्चे को एक के बदले दो वस्तुएँ नजर आने लगती हैं। यदि बच्चा धीरे-धीरे इस दृष्टि दोष को नजरअंदाज़ करता है तो इस्तेमाल न की जाने वाली आँख की रोशनी कम होती जाती है। और दूसरी तरफ यदि बच्चे की आँख की मांसपेशी समान है, परंतु उसे एक आँख से कम नजर आता है तो वह धुंधली दिखने वाली तरफ को इस्तेमाल ही नहीं करता। इससे बच्चे की आँख में दृष्टि दोष पैदा हो जाते हैं। आँख में दृष्टिदोष संबंधित विकार कई बार जन्म के समय से ही आँख में मोतिया बिंद या कार्निया में किसी निशान के कारण भी हो सकते हैं।

लक्षण एवं चिन्ह

लेज़ी आई को तब पहचाना जा सकता है, यदि आपके बच्चे की आँखें कुछ देखते वक्त समानांतर न दिखाई पड़े। यदि बच्चे की आँख की पुतली का रंग अलग हो या बच्चा किसी वस्तु को पकड़ते वक्त सही

अनुमान न लगा पाता है या फिर बच्चा किसी वस्तु को देखने के लिए अपना सिर टेढ़ा तिरछा करे।

चिकित्सा

नेत्र रोग चिकित्सक बच्चे की दोनों आँखों व उनकी सभी दिशाओं में घूमने की क्षमता को जाँचते हैं। बड़े बच्चे की विज़न (दृष्टि) की भी जाँच की जाती है।

अक्सर लेज़ी आई की चिकित्सा के लिए बच्चे की सही आँख में पैच लगाकर आँख को बंद कर दिया जाता है ताकि बच्चा लेज़ी आई का इस्तेमाल करे। कभी कभी कमजोर मांसपेशी को शल्य चिकित्सा द्वारा भी ठीक करने की आवश्यकता पड़ सकती है।

होम्योपैथिक चिकित्सा

आँख की मांसपेशियों में सही सामंजस्य न हो तब *जेल्सीमियम* इस्तेमाल की जा सकती है।

—:::::::—

दृष्टि दोष (Vision Problem)

तुरंत जानकारी के लिए

लक्षण

- सिर को उठाकर या झुकाकर देखना
- आँख के कोने की तरफ से देखना
- भेंगापन
- क्रॉस्ड आई
- रोशनी को देखने में परेशानी
- सिर दर्द
- पढ़ने का मन न करना
- स्कूल में परेशानी

घर पर चिकित्सा

- समय समय पर बच्चे की नेत्र जाँच करवायें। बच्चे में कोई भी ऐसे लक्षण दिखाई दें, जिनसे कि दृष्टि दोष का शक हो तो तुरंत ही डॉक्टर से मिलें।

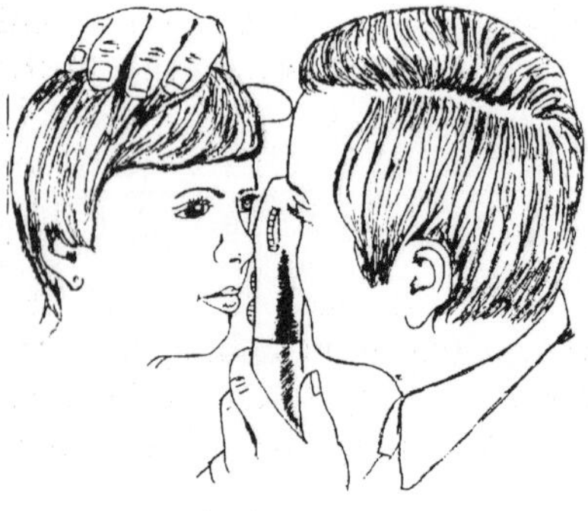

सावधानियां

- बच्चे की तीन चार वर्ष की उम्र से ही प्रतिवर्ष नेत्र की जांच करवायें।
- पढ़ते वक्त बच्चा पुस्तक को आँखों के करीब लाकर पढ़े या दूर से टेलीविजन या ब्लैक बोर्ड देखने में असमर्थता जाहिर करे तो ध्यान रहे कि उसे देखने में परेशानी हो रही है।

संबंधित विषय

* भेंगापन
* लेज़ी आई

चार पांच वर्ष की उम्र तक पहुँचते-पहुँचते लगभग 5 से 10 प्रतिशत बच्चों में दृष्टि संबंधित समस्या हो सकती है और किशोरावस्था के अंतिम चरण ये 30 प्रतिशत तक पहुँच जाती है।

बच्चों व किशोरों में आमतौर पर पाये जाने वाले दृष्टि दोष हैं–मायोपिया, लेज़ी आई (एंबलोपिया), हाइपरोपिया व एस्टीग्मेटिज्म, मायोपिया (दूर की वस्तुओं को ठीक से न देख पाना) तथा यह वंशानुगत होता है। यह जन्म के समय बहुत कम देखने को मिलता है पर बच्चे के बड़े होने पर सामने उभर आता है। लेज़ी आई बच्चे को 6-7 वर्ष की उम्र में हो सकती है। हाइपरोपिया (पास की वस्तुएँ ठीक से नहीं देख पाना) और एस्टीग्मेटिज्म (किसी भी दूरी पर वस्तु का धुँधला नजर आना) छोटी उम्र में भी हो सकता है और अक्सर उम्र के साथ नहीं बढ़ता।

लक्षण एवं चिन्ह

दृष्टि में कमी के लक्षण साफ नजर आ जाते हैं। यदि बच्चा सिर को झुकाकर देखता हो, आँखों को तिरछा करके आँख के कोनों से देखे, यदि आँखों की पुतली देखते वक्त टेढ़ी हो जाए या सामान्य से हट जाए और यदि बच्चे में भेंगापन (स्क्विंट) हो, तेज रोशनी में देख ना पाये, तब समझ लेना चाहिए कि बच्चे में दृष्टि दोष है। किसी वस्तु को देखते

वक्त बच्चा आँखों के पास लाकर देखे, जानकार व्यक्तियों को दूर से न पहचान सके, आँखों का इस्तेमाल करने पर सिर दर्द हो या पढ़ने में मन न लगाये, ये लक्षण भी दृष्टि में कमजोरी को दर्शाते हैं।

जन्म के समय, सामान्य आँखों वाला बच्चा कुछ समय पश्चात किसी भी वस्तु पर अपनी दृष्टि केन्द्रित कर सकता है और वस्तु को हिलाने पर उसी दिशा में आँखे घुमाता है। यदि बच्चा ऐसा नहीं कर पाता है तो हो सकता है कि उसे दृष्टि दोष हो।

भिन्न-भिन्न उम्र के बच्चों में विभिन्न तरीकों से दृष्टि की जांच की जा सकती है। जन्म के पहले हफ्ते में शिशु तेज रोशनी में अपनी आँखें केन्द्रित कर सकता है, दो महीने की उम्र वाला बच्चा रोशनी को 180 डिग्री पर घुमाने के साथ-साथ अपनी आँखें भी घुमा लेता है। सात-आठ माह का बच्चा चेहरे के भावों को पहचान लेता है। तीन वर्ष के बच्चे को चार्ट जिनमें कि तस्वीरें हों या 'E' विभिन्न दिशाओं में दर्शाया हो, दिखाकर आँखें जांची जा सकती हैं, पांच-छः वर्ष के बच्चों में प्रमाणित स्नैलैन चार्ट द्वारा नेत्र जाँच की जा सकती है।

चिकित्सा

प्रतिवर्ष बच्चे की आँखों की जांच नेत्र रोग विशेषज्ञ द्वारा की जानी चाहिए और किसी प्रकार का दृष्टि दोष पाये जाने पर उस की सलाहनुसार इलाज करवाना चाहिए।

होम्योपैथिक चिकित्सा

कमजोर दृष्टि – **एगेरिकस, एनाकार्डियम कोनियम साइक्लेमिन, नेट्रम म्यूर, फाइसोस्टिगमा, रुटा**
आँखों में भार (स्ट्रेन) – **जेल्सिमियम, ऐगेरिकस, रुटा, नेट्रम म्यूर**
एस्टीगमेटिज्म – **जेल्सिमियम, लिलियम टिग, फाइसो स्टिगमा (फाइसोस्टिगमा)।**
होम्योपैथिक विशेषज्ञ की राय पर ही दवायें इस्तेमाल करें।

—:::::::—

बहरापन (Deafness)

तुरंत जानकारी के लिए

लक्षण

- तीन माह का शिशु आवाजों की तरफ ध्यान न दे या अपना सिर उस तरफ न घुमाये जहां से आवाज आ रही हो।
- एक वर्ष का बच्चा ज्यादा शब्द न बोल पाये।
- दो वर्ष का बच्चा दो या तीन शब्दों वाले वाक्य न बोल पाये।
- पांच वर्ष के बच्चे की बात कोई दूसरा व्यक्ति न समझ पाये।
- स्कूल में सीखने संबंधी परेशानी।
- साधारतया ऐसा लगे कि बच्चा सुन नहीं पा रहा है।

घर पर चिकित्सा

- यह इस बात पर निर्भर करता है कि किस प्रकार का और किस वजह से बहरापन है, इसके लिए पहले डॉक्टरी परामर्श आवश्यक है।
- बच्चे के कान में दर्द होने पर भी डॉक्टर से राय लें।

सावधानियां

- हर बच्चे की सुनने की शक्ति की जाँच की जानी चाहिये ताकि पता लग सके कि कहीं बच्चे में बहरापन तो नहीं और ऐसा होने पर बहरे बच्चे को विशेष ट्रेनिंग स्कूल में भेजा जा सके।
- कभी भी बच्चे के कान में कोई तीली जैसी नोकिली वस्तु (यहां तक की रोई का फोया भी) न डालें।
- गर्भवती महिला को रूबेला संक्रमण होने से उसका गर्भस्थ बच्चा बहरा हो सकता है, इसलिए गर्भावस्था में इस बीमारी से बचाव के लिए अपने डॉक्टर की राय लें व रोग निरोधक टीका गर्भ धारण करने से तीन माह पूर्व लगवायें।

संबंधित विषय

* जुकाम
* कान में दर्द
* कान बहना

श्रवणशक्ति का कम होना या पूरी तरह न सुन पाना, 'बहरापन' कहलाता है। श्रवणशक्ति का कम होना, एक अथवा दोनों कानें में हो सकता है। बच्चे को जन्म से ही या फिर किसी भी उम्र में बहरापन हो सकता है।

सुनने की क्रिया तब संभव हो पाती है, जब ध्वनि तरंगें कान की नली से होकर कान के पर्दे तक पहुँचती हैं और उसमें कम्पन पैदा करती हैं। यह कंपन तीन छोटी छोटी हड्डियों से होता हुआ कान के बीच के भाग में पहुँचता है। फिर वहाँ से यह कान के अंदर के भाग में पहुँचकर आँठवी क्रेनियल नर्व द्वारा मस्तिष्क तक पहुँचता है। क्रेनियल नर्व कान के अंदर के भाग से इस कंपन को विद्युतीय तरंगों के रूप में ग्रहण करता है। मस्तिष्क इन विद्युतीय तरंगों को ध्वनि के रूप में सुन लेता है। इन अंगों में कहीं भी कोई भाग नष्ट हो गया हो, तो बहरापन हो सकता है, जिसके कारण सुनने की शक्ति प्रभावित होती है।

कान की नली (इअर केनाल) में मैल जमने से या कोई बाहरी वस्तु के फँसने से या तैराकों को कान में सुनने संबंधी समस्या हो सकती है।

कान के पर्दे (इयर ड्रम) व मध्य भाग (मिडल इयर) में नाक व कान को जोड़ने वाली ट्यूब जिसे कि 'इयुश्चन ट्यूब' कहते हैं उसमें सूजन आने से श्रवण शक्ति प्रभावित होती है। कान के पर्दे में संक्रमण से, पर्दे में छेद होने से या मवाद बहने से, अंदर के भाग में चोट या संक्रमण से बहरापन हो सकता है।

आँठवी क्रेनियल नर्व में कई तरह की समस्यायें हो सकती हैं, जैसे कि नर्व ही पूरी तरह से न बनी हो या गर्भावस्था में मां को रूबैला संक्रमण के कारण बच्चे की नर्व, संक्रमण की वजह से नष्ट हो गई हो। जन्म के बाद बच्चे को किसी चोट या वायरस संक्रमण (कनफेड़, खसरा) या जीवाणु संक्रमण (मेनिनजाइटिस) से भी नर्व नष्ट हो सकती है। कई दवाओं का भी प्रभाव इस नर्व पर पड़ सकता है।

लक्षण एवं चिन्ह

बच्चे के व्यवहार को देखकर बहरेपन के लक्षणों को पहचाना जा सकता है।

चिकित्सा

बहरेपन की जाँच विशेषज्ञ ही विशेष औजारों द्वारा कर सकते हैं। बहरे बच्चे की विशेष शिक्षा जितनी जल्दी शुरू की जा सके, चाहे बच्चा एक दो वर्ष का ही क्यों न हो, अच्छा रहता है।

होम्योपैथिक चिकित्सा

एड़ीनोइड्स व टॉन्सिल्स बढ़े होने के कारण – *एग्रेफिस, बेराइटा कार्ब, कल्क फॉस, नाइट्रिक एसिड, स्टैफ*
ऑडटरी नर्व के प्रभातित होने पर – *चीनोपोडियम*
देखें 'संबंधित विषयों' की चिकित्सा।

–:::::::–

कान का दर्द (Ear Ache)

तुरंत जानकारी के लिए

लक्षण

- हल्का या तेज दर्द

अन्य सम्भव लक्षण

- बुखार
- नाक का बंद होना
- सुनने संबंधित समस्या

घर पर चिकित्सा

- दर्द कम करने के लिए कोई सा भी दर्द निवारक दिया जा सकता है।
- कान पर हल्का ताप देने से दर्द घटता भी है और कभी ज्यादा तेज भी हो सकता है।
- कान को सुन्न करने वाली ड्रॉप्स डालने से पहले अपने डॉक्टर की राय अवश्य लें।
- नाक के बंद होने के कारण कान में दर्द हुआ हो तो पहले नाक की कनजेशन दूर करने की दवा दें।

सावधानियां

- कान में भयंकर पीड़ा होने पर अपने डॉक्टर से सम्पर्क करें।
- कुछ घंटों से ज्यादा देर तक कान में दर्द बना रहने पर भी डॉक्टर से सम्पर्क करें।

- किसी भी कारणवश बच्चे के कान में कोई बाहरी वस्तु (यहां तक की रूई का फोया भी) न डालें।
- नाक बंद होने पर बच्चे को तैराकी नहीं करनी चाहिए।
- दो वर्ष से छोटे बच्चों के सिर को पानी के अंदर नहीं डुबाना चाहिए।
- नाक के बंद होने पर इसकी चिकित्सा कर ली जाये तो कान की काफी समस्याओं से बचा जा सकता है।
- जिन बच्चों के कान तैराकी करने के बाद दर्द करते हों उन्हें डॉक्टर की सहायता से अपने कानों की सफाई करवानी चाहिए।
- तैराकी से पहले कानों को ढकने की व्यवस्था करनी चाहिए।

संबंधित विषय

* फुंसियाँ
* जुकाम
* बहरापन
* कान बहना
* ग्रंथियों में सूजन
* हे फीवर
* मेनिनजाइटिस

कान में दर्द किसी भी उम्र के बच्चे को हो सकता है। हालाँकि आठ वर्ष की आयु के पश्चात यह काफी कम देखने को मिलता है।

कान में दर्द होने का मुख्य कारण इयुश्चन ट्यूब (नाक व मध्य कान को जोड़ने वाली नली) का बंद होना होता है। यह ट्यूब नाक में एलर्जी के कारण, नजले या सिर में ठंड लगने पर, एडीनोइड्स (नाक व गले के बीच के रास्ते में लिफं ग्रंथि) में संक्रमण होने पर, ताजे या क्लोरीन युक्त पानी में तैराकी करने पर या हवाई जहाज की यात्रा करने पर बंद हो सकती है। इस रूकावट के कारण कान के मध्य भाग में खाली स्थान बन जाता

है जो कि कान के पर्दे पर दबाव पैदा करता है और बीच के खाली भाग में स्राव जमा हो जाता है, यदि यह रुकावट बनी रहे तो कान के मध्य भाग में पीब पड़ जाती है (ओटाइटिस मीडिया) और इस समय तीव्र पीड़ा होती है। यदि कान का पर्दा फट जाए तो स्राव कान से बाहर की तरफ बहने लगता है तो पीड़ा कम हो जाती है।

कान में दर्द होने के अन्य कारणों में कान में किसी बाहरी वस्तु का फंसना, मैल (इअर वैक्स) का जमना, जबड़े व़ जाड़ में दर्द या कान में फुंसी हो सकते हैं। कान में चिमटी, माचिस की तीली, नाखून व रूई के फोये डालने अथवा खुजलाने पर फुंसी हो सकती है।

यदि कान के मध्य भाग के संक्रमण को बगैर इलाज ही छोड़ दिया जाए तो 'मेस्टोईडाइटिस' (कान के पीछे की हड्डी) में संक्रमण, मेनिनजाइटिस, कान के पर्दे में छेद व कान बहना जैसी जटिलताएँ हो सकती हैं। कान के मध्य व बाहरी भाग में संक्रमण होने से लिफं ग्रंथियों में सूजन व दर्द हो सकता है।

लक्षण एवं चिन्ह

कान में दर्द हल्का या फिर बहुत तेज़ हो सकता है। दर्द लगातार या रूक रूक कर या सिर्फ चबाते वक्त अथवा डकार लेते व नाक साफ करते वक्त हो सकता है। यह जरूरी नहीं कि कान में दर्द होने के साथ बुखार या जुकाम के लक्षण भी हों। कभी कभी सुनने की क्षमता भी प्रभावित हो सकती है। कान के मध्य भाग में संक्रमण पनपते वक्त कान में भयंकर व फड़कने वाला दर्द होता है। कान का पर्दा फट जाने पर दर्द जल्द ही कम हो जाता है। यदि कान में कोई बाहरी वस्तु, फुंसी व मैल या फिर कान की नली में संक्रमण हो तो दर्द धीरे-धीरे बढ़ता व हल्का होता है। कान के बाहरी भाग में हाथ लगाने से दर्द बढ़ता है।

यदि आपका बच्चा बहुत छोटा है तो वह आपको अपने दर्द के बारे में रोकर बताता है। छोटा बच्चा लगातार रोते हुए अपना हाथ कान पर मारता है।

चिकित्सा

दर्द का कारण जानने के लिए बच्चे के कान, नाक, गले व गर्दन की जांच की जाती है। 'ओटाइटिस मीडिया' होने पर डॉक्टर 5 से 10 दिन तक एंटीबायोटिक्स का कोर्स देते हैं। नाक में डालने की दवा भी दी जा सकती है।

होम्योपैथिक चिकित्सा

कान दर्द – *केमोमिला, पल्स, सल्फ*

कान के पिछले भाग में दर्द – *साइलीशिया*

छेदने के भाँति दर्द – *मर्क सोल*

जलन वाला दर्द – *मर्क सोल*

चुभन वाला दर्द – *एपिस*

फड़कने वाला दर्द – *बेल, नाइट्रिक एसिड, पल्स*

असहनीय दर्द – *एकोनाइट, केमोमिला*

कान के साथ गले में दर्द – *बेल, पल्स*

ऐंठन वाला दर्द – *मेग फॉस*

जुकाम के पश्चात दर्द – *पल्स*

मीजल्स के पश्चात – *पल्स*

ठंड लगने पर हुआ दर्द – *एकोनाइट*

ठंडी शुष्क हवा से – *एकोनाइट, मेग फॉस*

—:::::::—

होते ही दुबारा से दर्द बढ़ जाये। गर्म चीज़ें खाने पीने पर दर्द का अत्याधिक बढ़ना–*कॉफिया क्रूडा*

दाँत को भरवाने या उखड़वाने के कारण दर्द, गर्म सेंक या सिर लपेटने पर दाँत के दर्द में आराम–*नक्सवोमिका*

दाँत का दर्द कानों तक जाये, खिंचाव, चुभन व फड़कने वाला दर्द–*सीपिया*

–:::::::–

चिकित्सा

दर्द का कारण जानने के लिए बच्चे के कान, नाक, गले व गर्दन की जांच की जाती है। 'ओटाइटिस मीडिया' होने पर डॉक्टर 5 से 10 दिन तक एंटीबायोटिक्स का कोर्स देते हैं। नाक में डालने की दवा भी दी जा सकती है।

होम्योपैथिक चिकित्सा

कान दर्द – *केमोमिला, पल्स, सल्फ*

कान के पिछले भाग में दर्द – *साइलीशिया*

छेदने के भाँति दर्द – *मर्क सोल*

जलन वाला दर्द – *मर्क सोल*

चुभन वाला दर्द – *एपिस*

फड़कने वाला दर्द – *बेल, नाइट्रिक एसिड, पल्स*

असहनीय दर्द – *एकोनाइट, केमोमिला*

कान के साथ गले में दर्द – *बेल, पल्स*

ऐंठन वाला दर्द – *मेग फॉस*

जुकाम के पश्चात दर्द – *पल्स*

मीजल्स के पश्चात – *पल्स*

ठंड लगने पर हुआ दर्द – *एकोनाइट*

ठंडी शुष्क हवा से – *एकोनाइट, मेग फॉस*

—:::::::—

कान का बहना (Draining Ear)

तुरंत जानकारी के लिए

लक्षण

- कान से किसी भी प्रकार का स्राव

घर पर चिकित्सा

- घर पर स्वयं चिकित्सा न कर तुरंत डॉक्टर से संपर्क करें।
- यदि कान में भयंकर दर्द हो तो डॉक्टर के सम्पर्क से पहले कोई सी दर्द निवारक दवा जैसे कि एस्प्रीन या पेरासिटामोल बच्चे को दे सकते हैं या होमयोपैथिक दवा दें जैसे कि बैल, केमोमिला या एकोनाइट।

बहता हुआ कान 12 से 24 घंटे के अंदर ही तुरंत डॉक्टर को दिखा लें।

सावधानियां

- डॉक्टर को बहता कान 12 से 24 घंटों के भीतर अवश्य दिखा लें।
- बहते हुए कान को रूई के फोये से बंद न करें।
- कान में फंसा हुआ पदार्थ रूई के फोये या कोई वस्तु कान के अंदर डालकर साफ करने का प्रयास न करें।
- कान की धुलाई न करें क्योंकि कान का पर्दा भी फटा हो सकता है।

संबंधित विषय

* बहरापन
* कान में दर्द

जब क़ान के अन्दर से किसी भी प्रकार का असामान्य स्राव या तरल पदार्थ निकले तो इसे कान का बहना कहते हैं। कान से सामान्य तौर पर एक चिकना मोम जैसा पदार्थ निकलता है जिसे इअरवैक्स कहते हैं। इसका रंग साधारणतया भूरा होता है। परंतु नहाते या तैराकी करते वक्त पानी से मिलकर इसका रंग पीला भी हो सकता है। इसमें हल्की सी गंध होती है और यह काफी मात्रा में कान से नहीं बहता और न ही रक्त मिश्रित होता है।

कान से किसी भी प्रकार के स्राव का बहना किसी बीमारी का संकेत होता है। यह कान के मध्य भाग में संक्रमण, बाहरी वस्तु फ़ंसी होने पर, स्वीमर्स इअर (कान की नली में तैरने के पश्चात हुआ संक्रमण) किसी चोट व संक्रमण के कारण कान के पर्दे का फटना व छिदना, कान के अंदर किसी बाहरी वस्तु का फँसना, कान के मध्य भाग में ट्यूमर (गांठ) अथवा खोपड़ी की हड्डी के निचले भाग में फ्रैक्चर की वजह से हो सकता है।

लक्षण एवं चिन्ह

कान से निकलने वाला असामान्य स्राव पतला, पानी की तरह, रक्त मिश्रित, बदबूदार सफेद, हरे अथवा पीले रंग का हो सकता है।

चिकित्सा

डॉक्टर सावधानी पूर्वक बच्चे के कान साफ कर जांच करते हैं ताकि कारण का पता लगाया जा सके। कान के अंदर से स्राव होने का कारण जानने के पश्चात तदानुसार दवाइयों द्धारा, कान में दवा डालकर, फंसी बाहरी वस्तु निकालकर, बच्चे के सिर का एक्सरे व ट्यूमर का ऑपरेशन कर चिकित्सा की जाती है। फटे हुए कान के पर्दे के लिए लंबे समय तक बच्चे को एंटीबायोटिक्स खिलाये जाते हैं जब तक कि पर्दा पूर्णतया ठीक होकर बच्चे को ठीक सुनाई पड़ना आरंभ हो न जाये।

नहाते समय यह सावधानी लें कि कान में पानी नहीं जाये, नहीं तो दुबारा संक्रमण हो सकता है।

होम्यापैथिक चिकित्सा

रक्त मिला स्राव – *कल्क सल्फ, मर्क सोल*

दुर्गंध युक्त – *केल्क सल्फ, हीपर सल्फ, काली बाईक, मर्क सोल, पल्स*

गाढ़ा – *केल्क सल्फ, काली बाईक, पल्स*

पतला – *काली सल्फ*

पीला हरा – *पल्स*

पीला – *काली बाई, काली सल्फ, पल्स।*

—:::::::—

कर्ण छेदन में समस्यायें (Ear Boring Problems)

तुरंत जानकारी के लिए

लक्षण

- इअर लोब में लाली
- खुजली व त्वचा का परत में झड़ना
- इअर लोब में सूजन
- इअर लोब में गाँठ
- छूने में दर्द
- इअर लोब से स्राव
- छिदे भाग के आसपास की त्वचा का कटना फटना
- चोट लगने से इअर लोब का कटना।

घर पर चिकित्सा

- किसी भी लक्षण के नजर आते ही कान में पहनी वस्तु उतार दें और जब तक वह स्थान पूरी तरह ठीक न हो जाये कुछ भी कान में न पहनें।
- एंटीबायोटिक मलहम कान के आगे पीछे लगा लें।
- इअर लोब को गर्म पानी से धोयें।

सावधानियां

- यदि बैचेनी ज्यादा हो और घर पर दवा लगाने से आराम न आ रहा हो तो डॉक्टर को दिखायें।
- संक्रमण के लक्षण, सूजन, लाली, गांठ, दर्द, स्राव, स्थान के कटने फटने पर तुरंत डॉक्टर को दिखायें।

- छोटे डंडे वाला या सख्त बुंदा कान में न पहनें।
- गहनों के पीछे के पेंच बहुत सख्ताई से न लगायें।
- जिस धातु से कानों में एलर्जी होती हो उसे दुबारा न पहनें।
- एथलेटिक्स या डांस करने वक्त बड़े-बड़े कुंडल व हुक वाले कान के झुमके न पहनें।

संबंधित विषय

* एक्ज़ीमा
* दाने

कानों को छेदने पर इअर लोब्स में परेशानी हो सकती है। यह समस्यायें सिर्फ परेशान ही नहीं करती अपितु कई बार गंभीर भी होती हैं। कान में आमतौर पर कुछ पहनने से संक्रमण, एक्ज़ीमा और चोट लगने जैसी समस्यायें होती हैं। जब कान छेदने के बाद पूरी सावधानी न बरती जाये तो इस प्रकार की समस्यायें पैदा हो जाती हैं।

इअर लोब्स में ऑपरेशन के तुरंत बाद संक्रमण, कान छेदने में संक्रमण रहित विधि न इस्तेमाल करने पर होता है। यदि कान में पहनने वाली वस्तु सही प्रकार से फिट नहीं है, कान के बुंदों का डंडा छोटा है और उसे सख्ताई से फिट कर दिया गया है तो दबाव पड़ने से कान के लोब में चोट पहुँचती है। उस भाग के दबे रहने के कारण संक्रमण ज्यादा जल्दी होते हैं। कई बार बिना साफ किये कान के बुंदे पहनने पर भी संक्रमण हो सकता है।

यदि बच्चा सस्ते किस्म के कान के बुंदे पहनता है, तब कभी कभी उसमें इस्तेमाल की गई धातु से बच्चे को एलर्जी हो सकती है और यही एक्ज़ीमा का रूप धारण कर लेती है। कान के लोब की त्वचा लाल पपड़ी वाली दिखाई देती है। इसमें खुजली होती है व कई बार संक्रमण भी हो जाता है।

कान में चोट लगने का मुख्य कारण होता है, यदि एथलेटिक्स व डांस के दौरान कुंडे वाले बड़े कुंडल कान में पहने जायें। ऐसे कुंडल कहीं भी अटकने पर कान को दो भागों में फाड़ देते हैं।

लक्षण एवं चिन्ह

कान में एक्ज़ीमा के लक्षण हैं – त्वचा में लाली, खुजली, बेचैनी व पपड़ी सी उतरना। संक्रमण होने पर सूजन, लाली, इअर लोब्स में गांठ, छूने में दर्द, स्राव व छेदे गये स्थान के आसपास कटी फटी सी त्वचा इत्यादि।

चिकित्सा

संक्रमण को रोकने के लिए एंटीबायोटिक्स द्वारा चिकित्सा की जाती है। कान के कटने पर शल्यचिकित्सा द्वारा इसे दुबारा से सिला जाता है।

होम्योपैथिक चिकित्सा

लीडम पाल 200 की एक खुराक प्रतिदिन तीन दिन तक दें।
धातु से एलर्जी – *आर्सेनिक*
केलेन्डुला मलहम लगायें।

—:::::::—

मुँहासे (Acne)

तुरंत जानकारी के लिए

लक्षण

- चेहरे पर काली कीलें
- सफेद कीलें
- फुंसियाँ

घर पर चिकित्सा

- मुँह को हल्के साबुन व पानी से दिन में दो बार अच्छी तरह से धोयें।
- पर्याप्त मात्रा में फल, सब्जियां, रेशे युक्त भोजन व पानी का इस्तेमाल करें।

सावधानियां

- प्रकृति का नियम है कि वह किसी भी रोग से छुटकारा पाने के लिए शरीर की सहायता करती है। मुँहासों को नोचना, छीलना नुकसानदायक होता है। उन्हें स्वयं ठीक होने दें।

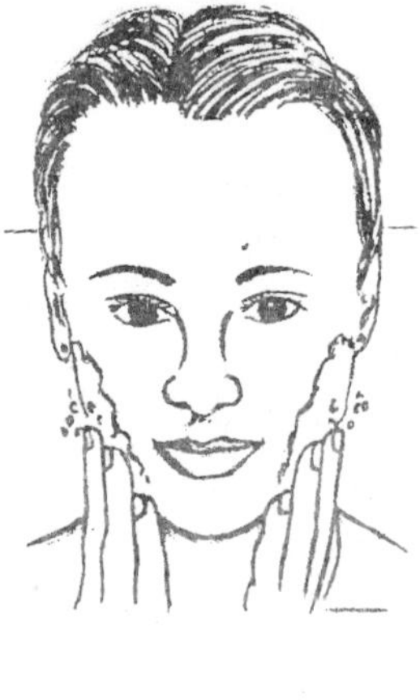

- गन्दे नाखूनों व ऊँगलियों द्वारा उन्हें ना छेड़कर संक्रमण से बचायें।
- त्वचा को मेडीकेटेड (दवा युक्त) साबुन से बार-बार ना धोयें।
- ऐसे खाद्य-पदार्थ ना खायें जिन से मुहांसे बढ़ते हों।
- कब्ज न होने दें।
- तेलयुक्त प्रसाधन सामग्री का प्रयोग ना करें।
- चेहरे पर मरहम इत्यादि का प्रयोग बिना डॉक्टरी राय के ना करें।
- मुँहासों पर नींद का भी प्रभाव पड़ता है। इसलिए भरपूर नींद लें।
- नियमित व्यायाम करें।
- मानसिक तनाव से बचें।

संबंधित विषय

* फुंसियाँ

मुँहासे अक्सर किशोरावस्था में अधिक देखने को मिलते हैं। ये त्वचा की सतहों में विभिन्न परिवर्तनों की वजह से त्वचा के किसी भी भाग पर हो सकते हैं। मुँहासे विभिन्न रूप में सामने आ सकते हैं जैसे कि बिना पस की फुंसी (पेप्यूल) पसदार फुँसी (पस्चयूल) या पुटी (सिस्ट) नजर आ सकती है। कभी कभी मुँहासे के साथ कील निशान भी नज़र आते हैं।

मुँहासे की उत्पत्ति का मुख्य कारण पुरुष हारमोन्स का अधिक बढ़ना एवं प्रभाव है। इसलिए ये रोग लड़कों को अधिक प्रभावित करता है। लड़कियों में भी इसकी उग्रता का प्रभाव पड़ता है। प्रायः यह देखा गया है कि मुँहासे मासिक स्राव से पहले अथवा उसके पश्चात बढ़े हुए होते हैं। यह शायद हारमोंस के प्रभाव के कारण होता है।

मानसिक परेशानी भी मुँहासे उत्पन्न कर सकती है। इसलिए विद्यार्थियों में परीक्षा से पहले यह प्रायः बढ़े हुए देखे जाते हैं। आहार से

मुँहासों का क्या संबंध है, यह तो साबित नहीं हो पाया है, किन्तु गरिष्ठ भोजन व कब्ज पैदा करने वाले आहार मुँहासों का कारण होते हैं।

नम एवं गर्म वातावरण में रहने वाले बच्चे, ठंडे प्रदेशों अथवा देशों में रहने वाले लोगों की अपेक्षाकृत अधिक प्रभावित होते हैं।

कई बार औषधियों का प्रयोग करने से जैसे कि स्टीरोइड्स, हारमोंस चिकित्सा, आयोडाइड तथा ब्रोमाइड का प्रयोग या क्षयरोग की चिकित्सा के दौरान भी बच्चों को मुँहासे हो सकते हैं।

चिकित्सा

मुँहासों की चिकित्सा का आधार रहता हैः-

तेल नलिका में अवरोध की रोकथाम, अत्यधिक तेल स्राव पर अंकुश, रोम तेल ईकाई (पाइलोसेबेशियसयूनिट) का शोथ से बचाव, चिकित्सा या शल्य चिकित्सा द्वारा निशानों को हटाना।

होमयोपैथिक चिकित्सा

चेहरे पर मवाद युक्त एवं मवाद रहित फुंसियाँ, ठोड़ी पर पीला छिलका जमे दाने, पेट की गड़बड़ी के कारण मुँहासे, दानों में खुजली एवं जलन, खट्टे अचार, अम्लीय पदार्थ के खाने की इच्छा–*एन्टिम क्रूड*

चेहरे पर छोटी छोटी लाल फुंसियां। आर्निका टिंक्चर के एक भाग में नौ भाग पानी मिलाकर चेहरा साफ करें–*आर्निका मोन्टेना*

मोटे सख्त जड़ के मुँहासे जिनके मुँह पर मवाद जमा हो। त्वचा खुष्क, छिलकेदार एवं खुजली, बच्चे को नज़ला अधिक होता हो–*आर्स आयोड*

नाक के चारों ओर एवं ठोड़ी पर लाल दाने–*एस्टिरियासरुबेन्स*

बर्बेरिस एक्वीफोलियम इस दवा के निरंतर प्रयोग से चेहरे का रंग भी साफ होता है। 10 बूंद टिंक्चर की 1/2 कप पानी में मिलाकर सुबह शाम पीयें। इसके टिंक्चर को चेहरे पर रुई द्वारा लगायें।

सौन्दर्य प्रसाधन की वस्तुएं इस्तेमाल करने के पश्चात हुए मुँहासे। मुँहासे का गर्मियों में बढ़ना–*बोविस्टा*

बसंत ऋतु में मुँहासों का बढ़ना–*आर्स ब्रोम*

किशोरियों में मासिक स्राव की गड़बड़ी के साथ उत्पन्न हुए मुँहासे–*कलकेरिया फॉस*

इस दवा की 200 शक्ति सभी प्रकार के मुँहासों में यदि दिन में तीन बार ली जाये तो लाभकारी सिद्ध होती है–*लीडम पाल*

पीले रंग के गाढ़े स्राव के साथ पस वाली फुंसियाँ–*कल्क सल्फ*

यह कब्ज को भी दूर करती है। इसकी 6 गोली का प्रयोग करें–*काली म्यूर*

चेहरे की त्वचा पर अत्यधिक तेल, कब्ज, नमक खाने की अत्यधिक इच्छा मानसिक तनाव व अवसाद–*नैट्रम म्यूर*

पाचन तन्त्र के विकार सहित मुँहासे–*नक्स वोमिका,* इसके साथ साथ कई दवाओं का प्रयोग जैसे कि *काली आर्स, हिपर सल्फ, क्रियोजोट मेजिरियम, सल्फर* इत्यादि का प्रयोग लक्षणों के आधार पर किया जाता है।

–:::::::–

मुख वर्ण/मुँह में छाले (Thrush)

तुरंत जानकारी के लिए

लक्षण

- सफेद परतदार धब्बे जो कि जीभ व मुँह के अंदर होते हैं।

घर पर चिकित्सा

- डॉक्टर द्वारा बताई गई चिकित्सा व सावधानियां बरतें।
- बच्चे के मुँह में डाले जाने वाली सभी वस्तुओं को भली प्रकार धोकर संक्रमण रहित कर दें।

सावधानियां

- एंटीबायोटिक दवाओं द्वारा चिकित्सा के तुरंत बाद, पोषक तत्त्वों की कमी व किसी लंबी बीमारी के पश्चात अक्सर छाले हो सकते हैं।
- स्तनपान कराने वाली मां के स्तनों में यदि संक्रमण हो तो जल्द कोई दवा इस्तेमाल करनी चाहिए ताकि बच्चे तक संक्रमण न पहुँचे।
- सफेद धब्बे यदि केवल जीभ पर ही हों तो वह अक्सर छाले के कारण नहीं होते।
- यदि बच्चे को जल्दी-जल्दी यह संक्रमण हो रहा हो तो डॉक्टरी सहायता लेनी चाहिए।
- बच्चा गंदी वस्तुएं यदि मुँह में डाले तो थ्रश का संक्रमण हो सकता है।

'थ्रश' एक प्रकार की फफूंद 'केंडिडा एल्बीकेन्स' द्वारा मुँह में होने वाला संक्रमण है। यह अक्सर जन्म के तुरंत पश्चात नवजात शिशुओं व घुटने चलने वाले बच्चों में देखने को मिलता है। एंटिबायोटिक्स दवाओं का

इस्तेमाल किसी लंबे समय तक के रोग के लिए किया जाये अथवा शरीर में पोषक तत्वों की कमी के तदुपरांत भी थ्रश हो सकता है।

लक्षण एवं चिन्ह

थ्रश के कारण जीभ, मुँह के तालू, मसूढ़ों व होठों तथा गालों के भीतरी भाग में सफेद परत के धब्बे से जम जाते हैं, दही की परत जैसे। यह सफेद धब्बे जिन्हें कि 'प्लाक्स' के नाम से जाना जाता है साफ करने पर भी जमे रहते हैं। आमतौर पर थ्रश के और कोई लक्षण नहीं होते। इसका निदान कि यह फंफूद केडिंडा के कारण ही है, प्रयोगशाला जाँच द्वारा किया जाता है।

चिकित्सा

डॉक्टर थ्रश के कारण की जाँच करते हैं कि बच्चे में इस संक्रमण की प्रवृत्ति क्यों है? दूध पिलाने वाली मां के निप्पल व योनि की जाँच भी की जाती है।

(केडिंडा संक्रमण अक्सर योनि में होने वाला फंफूद का संक्रमण है जो कि जन्म के वक्त मां से बच्चे में फैल सकता है।)

होम्योपैथिक चिकित्सा

बच्चे के मुँह, मसूढ़ों व जीभ में छाले – *बोरेक्स, काली म्यूर, मर्कसोल, नेट्रम म्यूर, सल्फ्यूरिक एसिड*

स्तनपान करने वाले बच्चों में – *बोरेक्स, काली म्यूर*

जीभ व मसूढ़ों में – *सल्फ्यूरिक एसिड*

जीभ में सफेद परत – *काली म्यूर, नेट्रमम्यूर*

मुँह में गर्मी/सूखापन/रक्तस्राव – *बोरेक्स*

दूध पिलाने व छूने पर दर्द – *बोरेक्स*

—:::::::—

मसूढ़ों का छाला (Gum Boil)

तुरंत जानकारी के लिए

लक्षण

- सड़े हुए दाँत की जड़ पर सूजन अथवा पिंपल की भांति छाला
- संबंधित दाँत में चोट व दाँत का रंग बदलना

घर पर चिकित्सा

- कोई दर्द निवारक दिया जा सकता है।
- नमक मिले गुनगुने पानी से बच्चे को कुल्ले करवायें अथवा प्रभावित भाग में गर्म पानी में भीगी रूई के फोये रखें।
- यदि दाँत स्वयं उखड़ रहा हो तो इसे निकाल देना चाहिए ताकि पीब स्वयं बाहर आ जाये। इससे समस्या अपने आप ठीक हो जाती है।
- यदि दाँत ढीला न हो या दूध का दंत न होकर पक्का दाँत हो तो दंत चिकित्सक की राय लेनी चाहिये।

नमक मिले गुनगुने पानी से कुल्ले करने पर सूजन व दर्द में राहत मिलती है। साथ ही मसूढ़ों के छालों से पीब भी बाहर निकलने में मदद मिलती है।

सावधानियां

- गमबॉयल को 'कैंकर सोर' नहीं समझना चाहिये (कैंकर सोर गम बाइल की भांति ऊपर को नहीं उभरता)।
- यदि बच्चे के मोलरदाँत (जाड़े) समय से पहले टूट जायें तो पक्के दातों की दूरी व ढांचे पर प्रभाव पड़ता है।
- कुछ दंत चिकित्सकों का मानना है कि यदि गम बॉइल बच्चे को दूध के दाँतों में पक्के दाँत निकलने से पहले निकल रहे हों तो इससे पक्के दाँतों को खतरा पहुँच सकता है, इसलिए गमबॉइल होने पर दंत चिकित्सक की राय अवश्य लें।

संबंधित विषय

* दाँत में दर्द

गमबॉइल या मसूढ़े का छाला एक ऐसा एबसेस (ऊतकों में पीब भर जाना) है जो कि मसूढ़े के अंदर सड़े हुए दाँत की जड़ पर होता है। दाँत की जड़ तक संक्रमण पहुंच जाने पर यह फोड़े का रूप धारण कर लेता है। मसूढ़े का छाला अक्सर दूध के दाँतों में ही होता है पक्के दाँत आ जाने पर कम देखने को मिलता है। सड़े हुए दाँत अथवा चोट के कारण टूटे दाँत का इलाज न करवाने पर भी गमबॉइल हो सकते हैं।

लक्षण एवं चिन्ह

गमबॉइल को देखने से ही पहचाना जा सकता है। मुँहासे का सा दिखने वाला छाला सड़े हुए दाँत की जड़ पर उस स्थान में होता है जहां होंठ व मसूढ़े मिलते हैं। कई बार इस भाग में दर्द भी होता है। कभी कभी इसमें से पीली पीब निकलती है। अक्सर इसके होने से पहले जुड़े दाँत में चोट लगी होती है। (फ्रैक्चर या दाँत का रंग बदला होना) अथवा खोखला दाँत या कुछ समय पहले भरा दाँत होता है। दाँत को थपथपाने पर उसमें दर्द होता है और वह हिलता सा प्रतीत होता है।

चिकित्सा

यह दंत चिकित्सक पर ही निर्भर करता है कि वह दाँत को रहने दे या निकाल दे अथवा भर दे। कई बार दाँत को बचाने के लिए रुट केनाल वर्क भी किया जाता है।

होम्योपैथिक चिकित्सा

दाँत की जड़ पर फोड़ा – *हिपर सल्फ, मर्क सॉल, साइलीशिया बेल* व *हेक्लालावा* 3 भी दे सकते हैं।

—:::::::—

- दाँत में दर्द वाले स्थान पर गर्म सेंक न करें।
- यदि पानी में फ्लोराइड की मात्रा कम हो तो बच्चे को दाँतों की सुरक्षा के लिए अतिरिक्त फ्लोराइड दी जानी चाहिए।
- बच्चे को प्रतिदिन दाँत साफ करने की आदत डलवायें।
- चॉकलेट, कैंडी आदि के प्रयोग के पश्चात बच्चे को कुल्ला करने को कहें।

संबंधित विषय

* मसूढ़े में फोड़ा
* दाँत निकलना

बच्चों में दाँत का दर्द उठना एक आम समस्या है। यह दर्द दाँत में चोट लगने के कारण, मसूढ़ों व दाँत में संक्रमण (इन्फैक्शन) के कारण या दाँतों की जड़ पर फोड़ा बन जाने के कारण होता है।

लक्षण एवं चिन्ह

यदि दाँत के नीचे का मसूढ़ा सूजा हुआ हो, लाल हो या खोखलापन (केविटी) नज़र आये तो दाँत में दर्द होना निश्चित है।

चिकित्सा

एलोपैथिक डॉक्टर दाँत का संक्रमण दूर भगाने के लिए एंटीबायोटिक्स दवायें देते हैं। साथ ही दर्द कम करने के लिए दर्द निवारक दवायें दी जाती हैं। वैसे दाँतों में तकलीफ होने पर डेंटिस्ट द्वारा ही उपचार करवाना उचित रहता है।

होम्योपैथिक चिकित्सा

प्लेन्टेगो टिंक्चर को दाँत पर लगायें।

मुँह में ठंडा पानी रखने पर दाँत के दर्द में आराम मिले, पानी के गर्म

दाँत का दर्द (Toothache)

तुरंत जानकारी के लिए

लक्षण

- दर्द
- मसूढ़ो में लाली और सूजन

घर पर चिकित्सा

- कोई भी दर्द निवारक दवा दें
- जबड़े पर बर्फ से सिकाई करें।

सावधानियां

- 2 या 3 वर्ष की आयु के पश्चात अपने बच्चे के दाँतों की नियमित जाँच डेंटिस्ट द्वारा करवाते रहें।

बर्फ की सिकाई से बच्चे को आराम पहुँचता है। गर्म पानी की सिकाई से दर्द बढ़ सकता है।

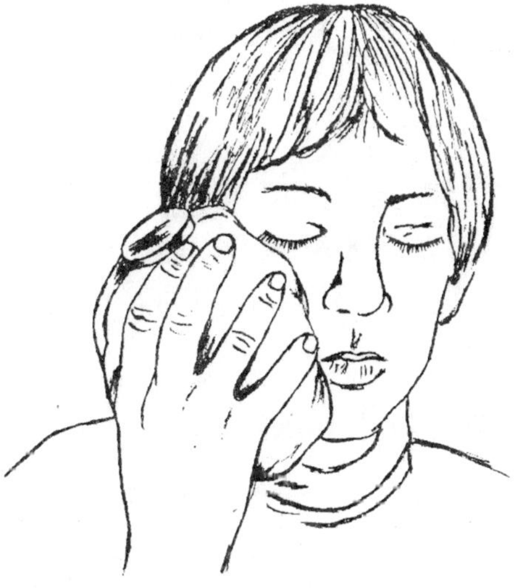

दाँत निकलना (Toothing)

तुरंत जानकारी के लिए

लक्षण

- मुँह से लार टपकना
- चिड़चिड़ापन
- नींद में कमी
- भूख मे कमी
- दर्द व बैचेनी
- उँगलियाँ व अन्य वस्तुएं चबाना

घर पर चिकित्सा

- बच्चे को सूखे टोस्ट, रस्क इत्यादि खाने को दें।
- बाजार में मुँह में डालने की चाबी अथवा रिंग मिलते हैं, वे साफ कर बच्चे को दिये जा सकते हैं, इनसे दाँत निकलने में मदद मिलती हे।
- बच्चे को अत्यधिक दर्द होने पर दर्द निवारक दवा दी जा सकती है।

सावधानियां

- बच्चे के लक्षण देखते ही तुरंत यह नहीं सोच लेना चाहिए कि इसक दाँत निकल रहे हैं, अन्य कारणों की तरफ भी ध्यान दें।
- दाँत निकलते वक्त बच्चे के खान पान में अरुचि होने पर जबरदस्ती कर नहीं खिलाना चाहिए।

- दस्त व उल्टियों का दाँत निकलने से कोई संबंध नहीं है, जब तक कि बच्चे के आहार में कोई विशेष परिवर्तन न हुआ हो।
- दाँत निकलने की वजह से बुखार, खाँसी व नाक बहना जैसे लक्षण नहीं पैदा होते।
- सुन्न करने वाली दवाओं का इस्तेमाल हानिकारक हो सकता है।
- बच्चे में चिड़चिड़ापन, रात में जाग जाना या खाने की इच्छा न होना दाँत निकलने के अतिरिक्त अन्य किसी बीमारी के कारण भी हो सकते हैं।

बच्चे के जीवन में शुरू के तीन वर्षों में लगभग 20 दाँत निकल आते हैं। यह सभी दाँत दूध के दाँत यानि अस्थायी दाँत होते हैं और जन्म के समय से ही मसूढ़ों के अंदर बन चुके होते हैं। दाँतों के निकलने का क्रम हर बच्चे में भिन्न भिन्न होता है। सबसे पहले आमतौर पर नीचे के 'इन्सीज़र' दाँत निकलते हैं। फिर ऊपर के सामने के दाँत निकलते हैं। उसके पश्चात नीचे के अन्य दो इन्सीज़र निकलते हैं। फिर एक एक जाड़ दोनों तरफ व ऊपर नीचे निकलती है। उसके बाद नुकीले 4 केनाइन दो ऊपर व दो नीचे सामने के दाँतों के आसपास निकलते हैं। फिर चार जाड़ें बाद में दो ऊपर व दो नीचे निकलती हैं।

लक्षण एवं चिन्ह

दाँत निकलते वक्त अक्सर मुँह से लार टपकना, चिड़चिड़ापन, रात में जागना, भूख में कमी आना, बैचेनी व मुँह में उंगलियाँ या वस्तुएं डाल कर चबाने के लक्षण होते हैं।

दाँत निकलने के कुछ समय पहले उस स्थान पर मसूड़ा फूल जाता है। जाड़ें (मोलर) निकलते वक्त उस स्थान पर रक्त का नीला सा छाला पड़ जाता है।

चिकित्सा

कोई विशेष चिकित्सा की आवश्यकता नहीं पड़ती।

होम्योपैथिक चिकित्सा

दाँत निकलते वक्त अक्सर बच्चों को *कल्क फॉस* 6 × दिया जाता है। बायोप्लेसजन 21 भी दे सकते हैं।

दाँत निकलते वक्त :–

गाल गर्म व लाल – *एकोनाइट, बैल, कैमोमिला*

गाल ठंडा व फीका रंग – *केमोमिला*

एक तरफ के गाल में ला चकत्ते – *केमोमिला*

गालों में सूजन – *बैलाडोना*

दाँत देर से निकलना – *कल्क कार्ब, केल्क फॉस, साइलीशिया*

दाँत निकलने के साथ ही सड़ने लगे (केरीज़)–*क्रिओजोट*

बच्चा नींद में चिल्लाये – *केमोमिला*

अत्यधिक दर्द – *क्रिओजोट*

पेट में दर्द – *मेगेम्यूर*

खाँसी – *केमोमिला*

दस्त – *कल्क कार्ब, कल्क फॉस, केमोमिला, साइलीशिया*

बुखार – *एकोनाइट*

बच्चा जोर से दोनों मसूढ़े आपस में रगड़े – फाइटो

–:::::::–

जुकाम (Common Cold)

तुरंत जानकारी के लिए

लक्षण

- नाक का बंद होना
- छीकें, नाक से पानी बहना
- गले में खराश, सूखी खाँसी
- बुखार
- आँखों का लाला होना व उन से पानी निकलना
- गले की ग्रंथियों में दर्द व सूजन
- कानों में हल्का दर्द

घर पर चिकित्सा

- बच्चे को पानी व तरल पदार्थ काफी मात्रा में दें
- बुखार होने पर ज्यादा थकावट वाले कार्य बच्चे को न करने दें
- कमरे में नमी बनाये रखने का प्रयत्न करें
- बुखार कम करने वाली व दर्द निवारक दवा दे सकते हैं
- यदि बहुत खाँसी हो तो खाँसी की दवा दें
- ऐसे बच्चे को बहुत छोटे बच्चों व बूढ़े व्यक्तियों से दूर रखें ताकि उन्हें संक्रमण न हो जाये।

सावधानियां

- दवाओं का ज्यादा इस्तेमाल इसमें हानिकारक होता है।
- नवजात शिशुओं को जुकाम लगे बच्चे से दूर रखें।

- नीचे लिखे लक्षण जुकाम के नहीं हैं, ऐसे लक्षण किसी और बीमारी की वजह से हो सकते हैं इसलिये इनकी तरफ ध्यान दें।
- दो या तीन दिन से अधिक दिनों तक बुखार,
- आँख, नाक या कान से पीब जैसा गाढ़ा स्राव
- गले की ग्रंथियों में लाली व सूजन
- साँस लेने में दिक्कत,
- छाती में दर्द
- तेज सिर दर्द, गर्दन का अकड़ना
- उल्टी
- तेज ठंड लगना
- अत्यधिक थकावट व बेहोशी
- ऐसे लक्षण होने पर तुरंत डॉक्टरी परामर्श करें।

संबंधित विषय

* ब्रोंकाइटिस	* गले की सूजी ग्रंथियाँ
* छाती में दर्द	* सिर दर्द
* खाँसी	* लेरिनजाइटिस
* क्रूप	* साँस उखड़ना
* कान में दर्द	* सायनासाइटिस
* एनसिफलाइटिस	* वायरल बुखार
* बुखार	* उल्टियाँ

जुकाम ऊपरी शवसन अंगों में वायरस द्वारा संक्रमण की वजह से होता है। यह संक्रमण हवा या छींक द्वारा हवा में बिखरी महीन बूँदों में उपस्थित वायरस द्वारा फैलता है। यह बूँदें यदि रुमाल, बर्तनों या खिलौने पर पड़ी हों तो तब भी संक्रमण फैला सकती हैं।

जुकाम की वजह से आँख, नाक गले व साइनेसेज (शिरानालों) में बैचेनी हो सकती है। जुकाम किसी एक वायरस द्वारा नहीं बल्कि विभिन्न वायरसों द्वारा होता है। इसमें से कई वायरस खाँसी, साँस की बीमारी, जैसे लेरेनजाइटिस, ब्रोंकाइटिस, न्यूमोनिया आदि या एनसिफलाइटिस का कारण भी बन सकते हैं। कभी कभी इस वायरस के साथ बैक्टीरिया (जीवाणु) भी अपना संक्रमण फैला देते हैं। किसी भी उम्र के व्यक्ति को जुकाम का संक्रमण हो सकता है, परन्तु बच्चें विशेषकर नवजात शिशुओं में इस संक्रमण का आक्रमण जल्दी होता है।

लक्षण एवं चिन्ह

जुकाम के लक्षण अन्य बीमारियों के लक्षणों से इतने मिलते जुलते होते हैं कि इसको अन्य बीमारियों से पहचानना थोड़ा कठिन हो जाता है। आमतौर पर जब किसी और बीमारी के लक्षण न नज़र आये तो सिर्फ जुकाम हो सकता है और यह 3 से 10 दिन के अंदर ठीक भी हो जाता है।

चिकित्सा

जुकाम की अस्पताल में किसी विशेष चिकित्सा की आवश्यकता नहीं होती, इसकी घर पर ही साधारण चिकित्सा की जा सकती है। परंतु कई बार तेज जुकाम व गला खराब होने पर रक्त व गले की कल्चर जाँच की आवश्यकता भी पड़ सकती है।

होम्योपैथिक चिकित्सा

अत्यधिक छीकें, नाक से अत्यधिक पानी बहना, सिर दर्द, खांसी व गला खराब–*एलियम सीपा*

नाक से अत्यधिक स्राव, नाक का बंद होना, बच्चा मुँह से साँस ले। नाक में बार बार ऊँगली डालने के कारण रक्तस्राव–*एमोनियम कार्ब*

नाक से पानी की भाँति स्राव परंतु नाक के मुकाबले आँखों से अत्यधिक पानी निकलना, शाम के समय तकलीफ का बढ़ना–*यूफ्रेशिया*

नाक का लाल होना, अत्यधिक छीकें, माथे में भयंकर दर्द, आँखों से पानी आना–*सेबेडिला*

नवजात शिशुओं की नाक बंद होना जिस कारण दूध पीने में कठिनाई, सूखी खाँसी, बच्चे का दम सा घुटना, सांस छोड़ने में परेशानी–*सेम्बूकस*

–:::::::–

एक प्रकार की एलर्जी (Hey Fever)

तुरंत जानकारी के लिए

लक्षण

- नाक में कन्जेशन (बंद होना)
- छींकें आना
- नाक से पानी जैसा स्राव बहना
- नाक में खुजली
- नाक के अंदर की झिल्ली मे पीलापन
- सिर दर्द
- कम सुनाई पड़ना
- आँखों के नीचे नीली, बैग की भाँति सूजन
- थकावट

घर पर चिकित्सा

- एलर्जी पैदा करने वाले पदार्थों से बच्चे को दूर रखें।
- बच्चे को ऐसे तकिया पर सुलायें जिसमें से रेशे व बाल न झड़ते हों।
- घर में यदि एअर कंडीशनर व डीहयूमिडिफायर इस्तेमाल किया जाये तो इनसे छन कर आने वाली हवा एलर्जी पैदा करने वाले तत्त्वों को घर में नहीं रहने देते।
- बच्चे को हे फीवर के लिए दवा देते वक्त पहले डॉक्टर से परामर्श कर लें।

सावधानियां

- एंटीहिस्टेमिन व डीकन्जेसटेंट्स यदि बच्चे को राहत पहुँचाते हों तो डॉक्टर की राय के अनुसार दिये जा सकते हैं।
- नाक को खोलने वाली दवा व स्प्रे का अधिक इस्तेमाल लक्षणों को पुनः अधिक बढ़ा सकता है।
- बिल्ली व कुत्ते की त्वचा की सूखी परतें एक बार घर में प्रवेश पा लेने के बाद हफ्तों तक रह सकती हैं और एलर्जी का कारण बन सकती हैं।
- पेय पदार्थों भोजन व दवाओं के कारण हे फीवर बहुत कम देखने में आता है।
- हे फीवर के पश्चात जीवाणुओं का संक्रमण होने पर बुखार, कान में दर्द, गले की गिल्टियों में सूजन व नाक से गाढ़ा बलगम जैसे लक्षण पैदा होते हैं।

संबंधित विषय

* दमा
* जुकाम
* कान में दर्द
* आँखों में एलर्जी
* सिर दर्द
* नज़ला

'हे फीवर' एक प्रकार की एलर्जी है, जोकि हवा में मौजूद तत्त्वों के कारण, साँस लेने पर नाक व साइनेसस की झिल्लियों में प्रक्रिया फलस्वरूप उत्पन्न होती है। जब यह एलर्जी वर्षभर के किसी विशेष समय में ही होती है (सीज़नल एलर्जी) तब यह पेड़ों, घास व झाड़ के पराग कणों (पोलेन) के कारण होती है। फूलों के परागकण भारी

होने के कारण हवा द्वारा नाक तक नहीं पहुँचते, जब तक कि उन्हें पास से सूंघा न जाये।

जब हे फीवर पूरे वर्ष भर कभी भी हो जाता है (पेरेननियल) तब यह जानवरों की त्वचा से उखड़ी छोटी छोटी महीन परतों के कारण होता है। बिल्ली, कुत्ते, घोड़े व गाय की सूखी त्वचा की पपड़ियाँ ऐसी एलर्जी पैदा कर सकती है, चूहों व गिनीपिग (एक प्रकार का सूअर) की त्वचा ऐसी एलर्जी नहीं पैदा करते। हे फीवर घर की धूल, मिट्टी, रजाई-तकियों से निकले रेशों, बत्तखों व पालतू पक्षियों के मुलायम परों से भी हो सकता है। भोजन, पेय पदार्थों व दवाओं से अक्सर इस प्रकार की एलर्जी नहीं होती।

लक्षण एवं चिन्ह

हे फीवर के महत्त्वपूर्ण लक्षणों में नाक बंद होना छींकें आना, नाक से पानी बहना और नाक में खुजली लगना होते हैं। नाक में खुजली लगने व लगातार बहते रहने पर बच्चा बार बार नाक रगड़ता है इसलिये इसे 'एलर्जिक सैल्यूट' (सलामी) भी कहा जाता है। नाक के अंदर की झिल्ली पीली व सफेद सी नजर आती है, जबकि सामान्य अवस्था में यह हल्की गुलाबी होती है।

आँखों में भी इस एलर्जी का प्रभाव पड़ता है। साइनेसस के प्रभावित होने के कारण सिर दर्द होता है। कान बंद से महसूस होते हैं और कई बार इनमें दर्द भी हो सकता है।

इयूश्चन ट्यूब (नाक व कान को जोड़ने वाली नली) के प्रभावित होने पर बच्चे को सुनने में परेशानी होती है। बच्चे के आँखों के नीचे बैग की भाँति नीले रंग की सूजन आ जाती है जिसे कि 'एलर्जिक शाइनर' कहा जाता है। बच्चा सोते वक्त खर्राटें भरता है और थकावट की शिकायत करता है। इसे 'एलर्जिक फटीग सिंड्रोम' कहते हैं। यदि एंटीहिस्टमाइन दवा के प्रयोग से तुरंत आराम मिल जाये तो यह दर्शाता है कि एलर्जी के कारण ही तकलीफ है न कि कोई और बीमारी।

हे फीवर के साथ अक्सर जीवाणुओं का संक्रमण होने से बच्चे में जीवाणुओं के संक्रमण वाले लक्षण जैसे कि बुखार, कान में भयंकर पीड़ा, गले की ग्रंथियों में सूजन या नाक से गाढ़ा सफेद, हरा या पीला स्राव (बलगम) निकलना इत्यादि जुड़ जाते हैं।

चिकित्सा

बच्चे की नाक व उसमें से होने वाले स्राव को देखकर निदान किया जाता है। बच्चे का पूरा ब्यौरा लेने व एलर्जी जाँच (त्वचा द्वारा) करने पर सही निदान तक पहुँचा जा सकता है। चिकित्सा के लिए बच्चे को उन चीजों से दूर रखें जो एलर्जी पैदा करते हैं और एलर्जी होने पर लक्षणों अनुसार चिकित्सा डॉक्टर की राय पर ही करें।

होम्योपैथिक चिकित्सा

देखें 'संबंधित विषयों' की होम्योपैथिक चिकित्सा

नज़ला (Sinusitis)

तुरंत जानकारी के लिए

लक्षण

- नाक से दूधिया सा या पीले रंग का स्राव
- बुखार
- दर्द
- नाक बंद होना
- खाँसी
- आँखों की पलकें लाल व सूजी हुई
- सिर दर्द

घर पर चिकित्सा

- नाक के बंद होने या जुकाम लगने पर बच्चे को पहले ही दवा दे दें ताकि साइनुसाइटिस न हो।
- चेहरे को भाप द्वारा गर्मी पहुंचाये।
- कोई दर्द निवारक भी दे सकते हैं।

चेहरे के ढांचे में नाक से जुड़े साईनस जिनमें कि सामान्यतः हवा भरी रहती है।

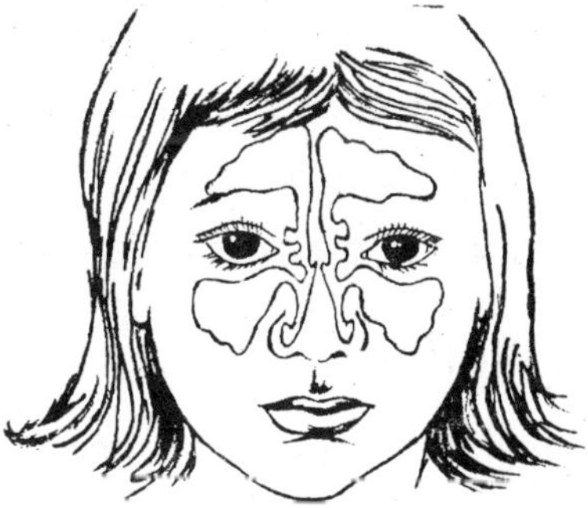

सावधानियां

- साइनुसाइटिस के साथ तेज बुखार हो तो डॉक्टर को दिखायें।
- यदि नाक के एक तरफ ही साइनुसाइटिस या पीब जैसे स्राव के लक्षण नजर आयें तो डॉक्टर से परार्श करें।

संबंधित विषय

* जुकाम
* खाँसी
* बुखार
* सिर दर्द

'साइनुसाइटिस' यानी नज़ला साइनस में होने वाले संक्रमण अथवा शोथ को कहते हैं। चेहरे की हड्डी में हवा से भरे कुछ खाली स्थान होते हैं जो कि नाक के पिछले भाग से जुड़े रहते हैं। नाक के पास चार जोड़े साइनसेस होते हैं जो कि मेक्ज़लरी, फ्रंटल, स्फीनोइड व एथमोइड के नाम से जाने जाते हैं। मेक्ज़लरी साइनसेस आँख के नीचे व एथमोइड दोनों आँखों के मध्य छोटे नवजात शिशु में भी उपस्थित रहते हैं, स्फीनोइड साइनसेस जो कि नाक की पीछे उपस्थित होते हैं, 3 से 5 वर्ष की उम्र तक पूरे विकसित होते हैं और फ्रंटल साइनसेस का पूर्ण विकास 6 से 10 वर्ष की आयु के बीच होता है।

चूंकि यह साइनसेस नाक से जुड़े रहते हैं इस कारण नाक में होने वाला किसी भी प्रकार का संक्रमण जैसे कि विषाणु, जीवाणु या किसी एलर्जी के द्वारा रोग, साइनसेस को प्रभावित करते हैं। जीवाणुओं द्वारा हुआ संक्रमण ही साइनुसाइटिस कहलाता है।

लक्षण एवं चिन्ह

साइनुसाइटिस के लक्षणों में बुखार, चेहरे के उन भागों में दर्द जहां

साइनसेस प्रभावित हों, नाक का बंद होना व खाँसी प्रमुख हैं, इसके साथ साथ सिर में व आँखों में भी दर्द हो सकता है। छोटे बच्चों में एथोमाइड साइनस प्रभावित होने के कारण बच्चे की आँखों की पलकें लाल व सूजी हुई प्रतीत होती हैं। नाक से निकलने वाले स्राव को देखकर साइनुसाइटिस का अंदाज़ा लगाया जा सकता है।

साइनुसाइटिस में नाक से, दूध जैसा या पीला रंग का गाढ़ा बलगम निकलता है।

चिकित्सा

ऐलोपैथिक चिकित्सा में डॉक्टर इसके लिए एंटीबायोटिक देते हैं।

होम्योपैथिक चिकित्सा

एसफिटिडा, हिपर सल्फ, आयोडम, काली आयोड, लाइको, फासफोरस, साइलीशिया, स्टिक्टा

नाक बंद हो व नजले के कारण सिरदर्द–*आर्स, काली बाइक, लोइको, मर्क सोल, नक्सवोम, पल्स* व *साइलीशिया*

देखें 'जुकाम', खाँसी व सिर दर्द की होम्योपैथिक चिकित्सा।

—:::::::—

नाक से रक्तस्राव (Nose Bleed)

तुरंत जानकारी के लिए

लक्षण

- नाक के एक या दोनों नथुनों अथवा मुँह से रक्त निकलना
- खून की उल्टी

घर पर चिकित्सा

- केवल नाक के छिद्र ही नहीं बल्कि नाक के पूरे मुलायम भाग को कम से कम 10 मिनट तक अँगूठे व उँगली से दबाकर पकड़े रहें और मुँह से साँस लें।
- बच्चे को इस प्रकार नाक पकड़ने की ट्रेनिंग दें ताकि वह स्वयं ही रक्तस्राव के होने पर नाक को दबा सके।
- नाक के अंदर सुबह शाम चिकनाई लगाकर उसे सूखने न दें।
- बच्चे के कमरे को ह्यूमीडीफायर या वेपोराइजर द्वारा नम रखें।

रक्तस्राव रोकने के लिए बच्चे को नाक के पूरे मुलायम भाग को अंगूठे व उंगली द्वारा दबाकर रखना सिखायें व मुँह से साँस लेना।

सावधानियां

- रक्तस्राव होते वक्त बच्चे को लिटा दें।
- बच्चे को शांति से लिटायें रखें।
- नाक में ठंडा पानी, नाक की दवा या घर की बनी अन्य दवा न डालें। इनकी कोई आवश्यकता नहीं होती।
- बच्चे की नाक को स्वयं ही रूई या गॉज द्वारा पैक करने की कोशिश न करें।

संबंधित विषय

* जुकाम
* हे फीवर

बचपन में नाक से खून बहना एक ऐसी आम बात है जैसे कि बच्चे के घुटनों का छिलना या किसी अन्य भाग में खरोंच लगना इत्यादि।

लगभग 90 प्रतिशत बच्चों में नाक से रक्त बहने का कारण नाक के छिद्रों से लगभग 1/2 से॰मी॰ अंदर के सैप्टम जो कि नाक के बीचोंबीच स्थित होता है उसकी छोटी बारीक रक्त नलिकाओं के फटने के कारण होता है। यह छोटी छोटी रक्त नलिकाएँ अक्सर नाक में हल्की सी चोट लगने या ठीक होने पर जमने वाली खुरंड को खींचने अथवा रगड़ने से फट जाती हैं। किसी एलर्जी के कारण या ठंड के कारण रक्तनलिकाओं के फैलने पर, गर्म हवा के द्वारा नाक से अंदर की श्लैष्मिक झिल्ली के सूखने पर छींकने, खाँसने अथवा नाक साफ करने पर या रात को सोते वक्त नींद में नाक खुजलाने पर अक्सर नाक से खून बहने लगता है।

लक्षण एवं चिन्ह

नाक के दोनों भाग जुड़े रहते हैं या फिर गले में जुड़ते हैं, इसलिए नाक का खून गले से भी बह सकता है। कई बार बच्चा रक्त की उल्टी भी कर देता है।

चिकित्सा

अक्सर जो चिकित्सा आप घर पर कर सकते हैं, वहीं डॉक्टर भी करते हैं। किन्तु यदि घर पर की गई चिकित्सा से लाभ नहीं पहुँचे तो डॉक्टर से सम्पर्क करें। यदि एलर्जी या जुकाम के कारण नाक से रक्त निकले तो कारण की चिकित्सा आवश्यक है। अत्यधिक रक्त बहने पर नाक को भली प्रकार पैक कर दिया जाता है ताकि जल्दी जल्दी रक्त स्राव को रोका जा सके।

होम्योपैथिक चिकित्सा

आर्निका, कार्बोवेज, कोकुलस, फैरम मेट, हेमामिलिस, लेकेसिस फोसफोरस, सिपिया, सल्फर

रक्त का चटक लाल रंग – **फोसफोरस**

काला रंग – **कार्बोवेज, हेमामेलिस**

लगातार स्राव – **फोसफोरस**

पतला रक्त – **हेमामेलिस**

नाक साफ करने पर – **फोसफोरस, सल्फर, लेकेसिस**

चोट के कारण – **हेमामेलिस, लेकेसिस**

रात के वक्त – **कोर्बोवेज**

छोटे बच्चों को लगातार **फेरममेट** या **फेरम फॉस** देने पर नाक से रक्तस्राव रूक जाता है।

फेरम फॉस 6 × पोटेंसी में भी दिया जा सकता है।

—:::::::—

स्वरयंत्र शोथ (Laryngitis)

तुरंत जानकारी के लिए

लक्षण

- गले में खराश
- सूखी लगातार खाँसी
- गले में खुजली
- हल्का बुखार

घर पर चिकित्सा

- बच्चे के कमरे में वेपेराइजर का इस्तेमाल कर सकते हैं-
- बच्चे को पीने के लिए गर्म तरल पदार्थ दें
- दर्द निवारक व बुखार की दवा दें
- ज्यादा खाँसी होने पर कोई कफ सिरप दे सकते हैं
- बच्चे को अधिक न बोलने दें

कमरे में वेपोराइजर लगाने से हवा नम हो जाने पर बच्चे को आराम मिलता है।

सावधानियां

- यदि लेरिनजाइटिस के साथ साँस लेने में भी दिक्कत होती हो तो बच्चे को तुरंत डॉक्टर के पास ले जाएं।
- खाँसी के साथ बुखार बढ़ता जाए और साँस लेने में कठिनाई हो तो वह 'एपिग्लोटिस' में शोथ के कारण होता है इसमें बच्चे को तुरंत डॉक्टरी चिकित्सा की आवश्यकता पड़ती है।
- यदि लेरिनजाइटिस लगातार बना रहे तो बच्चे को ई०एन०टी० (कान, नाक, गले के) विशेषज्ञ को दिखायें।

संबंधित विषय

* खाँसी
* डिप्थीरिया
* क्रूप
* गला खराब होना
* आवाज बैठना

लेरिनजाइटिस में स्वर यंत्र (लेरिंक्स) में सूजन आ जाती है। यह क्रूप से मिलता जुलता होता है परंतु इसमें साँस संबंधी कोई परेशानी नहीं होती। यह अक्सर वायरस संक्रमण के द्वारा ही होता है और कुछ हफ्तों में ठीक हो जता है।

लक्षण एवं चिन्ह

इसमें गले में खराश, सूखी खाँसी, गले में खुजली और कभा हल्का बुखार होता है। इसका निदान बगैर साँस की तकलीफ वाली सूखी खाँसी व गले में खराश के द्वारा किया जाता है।

चिकित्सा

बच्चे की गले की जाँच और कभी कभी कल्चर जांच व रक्त जांच भी करवाई जाती है। यदि लगातार तकलीफ बनी रहे तो छाती का एक्सरे व नाक, कान व गले के विशेषज्ञ द्वारा जांच करवानी पड़ती है।

होम्योपैथिक चिकित्सा

लेरिंक्स के सूजन (इन्फलेमेशन) – *ड्रोसेरा*

बैचेनी – *ड्रोसेरा, पल्स*

खुजली (गुदगुदी सी) – *ड्रोसेरा, पल्स, रस टॉक्स*

साथ ही देखें 'संबंधित विषय' अन्य लक्षणों के लिए।

—:::::::—

स्वर भग/आवाज का बैठना (Hoarseness)

तुरंत जानकारी के लिए

संबधित शब्द–लैरिंक्स-वाइस बाक्स (जिस जगह आवाज पैदा होती है)।

लक्षण

- धीमे से व दबी आवाज में रोना व बोलना
- फुसफुसाहट से अधिक, जोर से न बोल पाना
- आवाज न निकलना

घर पर चिकित्सा

- बच्चे की आवाज पर पाबंदी लगाकर उसे बोलने से रोकें।
- बच्चे को भाप दें व गर्म पेय पदार्थ पीने को दें।

बच्चे को पीने को गर्म पेय पदार्थ दें।

* यदि आवाज का बैठना किसी एलर्जी के कारण होता हो तो बच्चे को डॉक्टर द्वारा बताई गई दवा दें।

सावधानियां

- यदि काफी आवाज बैठ गई हो या दो तीन दिन से अधिक हो गये हों तो डॉक्टर से परामर्श करें।
- ध्यान दें कि कई बार बच्चे जन्म के समय कोमल लेरिंक्स के साथ पैदा होते हैं। इसके कारण बच्चा दबी आवाज में रोता है और सोते समय सांस की आवाज होती है। इसमें घबराने की कोई आवश्यकता नहीं। 8 से 12 महीने की उम्र तक पहुँचते-पहुँचते बच्चे की आवाज ठीक हो जाती है।

संबंधित विषय

* दम घुटना
* खाँसी
* क्रूप
* डिफ्थीरिया
* लेरिंजाइटिस
* गला खराब होना

गले में सूजन के साथ यदि आवाज बैठ जाए अथवा गले में खराश होने से आवाज बिगड़ जाए तो उसे 'होर्सनैस' के नाम से जाना जाता है। बच्चों में आवाज का बैठना आमतौर पर चीखने-चिल्लाने के कारण होता है। क्रूप, गले के संक्रमण व एलर्जी के कारण भी आवाज बैठ जाती है। डिफ्थीरिया लेरिंक्स में आवाज या उसमें चोट लगने के कारण या फिर बच्चे द्वारा कोई वस्तु निगल लेने पर भी आवाज खराब हो सकती है।

अत्यधिक होर्सनैस होने पर अस्थायी रूप से आवाज बंद हो सकती है। अक्सर आवाज में खराबी पैदा होने पर गले में उपस्थित स्वर यंत्र में छोटे छोटे मस्से से उभर आते हैं। बच्चों में इस तकलीफ को 'स्क्रीमर्स नोड्स' के नाम से जाना जाता है। बड़ों में यदि ऐसे मस्से उभर आएं तो उन्हें 'सिंगरनोड्स' का नाम दिया जाता है। लगातार व बार बार आवाज का बैठना जीर्ण रोग पैदा कर देता है। इस बात की तरफ ध्यान दिया जाना चाहिए कि कई बार बच्चों का जन्म के समय लेरिंक्स कमजोर बना होता है। ऐसे बच्चों में रोते वक्त हर समय एक अजीब सी ध्वनि सुनाई पड़ती है जिसे 'कन्जेनिटल लेरिंजियल स्ट्राइडर' के नाम से जाना जाता है। परंतु चिंता की आवश्यकता नहीं होती, यह कुछ समय के बाद बगैर चिकित्सा के स्वयं ही ठीक हो जाता है।

लक्षण एवं चिन्ह

होर्सनैस के कारण बच्चा दबी आवाज में रोता है और सामान्य आवाज से बोल नहीं पाता। ध्यान दें कि बच्चे में बुखार, खाँसी व साँस लेने में दिक्कत अथवा नाक का बंद होना जैसे लक्षण तो नहीं हैं। क्योंकि इनके कारण भी आवाज बैठ जाती है। यदि ये सब कारण न हों और बच्चा जोर से चीखता या चिल्लाता हो तब भी होर्सनैस हो सकती है।

चिकित्सा

बच्चे के गले की जाँच की जाती है। साथ ही कान, नाक व गले की भी जाँच की जाती है। 'स्क्रीमर्स नोड्स होने पर कई बार शल्य चिकित्सा की आवश्यकता पड़ सकती है।

होम्योपैथिक चिकित्सा

आवाज बैठने पर – *आर्जेंटम नाइट्रिकम, ब्रायोनिया, ड्रोसेरा, नेट्रम म्यूर, फोसफोरस, रसटॉक्स, स्पोंजिया, सल्फर*

आवाज बंद होने पर – *अरजेंटम नाइट्रिकम, रूमेक्स*

गले में घुटन के साथ – *कास्टिकम, इन्गेशिया, लेकेसिस, सल्फर*

निगलने की तीव्र इच्छा – *कास्टिकम*

बुखार – *ब्रायोनिया*

जीभ के पीछे बाल का महसूस होना – *साइलीशिया*

गले में कुछ अटका हुआ सा लगना – *इग्नेशिया, लेकेसिस, लाइको, नक्स, नेट्रमम्यूर*

अत्यधिक लार – *बेराइटा कार्ब, मर्क कोर*

गले में घाव – *आर्स, मर्क कोर*

आराम मिलना

ठंडे पेय – *फाइटो*

खाने से – *मर्क कोर*

गर्म पेय – *आर्सेनिक, हिपर सल्फ*

निगलने पर – *इग्नेशिया*

तरल पदार्थ निगलने पर – *बेराइटा कार्ब*

ठोस पदार्थ निगलने पर – *लेकेसिस*

गाने या बोलने के कारण आवाज़ बैठी हो – *आर्जेंटम*

—:::::::—

गला खराब होना (Sore Throat)

तुरंत जानकारी के लिए

लक्षण

- गले में दर्द
- गर्दन व गले की गिल्टियों में सूजन
- निगलने में कठिनाई

घर पर चिकित्सा

- बच्चे को नमक मिले गुनगुने पानी द्वारा गरारे करवायें व तरल पदार्थ अधिक पीने को दें।
- कोई भी दर्द निवारक दवा दें।
- जब तक गला खराब होने का कारण पता न लगे तब तक बच्चे को अन्य लोगों से अलग रखें।

सावधानियां

- बच्चे का गला खराब हो और साथ में नीचे लिखे अन्य लक्षण हों तो डॉक्टर को दिखायें।
- गले की गिल्टियों में सूजन व दर्द
- लगातार निगलने में कठिनाई
- आँखों अथवा नाक से पीब जैसा स्राव
- कान में दर्द
- साइनसेस में दर्द
- साँस लेने में परेशानी
- छाती में दर्द
- शरीर पर दाने
- गर्दन अकड़ना
- कमजोरी व थकावट
- व्याकुलता
- लगातार उल्टियाँ।
- किसी बच्चे का गला खराब होने के साथ

बुखार हो और यदि 24 से 48 घंटे के अंदर आराम न आए तो डॉक्टर को दिखायें।

- बच्चे में सोर थ्रोट का कारण पता लगने तक अन्य बच्चों विशेष कर नवजात शिशुओं से दूर रखें।

संबंधित विषय

* छाती में दर्द	* बुखार
* जुकाम	* ग्रंथियों में सूजन
* खाँसी	* न्यूमोनिया
* क्रूप	* साइनोसाइटिस
* डिफ्थीरिया	* स्ट्रैप थ्रोट
* कान में दर्द	* टोंसिलाइटिस

गला खराब होना यानि सोर थ्रोट अक्सर वायरस (विषाणु) के द्वारा होता है और इसमें किसी चिकित्सा की आवश्यकता नहीं होती। यदि विषाणु के द्वारा नहीं हुआ हो तो स्ट्रेप्टोकोकस नामक जीवाणु के कारण होता है और इसका पता गले की कल्चर जाँच द्वारा लगाया जाता है। एलोपैथिक चिकित्सक पैन्सलीन या इरेथ्रोमाइसिन द्वारा लंबे समय तक चिकित्सा करते हैं।

बच्चों में गला खराब होना एक आम समस्या है। विषाणु संक्रमण के पश्चात कई बार जीवाणु संक्रमण भी हो जाता है।

लक्षण एवं चिन्ह

बहुत छोटे बच्चे यह नहीं बता पाते कि उनके गले में कोई परेशानी है। परंतु गले की सूजी गिल्टियाँ व निगलने में कठिनाई देख इसका अंदाजा लगाया जा सकता है। रक्त व गले की कल्चर जांच कर कारण का पता लगाने के पश्चात ही चिकित्सा की जाती है।

चिकित्सा

बच्चे की शारीरिक जाँच, गले की जाँच व कल्चर जाँच तथा रक्त की जाँच करवाई जाती है।

होम्योपैथिक चिकित्सा

सभी प्रकार के शोथ की प्रथम अवस्था, अचानक ठंड लगने पर उत्पन्न हुआ शोथ, तीव्र ज्वर, बेचैनी, शुष्क गला, खाँसी, सिरदर्द इत्यादि। गले में जकड़न, बोलने निगलने में दर्द, गला लाल चमकीला दिखाई पड़ता है। अत्यधिक प्यास, गर्म या ठंडा दोनों पेय दर्द बढ़ाते हैं–*एकोनाइट*

गले के भीतर व बाहर सूजन, गले में चुभन, गला घुटने की अनुभूति, टोंसिल्स का लाल होना, काग का पानी की भरी थैली की भाँति सूजना एवं लाल रंग, ठंडा पेय पीने से पीड़ा में राहत, प्यास न लगना–*एपिस मेल*

गला लाल एवं चमकीला, निगलने में कठिनाई, दायें टॉसिल्स में अधिक तकलीफ, ज्वर, पेय पदार्थ पीने से तकलीफ बढ़ती है–*बेलाडोना*

गले में ऐसा महसूस होता है जैसा कुछ कांटा सा फंस गया हो। सुई की चुभन सा दर्द होता है तथा निगलने की कोशिश में कान में दर्द, टॉसिल्स पर जख्म, गर्म पेय पदार्थ पीने से कम होता है–*हिपर सल्फ*

कभी एक ओर तो कभी दूसरी ओर का टॉन्सिल प्रभावित होता है। गर्दन में अकड़ाहट–*लेक केन*

प्रायः बायीं ओर का गला प्रभावित, गर्म पदार्थों से रोग का बढ़ना, गले का रंग बैंगनी, नीला सा दिखाई पड़ना–*लेकेसिस*

प्रायः दायां टॉसिल्स प्रभावित होकर गले का खराब होना, निगलने पर चुभन, पीड़ा में गर्म पेय पीने से कमी–*लाइको पोडियम*

गला गहरा लाल रंग लिए हुए, दुखन, खराश, निगलने में पीड़ा का कान तक जाना, गले में जख्म तथा टॉन्सिल पर भूरे सफेद धब्बे तथा पीला बलगम–*फाइटोलेका*

–::::::::–

टोंसिल्स में शोथ (Tonsillitis)

तुरंत जानकारी के लिए

लक्षण

- गले का लाल होना व खराब होना
- टोंसिल्स का सूज जाना
- बुखार

घर पर चिकित्सा

- बच्चे की जुकाम व गला खराब होने पर तुरंत चिकित्सा करनी चाहिए।
- दर्द निवारक व बुखार कम करने की दवा दें।
- बच्चे को तरल पदार्थ काफी मात्रा में पीने को दें।

टोंसिल्स उत्तकों की मुलायम सी गांठ होती है जो गले के दोनों तरफ स्थित रहती है इसका कार्य रोग पैदा करने वाले किटाणुओं से लड़ना है।

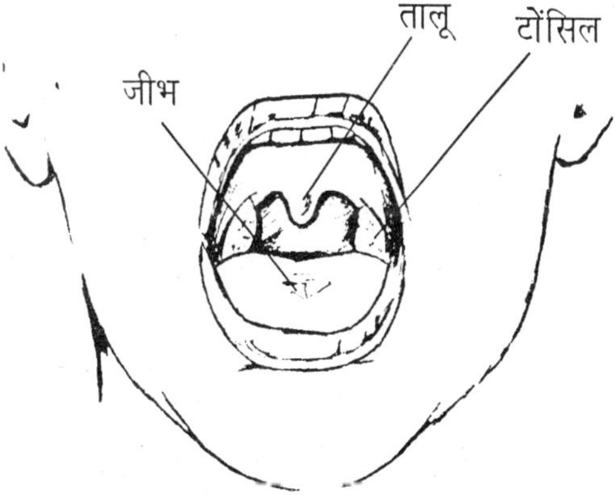

सावधानियां

- गला खराब होने के साथ लार टपकने का लक्षण भी नजर आये तो तुरंत डॉक्टर से मिलें।
- 3 से 9 वर्ष की आयु के बच्चों में अक्सर ही टोंसिल्स व एडीनोइड्स बढ़ जाते हैं, पर इसका अर्थ यह नहीं कि उनमें संक्रमण (इन्फैक्शन) है।
- बच्चों के टोंसिल्स के ऊपर सफेद पनीर जैसा पदार्थ जमना सामान्य है। इसका अर्थ संक्रमण नहीं होता।
- 'क्वींसी' होने पर टोंसिल्स की चिकित्सा अत्यंत आवश्यक है।

संबंधित विषय

* साधारण जुकाम
* डिफ्थीरिया
* कान में दर्द
* बुखार
* बार बार रोग ग्रस्त होना
* ग्रंथियां सूजना
* हे फिवर
* गला खराब होना
* स्ट्रैप थ्रोट

गले में टोंसिल्स व नाक के पीछे एडीनोइड्स लसिका प्रणाली के ही भाग हैं, जिनका कार्य रोग पैदा करने वाले किटाणुओं को नष्ट करना है। जुकाम, स्ट्रैप थ्रोट, डीफ्थीरिया या टी॰बी॰ के जीवाणु द्वारा इनमें संक्रमण हो सकता है। टोंसिल्स गले के दोनों तरफ पाये जाते हैं। बीमारी की अवस्था में यह लाल व बढ़े हुए नज़र आते हैं।

लक्षण एवं चिन्ह

बच्चा गले में दर्द अथवा तकलीफ की शिकायत करता है। इसके साथ उसे बुखार भी हो जाता है। गला लाल हो जाता है व टोंसिल्स के ऊपर सफेद धब्बे नजर आते हैं। गले में तीव्र संक्रमण गले को देखने व गले

की कल्चर जांच व रक्त जांच द्वारा किया जा सकता है। टोंसिल्स के अत्यधिक बढ़ जाने के कारण बच्चे को निगलने में तकलीफ होती है।

एडीनोइड्स के बढ़ने पर बच्चा मुंह से सांस लेगा। बहरापन, मध्य कान का संक्रमण, सोने पर खर्राटों की आवाज़, नाक से बोलना व मुँह से दुर्गंधयुक्त सांस निकलना जैसे लक्षण भी पाये जाते हैं।

टोंसिल्स में एक प्रकार का विशेष संक्रमण–'क्विन्सी'–में टोंसिल्स के पिछले भाग में मवाद भर जाती है, जिसके कारण बच्चे के गले में तेज दर्द व तीव्र बुखार के लक्षण और टोंसिल्स उभर कर गले के मध्य में आ जाते हैं। बच्चे को बोलने में तकलीफ होती है व उसकी लार भी टपकती रहती है।

चिकित्सा

टोंसिल्स व एडीनोइड्स बढ़ने पर कुछ डॉक्टर कहते हैं कि इन्हें निकाल देना चाहिए और कुछ एक इन्हें निकालने की राय नहीं देते।

परंतु यदि बच्चे को बार बार (एक वर्ष में कई बार) टासिंल्स का संक्रमण होता हो या एडोनोइड्स के कारण नाक बंद हो जाए, नाक के नथुने अंदर को धंस जाएँ, बच्चा हमेशा मुंह खुला रखता हो, खर्राटें भरता हो, नाक से बोलता हो या बहरापन हो जाए तब कई बार एडीनोइड्स व टोंसिल्स को शल्य चिकित्सा द्वारा निकाल दिया जाता है। क्विन्सी में शल्य चिकित्सा से ही इलाज होता है।

होमयोपैथिक चिकित्सा

बेराइटा कार्ब – टोंसिल्स में सूजन, अत्यधिक थूक बनना, खाने व थूक निगलने में कठिनाई, केवल तरल पदार्थ पी पाना

हिपर सल्फ – गले से कान तक दर्द, गर्म पेय पदार्थों से आराम, गले में फांस सी चुभना, गले को लपेटने से आराम

काली म्यूर – सूजे हुए टांसिल्स सफेद रंग के प्रतीत होना।

लाइकोपोडियम – गला सूखना, गले में कुछ अटका हुआ महसूस होना,

रात को एवं दायी तरफ तकलीफ ज्यादा होना, गर्म चीजें पीने से आराम

मर्क सॉल – टोंसिल्स पर घाव व सूजन, अत्यधिक दर्द, निगलने में कान व गर्दन में दर्द

नाइट्रिक एसिड – टोंसिल्स में सूजन जलन, दर्द व घाव, निगलने में अत्यधिक कठिनाई

फासफोरस – टोंसिल्स में सूजन के साथ आवाज बैठना

फाइटोलेका – गहरे लाल रंग के टोंसिल्स में सूजन, ठंडे पेय पदार्थों से आराम, गर्म पेय पदार्थ पीने पर दर्द बढ़ना, निगलने में दोनों कानों में दर्द

बेलाडोना – निगलने में केवल दाहिने कान में दर्द

साइलीशिया – गला सूखना, टोंसिल्स में सूजन, जीभ के पीछे बाल सा महसूस होना, चुभन वाला दर्द

सल्फर – गले में जलन, सूखापन दर्द, आवाज बैठना

सोराइनम – इस दवा की 1 M की खुराक 15 दिन में एक बार बच्चे को 1 1/2 (डेढ़) महिने तक दें। इससे बार बार टॉसिल्स में मवाद पड़ने की प्रवृत्ति खत्म हो जाती है।

—:::::::—

स्ट्रैपथ्रोट (Strap-Throat)

तुरंत जानकारी के लिए

लक्षण

- सिर दर्द बुखार
- गले का लाल होना व दर्द
- उल्टियाँ
- पेट में दर्द
- गर्दन की गिल्टियों का सूजन
- शरीर में बारीक महीन दाने

घर पर चिकित्सा

- दर्द निवारक दवा व बुखार कम करने वाली दवा देकर बच्चे को डॉक्टर के पास ले जाएं।

स्ट्रैप जीवाणु का पता लगाये जाने के लिए गले की पूर्ण जाँच व कल्चर जाँच आवश्यक है।

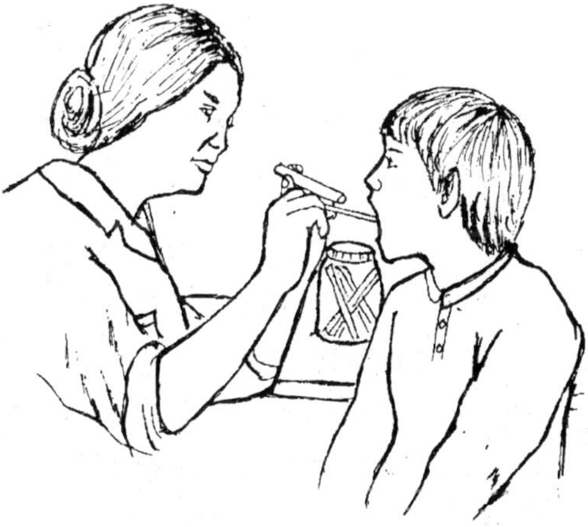

सावधानियां

- नवजात शिशु को संक्रमण न हो इसलिए उसे बच्चों की भीड़भाड़ से थोड़ा अलग रखें।
- घर में एक बच्चे को स्ट्रैप संक्रमण होने पर अन्य बच्चों के गले की कल्चर जाँच जरूरी है।
- बच्चे का रोग ठीक होने पर भी डॉक्टर द्वारा बताई गई दवायें पूरे समय तक दें।
- स्ट्रैप संक्रमण होने पर संबंधित जीवाणु के प्रति ही प्रतिरोधक शक्ति पैदा होती है और लगभग 60 से भी अधिक किस्म के स्ट्रैप जीवाणु पाये जाते हैं।

संबंधित विषय

* जोड़ों का दर्द	* न्यूमोनिया
* कान में दर्द	* दाने (रैश)
* बुखार	* साइनुसाइटिस
* गले की ग्रंथियों में सूजन	* गला खराब होना
* सिर दर्द	* पेट में दर्द
* गुर्दों का संक्रमण	* उल्टियाँ

गले में 'बीटा हिमोलिटिक स्ट्रैप्टोकोकस' नामक जीवाणु के कारण 'स्ट्रैप थ्रोट' बीमारी उत्पन्न होती है। यह एक अत्यंत ही संक्रामक रोग है और इन जीवाणुओं के कारण शरीर में टाक्सिंस (विष) पैदा होते हैं जिससे कि शरीर में दाने उभर आते हैं।

स्ट्रैप्टोकोकस जीवाणु के कारण होने वाला संक्रमण गंभीर स्थितियाँ पैदा कर सकता है जैसे कि रह्यूमेटिक फीवर, गुर्दों का संक्रमण (नेफ्राइटिस) मध्य कान में संक्रमण, साइनुसाइटिस, न्यूमोनिया व जोड़ों

में दर्द इत्यादि। रह्यूमेटिक फीवर होने पर हृदय के वाल्व भी प्रभावित हो सकते हैं।

इस रोग का इन्क्यूबेशन पीरियड (संक्रमण के पश्चात लक्षण उभरने तक का समय) 2 से 5 दिन होता है। संक्रमित बच्चे के नाक व गले के स्राव द्वारा यह संक्रमण आसानी से दूसरे लोगों में फैल जाता है। कई बार यह संक्रमण कैरियर द्वारा (एक व्यक्ति जिसके अंदर स्ट्रैप जीवाणु तो हैं मगर बीमारी के लक्षण नहीं) भी दूसरे बच्चों में फैल सकता है।

लक्षण एवं चिन्ह

यह रोग अचानक ही आरंभ होता है। इसमें सिर दर्द, बुखार, गले का खराब होना व लाल हो जाना, उल्टियाँ, पेट में दर्द व गले के लिंफ नोड्स (लसिका ग्रंथियों) का सूज जाना जैसे लक्षण होते हैं। शरीर में लाल दाने भी उभर आते हैं जो कि गर्दन के निचले भागों, बगलों व जांघों, धड़ अथवा बाँहों व टाँगों पर नज़र आते हैं। बच्चे का मुँह लाल व होंठ फीके दिखाई देते हैं। दाने 3 से 20 दिनों में दब जाते हैं और त्वचा पर से पपड़ी सी उतरती है।

इस रोग का निदान गले की कल्चर जाँच द्वारा ही किया जाता है।

चिकित्सा

स्ट्रैप थ्रोट का संक्रमण होने पर एलोपैथिक चिकित्सक इस रोग की अन्य जटिलताओं से बचाव के लिए तुरंत ही पैंसलीन का कोर्स आरंभ कर देते हैं। इस दवा से यदि बच्चों को एलर्जी हो तो अन्य एंटीबायोटिक्स दिये जाते हैं ताकि संक्रमण जल्द ही खत्म किया जा सके।

होम्योपैथिक चिकित्सा

स्ट्रेप्टोंकोकस 200 की एक खुराक प्रतिदिन तीन दिन तक दें। फिर हर महीने इसी दवा की एक खुराक 6 महीनों तक दें।

देखें 'गला खराब होना' टोंसिल्स।

—:::::::—

बोलने संबंधित समस्या व हकलाना

तुरंत जानकारी के लिए

लक्षण

- आयु बढ़ने के साथ बोल न पाना
- लगातार तुतलाना व हकलाना

घर पर चिकित्सा

- बच्चे में बोलने की शक्ति पैदा करने के लिए उससे बातें करना व उसका सुनना आवश्यक है।
- बच्चे के बोलने के तरीके में धीरे-धीरे समझाकर सुधार लाइये, उसे डांटना अथवा नजरअंदाज नहीं करना चाहिए।
- बच्चे को तुतलाने पर नाराज मत होइये और ना ही बच्चे का सब के सामने मजाक उड़ायें। ध्यान रखें कि आपके बच्चे को अन्य बच्चे न चिढ़ायें।

आप बच्चे के सामने गाकर, उससे बोल कर व उसे कुछ भी सुनाकर, उसके बोलने की शक्ति का विकास कर सकते हैं।

सावधानियां

- आयु के मुताबिक यदि आपको लगे कि आपका बच्चा नहीं बोल पा रहा है तो डॉक्टर से परामर्श करें।
- बच्चे नकल द्वारा बोलना सीखते हैं इसलिए बच्चे से बोलिये, उसके लिए गाना गाइये व कुछ भी पढ़कर सुनाइये।
- यदि बच्चा ठीक प्रकार से न बोल पा रहा हो तो उस पर किसी प्रकार का दबाव न डालें।
- 2 से पांच वर्ष की आयु के बीच कभी कभी तुतलाना कोई समस्या नहीं परंतु यह कुछ महीनों तक चलता रहे तो डॉक्टर से राय लें।

संबंधित विषय

* बहरापन

बच्चे बोलना दूसरे लोगों की नकल कर सीखते हैं। परंतु यह बच्चे की बुद्धि, उसके सुनने की शक्ति व बोलने के समय इस्तेमाल होने वाली मांसपेशियों के नियंत्रण पर निर्भर करता है। बच्चे का समय पर बोलना न आरंभ करना व ठीक प्रकार न बोल पाना तब होता है जब मस्तिष्क में स्थित बोलने का केन्द्र सामान्य न हो या फिर लेरिंक्स, गले, नाक, जीभ व होंठों में कोई असामान्य संरचना हो।

बच्चे का सामान्य रूप में बोल पाने का विकास निर्भर करता है कि बच्चे से कितना बोला जा रहा है और उसे बोलने के लिए कितना उकसाया जा रहा है। एक सामान्य बच्चा तुतलाना या एक अक्षर की ध्वनि निकालना 4-6 महीने की आयु में शुरू कर देता है। 8 माह का शिशु कुछ जैसे कि 'गो' 'बाबा', 'डा-डा' इत्यादि बोलना शुरू कर देता है। एक वर्ष की आयु में पहुँचते-पहुँचते बच्चा समझाने वाले अर्थ के शब्द जैसे कि मां के लिए मा-मा, बोतल के लिए बा-बा इत्यादि बोलने लगाता है। दो वर्ष का बच्चा दो शब्दों वाले वाक्य जैसे कि टाटा, जाना

है, कहाँ जाना है, ऐसे वाक्य बोलता है और पांच वर्ष की आयु तक साफ साफ 5 शब्दों के वाक्य बोलने लगता है। 2 स 5 वर्ष की आयु तक का बच्चा कभी कभी बोलने में अटकता है अथवा हकलाता है या कभी कभी पूरा वाक्य धारा प्रवाह नहीं बोल पाता। यदि इस तरह का अटकना व हकलाना चलता रहे तो समझना चाहिए कि बच्चे को बोलने संबंधित समस्या है। ठीक तरह से न बोल पाने की क्षमता कई कारणों से पैदा होती है जैसे कि थोड़ा या पूरी तरह सुन न सकना (बहरापन), मस्तिष्क का पूर्ण विकास न हो पाना, भाषा का पूरा ज्ञान न होना, मस्तिष्क का किसी कारण से नष्ट होना, शारीरिक विकार व मस्तिष्क में स्थित बोलने (स्पीच) के केन्द्र का ठीक तरह कार्य न कर पाना इत्यादि।

लक्षण एवं चिन्ह

बच्चा यदि अपनी आयु अनुसार ठीक प्रकार से न बोल पाता हो तो बोलने व सुनने संबंधी समस्या के कारण होता है।

चिकित्सा

बच्चे का पूर्ण शारीरिक व मानसिक परीक्षण, गले, मुँह का तालू, जीभ व सुनने की शक्ति की जाँच की जाती है। यदि 5-6 वर्ष की आयु के पश्चात भी बच्चा अत्यधिक तुतलाता व हकलाता है तो स्पीच थेरेपिस्ट की राय आवश्यक है।

होम्योपैथिक चिकित्सा

स्ट्रेमोनियम – इस दवा की 30 पोंटेसी की खुराक यदि बच्चा हकलाता हो तो डॉक्टरी राय पर लंबे समय तक दे सकते हैं।

—:::::::—

छाती में दर्द (Chest Pain)

तुरंत जानकारी के लिए

सम्बन्धित शब्द—फेफड़ों की दो झिल्लीयों के मध्य पानी भरना या संक्रमण होना।

लक्षण

- छाती में कहीं पर भी दर्द

घर पर चिकित्सा

- दर्द निवारक दवा दें।
- प्रभावित भाग पर हल्की गर्मी सिकाई द्वारा पहुँचायें।
- यदि छाती में दर्द बहुत देर तेक लगातार खाँसने की वजह से हो तो खाँसी की दवा दें।

सावधानियां

- यदि छाती में दर्द लगातार खाँसी, तेज बुखार व बेहोशी के साथ हो तो, तुरंत डॉक्टर को दिखायें।
- छाती में लगातार दर्द या बगलों में दर्द जो कि लगातार साँस लेने पर बढ़ता हो, तो डॉक्टर से परामर्श करें।
- यदि बच्चे को साँस लेने में कठिनाई हो तो खाँसी की दवा न दें।

संबंधित विषय

- ब्रोंकाइटिस (कास)
- निमोनिया
- शिंगल्स
- विषाणु
- लेरिंजाइटिस

छाती का दर्द अक्सर बच्चों में हो जाता है। उन्हें अक्सर छाती में एक तरफ चुभन वाले दर्द की शिकायत होती है। परन्तु इस प्रकार के दर्द में कोई खतरा नहीं होता। छाती की बीचोंबीच स्टर्नम (छाती के बीच की हड्डी) में दर्द अक्सर बच्चों को ब्रोंकाइटिस (कास) में होता है। लगातार तेज खाँसी से डायफ्राम (छाती व पेट के अंगों को अलग करने वाली झिल्ली) में अकड़ाहट होने की वजह से बच्चा पसलियों में दर्द महसूस करता है। छाती के एक तरफ दर्द 'प्लूरोडायनिया' (छाती की हड्डियों के बाहर की परत में सूजन) या फिर शिंगल्स नामक बीमारी की वजह से हो सकता है। छाती में चोट लगने, मांसपेशियों में खिंचाव आने से जो दर्द होता है वो साँस के साथ और हिलने डुलने पर बढ़ता है। इन सब तरह के दर्दों की चिकित्सा घर पर ही की जा सकती है।

परंतु छाती में दर्द के कुछ एक कारण बहुत गंभीर होते हैं, जैसे कि प्लूरिसी, जो कि निमोनिया रोग के बिगड़ने या तपेदिक होने पर होती है। इसमें बुखार, साँस लेने में परेशानी व खाँसी जैसे लक्षण होते हैं। स्पानटेनियस न्यूमोथोरक्स जो कि फेफड़े के सतह पर हवा के बुलबुले आ जाने पर होता है। जैसे-जैसे पानी फेफड़ों की झिल्लीयों में भरता जाता है दर्द कम हो जाता है। जब यह बुलबुला फटता है तो छाती की केविटी (कक्ष) में फेफड़ा सिकुड़ने लगता है और कक्ष में हवा भर जाती है। इस अवस्था में अचानक तेजी से छाती में भयंकर दर्द होता है। कई बार डायफ्राम में हर्निया होने से भी छाती में दर्द हो सकता है; यह दर्द लेटने पर ज्यादा व बैठने तथा खड़े होने पर कम अथवा खत्म हो जाता है। कई बार हृदय रोग भी बच्चे की छाती में दर्द का कारण हो सकता है।

लक्षण एवं चिन्ह

छाती का दर्द केवल दर्द के लक्षण या फिर अन्य लक्षणों के साथ हो सकता है। छाती में दर्द का स्थान, किन परिस्थितियों में दर्द होता है, कैसे बढ़ता व घटता है, छाती में दर्द के कारण को दर्शाते हैं। छाती

में दर्द के लक्षण के साथ जुड़े अन्य लक्षण भी बीमारी के निदान में मदद करते हैं।

चिकित्सा

छाती का एक्सरे व खून की जाँच आवश्यक है। न्यूमोथोरेक्स होने पर अस्पताल में दाखिल कर, एकत्रित हवा को बाहर निकाला जाता है। वह कार्य अतिशीघ्र होना चाहिये।

होम्योपैथिक चिकित्सा

जिस कारण छाती में दर्द है लक्षण देखकर डॉक्टरी राय से दवा दें। देखें *'संबंधित विषयों'* की होम्योपैथिक चिकित्सा।

—:::::::—

श्वास रोग (कास) (Bronchitis)

तुरंत जानकारी के लिए

लक्षण

- लगातार सूखी खाँसी
- बुखार
- छाती के बीचों बीच दर्द व परेशानी
- भूख न लगना
- शारीरिक थकावट व बैचेनी
- साँस लेते वक्त छाती से आवाज

घर पर चिकित्सा

- बुखार व तेज खाँसी के दौरान बच्चे को आराम करना चाहिए।
- बच्चे को दवा पूरी मात्रा में व ठीक प्रकार से समय पर दें।
- तरल पदार्थ काफी मात्रा में पीने को दें।

सावधानियां

- यदि छाती के किसी भी भाग में दर्द हो तो तुरंत डॉक्टर को दिखायें।
- खाँसी के साथ बलगम में खून आने पर डॉक्टरी सलाह आवश्यक है।
- वर्ष भर में एक से ज्यादा बार बच्चे को यह बीमारी हो और तीन चार दिन के भीतर बच्चे की हालत में सुधार न हो तो डॉक्टर को अवश्य दिखायें।
- डॉक्टर द्वारा बताई गई दवा ही बच्चे को दें, अपनी मर्जी से खाँसी की दवा न पिलायें।

संबंधित विषय

* छाती में दर्द
* जुकाम
* खाँसी
* सिस्टिक फाइब्रोसिस
* शरीर में पानी की कमी
* विषाणु

ब्रोंकाइटिस के बारे में ऐसा कहा जा सकता है कि साधारण जुकाम ही साँस नली (ट्रेक्िया) व श्वास मार्ग द्वारा साँस नलिकाओं (ब्रोंकियल ट्यूब्स) में पहुँच जाता है। आमतौर पर पहले बच्चे को जुकाम लगता है, इसके साथ-साथ नाक का बंद होना और बहना, छीकें, आँखों से पानी आना तथा गले में खुजली जैसे लक्षण होते हैं। कई बार बिना जुकाम के लक्षणों के भी ब्रोंकाइटिस हो सकता है।

अक्सर यह बीमारी ऐसे विषाणु द्वारा होती है जिस पर एंटीबायोटिक्स का भी असर नहीं होता। जिस प्रकार जुकाम संक्रामक होता है उसी प्रकार यह बीमारी भी दूसरों में फैल सकती है। यदि बच्चे को जल्दी जल्दी ब्रोकांइटिस हो रहा हो तो समझना चाहिए कि बच्चे को किसी प्रकार की एलर्जी है। कई बार ऐसा देखा गया है कि दमे से ग्रस्त बच्चों में ब्रोंकाइटिस के दौरे जल्दी जल्दी पड़ते हैं।

लक्षण एवं चिन्ह

ब्रोंकाइटिस के मुख्य लक्षण हैं – सूखी खाँसी रूक रूक कर उठना, हल्का बुखार, छाती के बीचों बीच दर्द व जकड़न इत्यादि। अक्सर बच्चा कमजोरी व बैचेनी महसूस करता है और उसे भूख भी नहीं लगती। कुछ दिनों पश्चात बलगम ढीली पड़ जाती है और बच्चे की छाती में साँस लेते वक्त घड़-घड़ की आवाज आती है। साँस फूलने की वजह से बच्चे को परेशानी होती है, इसके साथ नाक के बंद होने की वजह से भी बच्चे को साँस लेने में दिक्कत हो सकती है।

तेज बुखार व बेहोशी की स्थिति बहुत कम होती है। इस बीमारी

में कभी भी बच्चे की छाती के एक तरफ दर्द नहीं होता और न ही बलगम के साथ खून निकलता है।

चिकित्सा

बच्चे की शारीरिक जाँच, बलगम व रक्त की जाँच व छाती का एक्सरे किया जाना चाहिए। बार-बार ब्रोंकाइटिस के होने पर जाँच की जानी चाहिए कि कहीं कोई एलर्जी तो नहीं या फिर साँस की नलियों में कोई बाहरी वस्तु तो नहीं है। कई बार रोग प्रतिरोधक शक्ति के कम होने पर बार-बार संक्रमण हो सकता है। कारणों की जाँच के पश्चात ही चिकित्सा की जाती है।

होम्योपैथिक चिकित्सा

एमोनियम कार्ब, एंटिम टार्ट, आर्स आयोड, आर्स, बेलिस पी०, बेराइटाम्यूर, कल्क कार्ब, कोर्बोवेज, डल्कामारा, हिपर सल्फ, इपीकाक, काली आयोड, लाइकोपोडियम, मर्क सॉल, नाइट्रिक एसिड, पल्स, सिनेगा, साइलेशिया, स्टेनम, सल्फर।

छाती में जकड़न, धड़कन बढ़ना, खाँसी व साँस चलना, सुबह 3 बजे के लगभग, साँस लेने में परेशानी जो कार्य करने व गर्म कमरे में बढ़े, सर्दियों में अत्यधिक खाँसी, लेसदार बलगम–*एमोनियम कार्ब*

साँस चढ़ना, खाँसी के साथ लगातार मतली, हर सर्दियों में खाँसी का दौरा व साँस फूलना–*इपीकाक*

तेज खाँसी के पश्चात ही बलगम बाहर निकलता हो, शाम से आधी रात तक सूखी खाँसी, हंसने, बोलने, गाने पर खाँसी का दौरा, दिन के वक्त खाँसी होने पर हरे मीठे स्वाद का बलगम–*स्टेनम*

गाढ़ा सख्त बलगम जो गले में चिपक जाये और रेशे के भांति मुँह से बाहर को लटके। सुबह 2-3 बजे के लगभग खाँसी का दौरा–*काली बाइक*

देखें 'खाँसी' : दमा' की चिकित्सा

—:::::::—

दमा (Asthma)

तुरंत जानकारी के लिए

लक्षण

- साँस लेने में कठिनाई
- साँस फूलना
- खाँसी
- छाती में आवाज

घर पर चिकित्सा

- पहला दौरा पड़ने पर तुरंत डॉक्टर को दिखायें।
- यदि फिर लगातार खाँसी के दौरे पड़ें तो घर पर ही डॉक्टर द्वारा बताई गई दवायें बच्चे को दें।
- जिस कारण से एलर्जी होती हो या दौरा पड़ता हो उसे दूर करने की कोशिश करें।

फूलों को सूंघने से भी दमे की शिकायत हो सकती है।

सावधानियां

- छाती में आवाज सिर्फ दमे के कारण ही नहीं होती, इसलिए अन्य कारणों की भी जाँच कर लें।
- इन्हेलर्स या दमे की दवाई स्वयं बच्चे को ना दें।
- दमे के दौरे को बिना इलाज ना छोड़ें।
- बच्चे को धुएँ, धूल व इन्सेक्टीसाइड्स (कीड़ों को मारने वाली दवा) से दूर रखें।

संबंधित विषय

* क्रूप
* हे फीवर
* छपाकी/पित्ति

दमा, साँस की नली में एलर्जी के कारण होता है। यह एक तरह की खतरनाक एलर्जी है क्योंकि इससे श्वासनली में रूकावट सूजन की वजह से पैदा हो जाती है। दमे के दौरे के दौरान श्वास नली की मांसपेशियों में ऐंठन आ जाती है और नली में गाढ़े बलगम जैसा स्राव इकट्ठा हो जाता है।

दमा अक्सर ली गई साँस में एलर्जी करने वाले 'एलर्जन' जैसे कि जानवरों के बाल, परागकण, धूल-मिट्टी या पक्षियों के परों द्वारा होता है। कई बार कुछ एक भोज्य पदार्थों, दवाओं के प्रयोग, कीड़ों के डंक के जहर से भी दमा हो सकता है। दमा का दौरा शारीरिक थकावट, श्वासनली के ऊपरी भाग में संक्रमण, तनाव या धुएँ इत्यादि से भी हो सकता है। ये बीमारी वंशानुगत यानि पीढ़ी दर पीढ़ी भी चल सकती है।

लक्षण एवं चिन्ह

दमे के प्रमुख लक्षण–साँस फूलना, खाँसी, हवा के लिए तड़पन (सांस द्वारा हवा न पहुँचने पर कठिनाई) और छाती में आवाज होते हैं। बच्चा जब साँस छोड़ रहा होता है तब सीटी की सी आवाज उसकी छाती से

सुनाई पड़ती है। इसे ही 'व्हीजिंग' कहते हैं। यही दमे का मुख्य लक्षण है। दमा होने पर पहले उसके कारण की खोज करनी चाहिए कि किन कारणों से ये दौरा पड़ता है, किस मौसम में अधिक होता है इत्यादि-इत्यादि।

चिकित्सा

दौरा यदि बहुत तेज या जल्दी-जल्दी पड़े तो बच्चे को तुरंत अस्पताल ले जाना चाहिए। कभी कभी ऐसी स्थिति में ऑक्सीजन देने की भी आवश्यकता पड़ सकती है।

होम्योपैथिक चिकित्सा

बच्चों में दमा रोग होने पर–*अरोलिया रेसीमोसा, एंटिम आर्स, एंटिम टार्ट, आर्सेनिक, बैसिलिनम, केसिया, केमोमिला, ड्रोसेरा, इपिकाक, नेट्रम आर्स, नेट्रम सल्फ, पल्सेटिला, सेम्बूकस, थूजा* इत्यादि दवायें दी जाती हैं।

लेटने पर खाँसी बढ़ती है। रात 11 बजे सोने के साथ ही सूखी खाँसी उठती है। सांस के साथ छाती में दर्द और अत्यधिक छीकें आती हैं–*अरेलिया रेसीमोसा*

अत्यधिक सांस फूलना। इस दवा को 6 पोटेंसी में इस्तेमाल करने पर फेफड़ों में इकट्ठा हुआ सारा बलगम आसानी से निकल जाता है। तथा सांस लेने में कठिनाई तुरन्त दूर हो जाती है। प्रायः ठंड लगने पर उत्पन्न हुई अवस्था में यह अत्यन्त उपयोगी दवा है, ज्वर छाती में बलगम, सांस फूलना–*एंटिम आर्स*

मध्य रात्रि में रोग का बढ़ना, बच्चा बैठकर सांस लेता है, लेट नहीं पाता, थोड़ी थोड़ी मात्रा में पानी पीता रहता है–*आर्सेनिक*

फेफड़े में बलगम भरा हो और बच्चा उसे निकाल पाने में असमर्थ हो। सांस के साथ घड़घड़ाहट की आवाज हो तो ऐसी अवस्था में *एंटिम टार्ट* देकर बलगम को ढीला कर लेना चाहिए, फिर *इपिकाक* देनी चाहिए ताकि बलगम आसानी से निकल जाए।

नम मौसम में दमा हो, प्रातः 4 से 5 बजे तक रोग का प्रकोप बढ़े बलगम हरा पीला हो और छाती में घड़घड़ाहट हो–*नेट्रम सल्फ*

ब्लाटा ओरियेन्टेलिस या *केसिया सफोरा* का मदर टिंक्चर पानी में मिलाकर दिया जाता है। यह दवायें बलगम को निकालने, श्वास नलिकाओं को फैलाने व सांस में आराम पहुँचाने में सहायक हैं।

सांस लेने में कठिनाई

प्रातः – *काली कार्ब*
सांय – *प्लसेटिला*
रात्रि – *आर्सेनिक, चेलिटोनियम, पल्सेटिला*
अर्धरात्रि के पश्चात – *आर्सेनिक, लैकेसिस, सेम्बूकस*
2 बजे – *आर्सेनिक*
2-3 बजे – *काली आर्स, काली कार्ब*
3 बजे – *काली कार्ब, काली नाइट्रीकम*
पित्त के साथ अदलना बदलना – *कैलेडियम*
नम मौसम में – *डल्कामारा, नेट्रम सल्फ*
सर्दी लगने पर – *स्पोंजिया*
गुस्सा आने पर – *कैमोमिला*.
बोलने से – *ड्रोसेरा*
खाने से – *नक्सवोमिका*
खाने के पश्चात – *काली फॉस, नक्स, पल्सेटिला*
धूल से – *इपिकाक, पोथोज*

यदि रोग में कमी हो :–

डकार आने से – *कार्बोवेज*
पेट के बल लेटने पर – *मेडोराइनम*
बैठने से – *पल्सेटिला*
मल त्यागने पर – *पोथोज़*
उल्टी आने पर – *क्यूप्रम मैट*
नम मौसम में – *कास्टिकम*
खाने से – *ग्रेफाइट्टस*

—:::::::—

खाँसी (Cough)

तुरंत जानकारी के लिए

लक्षण

- खाँसी आना अपने आप में किसी भी बीमारी का एक लक्षण होता है।

घर पर चिकित्सा

- बच्चे को पानी या तरल पदार्थ काफी मात्रा में पीने को दें।
- वेपोराइजर/ह्यूमिडिफायर का इस्तेमाल कर घर में नमी बनाने का प्रयत्न करें।
- डॉक्टर से इस बारे में पूर्ण जानकारी हासिल करें कि खाँसी को रोकने के लिए कौन सी दवा का प्रयोग करें।
- केवल खाँसी को ठीक करने का ही प्रयत्न न करें बल्कि जिस बीमारी की वजह से खाँसी है उसका इलाज करवायें।

सावधानियां

- बच्चे को यदि 'क्रूप' के कारण खाँसी हो तो स्वयं दवा न दें।
- बच्चे को साँस की बीमारी हो या साँस लेने में परेशानी हो रही हो तब भी खाँसी की दवा बगैर डॉक्टर की राय के न दें।
- बच्चे को खाँसी यदि किसी बाहरी वस्तु के फँसने की वजह से हो रही हो तब भी खाँसी रोकने की दवा नहीं देनी चाहिए।
- कुछ बीमारियों जैसे कि दमा या निमोनिया में स्वयं खाँसी की दवा देकर खाँसी को रोकने का प्रयत्न न करें।

खाँसी निम्नलिखित बीमारियों का लक्षण हो सकता है।

- दमा
- ब्रोंकाइटिस
- साधारण जुकाम
- क्रूप
- हवा में मौजूद धूल कणों का साँस के साथ प्रवेश
- निमोनिया
- नजला
- कूकर खाँसी (व्हूपिंग कफ)

संबंधित विषय

* दमा
* निमोनिया
* ब्रोंकाइटिस
* साइनासाइटिस
* जुकाम
* कूकर खाँसी
* क्रूप

खाँसी आना शरीर के बचाव के लिए एक उपयोगी प्रतिक्रिया है। यह शरीर के श्वसन अंगों में मौजूद बाहरी कणों या गंदगी को बाहर निकाल फेंकने का एक तरीका है। श्वसन अंगों में गला, लेरिंक्स, ट्रेचिया, साँस नलिकाएं व फेफड़े आते हैं। खाँसी आना कोई बीमारी नहीं है। कई बार खाँसी द्वारा भी यह पदार्थ शरीर के बाहर नहीं निकल पाते। खाँसी की वजह से बच्चा ठीक तरह सो नहीं पाता और उसकी मांसपेशियाँ भी तेज व लगातार खाँसी करते-करते दर्द करने लगती हैं या बच्चा थक जाता है। कई बार खाँसी की वजह से बच्चे को उल्टी भी हो सकती है।

खाँसी की तेजी, बीमारी की गंभीरता पर निर्भर करती है। खाँसी से राहत पाने के लिए जिस बीमारी की वजह से खाँसी हो उसकी चिकित्सा की जानी चाहिए।

लक्षण एवं चिन्ह

खाँसी स्वयं में ही किसी बीमारी का लक्षण है। ज्यादातर खाँसी वायरस द्वारा (जुकाम, क्रूप व ब्रोंकाइटिस) और कुछ बैक्टीरिया द्वारा (नज़ला, बैक्टीरियल निमोनिया, कूकर खाँसी) और कभी कभी एलर्जी द्वारा (दमा) होती है।

चिकित्सा

खाँसी से आराम पाने के लिए कई तरह की दवायें इस्तेमाल की जाती हैं। खाँसी को दबाने वाली दवायें 'कफ सप्रेसेंट्स', ढीला करने वाली 'कफ लूज़नर्स', सुखानेवाली 'कफ टाइटनर्स' या एलर्जी दूर करने वाली 'एंटीएलर्जीक ड्रग्स' कहलाती है।

डॉक्टर की राय लेकर ही इन दवाओं का इस्तेमाल किया जाना चाहिए।

होम्योपैथिक चिकित्सा

रात्रि के समय खाँसी जिसमें कि बच्चे की नींद न टूटे – *एकोनाइट, एरेलिया, कैमोमिला*

ठंडी हवा में खाँसी बढ़े – *ब्रायोनिया, कार्बोवेज, हिपर, स्पंजिया*

केवल दिन के समय खाँसी – *यूफ्रेशिया, फेरम*

ठंडा पेय पीने पर खाँसी – *ब्रायोनिया, कोर्बोवेज, हीपर, स्पंजिया*

खाने से खाँसी बढ़े – *ब्रायोनिया, कल्ककार्ब, कार्बेवेज़, चायना, लेकेसिस, नक्सवोम*

रात्रि में खाँसी बढ़े – *एकोनाइट, आर्स, बैल, ब्रायो, कल्ककार्ब, कार्बोवेज, कास्टिकम, ड्रोसेरा, हार्योसेमस, पल्स, रूमेक्सस स्टिक्टा*

इन्फ्लूएंजा के पश्चात खाँसी – *काली बाइक क्रिओजोट, सेगूंनेरिया*

खसरे के पश्चात खाँसी – *ड्रोसेरा, पल्स, स्टिक्टा*

लेटने पर खाँसी बढ़े – *एरेलिया, बैल, कास्टिकम, ड्रोसेरा, हायोसमस, रूमेक्स, सेंगूनेरिया, साइलीशिया।*

सुबह खाँसी ज्यादा बढ़े – *कोकस, हीपर, पल्स*

मीठा खाने के पश्चात खाँसी हो – *स्पोंजिया, जिंकममैट*

—:::::::—

आवाज के साथ खाँसी (Croup)

तुरंत जानकारी के लिए

लक्षण

- कुत्ते के भौंकने की आवाज जैसी खाँसी
- गले की खराश
- साँस अंदर खींचने में दिक्कत व गंदी सी आवाज
- बुखार
- निगलने में परेशानी
- बच्चे का आगे की तरफ को झुका हुआ सिर, मुँह खोलकर व जीभ लटकाकर बैठना।

घर पर चिकित्सा

- यदि साँस लेने में बच्चे को परेशानी हो रही हो तो घर पर चिकित्सा न करें, तुरंत डॉक्टर को दिखायें।
- हल्की और बार बार उठने वाली खाँसी का दौरा पड़ रहा हो तो वेपोराइज़र या ह्यूमिडिफायर का इस्तेमाल करें या फिर बच्चे को भाप वाले स्थान पर बैठायें।

सावधानियां

- बच्चे को तेज बुखार, साँस लेने व निगलने में दिक्कत हो या बच्चा आगे की तरफ सिर झुकाकर, मुँह खोलकर बैठा हो, जीभ बाहर की तरफ लटकी हो तो डॉक्टर से परामर्श करें।
- साँस लेने में परेशानी हो तो स्वयं कोई भी खाँसी की दवा न दें।

संबंधित विषय

* दमा
* दम घुटना
* दौरे पड़ना
* बुखार

क्रूप – लेरिंक्स (वॉइस बॉक्स) में सूजन अथवा शोथ की वजह से होता है, जिस प्रकार साधारण जुकाम हवा के संक्रमण (ड्रॉपलैट संक्रमण) से होता है उसी प्रकार क्रूप भी फैलता है।

क्रूप में बच्चे को सख्त, तेज आवाज वाली सूखी खाँसी होती है। साथ ही साँस अंदर खींचने में परेशानी होती है। इसी वजह से साँस अंदर लेते वक्त अजीब सी आवाज क्रूप का मुख्य लक्षण होता है। परंतु दमे में बच्चे को साँस छोड़ते वक्त परेशानी व आवाज होती है।

कई बार क्रूप लेरिंक्स को ढकने वाली सतह 'एपीग्लोटिस' के संक्रमण के कारण भी होता है। 'एपीग्लोटाइटिस' के नाम वाली यह एक घातक बीमारी होती है। यह बीमारी अक्सर 3 से 9 वर्ष की आयु वाले बच्चों में अधिक देखने को मिलती है जो कि बैक्टीरिया के संक्रमण की वजह से होती है। इसमें बच्चे को तेज बुखार हो जाता है और बच्चे का दम घुटना व उसे दौरा भी पड़ सकता है।

इसलिए ऐसी स्थिति में शीघ्र ही डॉक्टर को दिखाना चाहिए।

लक्षण एवं चिन्ह

क्रूप के लक्षण हों तो एपीग्लोटाइटिस की संभावना हो सकती है। कई बार किसी बाहरी वस्तु के अटक जाने पर भी बच्चे का दम घुटने लगता है और क्रूप में भी ऐसा ही होता है। इन दोनों अवस्थाओं में यह अंतर है कि क्रूप वाला बच्चा तो बोल भी सकता है अथवा चीख चिल्ला सकता है जबकि कोई बाहरी वस्तु गले में अटक जाने पर बच्चा न तो बोल ही सकता है और न ही उसे बुखार होता है।

चिकित्सा

क्रूप की चिकित्सा डॉक्टर की राय के पश्चात घर पर भी की जा सकती है परंतु एपीलोटाइटिस की चिकित्सा अस्पताल में ही की जानी चाहिए। इस अवस्था में कई बार शल्य चिकित्सा की भी आवश्यक पड़ सकती है।

होम्योपैथिक चिकित्सा

एकोनाइट, एम्ब्रा, एंटिमटार्ट, बैल, ब्रोम, ब्रायोनिया, कास्टिकम, ड्रासेरा, डल्का, फेरमफॉस, जेल्स, हिपर सल्फ, इपीकाक, काली बाइ, मर्कसोल पल्स, रूमेक्स, सेंगुनेरिया, स्टिक्टा, सल्फर लक्षणें के आधार पर दी जाती है।

फैरम फास 6 ×
काली म्यूर 6 ×
काली सल्फ 6 ×
} तीनों दवायें मिलाकर 4 गोली दिन में तीन समय दें।

देखें 'खाँसी', 'दमा' 'ब्रोंकाइटिस'

—:::::::—

न्यूमोनिया (Pneumonia)

तुरंत जानकारी के लिए

लक्षण

जीवाणुओं के कारण न्यूमोनिया

- भीतरी श्वसन तंत्रों में तेज स्तर का संक्रमण
- ठंड के साथ तेज बुखार
- खाँसी व साँस का तेज गति से चलना
- छाती में दर्द

विषाणुओं के कारण न्यूमोनिया

- सिर दर्द
- थकावट
- बुखार व गला खराब
- तेज सूखी खाँसी

घर पर चिकित्सा

- विषाणुओं द्वारा हुआ न्यूमोनिया स्वयं ठीक हो जाता है।
- जीवाणुओं द्वारा न्यूमोनिया के लिए डॉक्टरी चिकित्सा जरूरी होती है।

सावधानियां

- जुकाम अथवा किसी संक्रमण द्वारा यदि बच्चे की प्रतिरोध शक्ति कम हो गई हो तो न्यूमोनिया के होने की आशंका रहती है।

- जुकाम यदि अचानक ही बिगड़ जाये और इसके साथ तेज बुखार, खाँसी, ठंड, छाती में दर्द व सांस की गति तेज हो जाए तो न्यूमोनिया का शक किया जा सकता है।
- नथुनों का फैल जाना, सांस में आवाज आना व छाती के मुलायम भागों के अंदर धंसने पर बच्चे को तुरंत ही डॉक्टर के पास ले जाएं।
- रक्त मिश्रित बलगम आने पर भी डॉक्टर के पास जायें।

संबंधित विषय

* छाती में दर्द
* साधारण जुकाम
* खाँसी
* बुखार
* गला खराब

न्यूमोनिया में फेफड़े के किसी एक भाग या अधिक भागों में संक्रमण हो सकता है। यह जीवाणु या विषाणुओं के कारण होता है। अक्सर न्यूमोनिया न्यूमोकोकस जीवाणुओं के कारण होता है पर कभी कभी स्ट्रेप्टोकोकस या स्टेफाइलोकस नामक जीवाणु भी न्यूमोनिया का कारण बन जाते हैं। विषाणु जैसे एडिनो वायरस भी न्यूमोनिया का रोग पैदा कर सकते हैं।

न्यूमोकाकाई, स्ट्रेप्टोकोकाई व स्टेफाइलोकोकाई जीवाणु अक्सर स्वस्थ बच्चे के नाक व गले में पाये जाते हैं, परंतु यदि बच्चे की जुकाम या श्वसन तंत्र संबंधी किसी कारण से रोग प्रतिरोध शक्ति कम हो जाए तो ये जीवाणु फेफड़ों तक पहुंच कर उन्हें प्रभावित करते हैं।

लक्षण एवं चिन्ह

जीवाणु द्वारा न्यूमोनिया होने पर भीतरी श्वसन तंत्रों में संक्रमण के लक्षण, तेज बुखार (40 – 42° सेंटी ग्रेड तक) ठंड लगना, खाँसी, साँस का तेज चलना व छाती के एक तरफ अथवा दोनों तरफ दर्द होना जैसे लक्षण होते हैं। नवजात शिशुओं के श्वसन तंत्र पर गहरा प्रभाव पड़ता है। इससे छाती के मुलायम भाग अंदर की तरफ धंसे हुए, नथुने फैले हुए, और साँस छोड़ते वक्त गुर्रानें की सी आवाज आना जैसे लक्षण पैदा होते हैं।

वायरस न्यूमोनिया की शुरूआत धीरे-धीरे होती है। इसमें सिर दर्द, थकावट 37 से 41° सेंटीग्रेड तक का बुखार, गला खराब व भयंकर सूखी खाँसी के लक्षण होते हैं।

एक्सरे व रक्त की जाँच एवं कल्चर जाँच द्वारा निदान तक पहुँचा जाता है।

चिकित्सा

कुछ समय पहले न्यूमोनिया हो जाने पर बच्चे को अस्पताल में ही भर्ती कर चिकित्सा की जाती थी परंतु अब अत्यधिक गंभीर रूप में न्यूमोनिया हो अथवा बच्चा छोटा हो तभी अस्पताल में भर्ती किया जाता है, अन्यथा एंटीबायोटिक्स द्वारा ही (न्यूमोकोकल न्यूमोनिया) की चिकित्सा की जाती है। स्ट्रेप्टो व स्ट्रेफाइलोकोकल संक्रमण होने पर अस्पताल में भरती होना पड़ता है। विषाणु द्वारा न्यूमोनिया होने पर बच्चे को आराम, तरल पदार्थ काफी मात्रा में देने चाहिए और बीमारी के स्वयं ठीक होने तक इंतजार करना चाहिए।

होम्योपैथिक चिकित्सा

बच्चों में निमोनिया के लक्षण मिलते ही होम्योपैथिक विशेषज्ञ से जाँच करवायें, और उन्हीं के द्वारा बताई गई दवा दें।

न्यूमोकोकल न्यूमोनिया

रक्ताधिक्य की स्थिति – *एकोनाइट, बैल, ब्रायो, फेरमफॉस, आयोडम, वरेट्रम विराइड*

संघनन की स्थिति – *एंटिम आर्स, एंटिमटार्ट, ब्रायो, आयोड, काली आयोड, काली म्यूर, फास फोरस, सेंगुनेरिया, सल्फ*

शमन की स्थिति – *एंटिम आर्स, एंटिम टार्ट, हिपर सल्फ, काली आयोड, लाइको, फासफोरस, संगुनेरिया, सल्फ*

ब्रोंकोन्यूमोनिया में *एकोनाइट, एंटिम टार्ट, आर्स आयोड, चैलीडोनम, इपिकाक, कोक्सलिंफ, फासफोरस स्क्वीला, टेबेकम* दिया जाता है।

–:::::::–

फनल चैस्ट (Funnel Chest)

तुरंत जानकारी के लिए

लक्षण

- छाती के बीच की हड्डी (स्ट्र्नम) का बच्चे के साँस लेते वक्त अंदर की तरफ धँसना
- छाती के बीचों बीच गड्ढा प्रतीत हो

घर पर चिकित्सा

- वास्तविक फनल चैस्ट होने पर अस्पताल में ही चिकित्सा करवायी जाये।
- यदि स्टर्नम अंदर की तरफ धंसे और पहले फनल चैस्ट के कोई लक्षण न देखे गये हों तो इसे साँस की बीमारी का लक्षण समझ उस रोग की चिकित्सा की जानी आवश्यक है।

सावधानियां

- नवजात शिशु व छोटे बच्चे में यदि स्टर्नम अंदर की तरफ हल्का सा धंसा प्रतीत हो तो इसमें घबराने की आवश्यकता नहीं।

फनल चैस्ट होने पर बच्चा जब साँस बाहर को छोड़ता है तब ब्रैस्ट बोन (स्टर्नम) का निचला भाग अंदर की तरफ खिंचने के कारण छाती के बीचों बीच गड्ढा सा पड़ जाता है।

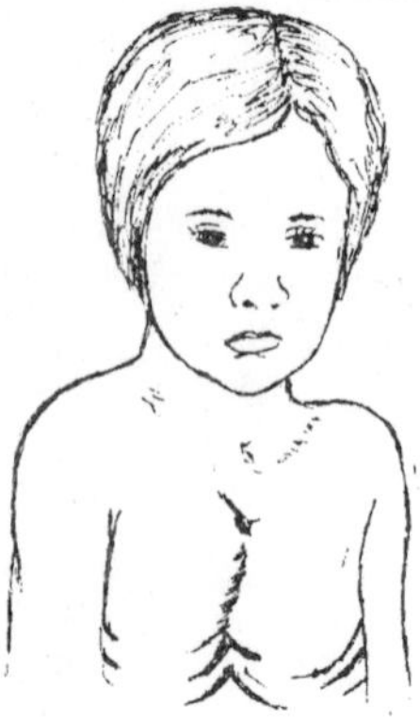

- हल्की फनल चैस्ट बच्चे को किसी प्रकार का नुकसान पहुंचाये बगैर, बच्चे की बढ़ोतरी के साथ पसलियों के मजबूत होने पर स्वयं ठीक हो जाता है।
- बच्चे के कार्यों में किसी प्रकार का बंधन न लगायें।

संबंधित विषय

* ब्रोंकाइटिस
* दम घुटना
* हाइपर वेंटीलेशन
* निमोनिया
* सांस उखड़ना

'फनल चैस्ट' वह अवस्था होती है जब छाती के सामने की हड्डी (स्टर्नम) अंदर की तरफ धंसी हुई प्रतीत होती है। स्टर्नम से पसलियों के अगले हिस्से भी जुड़े रहते हैं। डायफ्राम (मांसपेशियों की एक परत/झिल्ली जो कि छाती व पेट के अंगों को अलग करती है) निचली पसली के सामने वाले भाग व स्टर्नम के निचले भाग से जुड़ा रहता है। बच्चों में पसलियाँ सख्त लचीले उतकों से बनी होती है। जैसे जैसे बच्चे की बढ़ोतरी होती है, यह पसलियाँ हड्डी में परिवर्तित होती जाती हैं। चूंकि कार्टिलेज (लचीला उत्तक) हड्डी की भांति सख्त नहीं होता है, जब बच्चा सांस छोड़ने पर अंदर की तरफ सांस खींचता है तो कुछ बच्चों में डायफ्राम स्टर्नम के निचले भाग से अंदर की तरफ को धंस जाता है। इस वजह से छाती के बीच में गड्ढा सा प्रतीत होता है। यह गड्ढा बच्चे को कास (ब्रोंकाइटिस) निमोनिया और दम घुटने के वक्त अधिक गहरा प्रतीत होता है। इस अवस्था को 'रिट्रेक्टिंग' कहते हैं, जो कि सांस लेने में परेशानी होने का लक्षण है। सांस लेने में परेशानी होते वक्त यदि रिट्रेक्टिंग हो तो इसे फनल चैस्ट नहीं कहते।

वास्तविक फनलचैस्ट तब कहते हैं जब बच्चा साँस बाहर छोड़ रहा हो, या आराम कर रहा हो, या उसे साँस की कोई परेशानी न हो फिर भी उसकी छाती की हड्डी अंदर की तरफ धंसी रहे। यदि हल्के तौर पर फनल चैस्ट हो तो बच्चे की बढ़ोत्तरी के साथ साथ पसलियों के मजबूत होने पर यह स्वयं ठीक हो जाता है। यदि काफी ज्यादा फनल चैस्ट हो तो यह स्वयं ठीक नहीं होता और साथ ही बच्चे की साँस लेने की क्रिया में भी बाधा उत्पन्न करता है।

एक कारण वीटामिन 'डी' की कमी भी होती है-रिकेट्स।

लक्षण एवं चिन्ह

फनल चैस्ट किसी भी बच्चे की छाती को देखकर पहचाना जा सकता है। छाती की बीच की हड्डी अंदर की तरफ धंसी रहती है। बच्चे के श्वास बाहर छोड़ने पर भी गड्ढा सा प्रतीत हो तो वास्तविक फनल चैस्ट कहलाता है।

यदि पहले कभी बच्चे में फनल चैस्ट के लक्षण एवं चिन्ह न देखे गये हों और छाती की बीच की हड्डी निचले भाग में अंदर की तरफ धंसी हुई प्रतीत हो तो इसे साँस की किसी बीमारी का महत्त्वपूर्ण लक्षण समझना चाहिए।

चिकित्सा

डॉक्टर पहले इस बात का पता लगाते हैं कि बच्चे को वस्तविक फनल चैस्ट है या अस्थायी तौर पर साँस लेने में दिक्कत पैदा हुई है। जिन बच्चों में फनल चैस्ट दिखाई दे उनके छाती का एक्सरे कर यह पता लगाया जाता है कि कहीं इस कारण हृदय व फेफड़े तो प्रभावित नहीं हैं। रिकेट्स होने पर विटामिन डी से उसका इलाज सम्भव है। यदि फनल चैस्ट काफी ज्यादा प्रतीत हो और बच्चे की बढ़ोतरी के साथ ठीक होती नजर न आये तो शल्य चिकित्सा द्वारा इसे ठीक किया जाता है। हृदय व फेफड़ों के कार्यों में बाधा पड़ने पर इसकी शल्य चिकित्सा जल्द ही की जाती है।

—:::::::—

सांस का तेज गति से चलना

तुरंत जानकारी के लिए

लक्षण

- सांस का सामान्य के मुकाबले अधिक तेजी से चलना।

घर पर चिकित्सा

- केवल यदि चिंता या तनाव के कारण ऐसा है तब घर पर कारण खोजा जा सकता है अन्यथा बच्चे को डॉक्टर के पास ले जाएँ।

सावधानियां

- बुखार होने पर यदि बच्चे की सांस की गति बढ़ गई हो तो चिंता की आवश्यकता नहीं क्योंकि बुखार में सांस की गति बढ़ जाती है।
- एस्प्रीन की अधिक मात्रा भी सांस की गति को बढ़ाती है।
- यदि आराम की अवस्था में भी स्वस्थ बच्चा जल्दी-जल्दी साँस ले तो डॉक्टर को दिखायें।

संबंधित विषय

* रक्ताल्पता	* मधुमेह
* दमा	* बुखार
* क्रूप	* न्यूमोनिया
* शरीर में पानी की कमी	* पॉइजनिंग

श्वसन की क्रिया द्वारा शरीर में ऑक्सीजन पहुँचा कर कार्बनडाईआक्साइड शरीर से बाहर निकाली जाती है। जब शरीर में पूरी मात्रा में ऑक्सीजन न पहुंचे या कार्बनडाईआक्साइड गैस की मात्रा अधिक बढ़ जाए तो साँस फूलने लगता है। लंबे समय तक शारीरिक श्रम के पश्चात साँस फूलने लगता है। यह बुखार के साथ भी हो सकता है क्योंकि शरीर का तापमान बढ़ने पर शरीर की रासायनिक क्रिया तेज होकर शरीर में कार्बनडाइऑक्साईड की मात्रा बढ़ाती है व शरीर को ऑक्सीजन की आवश्यकता पड़ने पर साँस जल्दी जल्दी चलने लगता है।

साँस का फूलना किसी बीमारी का लक्षण भी हो सकता है। यह दर्शाता है कि ऑक्सीजन पहुँचने के कार्य में कहीं रुकावट है। यह क्रूप, साँस नलिकाओं अथवा गले के एपीग्लोटिस में सूजन, दमा, न्यूमोनिया, किसी बाहरी वस्तु के साँस नली में चले जाने या अचानक ही फेफड़ों की मांसपेशियों के शक्तिहीन होने (पोलियो) के कारण भी हो सकता है।

शरीर को पूरी ऑक्सीजन न मिल पाने के कारण साँस फूलना, हृदय रोग, शरीर में रक्त की अत्यधिक कमी या वाहन प्रदूषण के कारण निकली कार्बन मोनोऑक्साइड पॉइजनिंग की चेतावनी भी देता है।

साँस का तेज गति से चलना एस्प्रीन जैसी दवा के दुष्प्रभाव जो कि मस्तिष्क में श्वसन केन्द्र को प्रभावित करती है, अनियंत्रित मधुमेह व शरीर में पानी की कमी (डीहाइड्रेशन) के कारण भी हो सकता है। चिंता की वजह से भी कभी कभी साँस फूलने की भाँति लक्षण नजर आने लगते हैं।

लक्षण एवं चिन्ह

साँस के फूलने का निदान साँस की गति के ऊपर निर्भर करता है। यदि आपका बच्चा जल्दी जल्दी साँस ले रहा हो तो आराम से बैठाकर बच्चे की प्रति मिनट साँस की गति गिनियें। नवजात शिशु में साँस की गति 40 प्रति मिनट, एक वर्ष के बच्चे में 30 और जो 8 वर्ष के ऊपर हैं उनमें 20 प्रति मिनट होती है। यदि आराम की अवस्था में यह दर

सामान्य से दुगुनी हो जाए तो समझना चाहिए कि बच्चे की सांस फूल रही है। बच्चे को बुखार होने पर इसका पता लगाना थोड़ा मुश्किल हो जाता है तब बढ़े तापमान की हर डिग्री के साथ 2 या 3 अतिरिक्त सांस हटाकर इस तकलीफ का पता लगाइये नहीं तो बुखार सामान्य होने पर सांस की गति गिनिए।

चिकित्सा

सांस की गति बढ़ने की चिकित्सा उसके कारण पर निर्भर करती है। बच्चे की पूर्ण जांच जैसे कि हृदय फेफड़े गले, एपीग्लोटिस रक्तचाप व छाती की एक्सरे जांच की जाती है। रक्त व मूत्र परीक्षण मधुमेह का पता लगाने के लिए किए जाते हैं।

होम्योपैथिक चिकित्सा

लक्षण जानकर *'संबंधित विषय'* की होम्योपैथिक चिकित्सा देखें।

—:::::::—

अतिश्वसन (Hyperventilation or Hypernoea)

तुरंत जानकारी के लिए

लक्षण

- पूरी तरह सांस लेने व निकाल पाने के बावजूद भी सांस लेने में परेशानी या सांस की गति तेज होना।
- हाथ पाँव में सुन्नपन व झनझनाहट
- मांसपेशियों में ऐंठन
- बेहोशी

घर पर चिकित्सा

- शांत रहकर बच्चे को सांत्वना दीजिए
- बच्चे को मुंह व नाक के पास लिफाफा (पेपर बैग) लगाकर सांस लेने को कहिए।

सावधानियां

- बच्चे द्वारा तेज व जल्द साँसें भर कर बेहोश हो जाने का प्रदर्शन करने की आदत को निरूत्साहित कीजिए।

संबंधित विषय

* दमा	* बेहोशी
* ब्रोंकाइटिस	* हे फीवर
* जुकाम	* न्यूमोनिया
* क्रूप	* साँस फूलना
* डिफ्थीरिया	

अतिश्वसन में जल्दी साँस लेने व गहरी साँस के कारण रक्त से अत्यधिक कार्बनडाइऑक्साइड बाहर निकल जाती है। कई ऐसे शारीरिक रोग हैं जैसे कि दमा व दिमागी संक्रमण या रसौली में, डिफ्थिरिया, खाँसी, जुकाम, न्यूमोनिया इत्यादि में इस प्रकार का अतिश्वसन देखा जाता है। 'हाइपरवेंटिलेशन' अथवा अतिश्वसन कोई शारीरिक रोग नहीं है बल्कि इसके होने पर साँस लेने में बेचैनी पैदा होती है और बच्चा हवा के लिए बेचैन हो उठता है।

अतिश्वसन बड़े बच्चों व किशोरों में अधिक देखने को मिलता है। बच्चा यह शिकायत करता है कि उसका दम सा घुट रहा है, उसे पूरी हवा नहीं मिल पा रही जबकि बाहर से देखने में ऐसा कुछ प्रतीत नहीं होता, बच्चा पूरी साँस ले व निकाल पा रहा होता है, साँस की गति थोड़ी तेज या सामान्य ही होती है। दमा, ब्रोंकाइटिस व क्रूप जैसी बीमारियों में पैदा होने वाली छाती की आवाज की भाँति अतिश्वसन के दौरान कोई आवाज नहीं सुनाई पड़ती। बच्चे के शरीर का तापमान व त्वचा का रंग भी सामान्य होता है। खाँसी के लक्षण भी नहीं होते। बच्चा केवल गहरी साँस भर लेता है मानो आहें भर रहा हो। यह कुछ

मिनटों से घंटों तक रह सकता है। इसका कारण, भय, चिंता तनाव या डिप्रैशन कुछ भी हो सकता है।

लंबे समय तक अतिश्वसन रहने पर हाथ-पैरों में सुन्नपन व झनझनाहट हो सकती है। तत्पश्चात हाथ, पाँवों, उँगलियों टखनों इत्यादि की मांसपेशियों में ऐंठन भी हो सकती है। यह अत्यधिक कार्बनडाइ-ऑक्साइड के शरीर से बाहर निकालने के कारण होता है। यदि अतिश्वसन काफी देर तक चलता रहे तो बेहोशी भी आ सकती है। बेहोश होने पर अतिश्वसन में अस्थायी लाभ होता है और रोगी पुनः सामान्य हो जाता है।

लक्षण एवं चिन्ह

ध्यान से देखने पर आप यह पता लगा सकते हैं कि बच्चे को साँस की कोई बीमारी है या फिर बच्चा गहरी साँसें भर रहा है। अतिश्वसन में कभी भी खाँसी व बुखार नहीं होता। बच्चे में यदि अतिश्वसन की प्रवत्ति हो तो इसके दौरे जल्दी जल्दी होते हैं। हिस्टीरिया के दौरे की भाँति।

चिकित्सा

अतिश्वसन का कारण ढूंढकर इसकी चिकित्सा की जाती है। इसके लिए किसी मनोचिकित्सक की राय से बच्चे में तनाव व भावनात्मक असंतुलन का कारण खोजना जरूरी है। तभी बच्चे की काउंसेलिंग भी संभव है।

हृदय में ध्वनि (Innocent Heart Murmer)

तुरंत जानकारी के लिए

लक्षण

- हृदय में उत्पन्न अतिरिक्त ध्वनि जो किसी रोग के कारण न हो।

घर पर चिकित्सा

- किसी प्रकार की चिकित्सा की आवश्यकता नहीं।

सावधानियां

- इनोसेंट मर्मर सामान्य होती है।
- इनोसेंट मर्मर के होने पर बच्चे की अतिरिक्त देख भाल की आवश्यकता नहीं।
- अक्सर किशोरवस्था तक पहुँचते समय में यह मर्मर स्वयं ही गायब हो जाती है।
- केवल 15-20 प्रतिशत में यह मर्मर बड़े होने पर भी बनी रहती है।

जन्म के समय व उसके पश्चात नियमित तौर पर बच्चे की हृदय जांच स्टेथेस्कोप द्वारा की जाना चाहिए ताकि हृदय में मर्मर का पता लग सके।

हृदय एक पंप की भाँति कार्य करता है। इसके पंप करने से जो आवाज होती है उसे हृदय ध्वनि (लबडब) कहते हैं। पंप करने के दौरान यदि कोई अतिरिक्त ध्वनि पैदा होती हो तो वह 'हार्ट मर्मर' कहलाती है। हार्ट मर्मर या तो हृदय में किसी गड़बड़ी के कारण होती है या यह सामान्य ध्वनि रक्त के बहाव के कारण पैदा होती है। यदि किसी हृदय रोग या गड़बड़ी के कारण यह ध्वनि पैदा न होती हो तो इसे 'इनोसेंट मर्मर', 'इनसिगनिफिकेंट मर्मर, अथवा 'फंक्शनल मर्मर, के नाम से जाना जाता है। यह सामान्य होती है। बच्चे की बढ़ोतरी होने पर यह सुनाई नहीं पड़ती और किशोरावस्था तक बिल्कुल गायब हो जाती है।

लक्षण एवं चिन्ह

बच्चे के जन्म के समय व उसके पश्चात नियमित रूप से बच्चे की हृदय जाँच की जानी चाहिए। डॉक्टर स्टेथेस्कोप द्वारा बच्चे की हृदय ध्वनि सुनते हैं। हृदय के 'वाल्व' जो कि रक्त के बहाव को नियंत्रित करते हैं; खुलने व बंद होने पर भी आवाज सुनाई पड़ती है। डॉक्टर को तब यह जाँच करनी आवश्यक है कि ध्वनि सामान्य है या मर्मर सुनाई पड़ती है। किसी भी मर्मर के सुनाई पड़ने पर हृदय की पूरी जाँच आवश्यक है ताकि यह पता लग सके कि दिल में रक्त का दौरा सामान्य रूप से हो रहा है कि नहीं।

चिकित्सा

इनोसेंट मर्मर के लिए किसी भी चिकित्सा की आवश्यकता नहीं होती। किन्तु अन्य मर्मर के होने पर हृदय की पूरी जाँच कर जैसे कि ई॰सी॰जी॰ (इलैक्ट्रोकार्डियोग्राम) द्वारा रोग का निदान व चिकित्सा जरूरी है।

—:::::::—

उच्च रक्तचाप (High Blood Pressure)

तुरंत जानकारी के लिए

लक्षण

- अक्सर कोई भी लक्षण नहीं देखा जाता।

सम्भावनीय लक्षण

- सिर दर्द
- दिल का जोर से धड़कना
- व्यायाम से साँस का फूलना
- मुँह का लाल होना।

घर पर चिकित्सा

- डॉक्टर द्वारा ही निदान व चिकित्सा की जाती है।

ध्यान रहे कि एक बार भी ब्लडप्रैशर के बढ़े होने का शक होने पर नियमित रूप से ब्लड-प्रैशर को माप कर इस बीमारी का सही निदान व इलाज आवश्यक है।

सावधानियां

- बच्चे की नियमित जाँचें आवश्यक हैं, जरा सा भी शक होने पर प्रत्येक बार बच्चे के ब्लड्प्रैशर की जाँच करनी चाहिए।
- बढ़े हुई रक्तचाप का इलाज न करने पर वह हानिकारक है।

हालाँकि यह पहले से ही ज्ञात है कि बड़ों की भाँति बच्चों व नवजात शिशुओं को भी 'उच्चरक्तचाप' (हाईब्लड्प्रेशर) होता है परंतु काफी लोग अभी भी इस बात से अनभिज्ञ हैं। जन्म के समय बच्चे का सामान्य रक्तचाप 60/40 होता है। 'सिस्टोलिक प्रेशर' रक्त का वह दाब होता है, जिससे कि हृदय पंप द्वारा रक्त को शरीर से बाहर भेजता है, 'डायस्टोलिक प्रेशर' वह दाब होता है जिसमें कि रक्त वापिस हृदय में भरता है। फिर उम्र बढ़ने के साथ-साथ ब्लड्प्रैशर भी बढ़ता रहता है व बच्चे के किशोरावस्था में लगभग 120/80 तक पहुंच जाता है। यदि बच्चे का रक्तचाप उसकी उम्र को देखते हुए ज्यादा हो तो बच्चे को उच्चरक्तचाप से पीड़ित कहा जाता है।

बच्चे में अस्थायी तौर पर ब्लड प्रैशर बढ़ना उसकी, असामान्य भावनात्मक स्थिति जैसे कि चिंता व भय होते हैं। ब्लड्प्रैशर के बढ़े रहने के कारण हैं – गुर्दे के रोग (रसोली, रूकावट, संक्रमण व नैफ्राइटिस) एड्रीनल का ट्यूमर, हृदय में कोई खराबी या हृदय की किसी बड़ी धमनी में रूकावट थायरोक्सिन अथवा एफीड्राइन मिली दवाओं का प्रयोग, अत्यधिक बढ़ा हुआ वजन, या मुलैठी (एक मीठी, पीले रंग की जड़ जो खाँसी में काम आती हैं और बहुधा पान में खाई जाती हैं) का अत्यधिक प्रयोग। 'एसेंशियल हाइपरटेंशन जो कि वयस्कों में आमतौर पर देखा जाता है, बच्चों में वंशानुगत या फिर अज्ञात कारणों से हो सकता है।

लक्षण एवं चिन्ह

उच्च रक्तचाप को अक्सर 'साइलेंट डिजीज़' (जिस बीमारी के लक्षण

सामने नजर न आयें) के नाम से भी जाना जाता है। लक्षण यदि हों तो उनमें सिर दर्द, दिल की तेज धड़कल, थोड़े से भी व्यायाम से साँस का फूलना व चेहरे का लाल होना प्रमुख हैं। सही निदान के लिए ब्लडप्रैशर मापने वाले यंत्र से (जिसका कफ बच्चे के आकार मुताबिक हो) बाँह व दोनों पैरों में मापा जाना चाहिए। यदि पहली बार ही रक्त चाप बढ़ा हुआ मिले तो कई बार कुछ दिनों के अंतराल पर इसे माप कर निदान किया जाना चाहिये।

चिकित्सा

डॉक्टर इसके निदान के लिए बच्चे की पूर्ण शारीरिक जाँचे करते हैं जिनमें कि ब्लडप्रेशर माप, उरुसंधि की धमनियों की जाँच, व आँख की जाँच (जहाँ ब्लडप्रेशर के बढ़ने का प्रभाव सबसे पहले नजर आ सकता है) प्रमुख हैं। बच्चे के हृदय, पेट व जननांगों की भी जाँच की जाती है।

सही कारण जानने के लिए प्रयोगशाला जाँच भी अत्यंत आवश्यक होती है। कुछ एक को छोड़कर ब्लडप्रैशर के सभी कारणों की चिकित्सा दवाओं द्वारा आहार में परिवर्तन व शल्य चिकित्सा द्वारा सफलता पूर्वक संभव है।

होम्योपैथिक चिकित्सा

ब्लडप्रैशर यदि तनाव व चिंता के कारण बढ़ता हो तो लक्षण जानकर चिकित्सा की जाती है।

—:::::::—

रक्त की कमी (Anaemia)

तुरंत जानकारी के लिए

संबंधित शब्द—बोन मैरो-हड्डी में बांधा जाने वाला ऊतक-जहां रक्त कणिकायें बनती हैं।

लक्षण

- नाखूनों के नीचे पीलापन/सफेदी
- आँखों की पलकों के अंदर की तरफ पीलापन
- मुँह के अंदर की त्वचा में पीलापन
- थकावट
- सांस उखडना
- नाड़ी का तेज गति से चलना

घर पर चिकित्सा

- स्वयं चिकित्सा न करें, डॉक्टर को दिखायें।

सावधानियां

- बिना डॉक्टरी राय के स्वयं एनीमिया का इलाज ना शुरू करें।
- बच्चे को संतुलित आहार दें।
- आयरन की अधिक मात्रा खतरनाक है, इसलिए ऐसी दवाओं को बच्चों की पहुँच से बाहर रखें।
- यदि आपको बच्चे में कोई भी ऐसा लक्षण दिखे जिससे की शक हो कि बच्चा एनीमिक है तो तुरंत डाक्टर से मिलें।
- बच्चे को नियमित रूप से शारीरिक परीक्षण के लिए ले जाएँ।

टेबल–एनीमिया के कारण

- खून का निकल जाना–चोट या बीमारी के कारण, पेट में कीड़े
- खून का कम बनना–(क) जरूरी खाद्य पदार्थों की कमी (ख) खून बनने की ताकत में कमी-बोन मैरो
- खून का पूरा बनना पर, जल्दी खत्म हो जाना–संरचना में खराबी।

संबंधित विषय

* सिकल सैल एनीमिया

एनीमिया शरीर में 'हीमोग्लोबिन' नामक तत्त्व की कमी होने से होता है। हीमोग्लोबिन वह पदार्थ है जो रक्त में ऑक्सीजन को ले जाने का कार्य करता है और इसी कारण से रक्त का रंग लाल होता है। साधारणतः हीमोग्लोबिन लाल रक्त कणिकाओं (आर॰बी॰सी॰) के अंदर पाया जाता है। बच्चों में एनीमिया या तो कम मात्रा में आर॰बी॰सी॰ की वजह से या आर॰बी॰सी॰ में कम मात्रा में हीमोग्लोबिन होने की वजह से या फिर दोनों ही कारणों से होता है।

लगभग 30 प्रकार के एनीमिया अपने भिन्न-भिन्न कारणों के साथ देखने में आते हैं। इनमें से सबसे ज्यादा लोह तत्त्व की कमी से होने वाला एनीमिया देखने को मिलता है। ये रोग किसी भी उम्र में हो सकता है और कई बार पीढ़ी दर पीढ़ी यह चलता है।

एनीमिया के प्रमुख कारणों में से असंतुलित भोजन एक कारण है। हीमोग्लोबिन के बनने के लिए जिन तत्त्वों की आवश्यकता होती है, जैसे कि – लौहा, प्रोटीन, फोलिक एसिड, विटामिन बी$_{12}$ और कॉपर यदि पूरी मात्रा में भोजन में सम्मिलित ना हों तो शरीर में हीमोग्लोबिन की कमी हो जायेगी। इसके अतिरिक्त रक्त स्राव चाहे शरीर के अंदर हो या बाहर, पोषक तत्त्वों को शरीर द्वारा अवशोषित ना कर पाने की स्थिति चाहे वे पूरी मात्रा में लिए गए हों, शरीर में असामान्य आर॰बी॰सी॰ का बनना, बोन मैरो द्वारा जल्दी आर॰बी॰सी॰ का ना बना पाना या फिर सामान्य आर॰बी॰सी॰ का शरीर के अंदर जल्दी जल्दी नष्ट होना एनीमिया का कारण होते हैं। इसके साथ साथ कई और बीमारियाँ भी

एनीमिया का कारण हो सकती हैं। पेट में कीड़े होना एनीमिया का एक मुख्य कारण है।

लक्षण एवं चिन्ह

ज्यादातर एनीमिया के कोई विशेष लक्षण नहीं होते। परंतु थकावट, सांस का जल्दी चलना, तेज नब्ज या सफेदी (त्वचा व आंख के सफेद भाग का सफेद पड़ना) की वजह से एनीमिया पहचाना जा सकता है। यदि बच्चा पीला सा दिख रहा हो तो उसके नाखून, आँखें, मुँह के अंदर की परत देख लेनी चाहिए। इसके साथ-साथ एनीमिया के अन्य कारणों को जांच कर लेनी चाहिए जैसे कि – खून की उल्टी, मल में रक्त का होना (रक्त के होने से मल का रंग काला हो जाऐगा), अधिक मासिक स्राव, असंतुलित भोजन, लगातार दस्त या फिर किसी ज़हरीली वस्तु से संपर्क। बच्चा वे वस्तुएं जो खाने में काम नहीं आती जैसे कि लकड़ी, मिट्टी, कोयला इत्यादि खाने की इच्छा रखता है।

यदि आपको लगे कि बच्चे को एनीमिया है तो डाक्टर से परामर्श करें, एनीमिया का होना व प्रकार सिर्फ रक्त की प्रयोगशाला जांच के दौरान पता लग सकता है। नियमित परीक्षण व रोगी के बारे में डॉक्टर द्वारा ली गई जानकारी से जल्द ही एनीमिया का पता लग सकता है और तुरंत ही इलाज शुरू कर सकते हैं। यदि घर में किसी एक को भी एनीमिया की शिकायत हो तो परिवार के अन्य लोगों के लक्षणों को भी ध्यान में रखना चाहिए।

चिकित्सा

बच्चे को एनिमिया है कि नहीं यह जांचने के लिए साधारण खून की जांच करवाई जाती है। परंतु जरूरत पड़ने पर रक्त की विशेष जांचें, मलमूत्र जांच, पेट का एक्सरे इत्यादि भी करवाया जाता है। इन जाँचों द्वारा एनीमिया के प्रकार के बारे में पूर्ण जानकारी मिल सकती है।

कारण के अनुसार, उपचार के अंतर्गत आहार में आयरन व विटामिन की मात्रा बढ़ाई जाती है। ज़रूरत पड़ने पर रक्त भी चढ़ाया जा सकता है।

होम्योपैथिक चिकित्सा

फैरम फॉस 6 की 4 गोली दिन में तीन समय दें। *कल्केरिया फॉस, नेट्रम म्यूर, फैरम मैट* भी दिया जाता है। *वेनेडियम* 6 अथवा 30 पोटेन्सी में दिन में तीन बार दें। रक्त स्राव के कारण हुए एनिमिया में *कल्कफॉस, चायना, फैरम, नेट्रमम्यूर, एसिड फॉस, साइक्लेमन, आशोका, सिकेलकॉर, फासफोरस* दी जाती है।

—:::::::—

सिकल सैल एनीमिया (Sickle Cell Anaemia)

तुरंत जानकारी के लिए

संबंधित अक्षर–हीमोग्लोबिन–प्रोटीन

लक्षण

- कमजोरी
- थकावट

अन्य लक्षण

- बुखार
- जोड़ों में दर्द
- शरीर में दर्द

घर पर चिकित्सा

- डॉक्टर द्वारा बताई गई सावधानियां बरतें।

सावधानियां

- सिकल सैल रोग से पीड़ित बच्चे में संक्रमण व रोग जल्दी होते हैं, इसलिए इन्हें तुरंत चिकित्सा मिलनी चाहिए।
- यदि बच्चे में केवल वशांनुगत इस बीमारी के चिन्ह हैं तो उसमें कोई विशेष चिकित्सा की आवश्यकता नहीं।
- ऐसे बच्चे की समय समय पर नियमित जाँच करवानी चाहिए।

संबंधित विषय

* रक्त की कमी

'सिकल सैल एनीमिया' को 'सिकल डिज़ीज' के नाम से भी जाना जाता है और यह एक वंशानुगत रक्त विकार है। यह रक्त में पाये जाने वाले संबंधित शब्द के, जो कि एक प्रकार का प्रोटीन है और रक्त नलिकाओं के अंदर लाल रक्त कणिकाओं को ऑक्सीजन ले जाने में मदद करता है, असामान्य होने पर होता है। असामान्य हीमोग्लोबिन लाल रक्त कणिकाओं को सख्त व टेढ़े आकार का बनाता है इसलिए इसे हीमोग्लोबिन-S कहते हैं। असामान्य/विकृति रक्त कोशिकाएँ रक्त नलिका में आसानी से नहीं जा सकती और रूकावट पैदा कर ऊतकों में आक्सिजन की कमी कर देती हैं। इससे साथ साथ सामान्य रक्त कणिकाएँ लगातार नष्ट होती रहती हैं और उनके बदले असामान्य रक्त कोशिकाएँ पैदा होती हैं। यह असामान्य कोशिकाएँ सामान्य की अपेक्षाकृत और जल्द नष्ट होती हैं, इस कारण बार बार शरीर में एनीमिया होता रहता है।

यह रोग अफ्रीकी निवासियों में अधिक देखा जाता है। भारत के कुछ भागों, ग्रीक, इटली व मध्य एशिया में भी यह रोग देखा जाता है।

यदि बच्चे में सिकल सैल के गुण वंशानुत एक ही अभिभावक से आये हैं, तो 40 प्रतिशत हीमोग्लोबिन-S है और 60 प्रतिशत सामान्य है तो बच्चा सामान्य ही रहेगा। उसमें सिकल सैल का रोग पैदा नहीं होगा। परंतु यह बच्चा बड़े होकर यह गुण या बीमारी अपनी अगली पीढ़ी को दे सकता है। अगर ऐसे बच्चे का विवाह, सिकल सैल वाले गुण के साथी से ही हो जाए तो उनके बच्चों में सिकल सैल रोग होने की आशंकाएं बहुत अधिक बढ़ जाती हैं।

लक्षण एवं चिन्ह

6 माह से चार साल तक के बच्चों में पहला लक्षण बच्चे में एनीमिया के लक्षण, कमजोरी व लगातार थकावट रहेगी। कुछ एक परिस्थितियों

में, बिना किसी विशेष कारण के पेट में दर्द, पीलिया व फोड़ों में सूजन दर्द (सिकल सैल क्राइसेस) हो सकता है। अधिक ऊंचाई पर, अत्यधिक वायुदबाव से, चोट अथवा शल्य चिकित्सा के कारण ऐसा क्राइसेस हो सकता है।

क्राइसेस के दौरान, असामान्य रक्त कोशिकाएं तेजी से नष्ट होने के कारण अत्यधिक रक्त की कमी हो सकती है। उसी समय नलिकाओं में रूकावट से अन्य असामान्य सिकल सैल नलिका में फंस जाते हैं और इस कारण बुखार, जोड़ों में दर्द व शरीर में अत्यधिक दर्द की शिकायत होती है। इस क्राइसेस के कारण शरीर का कोई भी अंग नष्ट होकर मृत भी हो सकता है।

इस रोग के लिए रक्त की जाँच कर निदान किया जाता है कि बच्चे को रोग है या नहीं है।

चिकित्सा

खूब पानी पीना व संतुलित खाना खाना चाहिए।
प्रतिवर्ष बच्चे की नियमित जाँच की जानी चाहिए, कोई भी संक्रमण यदि बच्चे को हो जाए तो तुरंत चिकित्सा मिलनी चाहिए, अत्यधिक रक्त की कमी होने पर रक्त भी दिया जाता है। सिकल सैल क्राइसेस में बच्चे को तुरंत ही अस्पताल में भर्ती कर चिकित्सा मिलनी चाहिए।

होम्योपैथिक चिकित्सा

होम्योपैथिक विशेषज्ञ की राय लें, बच्चे की प्रवृति व स्वभाव के लक्षण जानकर चिकित्सा की जाती है।

रक्त का कैंसर (Leukemia)

तुरंत जानकारी के लिए

लक्षण

- शरीर में पीलापन, कमजोरी व थकावट
- अचानक बिना कारण के त्वचा में धब्बे उभरना
- लाल सूजे मसूड़े व उनसे रक्तस्राव
- लगातार हल्का बुखार रहना
- सूजी हुई लिंफ (लसिका) ग्रंथियाँ
- हड्डियों में दर्द
- नाक से रक्तस्राव
- रक्तमिश्रित मल अथवा मूत्र
- प्लीहा (स्पिलीन) या यकृत (लीवर) का बढ़ना।

घर पर चिकित्सा

- डॉक्टरी चिकित्सा ही की जानी चाहिए।

सावधानियां

- कई साधारण बीमारियों के लक्षण ल्यूकेमिया से मिलते-जुलते हैं। इसलिए ऊपर लिखे एक या ज्यादा लक्षण बच्चे में नजर आयें तो ल्यूकेमिया का शक नहीं करना चाहिए। केवल डॉक्टर ही जाँच व निरीक्षण के आधार पर इस रोग का निदान कर सकते हैं।

संबंधित विषय

- रक्त की कमी
- जोड़ों का दर्द
- नीले धब्बे पड़ना
- हर्पिज़ सिंपलैक्स
- डिसीज़
- मोनोन्यूक्लोसिस
- सिकल सैल एनीमिया
- पॉइजनिंग

रक्त की श्वेत रक्त कणिकाओं में होने वाले कैंसर को 'ल्यूकेमिया' के नाम से जाना जाता है। यह किसी भी उम्र के बच्चे में हो सकता है परंतु तीन चार वर्ष की आयु में अधिक होता है।

ल्यूकेमिया का पता कई बार तब लगता है जब अन्य किसी बीमारी के लिए शारीरिक जाँचे की जाती हैं। तब बच्चे में रक्त कैंसर के कोई लक्षण नहीं होते। कई बार अन्य किसी साधारण सी बीमारी के लक्षण भी ल्यूकेमिया रोग की भाँति प्रतीत होते हैं। यह रोग कभी तो बहुत धीरे और कभी तेजी से बच्चे के शरीर में फैल जाता है।

लक्षण एवं चिन्ह

ल्यूकेमिया के विशेष लक्षण होते हैं – एनीमिया (शरीर में रक्त की कमी) जो कि शरीर में पीलेपन, कमजोरी अथवा थकावट के रूप में झलकती है; बिना किसी कारण के शरीर में चोट के से काले निशान पड़ना, मसूड़ों में सूजन लाली व रक्त निकलना, हल्का बुखार, लिंफ (लसिका) ग्रंथियों में बिना लाली व दर्द के सूजन, हड्डियों में दर्द, जल्दी जल्दी काफी मात्रा में नाक से रक्त स्राव और बच्चे के मलमूत्र में रक्त का दिखाई देना।

डॉक्टरों को यदि यह लक्षण बताये जायें और उनके जाँच करने पर यकृत या प्लीहा (लीवर ओर स्पिलीन) बढ़े हुए हों तब रक्त के कैंसर का शक होता है। रक्त की बढ़ी हुई श्वेत रक्त कणिकाएं निदान की पुष्टि करती हैं। बोन मेरो की जाँच द्वारा भी निदान की पुष्टि की जाती है।

चिकित्सा

आजकल काफी सारी नई उपलब्ध एंटी कैंसर दवाओं से ल्यूकोमिया की चिकित्सा की जाती है। लंबे समय तक इनके इस्तेमाल से आजकल कुछ वर्षों से बच्चों में कैंसर के कारण होने वाली मृत्युदर में भी कमी आई है।

होम्योपैथिक चिकित्सा

आर्स, आर्स आयोड, फैरम पिकरम, नेट्रम म्यूर, पिकरिकएसिड, सिओनैन्थस होम्योपैथिक विशेषज्ञ की राय पर ही दवायें प्रयोग की जा सकती हैं।

—:::::::—

रक्त का दूषित होना (Blood Poisoning)

तुरंत जानकारी के लिए

लक्षण

- ✤ त्वचा के नीचे गुलाबी या लाल धारियाँ
- ✤ अचानक तेजी से बुखार चढ़ना
- ✤ शरीर की गिल्टियों में सूजन व दर्द।

घर पर चिकित्सा

- ❊ तुरंत डॉक्टर से संपर्क करें। शरीर के प्रभावित भाग को ऊपर उठा कर रखें।
- ❊ हल्के गुनगुने पानी से सिकाई करें। दर्द निवारक व बुखार कम करने वाली दवायें प्रयोग कर सकते हैं।

गर्म पानी में एप्सोस सॉल्ट डालकर सफाई करें।

सावधानियां

- डॉक्टर से अवश्य संपर्क करें। कई बार तेज बुखार से बच्चा बेहोशी की स्थिति में भी पहुँच सकता है।

संबंधित विषय

* छाले पड़ना
* कटना
* बुखार
* ग्रंथियों में सूजन
* पंक्चर वून्ड्स

ब्लड पोइज़निंग रक्त में इन्फैक्शन फैलने की वजह से होती है। यह जीवाणु या विषाणु की वजह से भी हो सकता है। नवजात शिशुओं में ये काफी देखने को मिलता है, क्योंकि इस समय उनकी शरीर की प्राकृतिक रोग प्रतिरोधक शक्ति इतनी अधिक नहीं होती कि होने वाले इन्फैक्शन का सामना कर सकें। इसमें बच्चे को ठंड के साथ तेज बुखार व अत्यधिक थकावट हो जाती है, जिससे वह बेहोशी की अवस्था तक पहुँच सकता है।

संक्रमित घाव व फफोले से लाल धारियाँ जैसे कि लाल पैंसिल द्वारा निशान डाल दिये हों निकलती प्रतीत होती हैं। ये धारियाँ कुछ ही घंटों में हृदय की तरफ जाती हुई नज़र आती है। शरीर के प्रभावित भाग से इन्फैक्शन लिंफ ग्रंथियों की तरफ भी चला जाता है। इससे गिल्टियाँ सूजकर लाल हो जाती हैं। यदि लिंफ ग्रंथियाँ इस इन्फैक्शन से लड़ने में सफल हो जाती हैं, तो इन्फैक्शन वहीं पर रूक जाता है। बुखार का 37.8° सें॰ से कम होना या ना होना दर्शाता है कि इन्फैक्शन प्रवाहित रक्त में दाखिल नहीं हुआ है। किन्तु तेज बुखार इस बात का सूचक है कि इन्फैक्शन रक्त नलिकाओं में प्रवेश कर गया है।

लक्षण एवं चिन्ह

अच्छी रोशनी में देखने पर त्वचा में गुलाबी लाल लहरें जैसी प्रतीत होती हैं, ये 2 से० मी० से लेकर 1 मीटर तक लंबी हो सकती है।

चिकित्सा

यदि बीमारी की अधिक तीव्रता है तो बच्चे को अस्पताल में दाखिल किया जाना चाहिए। बच्चे के रक्त व मूत्र का परीक्षण किया जाता है। इन्फैक्शन वाली जगह से रक्त लेकर उसे कल्चर कर जीवाणुओं की पहचान की जाती है, फिर तदानुसार एंटीबायोटिक्स, दिये जाते हैं।

होम्योपैथिक चिकित्सा

पायरोजिनम 30 की खुराक हर 5 मिनट के अंतराल पर देकर डॉक्टर से तुरंत मिलें। स्राव में से दुर्गन्ध आना पायरोजिनम का मुख्य लक्षण हैं।

—:::::::—

शरीर में पानी की कमी (Dehydration)

तुरंत जानकारी के लिए

लक्षण

- ज्यादा प्यास लगना
- कम मात्रा में पेशाब आना
- आँखों का अंदर को धंसना
- नींद या सुस्ती आना
- जल्दी जल्दी व हल्की सांस
- नवजात शिशु के सिर का मुलायम भाग अंदर को धंसना
- त्वचा को पकड़ कर खींचने पर देर से सामान्य अवस्था में लौटना।

घर पर चिकित्सा

- शरीर में पानी की कमी होने पर डॉक्टर को दिखायें।
- बच्चा यदि उल्टी कर रहा हो तो उसे रोकने का प्रयत्न करें। ठोस पदार्थ बच्चे को खाने को न दें, केवल पीने को तरल पदार्थ ही दें।
- बच्चे में पानी की कमी होने पर जीवन रक्षक घोल ही बच्चे को दें। ज्यादा से ज्यादा पानी व तरल पदार्थ पिलायें। हल्की चाय, चावल का घोल दें।
- दूध व दूध के बने पदार्थ बच्चे को दें।

सावधानियां

- जिस बच्चे के शरीर का पानी कम हो रहा हो उसे तरल पदार्थ दें व दूध भी पीने को दें।
- छोटे बच्चों में डीहाइड्रेशन एक गंभीर समस्या है विशेषकर नवजात शिशुओं में यह काफी खतरनाक होता है।

- दस्त लगने, उल्टियाँ होने या साँस की बीमारी होने पर एक वर्ष से छोटी आयु के शिशुओं को 12 से 24 घंटे के अंदर डीहाइड्रेशन हो सकता है।

डीहाइड्रेशन के प्रमुख कारण

- दस्त
- उल्टियाँ
- अत्यधिक पसीना
- किसी बीमारी के कारण तेज साँस
- डायबिटीज मेलाइटस

संबंधित विषय

* दमा
* मधुमेह
* दस्त
* बुखार
* उल्टियाँ

डीहाइड्रेशन एक गंभीर बीमारी है जिसमें कि शरीर में पानी की कमी हो जाती है। यह तब होता जब शरीर में पानी कम पहुँच रहा होता है लेकिन शरीर से पानी बाहर निकलने की मात्रा बढ़ जाती है। शरीर में पानी की कमी के साथ साथ आवश्यक लवण व नमक भी कम होते जाते हैं।

डीहाइड्रेशन कई कारणों की वजह से हो सकता है जो कि पहले बताये जा चुके हैं परंतु दस्त, उल्टियाँ व अत्यधिक पसीना इसके मुख्य कारण होते हैं। जिस बच्चे के शरीर में पानी की कमी हो रही हो और यदि पानी देते रहने से पानी की बराबर पूर्ति कर दी जाये तो बच्चे को डीहाइड्रेशन से बचाया जा सकता है।

लक्षण एवं चिन्ह

केवल डायबिटीज़ (शूगर) की बीमारी वाले बच्चे को छोड़कर, डीहाइड्रेशन होने पर पेशाब की मात्रा कम हो जायेगी। एक छोटा बच्चा जिसने कि 6 से 8 घंटे तक पेशाब न की हो और बड़ा बच्चा 10-12 घंटे तक पेशाब नहीं कर रहा हो तो वह डीहाइड्रेटेड, आँसू सूख जाना हो सकता है। मुँह के अंदर की परतें उंगली से छूने पर सूखी प्रतीत होंगी।

चिकित्सा

डॉक्टर द्वारा निदान करने पर *इंट्राविनस फ्लुइड* (सुई द्वारा आवश्यक लवण व नमक) दिये जाते हैं।

—:::::::—

वाहन रूगणता/सफर के दौरान बैचेनी (Motion Sickness)

तुरंत जानकारी के लिए

लक्षण

- मितली/जी मिचलाना
- शरीर का रंग हरा या पीला पड़ना
- अत्यधिक पसीना छूटना
- उल्टियाँ
- बच्चे का चिंतित व बेचैन हो उठना।

घर पर चिकित्सा

- बच्चे को घर पर डॉक्टरी राय के अनुसार उल्टियाँ रोकने की दवा खिला दें। यात्रा में जाने से एक घंटा पहले ही दवा दे दें और यात्रा के बीच में भी डॉक्टरी राय अनुसार दवा खिलाते रहें।
- बच्चे को गर्मी से बचायें।
- खान पान पर नियंत्रण रखें। हल्का भोजन खाने को दें।
- बच्चे को यात्रा के दौरान खिड़की के पास बैठायें और बाहर देखने को कहें। बच्चे का ध्यान किसी खेल की तरफ लगा दें।
- बच्चे को गाड़ी से निकलने वाले गंदे धूयें से बचायें।

सावधानियां

- कुछ बच्चों में मोशन सिकनैस अन्य बच्चों की अपेक्षा अधिक देखी जाती है।

- बच्चा अपनी इस तकलीफ पर नियंत्रण नहीं कर पाता।
- बच्चे को सफर के दौरान यदि अत्यधिक उल्टियाँ होती रहें तो डीहाइड्रेशन का डर रहता है जिसके लिए अस्पताल में चिकित्सा की आवश्यकता पड़ती है।
- जिस बच्चे में मोशन सिकनैस की प्रवृत्ति होती है उसे हर सफर के दौरान यह तकलीफ होती है।

संबंधित विषय
* शरीर में पानी की कमी
* उल्टियाँ

कार, बस, हवाई या समुद्री यात्रा के दौरान होने वाली उल्टी व मितली की तकलीफ को 'मोशन सिकनैस' के नाम से जाना जाता है। लगातार एक बदलती गति चाहे वह ऊपर-नीचे हो या दायें-बायें हो बच्चे में जी घबराने व मितली की शिकायत पैदा कर देती है और यह शिकायत कान के भीतरी हिस्से में संतुलन बिगड़ने के कारण होती है। कुछ बच्चों में यह शिकायत बहुत अधिक देखने में मिलती है जबकि कुछ बच्चों में गति का कोई प्रभाव नहीं पड़ता। बच्चा यह जानबूझ कर नहीं करता बल्कि वह इस बेचैनी को नियंत्रित नहीं कर पाता। जिस बच्चे को यह तकलीफ हो उसे यात्रा के दौरान हमेशा जी मिचलाने व उल्टी की शिकायत हो सकती है।

लक्षण एवं चिन्ह

मोशन सिकनैस की तकलीफ को आसानी से पहचाना जा सकता है। ऐसे बच्चे का रंग पीला या हरा सा हो जाता है बच्चा चिंतित नज़र आता है, उसे पसीना छूटने के साथ उल्टी होती है।

चिकित्सा

आप यह चिकित्सा यात्रा से पहले अपने बच्चे की स्वयं कर सकते हैं। लेकिन अत्यधिक उल्टियाँ होने पर डीहाइड्रेशन (शरीर में पानी की कमी) हो जाए तो डॉक्टरी चिकित्सा की आवश्यकता होती है।

होम्योपैथिक चिकित्सा

बोरेक्स, कोकुलस, नक्सवोम, पेट्रोलियम, सीपिया, स्टैफ, टेबेकम

मुँह में पित्त भरना (पित्ताधिक्य) – *सीपिया*

दस्त – *कोकुलस*

चक्कर – *कोकुलस*

बेहोशी सी महसूस होना – *कोकुलस, नक्स*

सिर दर्द – *कोकुलस, नक्स, पैट्रोलियम, सीपिया*

अत्यधिक मितली – *टेबेकम*

उल्टियाँ – *बोरेक्स, कोकुलस, सीपिया, टेबेकम*

लेटने से आराम – *कोकुलस, नक्स*

खुली हवा से आराम – *टेबेकम।*

जल्द व बार-बार रोग ग्रस्त होना

(Frequent Illness)

तुरंत जानकारी के लिए

लक्षण

- एक ही बीमारी से बार-बार ग्रस्त होना
- बार-बार विभिन्न प्रकार की छोटी बीमारियों से ग्रस्त होना
- छोटी बीमारियों के होने पर बराबर जटिलतायें आना
- बार-बार बड़े रोगों का होना।

घर पर चिकित्सा

- सबसे पहले इस बात का पता लगाइये कि आपका बच्चा अन्य बच्चों के मुकाबले जल्दी बीमार क्यों पड़ता है।
- बड़े बीमार बच्चों को छोटे बच्चे से अलग रखिये।
- बीमार बच्चे को जितना संभव हो सके अन्य बच्चों से अलग रखिये।

सावधानियां

- जल्दी जल्दी बीमार पड़ना जरूरी नहीं कि किसी अंदरूनी बीमारी का ही संकेत हो।
- एक सामान्य स्वस्थ बच्चे को एक से 12 वर्ष की उम्र तक प्रतिवर्ष लगभग 8 बीमारियां हो सकती हैं।
- यदि बच्चे को बार-बार एक ही बीमारी जल्दी जल्दी हो रही हो तो डॉक्टर से इस बारे में बात करें।
- बार बार बीमार पड़ना यदि बच्चे की सामान्य बढ़ोतरी में बाधक

हो रहा हो तो उसका निदान किया जाना आवश्यक है।

- फेफड़े के एक ही भाग में बार-बार निमोनिया होने पर डॉक्टर से अवश्य परामर्श करें।
- यदि बच्चे को बार बार छाती के निचले श्वसन अंगों में संक्रमण लगातार खाँसी के साथ होता हो तो दिल में छेद व दमे का शक किया जाना चाहिए।

संबंधित विषय

* दमा
* जुकाम
* न्यूमोनिया

माता-पिता अक्सर इस बात से चिंतित हो जाते हैं कि उनका बच्चा बहुत जल्दी जल्दी बीमार पड़ता रहता है। कई बार वे बिल्कुल सही होते हैं कि बच्चे के बार बार रोग ग्रस्त होने का कोई कारण रहता है। परंतु अक्सर बच्चे में किसी एक विशेष कारण की वजह से अनेक बीमारियों नहीं होती। बच्चे का जल्दी जल्दी बीमार पड़ना इस बात पर भी निर्भर करता है कि परिवार में कितने बच्चे हैं और बच्चा किन-किन बीमारियों के सम्पर्क में आता है।

दुर्घटनाओं व एलर्जी को छोड़कर 95 प्रतिशत बीमारियां किटाणुओं की वजह से होती हैं जो कि सिर्फ मनुष्यों में ही पाये जाते हैं। बच्चों को अक्सर बीमार बच्चों के सम्पर्क में आने के कारण बीमारियां होती हैं। बच्चे को बीमारी होगी कि नहीं, यह दो बातों पर निर्भर करता है (1) बच्चा कीटाणुओं के सम्पर्क में आया है या नहीं (2) बच्चे के शरीर की प्रतिरोधक क्षमता (रोगों से लड़ने की ताकत) कितनी है?

यदि आपका बच्चा जल्दी छोटी-मोटी बीमारियों का शिकार हो जाता है तो इसका कारण केवल विभिन्न लोगों के सम्पर्क में आना होता है। जैसे ही बच्चा स्कूल जाना शुरू करता है, तब भी वह बहुत से बीमार बच्चों के सम्पर्क में आ सकता है। घर में बच्चों की संख्या भी बीमारी का एक

कारण होती है। गणित के अनुसार 4 बच्चों वाले परिवार में बाल रोगों की संख्या एक बच्चे के परिवार के मुकाबले 16 गुना अधिक होगी।

कोई भी बच्चा यदि एक ही प्रकार की बीमारी से बार बार ग्रस्त होता है तो इसका अर्थ है कि भाग विशेष की रोग प्रतिरोधक क्षमता कम है। उदाहरण के लिए बार बार निमोनिया का होना फेफड़ों की कमजोरी को दर्शाता है या दिल में छेद हो सकता है।

किसी भी बच्चे को बार बार यदि कोई भयंकर बीमारी होती हो या कोई छोटी बीमारी के होने पर कई जटिलताएं उत्पन्न हो जाती हों, तो इसका अर्थ है कि बच्चों की रोग प्रतिरोधक क्षमता काफी क्षीण है। इसमें बच्चे के इम्यून सिस्टम में गड़बड़ी के कारण़ बच्चा संक्रमित रोगों से नहीं लड़ पाता और उनका शिकार हो जाता है। उदाहरण के लिए खाँसी, हर बार क्रूप, ब्रोंकाईटिस, निमोनिया में परिवर्तित हो जाये।

लक्षण एवं चिन्ह

सबसे पहले यह पता लगाना चाहिए कि क्या सचमुच में ही बच्चा अन्य बच्चों की अपेक्षा जल्दी बीमार हो जाता है। कुछ रिपोर्टों के अनुसार एक सामान्य बच्चा एक वर्ष से 12 वर्ष की आयु तक प्रतिवर्ष लगभग 8 बीमारियों की चपेट में आ ही जाता है। कुछ और तथ्यों के आधार पर यह पता लगता है कि बच्चा शुरू में तो कम बीमार होता है परंतु अन्य बच्चों के सम्पर्क में आने से खासतौर पर स्कूल में व खेलने जाने पर कई रोगों का शिकार जल्दी जल्दी होने लगता है। एक नवजात बच्चा या एक वर्ष की आयु से छोटा बच्चा घर में बड़े भाई-बहिनों के होने पर उनकी बीमारियों के कारण बीमार पड़ सकता है।

चिकित्सा

बच्चा अपनी उम्र के बच्चों की तुलना में अधिक बीमार पड़ता है, यह जानने में डॉक्टर आपकी मदद कर सकते हैं। कई प्रकार की जाँचें व आँख, नाक व कान गले के विशेषज्ञ द्वारा जाँचें करवानी पड़ती हैं। किसी भी प्रकार की एलर्जी का पता लगाया जाना भी आवश्यक होता है।

—:::::::—

सूजी हुई गिल्टियाँ, लिंफग्रंथियों में सूजन (Swollen Glands)

तुरंत जानकारी के लिए

संबंधित स्थान—गर्दन के नीचे, जबड़े के नीचे, जांघ में, कान के पीछे

लक्षण

- लिंफ ग्रंथि में सूजन व छूने में दर्द (किसी बीमारी का चिन्ह होता है)
- अत्यधिक सूजन, भयंकर दर्द व त्वचा में लाली (ग्रंथि में इन्फैक्शन का चिन्ह हैं)

घर पर चिकित्सा

- हल्की सूजन होने पर बीमारी का पता लगा कर उसकी चिकित्सा आवश्यक है।
- संक्रमित ग्रंथि की डॉक्टरी चिकित्सा आवश्यक है।

सावधानियां

- नवजात शिशुओं की सीमित रोग प्रतिरोधक क्षमता होती है इसलिय कहीं भी सूजन नजर आने पर डॉक्टरी राय आवश्यक होती है।
- यदि लिंफ नोड् में सूजन लगातार बढ़ती रहे और छूने में असहनीय दर्द हो व उसके ऊपर की त्वचा लाल हो जाये तो डॉक्टर से अवश्य सम्पर्क करें।
- जब आपका बच्चा सिर को एक तरफ घुमाये और आपको मटर के दाने के बराबर या उससे छोटी लिंफ नोड्स नजर आयें तो वह सामान्य नोड्स होती है।
- शरीर के कई भागों में लिंफ नोड्स में सूजन पूरे शरीर में फैले संक्रमण का सूचक होती है।

संबंधित विषय

* रक्त विषाक्ता	* फुंसियाँ
* जलना	* कैट स्क्रैच फीवर
* चिकन पॉक्स	* जुकाम
* कटना	* जर्मन मीजल्स
* सपूय चर्म स्फोट	* आँखों की संक्रमित पट्टी
* तपेदिक	* कीड़ों मकोड़ों के काटने व डंक मारने पर
* रक्त कैंसर	* नजला
* टोंसिल्स में शोथ	* दाँत में दर्द

सूजी हुई ग्रंथियों से अक्सर तात्पर्य होता है कि लिंफ (लसिका) ग्रंथियों में सूजन। लिंफ नोड्स को लिंफ ग्रंथि कहा जाता है जबकि यह सचमुच में ग्रंथि नहीं होती। लिंफ नोड्स का जाल पूरे शरीर में फैला रहता है और सामान्य अवस्था में इनका आकार 2 से 4 मिलीमीटर का होता है।

काफी सारे लिंफ नोड्स त्वचा के एकदम नीचे बिछे रहते हैं। यह लिंफ नोड्स कान के आगे व पीछे, सिर की खोपड़ी के नीचे, गर्दन के किनारे व नीचे, बगलों में, कलाई में व जांघ के ऊपर व नीचे पाये जाते हैं। लिंफ नोड्स छाती व पेट में भी पाये जाते हैं पर थोड़ी गहराई में स्थित होते हैं जिन्हें शरीर के बाहर से महसूस कर पाना संभव नहीं होता।

सभी लिंफ नोड्स पतली दीवारों वाली नलिकाओं के साथ जुड़े रहते हैं जिन्हें 'लिंफेटिक वैसल्स' कहा जाता है। यह वैसल्स शरीर में शिराओं (वेन्स) की भांति नजर आती हैं और उन्हीं के साथ बिछी रहती है, परंतु इनमें रक्त नहीं होता अपितु पतला, पारदर्शक व थोड़ा चिपचिपा सा तरल पदार्थ रहता है। उसे 'लिंफ' कहते हैं जो कि शरीर में हल्की खरोंच लगने अथवा छाले के फटने पर निकलने वाले तरल स्राव से मिलता जुलता होता है।

लिंफ नोड्स शरीर में फिल्टर का काम करते हैं। संक्रमण को रोकने व रोगों से लड़ने की शक्ति प्रदान करते हैं। जब लिंफ नोड फूल जाते हैं व छूने पर दर्द करते हैं तब यह बीमारी अथवा इन्फैक्शन से लड़ने का लक्षण दर्शाते हैं। इस क्रिया में शरीर के सारे लिंफ नोड्स भी सूज सकते हैं या फिर शरीर के किसी एक भाग के नोड्स में सूजन आ सकती है।

जब सारे लिंफ नोड्स या शरीर के कई भागों के लिंफ नोड्स सूज जाते हैं तो इसका अर्थ है कि पूरे शरीर में संक्रमण फैला हुआ है।

जब शरीर के एक ही भाग में स्थित लिंफ नोड्स में सूजन आती है तब इसका अर्थ है कि शरीर के उसी भाग में कोई इन्फैक्शन हुआ है, जिसके कारण उस भाग को घेरे हुए लिंफ नोड्स सूज गये। एक ही भाग के लिंफ का सूजना कई प्रकार के स्थानीय संक्रमणों के कारण हो सकता है। त्वचा के नीचे लाल धारियों का होना (जो कि रक्त दूषित होने से पूर्व देखी जाती है) इस बात का सूचक है कि इन्फैक्शन उस भाग की लिंफेटिक वैसल के सहारे बढ़ रहा है। कई बार लिंफ नोड्स के लिए संक्रमण से लड़ना भारी पड़ता है और इस स्थिति में वह स्वयं संक्रमित हो जाते हैं।

लक्षण एवं चिन्ह

लिंफ नोड में सूजन व छूने पर हल्का दर्द होना बीमारी व संक्रमण का चिन्ह है। जब ग्लैंड में लगातार सूजन बढ़ती जाये और उस में भयंकर दर्द हो और उसके ऊपर ढकी त्वचा का रंग लाल हो जाये तो समझना चाहिए कि लिंफ नोड् में ही इन्फैक्शन हो गया है। यदि इन्फैक्शन की तीव्रता के कारण लिंफ नोड नष्ट हो जायें तो उसमें मवाद पड़ जाती है जो कि त्वचा को छेदती हुई बाहर निकलती है और ऐसा प्रतीत होता है जैसे कि त्वचा की गहराई में कोई फोड़ा फूट गया हो।

चिकित्सा

डॉक्टर पूरे शरीर के उन भागों का निरीक्षण करते हैं जहाँ कि लिंफ ग्रंथियाँ महसूस की जा सकती हैं, साथ ही यकृत व प्लीहा की भी जांच की जाती है। रक्त जांच व मोनोन्यूक्ली ओसिस के लिए भी टैस्ट भी किया जाता है। गंभीर अवस्था में छाती व पेट की एक्सरे जांच व बोन मैरो जांच और रक्त में ई०एस०आर० की जांच की जाती है। संक्रमित ग्रंथि में सूई डालकर उसमें एकत्रित द्रव्य को बाहर निकाला जाता है। कई बार नोड् को ही बाहर निकाल देते हैं, फिर इसकी जांच की जाती है। एलोपैथी में आमतौर पर एंटी बायोटिक्स द्वारा चिकित्सा की जाती है।

होम्योपैथिक चिकित्सा

ग्रंथि अत्यधिक संवेदनशील – *बेराइटा कार्ब, बेल, कल्क कार्ब, मर्क सोल, पल्स, रस टाक्स, साइलीशिया, सल्फ*

बिना दर्द – *कल्क कार्ब*

—:::::::—

इन्फैक्शियस मोनोन्यूक्लीओसिस
(Infections Mononucleosis)

तुरंत जानकारी के लिए

लक्षण

- शारीरिक कमजोरी व बेचैनी
- गला खराब होना
- लगातार लंबे समय से बुखार
- लिंफ ग्रंथियों में सूजन
- लंबे समय से थकावट का अनुभव
- चकत्तेदार लाल दाने

घर पर चिकित्सा

- पूर्णतया आराम, बुखार कम करने वाली व दर्द निवारक दवायें एवं उचित आहार बच्चे को दें।
- बच्चे का प्लीहा यदि बढ़ जाये तो बच्चे को पूर्ण आराम मिलना आवश्यक है।

गले/गर्दन की गिल्टियों में सूजन इस रोग का एक आम लक्षण है।

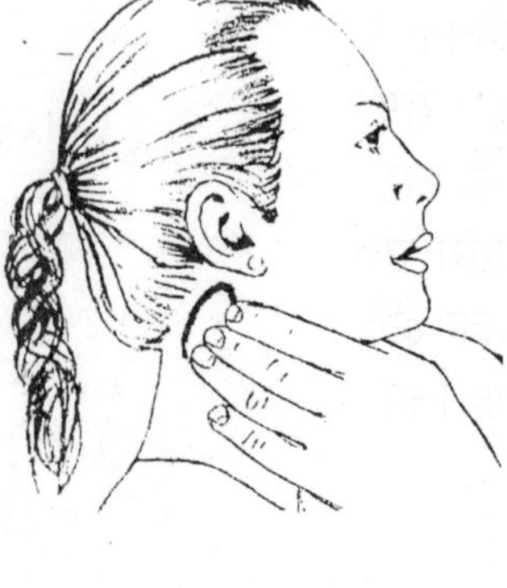

सावधानियां

- स्ट्रैप जीवाणु का इन्फैक्शन होने पर यदि बच्चे को जो दवायें दे रहे हों उनमें 24 से 48 घंटे के भीतर आराम न आये तो मोनो रोग का शक हो सकता है।
- जिस बच्चे को यह रोग हुआ हो उसे तब तक स्कूल या काम पर न जाने दें जब तक कि थकावट व कमजोरी पूरी तरह से ठीक न हो जाये।
- स्पिलीन के बढ़ने पर बच्चे को कोई भी खेल न खेलने दें और न ही कोई मेहनत का कार्य करने दें जब तक कि स्पिलीन का आकार सामान्य न हो जाये।

संबंधित विषय

* डिप्थीरिया
* गले की ग्रंथियों में सूजन
* गला खराब
* स्ट्रैप थ्रोट

'इन्फैक्शियस मोनोन्यूक्लीओसिस' को अक्सर "मोनो" के नाम से जाना जाता है जो कि एक संक्रामक रोग है। यह एप्सटीन (ई॰बी॰) विषाणु द्वारा फैलता है जो कि नाक व गले के स्राव द्वारा एक से दूसरे तक पहुँचते हैं। इस रोग को आमतौर पर किसिंग डिज़ीज (चुम्बन से फैलने वाली बीमारी) भी कहा जाता है। मोनो रोग किसी भी उम्र में देखने में आता है। विषाणु द्वारा संक्रमण हो जाने के पश्चात् एक से छः हफ्तों में बीमारी के लक्षण पैदा होते हैं और एक बार रोग हो जाने के पश्चात भविष्य में इस रोग के लिए प्रतिरोधक शक्ति पैदा हो जाती है।

लक्षण एवं चिन्ह

मोनो रोग के आम लक्षणों में कमजोरी, शरीर में बेचैनी, गला खराब होना, टोंसिल्स में पीब पड़ना, लगातार बुखार रहना व गले की लिंफ ग्रंथियों में हल्का दर्द भी होता है। 10 से 20 प्रतिशत बच्चों के शरीर विशेषकर धड़ पर लाल रंग के चकत्ते जैसे दाने भी पाये जाते हैं। प्लीहा भी बढ़ सकता है। मोनो से ग्रस्त बच्चा हफ्तों तक गंभीर रूप से बीमार रह सकता है। कमजोरी व थकावट तो कई महीनों तक रहती है। अधिकतर किशोरों में 2 हफ्तों तक बीमारी तीव्र रूप में रहती है और फिर पूर्णतया ठीक होने में 4 से 6 हफ्तों तक का समय लग सकता है।

चूंकि मोनो रोग में पाये जाने वाले लक्षण अन्य कई बीमारियों में भी पाये जाते हैं इसलिए बिना जांच के सही निदान पर पहुँच पाना मुश्किल होता है। बुखार अत्यधिक, गला खराब होना, गले की लिंफ ग्रंथियों में सूजन व दाने जैसे लक्षण स्ट्रैप इन्फैक्शन, डिफ्थीरिया, वायरल फेरिंजाइटिस रोग में भी देखे जाते हैं। यदि लक्षणों में समय व चिकित्सा अनुसार लाभ न पहुँचे तो मोनो रोग का शक पैदा होता है।

मोनो के लिए रक्त में मोनो स्पॉट टेस्ट किया जाता है। इसी के द्वारा इस रोग का निदान संभव है परंतु बीमारी होने के 2 से 3 हफ्तों के बाद ही यह टेस्ट पॉजिटिव होता है।

चिकित्सा

बच्चे की पूर्ण शारीरिक जांच की जाती है। जिसमें कि यकृत, प्लीहा व गले की ग्रंथियों की जांच शामिल है, गले की कल्चर जांच भी करते हैं। मोनो रोग से ग्रस्त बच्चों को अक्सर पूर्ण आराम संतुलित भोजन व दर्द निवारक व बुखार तोड़ने वाली दवाओं की आवश्यकता होती है। घर पर यदि बच्चा ठीक न हो रहा हो तब अस्पताल में भर्ती कर चिकित्सा की जाती है।

—:::::::—

सिसटिक फायब्रोसिस (Cystic Fibrosis)

तुरंत जानकारी के लिए

लक्षण

- जल्दी-जल्दी श्वसन अंगों की बीमारी
- जल्दी-जल्दी ब्रोंकाइटिस या निमोनिया
- लंबे समय तक खाँसी
- वजन का न बढ़ना
- जल्दी-जल्दी कब्ज अथवा दस्त, सड़ी गंध वाला मल
- गुदा का बाहर निकलना (कांच निकलना)
- पैरों-हाथों की उँगलियों का चौड़ा होना
- पसीने का नमकीन होना।

घर पर चिकित्सा

- ऊपर लिखे लक्षणों के होने पर सिसटिक फायब्रोसिस का शक किया जा सकता है। डॉक्टर द्वारा बताये गये निर्देशों को हमेशा ध्यान में रखें।

सावधानियां

- यदि आपके बच्चे में ऐसे कोई लक्षण हों तो अपने डॉक्टर को बच्चे की पसीना जाँच के लिए कहें।
- यदि घर में किसी को पहले से ही यह बीमारी हो तो सभी बच्चे चाहे वे स्वस्थ्य भी दिखाई दें तब भी उनके पसीने की जाँच अवश्य करवानी चाहिए। एक माह से छोटी शिशु व किशोरावस्था में यह जाँच इतनी विश्वसनीय नहीं होती।
- यदि जल्दी ही निदान कर इलाज करवाया जाये तो सही नतीजे मिलते हैं।

सिसटिक फ्राइबोसिस एक पुरानी जीर्ण व जीवन भर चलने वाला एवं अनुवाँशिक रोग है। इस रोग में फेफड़े, पेनक्रियाज़, पसीने की ग्रंथियाँ और कभी कभी यकृत व अन्य अंग भी प्रभावित हो सकते हैं। यह बीमारी एक विशेष जींस द्वारा माता पिता से बच्चों तक पहुँचती है। जींस कोशिकाओं में पाये जाने वाले वह भाग हैं जो कि जन्म से ही आनुवंशिक गुण-दोषों जैसे कि बालों का रंग, आँख का रंग, व शरीर का आकार, कद इत्यादि माता पिता से बच्चों तक पहुँचा देते हैं। सिसटिक फ्राइबोसिस बीमारी बच्चे में तभी होती है जब दोनों माता पिता से यह जींस बच्चे को मिले हों। एक के जींस मिलने पर बच्चे को यह बीमारी नहीं होती। यदि माता पिता दोनों ही हैल्थी कैरियर हों तो 25 प्रतिशत तक यह संभावना होती है कि बच्चे में इस बीमारी के जींस पहुँच जायें और बच्चा इस रोग से ग्रस्त हो जाये। सिस्टोलिक फ्राइबोसिस जन्म के समय आँतों में रूकावट अथवा अवरूद्धता के रूप में भी हो सकता है किंतु उसके लक्षण शैशव अवस्था से लेकर किशोरावस्था तक कभी भी उत्पन्न हो सकते हैं।

लक्षण एवं चिन्ह

बच्चे को चूमने पर यदि मुंह में नमकीन स्वाद आये तो इस बीमारी का शक किया जा सकता है। इस बीमारी के शेष लक्षणों का ब्यौरा शीर्षक के अंतर्गत बताया गया है।

चिकित्सा

यह रोग पूरी जिंदगी रहने वाला इन्फैक्शन है। इलाज जितनी जल्दी शुरू किया जाए उतने अच्छे नतीजे सामने आते हैं। डॉक्टर इसके लिए साधारण पसीने की जांच ही करवाते हैं। बच्चे की एंटीबायोटिक्स, विशेष खान-पान, क्लोम ग्रंथि के एंजोइम, भाप व पोश्चरल ड्रेनेज द्वारा चिकित्सा की जाती है।

—:::::::—

बिल्ली के काटने पर बुखार
(Cat Scratch Fever)

तुरंत जानकारी के लिए

लक्षण

- बिल्ली के पंजों द्वारा खरोंच या काटना, जो कि जल्द ठीक न हो रहा हो।
- घाव में लाली व पीब पड़ना
- लसिका ग्रंथि में सूजन व दर्द
- हल्का बुखार।

घर पर चिकित्सा

- जिस स्थान पर खरोंच लगी हो या काटा हो, उस स्थान को तुरंत ही रगड़ कर साबुन पानी से धोयें।
- कोई भी एंटीसेप्टिक लगायें।
- घाव में इन्फैक्शन होने पर या पीब पड़ने पर तुरंत डॉक्टर को दिखायें।

घाव या खरोंच को साबुन व पानी से भली प्रकार से धोयें।

सावधानियां

- छोटे बच्चों को अपनी निगरानी के बगैर बिल्ली से खेलने न दें।
- बच्चों को समझायें कि बिल्ली या अन्य किसी जानवर को कभी न चिढ़ायें।

संबंधित विषय

* जानवरों द्वारा काटना
* ग्रंथियों में सूजन
* पंक्चर वूडंस

कैट स्क्रैच फीवर बिल्ली या उसके बच्चे के काटने या साधारण सी पंजों की खरोंच से भी हो सकता है। यह कीटाणुओं की वजह से होता है, शायद वायरस, भले ही बिल्ली बिल्कुल स्वस्थ हो। यदि एक दो हफ्ते के अंदर घाव ठीक न हो रहा हो उसमें पीब पड़ जाए तो उस भाग के पास वाली लिंफ ग्रंथियों में भी सूजन आ जाती है, साथ ही वे लाल होकर दर्द भी करने लगती हैं। इसके साथ साथ बच्चे को हल्का बुखार भी हो जाता है। अंत में इन ग्रंथियों के फटने पर त्वचा के रास्ते इन से पीब बाहर रिसने लगती है।

लक्षण एवं चिन्ह

बिल्ली के पंजों द्वारा हल्की सी खरोंच या काटने पर ठीक न होने वाला जख्म कैट स्क्रैच फीवर का एक लक्षण है। कई बार लिंफ ग्रंथियों में सूजन व बच्चों को बुखार हो सकता है। घाव में पीब पड़ सकती है। यदि आपको यह पता न लगे कि यह लक्षण बिल्ली की खरोंच से हुए हैं तो कैट स्क्रैच फीवर के लक्षण अन्य घावों के लक्षणों जिनमें कि स्टैफ या टी०बी० के कीटाणुओं द्वारा इन्फैक्शन हुई है, पहचानना मुश्किल हो जाता है।

चिकित्सा

खून की जांच व कल्चर द्वारा इन्फैक्शन का पता लगाया जाना जरूरी है। उसी आधार पर एंटीबायोटिक्स द्वारा चिकित्सा की जाती है। लिंफ ग्लैंड में सूजन आने पर शल्य चिकित्सा द्वारा उस ग्रंथि को बाहर निकालना पड़ता है।

होम्योपैथिक चिकित्सा

घाव को *केलेन्डुला टिंक्चर* से साफ कर केलेन्डुला महलम लगायें। देखें '*संबंधित विषयों*' की होम्योपैथिक चिकित्सा।

—:::::::—

लड़कों में स्तनों का बढ़ना (Gynaecomastia)

तुरंत जानकारी के लिए

लक्षण

- लड़कों के बढ़े हुए स्तन।

घर पर चिकित्सा

- बच्चे को सांत्वना दें कि यह स्थिति स्वयं कुछ समय पश्चात ठीक हो जायेगी।
- कोशिश करें कि बच्चे के नहाने व कपड़े बदलने का इंतजाम अलग से किया जाए ताकि बच्चा अन्य बच्चों के सामने शर्मिन्दगी न महसूस करे।
- ध्यान रहे कि बच्चे को इस बात के लिए अन्य बच्चों व बड़ों द्वारा चिढ़ाया न जाये।

सावधानियां

- एक सामान्य किशोर में भी थोड़े स्तन बढ़ सकते हैं पर यह स्थिति दो वर्ष तक ही रहती है। डॉक्टर की राय तभी आवश्यक है यदि इससे लंबे समय तक स्तन बढ़े रहें।
- माता पिता इस बात को हमेशा ध्यान रखें कि जिस लड़के के स्तन बढ़े हों, वह व्यग्रता का शिकार न हों।
- अधिक मोटे लड़कों में वसा के जमने के कारण स्तन बढ़े हुए नजर आते हैं, परंतु यह वास्तविक स्तन ऊतकों के बढ़ने से नहीं होता।
- यदि लड़का अपने बढ़े हुए स्तनों की समस्या को शर्म के कारण छिपा लेता है तो माता पिता को इस बारे में पता नहीं लग सकता।

लड़कों के स्तन बढ़ जाने को 'गायनिकोमेस्टिया' कहते हैं। आमतौर पर पुरुषों अथवा लड़कों में स्तन नहीं बढ़ते परंतु कई बार इस्ट्रोजन (स्त्रियों में पाया जाने वाला हार्मोन) के कारण स्तन बढ़ जाते हैं। पुरुषों में पाये जाने वाले हार्मोन (एंड्रोजन) के प्रभाव से भी ऐसा, किन्तु बहुत कम देखने में आता है। अंडकोषों व एड्रीनल ग्रंथि में ट्यूमर होने पर भी लड़कों के स्तन बढ़ सकते हैं। कई बार गलती से ऐसी सेक्स हार्मोन वाली दवाओं के प्रयोग से स्तन बढ़ सकते हैं।

एक सामान्य किशोर लड़के में एक या दोनों तरफ के स्तन थोड़ें से बढ़ सकते हैं और यह स्थिति दो महीनों से लेकर 2 वर्ष तक रह सकती है। परंतु धीरे-धीरे स्तन स्वयं सामान्य हो जाते हैं। बढ़े हुए स्तन में कभी छूने में दर्द भी हो सकता है। ज्यादा मोटे लड़कों में चर्बी जमा होने के कारण स्तन बढ़े प्रतीत होते हैं परंतु वास्तव में स्तन के ऊतक नहीं बढ़ते इस अवस्था को 'सूडोगायनिकोमेस्टिया' कहते हैं।

लक्षण एवं चिन्ह

स्तनों को बढ़ना बाहर से साफ नजर आ सकता है परंतु शर्म के कारण लड़का यदि इसे छिपा ले तो माता पिता को इस समस्या का पता नहीं लग सकता।

चिकित्सा

डॉक्टर भली प्रकार जांच कर यह पता लगाते हैं कि सचमुच में ही लड़के के स्तन बढ़े हैं कि नहीं। निप्पल के रंग की भी जांच की जाती है। इसका पता लगाना भी आवश्यक है कि किसी भोज्य पदार्थ अथवा दवा के कारण तो ऐसा नहीं हुआ है।

अक्सर यह अवस्था स्वयं सामान्य हो जाती है।

—:::::::—

कनफेड़े (Mumps)

तुरंत जानकारी के लिए

लक्षण

- कान के आगे सूजन व दर्द
- हल्का बुखार
- खाना खाने में दर्द
- सिर दर्द
- लार ग्रंथियों में सूजन (एक तरफ या दोनों तरफ)।

घर पर चिकित्सा

- मम्स से पीड़ित बच्चे को आराम करना आवश्यक होता है। दर्द निवारक व बुखार कम करने वाली दवा दी जा सकती है।
- बच्चे को मिर्च मसाले वाला भोजन न दें।
- बच्चे को परिवार के अन्य लोगों से थोड़ा दूर रखें।

लार ग्रंथियों में विषाणु संक्रमण के कारण कान के आगे स्थित ग्रंथि में सूजन आ गई है।

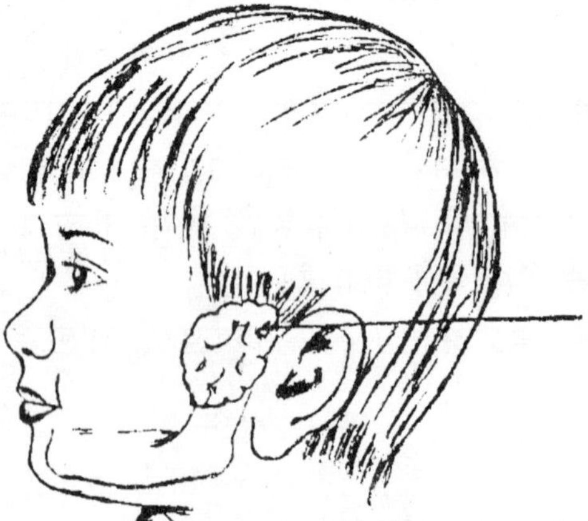

महत्वपूर्ण सावधानियां

- एक बार मम्स हो जाने पर जीवन भर के लिए प्रतिरोधक शक्ति पैदा हो जाती है। बच्चे को यदि एक बार मम्स हो चुके हों और दुबारा से उसी प्रकार की सूजन नजर आये तो वह किसी अन्य रोग के कारण होता है। ऐसे में तुरंत डॉक्टर को दिखायें।
- यदि मम्स के कारण लड़कों के वृषण प्रभावित हैं तो उनमें सूजन व दर्द के लक्षण होंगे। पेन्क्रियाज व लड़कियों में अंडाशय के प्रभावित होने पर पेट में दर्द की शिकायत होगी।

संबंधित विषय

* रोग प्रतिरोधक टीके
* मेनिनजाइटिस

विस्तारपूर्व जानकारी

मम्स (कनफेड़) एक प्रकार का संक्रमण है जो कि एक विशेष विषाणु द्वारा होता है और लार रस की ग्रंथियों को प्रभावित करता है। संक्रमित व्यक्ति के लार से सम्पर्क होने के पश्चात 14 से 21 दिनों के भीतर इस रोग के लक्षण पैदा होते हैं और लक्षण शुरू होने से कुछ दिन पूर्व से ही बीमारी के विषाणु स्वस्थ बच्चों तक फैलाकर उन्हें बीमार कर देता है।

मम्स रोग की जटिलताओं में मेनिनजाइटिस, एनसिफलाइटिस लड़कों में वृषणों में सूजन शामिल है। कई बार इस रोग के कारण लड़कियों के अंडाशय पर भी प्रभाव पड़ सकता है और कभी कभी पेन्क्रियाज़ में भी संक्रमण हो सकता है।

लक्षण एवं चिन्ह

इसमें हल्का या तेज बुखार हो सकता है। भूख न लगना और सिर दर्द शुरू के लक्षण होते हैं। एक दो दिन के पश्चात लार रस की ग्रंथियों (एक ग्रंथि या उससे ज्यादा) में सूजन आ जाती है। उसमें दर्द होता है। यह सूजन लगभग एक हफ्ते तक रहती है।

इस रोग का निदान सूजन का स्थान देखकर आसानी से लगाया जा सकता है। ग्रंथि के पेरोटिड ग्रंथि कहे जाने वाले भाग में सूजन आ जाती है। जबड़े के नीचे स्थित अन्य लार ग्रंथियों में भी सूजन आ सकती है। सूजन चेहरे में एक तरफ या दोनों तरफ भी हो सकती है।

कई बार मम्स की जटिलता मम्स की पहचान बताने वाली सूजन (लार ग्रंथि की सूजन) से पहले ही पैदा हो जाती है। यदि पेन्क्रियाज़ या अंडाशय प्रभावित हों तो बच्चे के पेट में दर्द होगा। लड़कों के वृषण प्रभावित होने पर उनमें सूजन व दर्द होगा। मेनिनजाइटिस/एनसिफलाइटिस में गर्दन का अकड़ना, सिर दर्द, बेहोशी व बुखार के लक्षण होंगे। कभी कभी लार ग्रंथि की सूजन के न होने के कारण इन अन्य लक्षणों को मम्स से जोड़ना मुश्किल हो जाता है।

चिकित्सा

मम्स के लिए किसी विशेष चिकित्सा की आवश्यकता नहीं होती परंतु यदि कोई जटिलता पैदा हो जाये तब अन्य जाँचों की आवश्यकता पड़ती है।

होम्योपैथिक चिकित्सा

बुखार, बेचैनी, प्यास, दर्द, रोग की शुरू की अवस्था–*एकोनाइट*
जब लड़कियों में स्तन या लड़कों में वृषण प्रभावित हों–*पल्सेटिला*
दायीं तरफ प्रभावित हो, बुखार, दर्द व सूजन–*बेलाडोना*
बाईं तरफ सूजन, शरीर में दाने जो कि ठंडे या नम मौसम में हो। मम्स से बचाव भी करता है–*रस टॉक्स*
जब कोई जटिलता मौजूद हों–*सल्फर*
अत्यधिक संक्रमण–*हिपर सल्फ*

पाइलेकार्पीनम व *पेरोटिडिनम* एवं *ट्राइफोलियम* में से किसी भी दवा की 200 पोटेंसी एक बार प्रतिदिन तीन दिन तक ली जाए तो बचाव का कार्य करती है।

—:::::::—

घेंघा (Goitre)

तुरंत जानकारी के लिए

लक्षण

- गले के अगले भाग में सूजन।

घर पर चिकित्सा

- घर पर चिकित्सा का प्रयास न करें। चिकित्सा कारण पर निर्भर करती है, इसलिए डॉक्टर द्वारा निदान आवश्यक है।

महत्वपूर्ण सावधानियां

- गर्भावस्था के दौरान बिना डॉक्टर की राय के कोई भी दवा न लें।
- थायराइड ग्रंथि प्रत्येक व्यक्ति में एक ही जगह पर स्थित नहीं होती इसलिए गले की किसी भी गांठ को निकालने से पहले पूरी तरह जांच कर लेनी चाहिये कि कहीं यह थायरोइड ग्रंथि तो नहीं।

गले में थायराइड ग्रंथि के बढ़ने पर हुई सूजन को 'ग्वॉइटर' कहते हैं।

संबंधित विषय

* थाइरोइड ग्रंथि के रोग

विस्तृत जानकारी

ग्वॉइटर या घेंघा, थायरोइड ग्रंथि के बढ़ने पर होता है और इसमें गले का अग्र भाग सूज जाता है। थायरोइड ग्रंथि लेरिंक्स के एकदम नीचे दोनों तरफ को स्थित होती है। इस ग्रंथि में एक हार्मोन बनता है जो कि शरीर के मेटाबोलिज्म की दर को नियंत्रित करता है। यह वह दर है जिसमें कि शरीर की बढ़ोतरी व उर्जा के लिए भोजन को इस्तेमाल किया जाता है। सामान्य ग्रंथि को बाहर से देख पाना व महसूस करना आमतौर पर संभव नहीं है। ग्वॉइटर किसी भी उमर में हो सकता है।

नवजात शिशु में भी ग्वॉइटर हो सकता है यदि मां ने गर्भावस्था के दौरान कुछ विशेष दवाओं का सेवन किया हो जैसे कि दमा या वंशानुगत रोग रोकने वाली दवाओं में मिला आयोडिन अथवा खाँसी की दवायें इत्यादि। बच्चे के आहार में आयोडिन की कमी से भी ग्वॉइटर हो सकता है। पहले यह बीमारी आमतौर पर पाई जाती थी परंतु अब काफी कम देखने में आती है इसका कारण है भोजन में आयोडिन युक्त नमक का इस्तेमाल व समुद्री भोजन का प्रयोग। समुद्री भोजन में प्राकृतिक रूप से काफी आयोडिन पाया जाता है।

6 वर्ष से 16 वर्ष तक की उम्र में ग्वॉइटर सामान्यतः देखा जा सकता है। लड़कों की अपेक्षा लड़कियों में यह नौ गुना अधिक होता है। ग्वॉइटर अक्सर ऑटोइम्यून रोग के कारण होता है। ग्वॉइटर का एक कारण कैंसर भी है जो ज्यादातर वरिष्ठ आयु के लोगों में होता है। ग्वॉइटर अत्यधिक क्रियाशील होने पर हार्मोन ज्यादा मात्रा में व कम क्रियाशील होने पर थोड़ी मात्रा में हार्मोन बनाता है।

ग्वॉइटर तीन तरह का होता है–

(1) अत्यधिक क्रियाशील (2) साधारण क्रियाशील (3) कम क्रियाशील

लक्षण एवं चिन्ह

ग्वॉइटर को गले के अगले भाग में देखा अथवा महसूस किया जा सकता है। इस ग्रंथि में सूजन लेरिंक्स (आदम एप्पल) के नीचे दोनों तरफ या किसी एक तरफ को हो सकती है। अक्सर जब कमीज का कॉलर या गले के आभूषण फिट न हो रहे हों तब इस सूजन का पता लगता है। आमतौर पर इसमें अन्य कोई लक्षण नहीं होते। थूक निगलने पर यह सूजन को देखा जा सकता है।

चिकित्सा

ग्वॉइटर के कारण का पता लगाने के लिए रक्त जाँच की जाती है। ग्वॉइटर की चिकित्सा उसके कारण पर निर्भर करती है, कई बार मुँह द्वारा कम क्रियाशील ग्वॉइटर में, अतिक्रियाशील ग्वॉइटर में थाइराइड हार्मोन (ओरल थायरोक्सीन) दी जाती है। नवजात शिशु को इस ग्रंथि में सूजन के कारण साँस लेने में रूकावट पैदा हो रही हो या कैंसर का शक हो (जो बहुत कम होता है) तब श़ल्य चिकित्सा की आवश्यकता पड़ सकती है।

होम्योपैथिक चिकित्सा

देखें 'संबंधित विषय'।

—:::::::—

थाइरोइड ग्रंथि के रोग (Thyroid Diseases)

तुरंत जानकारी के लिए

लक्षण

कम सक्रिय थाइरोइड (हाइपो थाइरोइडिज्म)

- अचानक वजन बढ़ना
- अत्यधिक नींद आना
- अत्यधिक कब्ज
- सांस लेते वक्त आवाज आना
- शारीरिक व मानसिक बढ़ोतरी में कमी
- जीभ का मोटा होना, मुंह से बाहर लटके रहना
- बैठी आवाज से चिल्लाना व बोलना
- सूखी मोटी त्वचा
- घेंघा (कुछ एक में) सूजन
- अत्यधिक ठंड लगना
- हाथ पैरों में सजन आना

अधिक सक्रिय थाइरोइड (हाइपो थाइरोइडिज्म)

- अत्यधिक चिड़चिड़ापन व बेचैनी
- व्यवहार संबंधी समस्यायें
- हाथों में कम्पन
- अत्यधिक भूख के बावजूद भी वजन का न बढ़ना, वजन कम होना
- अत्यधिक पसीना
- आँखों के गोले का बाहर की तरफ उभरना
- घेंघा (कुछ एक) में सूजन
- अत्यधिक गर्मी लगना
- थोड़ा-थोड़ा बुखार रहना

घर पर चिकित्सा

* बच्चे की समय पर नियमित जाँच करवायें। ऊपर लिखे लक्षण दिखाई देने पर तुरंत डॉक्टर से मशविरा लें।

सावधानियां

- नवजात शिशु में यह लक्षण–अतिशीघ्र चिकित्सा
- कम सक्रिय थाइराइड के लक्षण कई बार बड़े बच्चों में थाइराइड के सामान्य होने के बावजूद भी देखने को मिलते हैं। इसलिए केवल डॉक्टर ही जाँच कर इस रोग का निदान कर सकते हैं।
- गले में कोई भी गिल्टी दिखाई पड़े तो डॉक्टर को दिखायें। कई बार थाइराइड ग्रंथि सही जगह न होकर कहीं और भी हो सकती है।

संबंधित विषय

* घेंघा

विस्तृत जानकारी

थाइराइड ग्रंथि गर्दन के आगे के भाग में 'आदम्सऐप्पल' के नीचे स्थित रहती है। इसमें थाइरोक्सीन नामक हार्मोन बनता है जो कि शरीर के तापमान, बढ़ोतरी व सन्तोनोत्त्पति में सहायक होता है। यह थाइराइड ग्रंथि यदि कम सक्रिय हो तो 'हाइपोथाइरोडिज्म' व अत्यधिक सक्रिय हो तो 'हाइपरथाइरोडिज्म' कहलाता है। यह दोनों ही अवस्थायें किसी भी उम्र में देखने को मिल सकती हैं।

लक्षण एवं चिन्ह

हाइपोथाइरोडिज्म – यदि जन्म के समय से ही थाइरोइड ग्रंथि सामान्य (क्रिटिन्सिम) से कम सक्रिय हो तो कुछ दिनों तक इसका पता नहीं लग पाता। लेकिन कुछ समय पश्चात इसके कारण बच्चे में अत्यधिक सोते रहना, दूध पीते वक्त दम सा घुटना, अत्यधिक कब्ज और साँस लेते वक्त आवाज

का आना जैसे लक्षण पैदा हो जाते हैं। तीन से छः महीनों के अंदर बच्चे की बढ़ोतरी में भी कमी नज़र आने लगती है। इसके साथ साथ बच्चे की जीभ बाहर लटकी नज़र आना, सख्त मोटी व सूखी त्वचा व बैठी आवाज से रोना जैसे लक्षण भी होते हैं। जब थोड़े बड़े बच्चे में थाइराइड ग्रंथि कम क्रियाशील हो जाये तब भी बच्चे की शारीरिक व मानसिक बढ़ोतरी कम हो जाती है तथा उसमें कब्ज, अत्यधिक नींद आना तथा सूखी सख्त त्वचा के लक्षण पैदा हो जाते हैं। हाइपोथाइरोडिज्म में यह जरूरी नहीं कि थाइराइड ग्रंथि बढ़ी हुई नजर आये।

हाइपर थाइरोडिज्म – थाइराइड ग्रंथि की अधिक सक्रियता अक्सर 10 से 15 वर्ष की उम्र के बीच देखने को मिलती है। कभी कभी यह एक दो वर्ष के बच्चे में भी हो सकती है, इसके कारण बच्चे में अत्यधिक चिड़चिड़ापन, बेचैनी, व्यवहारिक समस्यायें, हाथों में कम्पन अत्यधिक भूख बढ़ने के पश्चात भी वजन में कमी, अत्यधिक पसीने छूटना व आँखों के गोले का बाहर की तरफ उभरना जैसे लक्षण होते हैं। इस अवस्था में कई बार ग्वॉइटर (घेंघा) नजर आता है।

दोनों अवस्थाओं में होने वाले लक्षण किसी अन्य बीमारी के कारण हो सकते हैं इसलिए निदान जाँचों के पश्चात ही किया जा सकता है।

चिकित्सा

रक्त में थाइरोड हार्मोन की मात्रा जाँची जाती है। थाइराइड ग्रंथि में कोई ट्यूमर तो नहीं, इसकी भी जाँच की जाती है।

थाइराइड हार्मोन की कमी होने पर यह हार्मोन मुँह द्वारा दिया जाता है हार्मोन की अधिकता होने पर उसकी दवा या शल्य चिकित्सा द्वारा इलाज किया जाता है। नवजात शिशु में अतिशीघ्र यह जाँच होना अति आवश्यक होता है।

होम्योपैथिक चिकित्सा

होम्योपैथिक विशेषज्ञ की राय पर *एथूजा, बेराइटाकार्ब, कल्कफॉस, कल्क कार्ब, साइलीशिया, थाइरोइडिनम, आयोडम* दवायें देनी चाहिए।

—:::::::—

मधुमेह की बीमारी (Diabetes Mellitus)

तुरंत जानकारी के लिए

लक्षण

- अत्यधिक भूख
- अधिक प्यास
- बार-बार मूत्र आना
- मूत्र की मात्रा सामान्य से अधिक होना
- अचानक बिस्तर पर पेशाब करना
- वजन में कमी
- थकावट, बैचेनी
- तेज साँसें चलना व बेहोशी (डायबिटिक कोमा)।

घर पर चिकित्सा

- स्वंय चिकित्सा न करें, डॉक्टर की राय के अनुसार घर पर सावधानी बरतें।

मधुमेह से पीड़ित बच्चे को इन्जैक्शन द्वारा इन्सुलिन दी जाती है। इसलिए ऐसे बच्चे को जल्द ही स्वयं इन्जैक्शन लगाना सिखा देना चाहिए।

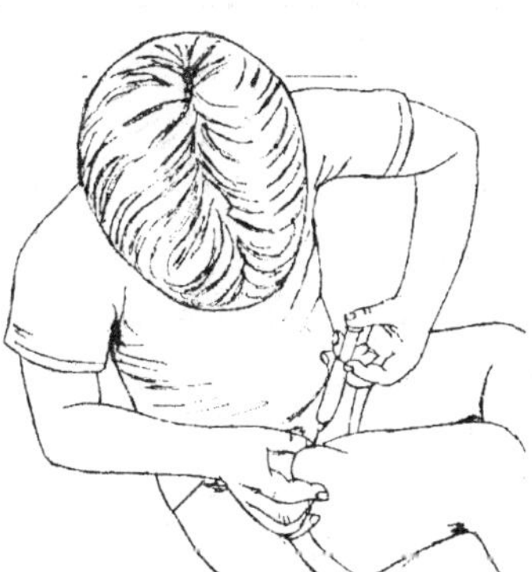

सावधानियां

- यदि स्वस्थ बच्चा अचानक बिस्तर पर पेशाब करना शुरू कर दे तो डॉक्टर की सलाह लें।
- यदि परिवार में माता पिता में से किसी एक को भी डायबिटीज़ हो तो बच्चे की डायबिटिज़ के लिए नियमित जाँचें करवायें।
- बगैर इलाज के व अनियंत्रित डायबिटिज़ की वजह से बच्चे को डीहाइड्रेशन व बेहोशी हो सकता है।
- बच्चों के लिए ज्यादा व्यायाम व खेलकूद हानि कारक होता है।
- संक्रामक रोग में कोमा।

संबंधित विषय

* बिस्तर पर पेशाब करना
* डायबिटिज़-एनसिपिडस
* शरीर में पानी की कमी

विस्तृत जानकारी

शुगर व स्टार्च शरीर को शक्ति देने के उत्तम साधन होते हैं। मधुमेह एक ऐसी बीमारी है जिसमें इंसुलिन की मात्रा में कमी की वजह से शरीर के कार्बोहाइड्रेट्स (शुगर व स्टार्च) पर पूरी तरह से क्रिया नहीं होती। बच्चों में यह बीमारी तब होती है जब पेनक्रियाज में आवश्यक इंसुलिन नहीं बनती। इस बीमारी के कारण शरीर को इनसे मिलने वाली ऊर्जा नहीं मिलती इस वजह से पेशाब व रक्त में बिना इस्तेमाल हुई शुगर की मात्रा बढ़ जाती है और शरीर अपनी ऊर्जा की आवश्यकता पूर्ति करने के लिए अपनी चर्बी (फैट्स) का सहारा लेता है। इस क्रिया के दौरान शरीर में 'किटोन' बनने से मूत्र में किटोन की मात्रा बढ़ जाती है।

मधुमेह का रोग किसी भी उम्र में हो सकता है। 15 वर्ष की आयु

में पहुँचते पहुँचते कुछ बच्चे इस बीमारी का शिकार हो जाते हैं। यह पीढ़ी दर पीढ़ी चलने वाला रोग है।

लक्षण एवं चिन्ह

सबसे पहला लक्षण बच्चे की भूख प्यास बढ़ने के साथ, मूत्र का काफी मात्रा में व जल्दी जल्दी आना होता है। धीरे-धीरे बच्चे का वजन घटता रहता है और उसे काफी थकावट व कमजोरी महसूस होती है। ज्यादातर इस अवस्था में पहुँचने पर बीमारी का पता लग जाता है। परंतु यदि इस समय भी बीमारी का निदान न किया जा सके और चिकित्सा आरंभ न की जाये तो कभी भी तेज साँस चलने के साथ बच्चा बेहोशी की अवस्था में पहुँच जाता है। इसे 'डायबिटिक कोमा' कहते हैं। किसी भी प्रकार के लक्षण व चिन्ह नजर आने पर तुरंत डॉक्टर की राय लेनी चाहिए। सही निदान के लिए जांचें आवश्यक होती हैं।

चिकित्सा

मधुमेह के रोग का शक होने पर डॉक्टर कई तरह की जाँच जैसे कि मूत्र व रक्त की जांच करवाते हैं। यह जांचें बार बार करवाई जाती हैं ताकि शरीर से बाहर निकलने वाली शुगर की सही मात्रा का पता लग सके। एक बार निदान हो जाने पर आहार नियंत्रण व इंसुलिन की मात्रा निर्धारित की जाती है। बच्चे के बेहोश होने पर अस्पताल में ही चिकित्सा की जानी चाहिए।

होम्योपैथिक चिकित्सा

आर्स ब्रोम, कोका, कोडिन, हेलीबोरस, सिज़ीजियम, फ्लोरिडज़िन, यूरेनियम नाइट्रेट, फॉसफोरस, ऑरम होम्योपैथिक विशेषज्ञ की राय पर ही लें।

—:::::::—

श्लेष्मिकज्वर (Influenza)

तुरंत जानकारी के लिए

लक्षण

- अचानक ठंड सी लगना
- शरीर का तापक्रम तेजी से बढ़ना
- चेहरे का लाल पड़ना
- सिर दर्द
- गला खराब होना
- खाँसी
- कमर व हाथ पैरों में दर्द
- छोटे बच्चों में उल्टियाँ तथा दस्त।

घर पर चिकित्सा

- बुखार के तेज होने पर बच्चे को आराम से लेटे रहने दें।
- बुखार व दर्द कम करने की दवायें दें।
- बच्चे को पीने के लिए तरल पदार्थ काफी मात्रा में दें।
- बच्चे को घर के अन्य सदस्यों से दूर रखें।
- बच्चे के बिल्कुल ठीक होने तक स्कूल न भेजें।

महत्वपूर्ण सावधानियां

- चूंकि इन्फ्लूएंजा भी 'रेज सिंड्रोम से जुड़ा है इसलिए कदापि बच्चे का बुखार तोड़ने के लिए एस्प्रीन न दें।
- बुखार के कम होते ही यह न समझें कि बच्चा ठीक हो गया।

- इन्फ्लूएंजा के पश्चात् कई प्रकार की जटिलताएं हो सकती हैं इसलिए सावधानी पूर्वक बच्चे की निगरानी करें।
- बच्चे का बुखार टूटने के पश्चात भी 2-3 दिन तक उसे आराम करवायें।

संबंधित विषय

- * दमा
- * खाँसी
- * मधुमेह
- * गुर्दे का शोथ (नेफराइटिस)
- * जुकाम
- * सिस्टिक फाइब्रोसिस
- * बुखार

बच्चे को यदि ऊपर के श्वसन अंगों में विषाणु द्वारा संक्रमण हुआ हो उसे "फ्लू" के नाम से जाना जाता है विशेषतया यदि इसके साथ बच्चे को ठंड लगना, बुखार, खाँसी व शरीर में दर्द की शिकायत हो। श्लेष्मिक ज्वर अथवा इन्फ्लूएंजा एक अत्यधिक संक्रमण वाला रोग है जो कि बहुत थोड़े समय में ही महामारी का रूप धारण कर भारी संख्या में लोगों को प्रभावित करता है। यह इन्फ्लूएंजा ए तथा बी नामक वायरस द्वारा ड्रॉपलैट इन्फैक्शन (छीकों व खाँसी द्वारा हवा में बिखरी बूँदों) से फैलता है। वायरस के संक्रमण के पश्चात एक से 3 दिन के अंदर ही बीमारी के लक्षण पैदा हो जाते हैं।

लक्षण एवं चिन्ह

इन्फ्लूएंजा में अचानक ठंड के साथ बुखार चढ़ता है (39 सी॰ से 41° सी॰ तक), चेहरे का लाल होना, सिर दर्द, गला खराब होना, सूखी खाँसी आँखों में लाली व कमर तथा हाथ-पैरों में दर्द होता है। छोटे बच्चों को उल्टियाँ तथा दस्त भी लग सकते हैं। बुखार तीन से चार दिन रहकर ठीक हो जाता है, तत्पश्चात कमजोरी व थकावट बनी रहती है। ऐसे में बच्चे को अन्य बीमारियाँ होने की आशंका रहती है।

इन्फ्लूएंजा विषाणु रोग के पश्चात अन्य जीवाणुओं का इन्फैक्शन भी बच्चों को हो सकता है। इसमें दुबारा से बच्चे को तेज बुखार चढ़ जाता है, लगातार खाँसी बढ़ती रहती है बलगम सूखा या गाढ़ा होकर निकलता रहता है, आँखों में पीब भरकर चिपकने लगती है, साँस तेज चलती हैं व साँस लेने में भी परेशानी होती है, कान में तेज दर्द, गर्दन का अकड़ना, अत्यधिक थकावट व बेहोशी की अवस्था भी हो सकती है।

चिकित्सा

यदि इन्फ्लूएंजा के साथ और कोई जटिलता न हो तो घर पर ही चिकित्सा की जा सकती है। लेकिन कोई जटिलता होने पर खून की जाँचें व कल्चर जाँच जरूरी है।

होम्योपैथिक चिकित्सा

जुकाम के लक्षणें के साथ बुखार व बेचैनी, मौसम बदलने पर फ्लू–*आर्सेनिक*

आँखों व सिर में दर्द के साथ फ्लू के लक्षण, अत्यधिक प्यास–*ब्रायोनिया*

ठंडे नम मौसम में फ्लू–*डल्कामारा*

आँखों के गोलों में दर्द, पलकें लाल, हड्डियों में दर्द, त्वचा में दर्द, ऐसा महसूस होना मानों कि हड्डियां टूट सी रही हों, शरीर में कंपकपी, कमर में ठंड लगना, सिर दर्द, नाक से बलगम, छींकें आना, पसीना छूटने से आराम–*यूपेटोरियम पर्फ*

मांसपेशियों में दर्द, थकावट, कमर में ठंड लगना व कंपकपी छूटना, मूत्र त्यागने से व पसीना आने पर आराम मिलना–*जेल्सिमियम*

हड्डियों, कमर, पैरों व टांगों में दर्द, मितली. ऐसा लगता है मानों बहुत भारी वजन उठा लिया हो–*इपीकाक*

जोड़ों में दर्द, बिस्तर की गर्माहट से आराम–*नक्सवोमिका*

अत्यधिक प्यास, अत्यधिक कंपकपी व कमर में अत्यधिक दर्द, चलने से आराम मिलना–*पाइरोजन*

थकावट, छीकें–*रस टॉक्स*

—:::::::—

खसरा (Measles)

तुरंत जानकारी के लिए

लक्षण

- नाक बहना
- आँखें लाल होना व चिपकना
- खाँसी
- बुखार
- त्वचा पर लाल पेन-पवाइंटर दाने उभरना।

घर पर चिकित्सा

- बच्चे को दर्द निवारक, बुखार कम करने वाली व खाँसी की दवा दी जा सकती है।
- बच्चे को तरल पदार्थ व पानी काफी मात्रा में दें।
- बच्चे को तेज रोशनी से दूर रखें क्योंकि इससे बच्चे की आँखों में तकलीफ होती है।

सावधानियां

- मीजल्स से बचाव के लिए टीका उपलब्ध है। ध्यान रखें कि समय (9 माह) पर आपके बच्चे को यह टीका लगा कि नहीं।
- त्वचा पर दाने उभरने के पश्चात खाँसी व बुखार में कमी आ जाती है यदि ऐसा न हो तो डॉक्टर से सॅम्पर्क करें।
- कान में दर्द हो तो डॉक्टर से मशविरा करें क्योंकि मीजल्स के दौरान कान के इन्फैक्शन का भय रहता है।

संबंधित विषय

* कान में दर्द
* एंसिफलाइटिस
* रोग, प्रति रोधक टीके
* न्यूमोनिया

मीज़ल्स यानि खसरा एक प्रकार का संक्रामक रोग है जो कि एक विशेष वायरस द्वारा फैलता है। यह श्वसन तंत्र, आँख व त्वचा को प्रभावित करता है और हवा में ड्रापलैट (छींक अथवा खाँसी द्वारा हवा में छोटी-छोटी बूंदों का बिखरना) इन्फैक्शन द्वारा एक बच्चे से दूसरे में फैलता है। इस रोग का इन्क्यूबेशन पीरियड (वायरस संक्रमण के पश्चात लक्षण पैदा होने तक का समय) 10 से 12 दिन होता है। मीजल्स एक बच्चे से दूसरे में रोग संक्रमण के पाँचवे दिन व इस रोग के विशेष लक्षण दाने चेहरे से शुरू होकर पूरे शरीर में फैलते हैं और इसी तरह से समाप्त होते हैं।

बच्चों में होने वाला यह रोग अब कम देखने में आता है क्योंकि इस रोग का वैक्सीन (टीका) अब मौजूद है जो कि 9 महीने की उम्र के पश्चात बच्चे को खसरे से बचाव के लिए लगा दिया जाता है।

इस रोग को भयानक इस लिए समझा जाता है क्योंकि इस संक्रमण के पश्चात बच्चे को न्यूमोनिया, कान का इन्फैक्शन व एंसिफलाइटिस होने का भय रहता है।

लक्षण एवं चिन्ह

इस रोग के शुरू के लक्षणों में बच्चों की नाक बहना, आँख लाल होना खाँसी व बुखार होते हैं। 3-4 दिन पश्चात बुखार तेज हो जाता है (40-41° सेंटीग्रेड), खाँसी बढ़ जाती है व मुँह तथा गर्दन पर लाल दानें उभर आते हैं। फिर धीरे-धीरे यह दाने पूरे शरीर बाँहों व टाँगों पर फैल जाते हैं। जब शरीर में पूरी तरह दाने उभर आते हैं तब बुखार कम हो जाता है और बच्चा धीरे-धीरे ठीक होने लगता है।

चिकित्सा

यदि आपके बच्चे को मीजल्स का वैक्सीन नहीं लगा हो तब डॉक्टर इस रोग की तीव्रता को कम करने के गामा ग्लोबुलिन के इन्जैक्शन देते हैं।

होम्योपैथिक चिकित्सा

मोरबीलिनम 200 की खुराक इस रोग से बचाव करती है।

बच्चा अत्यधिक चिड़चिड़ा व बेचैन हो। उसे प्यास न लगे। शाम के वक्त अत्यधिक खाँसी, खाँसी के साथ नाक व गले से गाढ़े पीने रंग का बलगम, पेट की खराबी, दस्त–*पल्सेटिला*

तेज बुखार, सूखी खाँसी, कब्ज, बेचैनी व प्यास–*एकोनाइट*

तेज बुखार, खसरे की जटिलतायें, दानों का ठीक प्रकार से उभर न पाना, प्यास, सिर दर्द, कमजोरी, जीभ सूखना, नींद में डरना, आक्षेप–*जेल्सिमियम*

सूखी खाँसी–*ब्रायोनिया*

नाक व आँख से पानी, आँखों में दर्द, रोशनी बर्दाश्त न कर पाना, मध्यम दर्जे का बुखार–*यूफ्रेशिया*

त्वचा गर्म व जलती हुई सी प्रतीत होती है। गले में दर्द व सूजन, ठंड व गर्मी दोनों में सहन न कर पाना। त्वचा के अत्यधिक गर्म होने पर भी बच्चा ठंड महसूस करता है। चेहरा लाल होना–फेरम फॉस

–:::::::–

जर्मन मीज़ल्स (Rubella)

तुरंत जानकारी के लिए

लक्षण

- लिंफ ग्लैंड्स (लसिका ग्रंथि) में सूजन
- चेहरे पर दाने, जो शरीर पर भी फैल जाते हैं
- हल्का बुखार
- भूख में थोड़ी कमी आना
- गले व आँख के सफेद भाग में हल्की लाली।

घर पर चिकित्सा

- बुखार होने पर बच्चे को बुखार की दवा दें।
- बच्चे को गर्भवती महिला से दूर रखें।

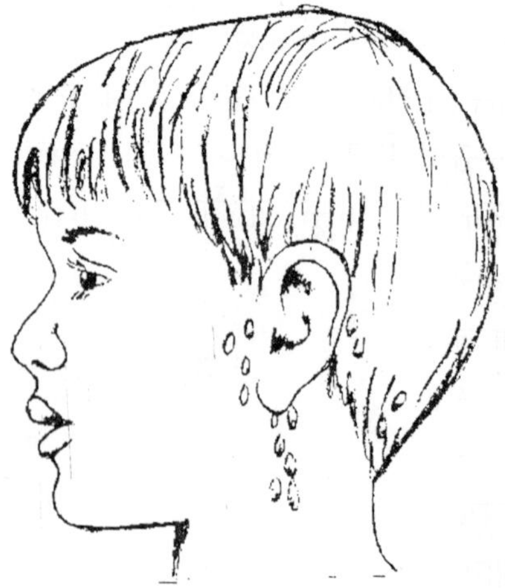

रूबैला होने पर शीघ्र दिखाई देने वाला लक्षण होता है कान के आगे व पीछे, सिर के नीचे और गर्दन के किनारों पर गिल्टियाँ (लिंफ ग्रंथियों में सूजन)

सावधानियां

- रूबैला या जर्मन मीज़ल्स, गर्भावस्था के प्रथम तीन महीनों में महिला को होने पर गर्भस्थ शिशु के नष्ट होने का 50 प्रतिशत खतरा रहता है। गर्भधारण करने के पहले तीन महिनों में ही इस बीमारी से बचाव का टीका लगवा लेना चाहिए।
- कोई भी गर्भवती महिला यदि रूबैला से ग्रस्त बच्चे या व्यक्ति क सम्पर्क में आये तो तुरंत ही डॉक्टर से राय लेनी चाहिए।
- गर्भवती महिला को यदि पहले यह संक्रमण हुआ हो या उसने इससे बचाव का टीका लगवा लिया हो तो रूबैला के रोगी के सम्पर्क में आने पर भी मां से बच्चे में इन्फैक्शन नहीं पहुंचता।

संबंधित विषय

* ग्रंथियों में सूजन
* दाने (रैश)
* रोग प्रतिरोधक टीके

रूबैला अथवा जर्मन मीज़ल्स बचपन में होने वाला एक हल्के प्रकार का संक्रमण है। गर्भवती महिला को यह संक्रमण होने पर गर्भ में पल रहे बच्चे को इससे नुकसान पहुंचता है। गर्भावस्था के प्रथम महीने में महिला यदि इस रोग की चपेट में आ जाए तो 50 प्रतिशत आशंका रहती है कि पैदा होने वाला बच्चा, मोतियाबिंद, शरीर पर लाल दाने व हृदय रोग से पीड़ित हो या बहरा अथवा मानसिक रूप से अविकसित हो।

रूबैला एक विशेष प्रकार के विषाणु (वायरस) द्वारा सीधा सम्पर्क होने पर या ग्रस्त व्यक्ति के सम्पर्क में आने पर या ग्रस्त व्यक्ति के मल-मूत्र अथवा अन्य नाक व गले के स्राव से संक्रमित वस्तुओं के सम्पर्क में आने पर होता है। इस रोग का इन्क्यूबेशन पीरियड – संक्रमण के पश्चात लक्षण पैदा होने का समय 14 से 21 दिन होता है। एक बार

इस रोग का शरीर में संक्रमण होने के पश्चात जीवन भर के लिए इस रोग के प्रतिरोधक शक्ति पैदा हो जाती है।

लक्षण एवं चिन्ह

रूबैला के विशेष लक्षण होते हैं – कानों के आगे व पीछे, सिर के निचले भागं व गर्दन के दोनों तरफ सूजी हुई लिंफ (लसिका) ग्रंथियाँ व उनमें दर्द। एक दो दिन पश्चात चेहरे पर बारीक छोटे गुलाबी रंग के दाने उभर आते हैं। तद्पश्चात 24 घंटे के भीतर पूरे शरीर में दाने उभर आते हैं। यह रैश (दाने) शरीर में लगभग तीन दिन तक रहते हैं। साथ ही हल्का बुखार (37.9° सी॰ से 38.3° सी॰) और हल्की लाली भी होती है। बच्चे की भूख में भी कमी आ जाती है। रोगी बीमारी शुरू होने के 7 दिन पहले से ही रोग फैलाने में सक्षम होता है, बच्चे जो रूबैला रोग से ग्रस्त ही जन्में हों वे जन्म के एक वर्ष पश्चात तक इन्फैक्शन फैला सकते हैं।

निदान के लिए गले के स्राव की जांच, रक्त व मूत्र जांच से विषाणु जांच की जाती है।

चिकित्सा

इस हल्के प्रकार के संक्रमण के लिए चिकित्सा की कोई विशेष आवश्यकता नहीं होती।

होम्योपैथिक चिकित्सा

देखें 'खसरा'।

—:::::::—

छोटी माता—काकड़ा (Chicken-Pox)

तुरंत जानकारी के लिए

लक्षण

- पानी भरे दाने/फफोले
- बुखार
- हल्के जुकाम के लक्षण।

घर पर चिकित्सा

- बच्चे को अन्य बच्चों से अलग रखें
- बच्चे के नाखून काट दें ताकि वह दानों को न खुजला पाये
- हल्के गुनगुने पानी से बच्चे को प्रतिदिन नहलायें
- त्वचा पर मुलायम कपड़े द्वारा केलेमाइन लोशन लगा सकते हैं
- बुखार या दर्द कम करने के लिए पेरासिटामोल दे सकते हैं परंतु एस्प्रीन कभी न दें।

सावधानियां

- जिस बच्चे को चिकनपॉक्स हो उसे एस्प्रीन कभी न दें।
- यदि बच्चे को सिर दर्द, तेज बुखार, बेहोशी, उल्टी या दौरे पड़ रहे हों तो तुरंत डॉक्टर को दिखायें।
- बच्चा यदि पहले से ही स्टीरोइड्स या कोई मिलती जुलती दवा ले रहा हो तो चिकन पॉक्स होने पर तुरंत डॉक्टरी परामर्श लें।
- यदि चिकन पॉक्स के दानों में लाली व दर्द बहुत ज्यादा हो और पीब पड़ जाए तो डॉक्टर को अवश्य दिखायें।

- बच्चे के लिंफ ग्लैंड्स में दर्द, लाली व सूजन आने पर तुरंत डॉक्टर से सम्पर्क करें।
- यदि त्वचा के नीचे (ब्रूजेज) लाल व नीले धब्बे या टूटी हुई रक्तनलिकाएं नजर आएं तब भी डॉक्टर से मिलें।
- फफोलों को फोड़ने या उन पर जमी पपड़ी को न उखाड़ें, इससे निशान पड़ सकते हैं।

संबंधित विषय
* रैश (दाने)

चिकन पॉक्स एक विशेष प्रकार के वायरस द्वारा होती है जो कि अत्यधिक संक्रामक है। यह रोग संक्रमित बच्चे से दूसरों तक हवा द्वारा पहुंचता है। इन्फैक्शन के बाद लक्षण उभर कर आने में 12 दिन तक लग सकते हैं।

एक बार चिकन पॉक्स हो जाने पर बच्चे में हमेशा के लिए इस वायरस के प्रति रोग प्रतिरोधक शक्ति पैदा हो जाती है। अब चिकन पॉक्स से बचाव के लिए वैक्सीन उपलब्ध है।

लक्षण एवं चिन्ह

चिकन पॉक्स की शुरूआत हल्के जुकाम के साथ होती है पर शरीर पर दाने निकलना ही इसका प्रथम लक्षण माना जाता है। 3-4 दिन के भीतर ही दाने बहुत बढ़ जाते हैं और फिर धीरे-धीरे 3-4 दिन में ठीक होते जाते हैं। दाने निकलने के एक दिन पहले से लेकर दाने सूखने तक बच्चे का इन्फैक्शन दूसरे तक पहुँचने का भय रहता है। बुखार हल्का या बहुत तेज भी हो सकता है। दाने निकलने के तीसरे चौथे दिन बुखार बढ़ जाता है।

चिकन पॉक्स का प्रमुख लक्षण उसके दाने ही हैं। हर नया दाना ऐसा प्रतीत होता है मानो किसी कीड़े ने काटा हो। कुछ घंटे के अंदर ही दानों में पानी भर जाता है फिर धीरे-धीरे यह दानें कुछ दिन बाद सूखना शुरू कर देते हैं और इनके ऊपर भूरी पपड़ी सी जम जाती

है। यह दाने पहले पेट छाती व कमर पर नजर आते हैं। फिर धीरे धीरे हाथ-पैरों व मुँह पर भी हो जाते हैं। परंतु यह दाने शरीर की त्वचा के किसी भी भाग पर जैसे कि सिर, मुँह के अंदर की परत, जननांगों, गुदा व आँखों में भी हो सकते हैं। इनमें काफी खुजली होती है। यह दाने समूह में न होकर अलग अलग बिखरे हुए होते हैं।

चिकित्सा

यदि दानों में इन्फैक्शन हो जाए तब इस इन्फैक्शन को दूर करने के लिए एंटीबायोटिक्स द्वारा चिकित्सा की जाती है।

होम्योपैथिक चिकित्सा

एकोनाइट, एंटीमक्रूड, एंटिमटार्ट, बैल, मर्क सोल, पल्स, रसटॉक्स, सल्फ

प्रथम अवस्था – *एकोनाइट*

त्वचा के दाने

अत्यधिक खुजली – *रस टॉक्स, सल्फ*

पूरी तरह दाने उभर न पा रहे हों – *एंटिम टार्ट*

पस पड़ जायें – *मर्क सोल*

खाँसी के साथ – *एंटिमक्रूड, एंटिमटार्ट, पल्स,*

बुखार – *एकोनाइट, बैल*

सिर दर्द – *बैल*

—:::::::—

विसर्पी छाजन (Shingles)

तुरंत जानकारी के लिए

लक्षण

- उदासीनता
- बुखार
- नसों के स्थान पर दर्द
- छाले/फफोले वाले दाने
- लिंफ ग्रंथियों में सूजन

घर पर चिकित्सा

- दर्द को कम करने के लिए दर्द निवारक के रूप में कभी भी एस्प्रीन का इस्तेमाल न करें।

सावधानियां

- जो व्यक्ति विसर्पी छाजन से प्रभावित हो वह चिकन पॉक्स फैला सकता है। यदि आपके बच्चे को चिकन पॉक्स न हुई हो तो शिंगल से प्रभावित व्यक्ति के सम्पर्क में आने पर बच्चे को डॉक्टर के पास ले जाएँ।
- जो बच्चा स्टीरोइड दवाओं का सेवन कर रहा हो उसे शिंगल से प्रभावित व्यक्ति द्वारा चिकन पॉक्स के संक्रमण की अधिक संभावनाएं रहती हैं।
- आँख के प्रभावित होने पर नेत्र रोग विशेषज्ञ की अवश्य सलाह लें।

संबंधित विषय

* छाती में दर्द
* चिकन पॉक्स
* सूजी लिंफ ग्रंथि
* दाने
* पेट में दर्द

'शिंगल' एक प्रकार का तीव्र संक्रमण हैं जिसमें त्वचा के ऊपर छाले से पड़ जाते हैं। यह 'वेरीसेला ज़ोस्टर' नामक वायरस द्वारा होता है जो कि चिकन पॉक्स का भी कारण हो सकता है और जिन लोगों में शिंगल होता है उनको कभी पहले चिकन पॉक्स हुई होती है। ऐसा सोचा जाता है कि चिकन पॉक्स के पश्चात यदि वेरीसेला जोस्टर वायरस शरीर में किसी कारणवश रह जाये तो वह दुबारा से क्रियाशील होने पर शिंगल रोग पैदा करता है। 10 वर्ष से छोटी उम्र के बच्चों में अक्सर यह रोग नहीं देखा जाता पर उम्र के बढ़ने के साथ यह हो सकता है। एक बार शिंगल हो जाने पर शरीर में जीवनभर के लिए प्रतिरोधक शक्ति पैदा हो जाती है।

लक्षण एवं चिन्ह

इस रोग के शुरू के लक्षणों में उदासीनता, बुखार, दर्द व नसों के स्थान पर दर्द महसूस होता है। शिंगल अक्सर छाती, कमर, पेट पर उभरता है परंतु यह सिर अथवा मुँह की तंत्रिकाओं (नसों) के ऊपर भी उभर सकता है और इससे आँख भी प्रभावित हो सकती है। संक्रमण के पश्चात कुछ ही दिनों में त्वचा पर दाने उभर आते हैं और आसपास के लिंफ ग्लैंड (लसिका ग्रंथि) भी सूज जाती हैं। कुछ समय पश्चात दाना छाले में बदल जाता है और 5-6 दिन के भीतर सूख कर उस पर पपड़ी जग जाती है। पूरे सप्ताह भर नये दाने उभरते रहते हैं। दाने और दर्द दोनों ही एक से पाँच हफ्तों के भीतर ठीक हो जाते हैं।

चूंकि यह रोग तंत्रिकाओं को प्रभावित कर उनके स्थान पर दर्द के साथ विशेष प्रकार के दानों के रूप में उभरता है, इसलिए इसका निदान किया जा सकता है। दाने उभरने से पहले जो दर्द होता है वह कई बार बड़ा भयंकर होता है जैसा कि छाती के अंगों को ढकने वाली झिल्ली में शोथ होने पर (प्लुरिसी), पेट में तीव्र दर्द या हृदयशूल होने पर होता है।

चिकित्सा

जो बच्चा शिंगल के रोगी के संपर्क में आया हो तो डॉक्टर उसे *जोस्टर इम्यून ग्लोब्यूलिन* या इम्यून *सिरम ग्लोब्यूलिन* की खुराक देगा।

डिफ्थीरिया (Diphtheria)

तुरंत जानकारी के लिए

लक्षण

- लगातार गला खराब रहना
- गले में मवाद पड़ना
- गले में स्लेटी रंग की परत जमना
- हल्का बुखार 101°-102°
- खाँसी
- साँस व बोलने में दिक्कत।

घर पर चिकित्सा

- घर पर चिकित्सा न कर तुरंत डॉक्टर को दिखायें।
- बच्चे का गला काफी खराब हो और डिफ्थीरिया का बूस्टर डोज, बच्चे को न मिला हो तो तुरंत डॉक्टर को सम्पर्क करें।

सावधानियां

- डिफ्थीरिया एक गंभीर व घातक बीमारी है।
- इस बीमारी से बचाव के लिए बच्चे को टीका अवश्य लगवायें।
- यदि बच्चे को डिफ्थीरिया का डोज़ न मिला हो तो खाँसी, गला खराब या क्रूप, डिफ्थीरिया की वजह से हो सकता है।
- यदि बच्चे को साँस लेने में दिक्कत हो तो बच्चे के गले में झांकने की कोशिश मत कीजिए। साथ ही खाँसी की दवा भी न दें।
- गला खराब होने पर स्ट्रेप्टोकोकस बैक्टीरिया की जाँच की जाती है पर इस जाँच द्वारा डिफ्थीरिया के जीवाणु का पता नहीं लग

सकता। इसके लिए भिन्न जाँच की जानी चाहिए।

- किसी भी बच्चे को स्ट्रैप जीवाणु का और डिफ्थीरिया का इन्फैक्शन साथ साथ भी हो सकता है।
- डिफ्थीरिया से अनारक्षित बच्चा इस रोग के स्वस्थ वाहक के संपर्क में आने पर संक्रमित हो सकता है।

संबंधित विषय

* खाँसी
* क्रूप
* रोग प्रतिरोधक टीके
* न्यूमोनिया
* गला खराब होना
* स्ट्रैप थ्रोट

डिफ्थीरिया एक जानलेवा बीमारी है जो एक विशेष जीवाणु (कोरने बैक्टरियम डिफ्थीरिया) द्वारा होती है।

डिफ्थीरिया के रोगी या स्वस्थ वाहक द्वारा यह बीमारी फैल सकती है। बैक्टीरिया के शरीर में पहुँचने के बाद 2 से 4 दिन के अंदर बीमारी के लक्षण पैदा होते हैं। इसके जीवाणु नाक, गले, टांसिल्स व गर्दन की लिंफ ग्रंथियों में आक्रमण करते हैं। जीवाणु कभी तो शरीर कोशिकाओं को नष्ट करते हैं और कभी-कभी शरीर के अंदर एक तरह का ज़हर (टॉक्सिन) पैदा करते हैं जो कि हृदय को नुकसान पहुँचाता है और इस कारण लकवा भी पड़ सकता है। क्रूप व निमोनिया इस की आम जटिलताओं में से है।

डिफ्थीरिया का वैक्सीन इस बीमारी से बचने का सबसे आसान, सुरक्षित, सस्ता व प्रभावी तरीका है। फिर भी यह बीमारी पूरे विश्वभर में अभी भी अपना प्रकोप दिखाती रहती हैं क्योंकि कुछ लोग इस वैक्सीन को नहीं लगवाते।

लक्षण एवं चिन्ह

इस का मुख्य लक्षण गले का खराब रहना होता है। संक्रमित गले में पीब पड़ जाती है व स्लेटी रंग की परत जम जाती है जो कि गले में होने वाले स्ट्रैप इन्फैक्शन व मोनोन्यूक्लोसिस बीमारी से मिलती जुलती है। अन्य लक्षणों में बुखार, खाँसी व साँस लेने में परेशानी होती है। जिस बच्चे को वैक्सीन न मिला हो और ऐसे लक्षण नज़र आयें डॉक्टर द्वारा बीमारी का निदान करवाना चाहिए, डॉक्टर गले की जाँच व डिफ्थीरिया जीवाणु की विशेष जाँच द्वारा ही इस बीमारी का पता लगा सकते हैं।

चिकित्सा

जल्द ही निदान कर तुरंत चिकित्सा की जानी चाहिए, जरूरत पड़ने पर ट्रेकिओटोमी भी की जाती है। पर आजकल अच्छे एंटीबायोटिक्स का इस्तेमाल कर इलाज संभव है।

होम्योपैथिक चिकित्सा

विशेषज्ञ की राय पर *मर्कसाइनेट, काली बाइक* दे सकते हैं।

—:::::::—

काली (कूकुर) खाँसी (Whooping Cough)

तुरंत जानकारी के लिए

लक्षण

- बहती नाक
- हल्का बुखार
- गला घोंटने वाली तेज घुटी खाँसी, उसके बाद लेसदार श्लेष्मा युक्त उल्टी।

घर पर चिकित्सा

- अपने बच्चे को व्हूपिंग कफ से बचाव के लिए रोग प्रतिरोधक टीका अवश्य लगवायें।
- बच्चे को अन्य छोटे बच्चों से अलग कर दें।
- यदि बहुत ज्यादा उल्टियाँ हो रही हों तो बच्चे को दिन में कई बार परंतु थोड़ी-थोड़ी मात्रा में भोजन दें।

सावधानियां

- शिशुओं में कूकुर खाँसी घातक होती है इसलिए सभी बच्चों को रोग प्रतिरोधक टीका लगाया जाना चाहिए।
- यदि बच्चा व्हूपिंग कफ से ग्रस्त बच्चे के सम्पर्क में आये तो डॉक्टर को अवश्य दिखाना चाहिए।
- हल्की खाँसी भी कूकुर खाँसी का संक्रमण अन्य बच्चों में फैला सकती है।
- कोई भी खाँसी यदि दो हफ्ते के बाद ठीक न होकर बिगड़ती जा रही हो तो तुरंत डाक्टरी सलाह लेनी चाहिए।
- व्हूपिंग कफ अत्यंत ही संक्रमण वाला रोग है, इससे संक्रमित बच्चे को अन्य बच्चों से अलग कर देना चाहिए।

संबंधित विषय

* खाँसी
* रोग प्रतिरोधक टीके
* उल्टियाँ

व्हूपिंग कफ, श्वासनली का भयंकर संक्रमण वाला रोग है और अक्सर 'बोर्डेटेला परट्यूसिस' नामक जीवाणु की वजह से होता है परंतु कभी कभी 'बोर्डेटेला पेरापरट्यूसिस' या बोर्डेटेला ब्रोंकीसेप्टिका' की वजह से भी हो सकता है। एक प्रकार के जीवाणुओं द्वारा संक्रमण होने के बाद अन्य जीवाणुओं के लिए रोग प्रतिरोधकता पैदा नहीं होती और इसके वैक्सीन द्वारा सिर्फ बोर्डेटेला परट्यूसिस के लिए ही रोग प्रतिरोधकता पैदा होती है। इस बीमारी का इंक्यूबेशन पीरियड 7 से 14 दिन का होता है। छोटे शिशुओं में यह रोग अत्यंत ही घातक होता है। एक बार रोग को पकड़ लेने पर लगभग 50 प्रतिशत बच्चे इस से मृत्यु का शिकार हो जाते हैं।

लक्षण एवं चिन्ह

वह बच्चा जिसे इस बीमारी से बचाव के लिए रोग प्रतिरोधक टीका नहीं लगा होता सबसे पहला लक्षण नाक बहने के साथ शुरू होता है फिर हल्का बुखार (37.8° सी॰ से 38.3° सी॰) होता है साथ ही खाँसी भी शुरू होती है जो धीरे-धीरे अगले दो तीन हफ्तों में बढ़ती जाती है। तद्पश्चात विशेष प्रकार की खाँसी ही रहती है जो रात में ज्यादा उठती है और आवेग के साथ होती है। बच्चा साँस भी नहीं ले पाता। दौरे के अंत में बच्चा एक अजीब सी आवाज निकालता है जैसे कि उसका गला घोंट दिया गया हो, उसे ही 'व्हूप' कहते हैं। इसके पश्चात गाढ़ी लेसदार उल्टी होती है। इस तरह की खाँसी दो तीन हफ्ते तक रह कर धीरे-धीरे कम होने लगती है और तीन से छः हफ्तों तक ठीक हो जाती है। परंतु खाँसी किसी नये श्वास इन्फैक्शन के साथ दुबारा

भी शुरू हो सकती है। बच्चे को व्हूपिंग कफ का रोग प्रतिरोधक टीका लगवाने के बाद यदि बूस्टर डोज़ न मिले तब प्रतिरोधक शक्ति कम होने पर यह यह रोग पुनः उभर सकता है।

चिकित्सा

शिशुओं को यदि व्हूपिंग कफ हो तो अस्पताल में ही चिकित्सा की जानी चाहिए। बड़े बच्चों को यह बीमारी होने पर घर पर रखा जा सकता है परंतु अन्य बच्चों से पृथक। अक्सर एंटीबायोटिक्स के द्वारा 10 से 14 दिन तक चिकित्सा की जाती है।

होम्योपैथिक चिकित्सा

बलगम, धागे की भांति मुँह से लटकता हो–*कोकस केकटाई*

सूखी खाँसी के दौरे, बच्चा खांसते वक्त छाती पकड़े, खाँसते खाँसते चेहरा नीला पड़ना, बलगम की उल्टियाँ–*ड्रोसेरा*

पीला गाढ़ा बलगम, जिसे बच्चा बाहर निकाल पाता हो–*काली सल्फ*

देखें 'खाँसी' की होम्योपैथिक चिकित्सा।

—:::::::—

विषाणु (Virus)

तुरंत जानकारी के लिए

लक्षण

- वायरस के अनुसार बदलते रहते हैं।

घर पर चिकित्सा

- वायरस की वजह से बुखार व दर्द होने पर डॉक्टरी सलाहानुसार एस्प्रीन या पेरासिटामोल प्रयोग कर सकते हैं।

सावधानियां

- चूँकि विभिन्न प्रकार के वायरस होते हैं इसलिए रोग का निदान काफी मुश्किल होता है।
- किसी एक वायरस के प्रति रोग प्रतिरोधकता काफी थोड़े समय के लिए रहती है इसलिए बच्चे को एक इन्फैक्शन के तुरंत बाद दूसरा इन्फैक्शन हो सकता है।
- डाक्टर से तुरंत सम्पर्क करें यदि आप अपने बच्चे में निम्नलिखित लक्षण देखें–गर्दन या कमर में तनाव (अकड़ाहट), तेज सिर दर्द व उल्टियाँ, अत्यंत दुर्बलता अथवा बेहोशी और व्यग्रता।
- चिकन पॉक्स (छोटी माता) अथवा इन्फ्लूएंजा के रोग में बच्चे को एस्प्रीन न दें।

संबंधित विषय

* कैट स्क्रैच फीवर	* चिकन पॉक्स
* जुकाम	* दस्त (बच्चों व शिशुओं में)
* एंसिफलाइटिस	* जर्मन मीज़ल्स
* गिल्टियों में सूजन	* बुखार
* हिपेटाइटिस	* खसरा
* कनफेड़ (मम्स)	* पोलियो
* दाने (रैश)	* मस्से

वायरस एक ऐसा विषाणु है जो कि आकार में जीवाणु से भी छोटा होता है और सिर्फ जीवित कोशिका में ही जीवित रह सकता है। बहुत से साधारण रोग वायरस द्वारा होते हैं जैसे कि मम्स (कनफेड़) चिकनपॉक्स, खसरा, रूबेला, मोनोन्यूक्लिओसिस, कैट स्क्रैच फीवर, हिपेटाइटिस, मस्से और रोजिओला वायरस के दो बड़े समुदाय श्वास रोग वायरस व आँतों के वायरस भी कई प्रकार की बीमारियाँ बच्चों में पैदा करते हैं।

श्वास वायरस में आते हैं – एडिनो वायरस, पैराइन्फ्लूएंजा वायरस, राहिनो वायरस, इन्फ्लूएंजा वायरस और रेसपाइरेटरी वायरस। आँतों के वायरस एंटेरोवायरस कहलाते हैं जो कि आँतों में रहते हैं इनमें कोज़ेकि वायरस (अब तक 30 किस्मों की जानकारी है) एंटेरिक साइटोपेथोजेनिक ह्यूमन ओरफेन (ई०सी०एच०ओ०) वायरस (31 किस्में और 3 प्रकार के पोलियो वायरस हैं। कोज़ेकि वायरस हाथ-पांव व मुँह के रोग, हर्पेन्जाइना और प्लूरोडायनिया रोग का कारण हाते हैं। हर्पेन्जाइना रोग में बुखार, गला खराब, गले व गर्दन में गिल्टियां, मुँह के तालु, टॉसिल्स व गले में दर्द वाले छाले। प्लूरोडायनिया में पसलियों के बीच की नसो में सूजन आ जाने से छाती में तेज दर्द जो कि साँय-साँय के साथ बढ़ता है, यह छाती के एक तरफ होता है।

ई॰सी॰एच॰ओ॰ वायरस दस्तों का रोग पैदा करता है। कोज़ेकि और ई॰सी॰एच॰ओ॰ वायरस मिलकर साधारण जुकाम बुखार दानों के साथ या दानों के बगैर एंसिफ्लाइटिस (मस्तिष्क में सूजन) या लकवे के लक्षण पैदा कर सकते हैं।

कोज़ेकि और ई॰सी॰एच॰ओ॰ वायरस का इंक्यूबेशन पीरियड तीन से पांच दिन या इससे भी ज्यादा हो सकता है और ये वायरस मुँह या मल द्वारा फैलते हैं। एक वायरस के इन्फैक्शन के बाद दूसरा इन्फैक्शन बच्चे को तुरंत हो सकता है क्योंकि इन वायरसों के प्रति रोग प्रतिरोधकता बहुत कम होती है।

लक्षण एवं चिन्ह

बड़ी संख्या में वायरस पाये जाने व इनके असंख्य लक्षण होने की वजह से किसी निश्चित वायरस के लक्षण बता पाना मुश्किल होता है और इसकी कोई विशेष आवश्यकता भी नहीं होती। हर्पेजाइना के अल्सर के स्थान व देखने पर ही निदान किया जा सकता है। प्लूरोडायनिया प्लूरिसी व निमोनिया से मिलती जुलती है पर इसमें खाँसी नहीं होती। वायरस की वजह से रैश (दाने) पूरे शरीर पर, चपटे व लाल रंग के बजाए गुलाबी रंग के होते हैं।

चिकित्सा

किस विशेष वायरस की वजह से रोग हुआ है, इसका निदान कर पाना मुश्किल होता है। यह अक्सर ध्यान से पूछे गये वृतांत व रोगी की पूरी जाँच के ऊपर निर्भर करता है। उस दौरान समाज में कौन सा रोग फैला हुआ है इस पर भी निदान निर्भर करता है। रक्त की पूरी जाँच व गले की कल्चर अन्य बीमारियों से वायरस रोगों को पृथक करने के लिए आवश्यक हैं। छाती का एक्सरे, भी आवश्यक होता है। वायरस का कल्चर व एंटीबोडी जाँच विशेष बीमारी का पता लगाने के लिए की जाती है पर इस जाँच का नतीजा आने में कई दिन लग जाते हैं।

होम्योपैथिक चिकित्सा

देखें 'संबंधित विषय' कारण खोजकर चिकित्सा दी जाती है।

भूख में कमी (Anorexia Nervosa)

तुरंत जानकारी के लिए

लक्षण

- खाने की इच्छा ना होना
- अधिक डायटिंग
- अधिक व्यायाम
- ज्यादा खाकर स्वयं उल्टी करना
- मासिक स्राव का ना होना।

घर पर चिकित्सा

- इस रोग के लिए डॉक्टरी राय की आवश्यकता होती है।

सावधानियां

- अगर इस बीमारी की चिकित्सा समय पर ना की जाए तो भूखे रहने से मृत्यु भी हो सकती है।
- आज्ञाकारी व सफल बच्चे में इस बीमारी की आशंका ज्यादा होती है।

एनोरेक्सिया नर्वोजा का अर्थ है – मानसिक रूप से भूख में कमी होना। अक्सर लड़कियाँ इस परेशानी के दौर से गुजर सकती हैं। वजन बढ़ने के डर से वो खाना कम करती रहती है और अंत में उनकी भूख मर जाती है। कुछ समय बाद उनका मासिक धर्म भी बंद हो सकता है। इस बीमारी के दौरान उनके शरीर की स्वस्थ माँसपेशियाँ नष्ट हो जाती है, क्योंकि भोजन की कमी से शरीर ऊर्जा के लिए उन माँस पेशियों का इस्तेमाल करता रहता है। यह रोग एक तरह का मानसिक विकार है।

लक्षण एवं चिन्ह

ऐसे बच्चे खाना कम कर देते हैं। साथ ही काफी शारीरिक व्यायाम भी करते हैं। अगर वो कुछ खायें भी तो स्वयं ही उल्टी कर उसे बाहर निकाल देते हैं। कई बार लेकज़ेटिव (आसानी से मल बाहर निकालने वाले पदार्थ) भी ये बच्चे इस्तेमाल करते हैं। हल्के हल्के रोयें जैसे बाल ऐसे बच्चों के पूरे शरीर पर देखने को मिलते हैं।

चिकित्सा

बच्चे का पूर्ण निरीक्षण किया जाना चाहिए। कैंसर, किसी प्रकार का संक्रमण, आँतों की किसी बीमारी की पूर्णतः जाँच की जानी चाहिए। हॉस्पिटल में दाखिल कर ऐसे बच्चों की चिकित्सा की जानी चाहिए।

होम्योपैथिक चिकित्सा

कमजोर पीला पड़ा बच्चा, खाने की इच्छा नहीं, मल में बिना पचे भोजन के टुकड़े–*केरिका पेप*

पीली आँखें, जीभ में मैल जमना, लीवर का बढ़ जाना–*चेलीडोनियम*

छोटी बच्चियों में भूख की कमी, तली चीजों को खाने की इच्छा न होना, प्यास न लगना–*पल्सेटिला*

एल्फा एल्फा टॉनिक या एल्फा एल्फा मदर टिंक्चर भी दे सकते हैं। *वेनेडियम* 6 से 3 खुराक प्रतिदिन दें। इससे बच्चे को भूख लगनी शुरू हो जाती है।

—:::::::—

एपेंडिसाइटिस (Appendicitis)

तुरंत जानकारी के लिए

लक्षण

- ✤ पेट के निचले दायें भाग में लगातार दर्द
- ✤ पेट को छूने में भयंकर दर्द
- ✤ उल्टी व उबाकाईयाँ
- ✤ बुखार

घर पर चिकित्सा

- ⁂ सिर्फ तरल पदार्थ पीने को दिये जाने चाहिए। यदि आपको जरा सा भी शक पड़ जाए कि बच्चे को एपंडीसाइटिस है तो डॉक्टरी सलाह के बिना कुछ भी खाने-पीने को ना दें।
- ⁂ पेट पर ठंडी सेंक ना करें। हल्की गर्मी से पेट दर्द में थोड़ा आराम मिल सकता है। अगर पेट में दर्द बढ़ता जा रहा है तो तुरंत डॉक्टर को दिखायें। यह दर्द जानलेवा भी हो सकता है।

सावधानियां

- ◆ दर्द निवारक स्वयं ना दें।
- ◆ एनीमा या कोई भी दस्तावर दवा ना दें।

संबंधित विषय

* पेट में दर्द (स्ट्मक एक)

एपेंडिसाइटिस, एपेंडिक्स में एक प्रकार का इन्फैक्शन है। एपेंडिक्स छोटी उंगली के बराबर एक खोखली ट्यूब जैसी होती है और बड़ी आंत के अंतिम छोर के पास पाई जाती है। यह लगभग 99 प्रतिशत बच्चों के पेट में निचले दाहिने भाग में स्थित होती है।

एपेंडिसाइटिस किसी भी उम्र में हो सकती है। यदि ऑपरेशन द्वारा एपेंडिक्स को ना निकाला जाए तो दर्द व इन्फैक्शन बढ़ता ही रहता है और अंत में एपेंडिक्स फट जाता है। इन्फैक्शन के कुछ घंटों से लेकर एक दो दिन के अंदर ही एपेंडिक्स फट सकती है। इसके फटने पर कई बार मृत्यु भी हो जाती है।

लक्षण एवं चिन्ह

लगातार बच्चे के पेट में निचले दाहिने भाग में दर्द हो तो एपेंडिक्स का शक किया जा सकता है। इसका दर्द मरोड़ की तरह आने जाने वाला न होकर लगातार होता रहता है। एक बार शुरू होने पर यह दर्द बढ़ता ही रहता है। दर्द पेट के मध्य में शुरू होकर शीघ्र ही पेट के निचले दाहिने भाग में स्थिर हो जाता है। चलने या हिलने डुलने पर दर्द बढ़ने लगता है। पेट का निचला दाहिना भाग हल्के से भी दबाने या छूने पर दर्द करता है। दर्द शुरू होने के साथ उबकाई उल्टी व हल्का बुखार बढ़ने लगता है। कभी कभी साथ में दस्तों की शिकायत भी हो सकती है।

चिकित्सा

इसका एकमात्र उपचार ऑपरेशन द्वारा एपेंडिक्स को बाहर निकालना ही है जिसे कि 'एपेंडक्टोमी' के नाम से जाना जाता है। पेट के साथ साथ बच्चे की छाती व गले की भी जाँच की जानी चाहिए क्योंकि कई बार गले के इन्फैक्शन या निमोनिया की वजह से भी एपेंडिसाइटिस के से लक्षण हो सकते हैं। खून व मलमूत्र की जाँच तथा पेट की एक्स-रे जाँच भी की जानी चाहिए। एक बार एपेंडिक्स का निदान हो जाने पर तुरंत ही ऑपरेशन किया जाना चाहिए नहीं तो एपेंडिक्स के फटने का डर रहता है।

—:::::::—

पेट में दर्द (Stomach Ache)

तुरंत जानकारी के लिए

लक्षण

- अचानक पेट में दर्द उठना
- मरोड़/ऐंठन वाला दर्द
- दस्त
- उल्टियाँ
- बगैर किसी लक्षण के बार-बार पेट में दर्द उठना।

घर पर चिकित्सा

- पेट पर हल्की गर्म सिकाई करें।
- बच्चे की कब्ज़ दूर करने का प्रयत्न करें।
- बच्चे के पेट में दर्द किसी तनाव के कारण हो, तो उसे सुलझाने का प्रयत्न करें।
- बार-बार कुछ समय पश्चात उठने वाले दर्द का स्थान व स्वरूप जानने की चेष्टा करें।

सावधानियां

- बच्चे के पेट में दर्द शांत करने के लिए उसे लेक्जेटिव (मल निकालने की दवा) न दें और न ही पेट पर ठंडी सिकाई करें।
- यदि आप बच्चे के पेट में उठने वाले दर्द का कारण न जान पा रहे हों तो उसे डॉक्टर के पास ले जाएं।
- मूत्र त्यागने ें परेशानी व बुखार के साथ यदि पेट में दर्द हो तो डॉक्टर को अवश्य दिखायें।

- पेट में दर्द के साथ अन्य लक्षण जैसे कि बुखार, खाँसी, मरोड़, आंव व रक्त मिश्रित मल हो तो डॉक्टर से सलाह लें।
- पेट में अथवा छाती में निचले भागों में चोट लगने के बाद उठे पेट में दर्द के लिए तुरंत डॉक्टर के पास जाएं।
- तनाव के कारण उठने वाले दर्द की चिकित्सा भी तदानुसार की जानी चाहिए।

संबंधित विषय

* एपेंडिसाइटिस	* कब्ज
* दस्त	* पेट में ऐंठन
* पेचिश	* भोज्य पदार्थों की विषाक्ता
* आंत्रशोथ	* हिपेटाइटिस
* न्यूमोनिया	* शिंगल
* स्ट्रैप थ्रोट	* मूत्र नली का इन्फैक्शन
* उल्टियाँ	

पेट के अंदर आमाशय, छोटी व बड़ी आंत, यकृत, प्लीहा पेन्क्रियाज़, गुर्दे, मूत्राशय, पित्त की थैली व प्रजनन अंग मौजूद रहते हैं। इन अंगों में कोई बीमारी अथवा चोट लगने पर पेट में तेज दर्द होता है। अक्सर बच्चों के पेट में उठने वाला दर्द 4 कारणों से हो सकता है। कब्ज, पाचननली में विषाणु, जीवाणु व गलत आहार के लेने पर उत्पन्न हुई समस्याएं, भावनात्मक तनाव व मूत्रनली का संक्रमण। अन्य कारणों में एपेंडिसाइटिस, न्यूमोनिया या हिपेटाइटिस के कारण भी बच्चे के पेट में दर्द हो सकता है।

कभी कभी मरोड़ की भाँति उठने वाला दर्द अक्सर बच्चों में देखा जाता है। कुछ एक में प्रतिदिन एक दो बार, कुछ में हफ्तों, महीनों में एक बार दर्द उठता है। पेट में कीड़ों के कारण या दूध अथवा अन्य भोज्य पदार्थ न पचा पाने के कारण भी बच्चे के पेट में दर्द की शिकायत बनी रहती है।

लक्षण एवं चिन्ह

पेट में तेज दर्द होने पर सबसे पहले एपेंडीसाइटिस की तरफ ध्यान दिया जाता है। यदि यह कारण न हो तो अन्य कारणों की खोज करनी चाहिए। बच्चों के पेट में बाईं तरफ मरोड़ वाला दर्द उठता हो और बच्चे ने अपने समय पर मल त्याग न किया हो और खाने से यह दर्द बढ़ गया हो तो कब्ज के कारण ऐसा तीव्र दर्द उठता है।

आंत्रशोथ (गेस्ट्रोएंटराइटिस) होने पर बच्चे के पेट के ऊपरी भाग व नाभि के पास दर्द के लक्षणों के साथ दस्त व उसके पश्चात उल्टियाँ भी होती हैं।

मूत्रनली में इन्फैक्शन होने के कारण उठने वाले पेट दर्द के साथ मूत्र में जलन व परेशानी एवं बुखार के लक्षण होंगे।

बार बार पेट में उठने वाले दर्द के साथ यदि अन्य कोई लक्षण न हों जैसे कि उल्टियाँ, दस्त, कब्ज, मल में आंव व रक्त, बुखार, पेशाब करने में दर्द एवं जलन, शरीर में रक्त की कमी व बच्चे का वजन न बढ़ना इत्यादि तो घबराने की कोई आवश्यकता नहीं। परंतु यदि ये लक्षण मौजूद हों तो दर्द कहां व कब एवं किस प्रकार का होता है, इसकी जानकारी रखने पर रोग का निदान करने में सहायता मिलती है।

चिकित्सा

डॉक्टर बच्चे के रोग का पूर्ण विवरण जान लेने के पश्चात शारीरिक परीक्षण करते हैं। मल, मूत्र व रक्त एवं छाती तथा पेट की एक्सरे से जाँच भी करवानी पड़ सकती है।

होम्योपैथिक चिकित्सा

देखें पेट में मरोड़ 'कोलिक'।

पेट में किसी प्रकार का भी दर्द होने पर *मैगफॉस* 6 की 4 गोली गुनगुने पानी के साथ प्रति घंटा दर्द दूर होने तक देते रहें। छोटे शिशुओं को दो गोली दें। उसके पश्चात दर्द का कारण जानकर चिकित्सा दी जाती है।

—:::::::—

पेट में ऐंठन (Colic)

तुरंत जानकारी के लिए

लक्षण

- भोजन नली में ऐंठन
- घंटों तक रोते रहना
- रोने का कोई और कारण नजर न आना
- पूरी तरह दूध न पी पाना

घर पर चिकित्सा

- सबसे पहले रोने व बैचेनी का कारण ढूँढिये।
- शरीर में और रोग के लक्षण को भी देखिये।
- बच्चे को दूध पिलाने की कोशिश कीजिए। क्या पता सिर्फ भूख के कारण ही बच्चा रो रहा हो?
- यदि ऐंठन के कारण ही बच्चा रो रहा हो तो पेट पर हल्की गर्म सिकाई कीजिए।
- बच्चे के गुदा द्वार पर थोड़ा ग्लीसरीन डालें ताकि बच्चा आसानी से मल विसर्जित कर सके।

सावधानियां

- डिब्बा बंद दूध को निर्देशानुसार तैयार कर पिलाएं।
- बोतल को बच्चे के मुँह में इस प्रकार लगायें कि निप्पल में पूरा दूध भरा रहे ताकि बच्चा ज्यादा हवा न निगल सके।
- ध्यान रखें कि निप्पल में सिर्फ इतना बड़ा छिद्र हो ताकि बच्चा आसानी से 20-25 मिनट में पूरा दूध पी सके।

- दूध पिलाने के पश्चात बच्चे को डकार अवश्य दिलवायें।
- स्तनपान करवाने वाली मां को ध्यान रखना चाहिए कि उसके निप्पल में से रक्तस्राव न होता हो। निगला हुआ रक्त भी बच्चे के पेट में ऐंठन कर सकता है।
- बच्चे को कुछ भी खिलाते वक्त ध्यान रखना चाहिए कि बच्चा ठीक प्रकार से सीधा बैठा रहे ताकि भोजन गले में न फँसे।

संबंधित विषय

* कब्ज	* खाँसी
* दस्त	* बुखार
* भोज्य पदार्थों से एलर्जी	* हर्निया
* नैपी रैश	* उल्टियाँ

कोलिक पेट में बार बार होने वाली ऐंठन की तरह का दर्द होता है। नवजात शिशुओं में होने वाली ऐंठन 'इन्फेंटाइल कोलिक' या थ्रीमंथ' कोलिक एक ऐसी समस्या है जो 10 से 20 प्रतिशत शिशुओं में देखने को मिलती है। स्तनपान के मुकाबले बोतल से दूख पीने वाले बच्चों में कोलिक ज्यादा देखने को मिलता है। आमतौर पर जन्म के कुछ हफ्तों बाद शुरू होकर 6 माह की उम्र तक (औसत तीन माह तक) रहता है।

लक्षण एवं चिन्ह

बच्चे के विचित्र व्यवहार से कोलिक दर्द को पहचाना जा सकता है। ऐसा बच्चा जिसे यह तकलीफ हो कुछ घँटे आमतौर पर दिन में व शाम को जोर जोर से चिल्लाकर रोता है। टाँगें ऊपर की तरफ खिंच जाती है, मुट्ठी बंधी हुई रहती है और चिल्लाते-चिल्लाते बच्चा लाल हो जाता है। दूध पिलाने पर थोड़ा सा दूध पीकर फिर जोर से चिल्लाने लगता है। गोद में लेने या फिर झुलाने पर बच्चा थोड़ी देर के बाद

चुप हो जाता है लेकिन जल्द ही दुबारा चिल्लाने लगता है। वैसे बच्चा बिल्कुल सामान्य होता है, उसका वजन भी बढ़ रहा होता है। पाखाना भी ठीक करता है और किसी भी प्रकार की कोई शारीरिक परेशानी भी बच्चे में नज़र नहीं आती है।

चिकित्सा

डॉक्टर अन्य बीमारियों के लिए जैसे कि मुँह या मूत्र संबंधी बीमारियों के लिए लक्षण ढूँढेगा। दूध पिलाने वाली माँ को अपने आहार में से दूध की बनी चीज़ें छोड़नी पड़ सकती हैं, यह देखने के लिए कि बच्चे को मां के द्वारा खाये गये किसी पदार्थ से तो एलर्जी नहीं। बच्चे को जो ठोस आहार देते हों उसमें भी परिवर्तन कर या उसे रोककर दर्द के कारण की जांच की जानी चाहिए।

होम्योपैथिक चिकित्सा

दर्द के साथ पेट फूल जाये – *केमोमिला, कोलोसिंथ नेट्रमफॉस, सीकेल कोर*
पेट में गड़गड़ की आवाज – *डायोस्कोरिया*
मरोड़ के साथ – *क्यूप्रम, नक्स, मैग फॉस*
नाभि के पास – *डायोस्कोरिया*
कब्ज के साथ – *मैग म्यूर*
मितली उल्टी के साथ – *कोलोसिंथ, क्यूप्रम*
पीछे की तरफ अकड़ने पर दर्द में आराम – *डायोस्कोरिया*
पेट को दबाने से आराम – *कोलोसिंथ*
गर्म सिकाई से आराम – *मैग फॉस*
गैस निकलने पर आराम – *नक्स*
दूध पीने से दर्द – *मैग म्यूर*

—:::::::—

कब्ज (Constipation)

तुरंत जानकारी के लिए

लक्षण

- सख्त सूखा मल
- मल का आकार सामान्य से बड़ा होना
- मल त्यागते वक्त पेट में दर्द
- पेट में ऐंठन
- भूख में कमी होना।

घर पर चिकित्सा

- तुरंत व कुछ समय के आराम के लिए :- गुदा में ग्लीसरीन की बत्ती चढ़ाएं या फिर एनीमा दें।
- लंबे व हमेशा के लिए :- बच्चे को भोजन में रेशेयुक्त आहार दें जैसे कि कच्ची सब्जियां, फल इत्यादि।

सावधानियां

- बच्चे को रेचक औषधि या जुलाब डॉक्टर के परामर्श बगैर न दें।
- एनिमा व बत्ती का प्रयोग लगातार न करें क्योंकि लगातार प्रयोग से इनकी आदत पड़ सकती है।
- यदि बच्चा प्रतिदिन मल त्याग न करे तो इसका अर्थ कब्ज नहीं समझना चाहिए। कब्ज मल के सख्त होने को कहते हैं न कि मल कितनी बार त्यागा जाये इस पर निर्भर करता है। एक सामान्य बच्चा दिनभर में एक से ज्यादा बार या सप्ताह में एक बार मल त्याग कर सकता है।

- यदि मल त्यागने की ट्रेनिंग (शिक्षण) के दौरान बच्चे को कब्ज हो जाए तो इस ट्रेनिंग को कुछ समय के लिए रोक देना चाहिए।

संबंधित विषय

* दस्त
* पेट में दर्द

कब्ज एक ऐसी अवस्था है जिसमें कि मल सख्त हो जाता है। यदि दिन भर बच्चा 6 बार भी सख्त टट्टी करे तो वह कब्ज कहलायेगा। एक सामान्य ढीला मल यदि बच्चा 3-4 दिन में भी त्यागे तो उसे हम कब्ज नहीं कहेंगे। कई सामान्य बच्चे को प्रतिदिन शौच न जाकर 2-3 दिन के पश्चात जाते हैं। मल का सख्त होना उसके बड़े आकार को देखने पर पता लग सकता है। लगभग 95 प्रतिशत कब्ज में कोई शारीरिक विकार नहीं होता है। ऐसा कब्ज आमतौर पर आहार परिवर्तन द्वारा या मल को ढीला करने वाली औषधि द्वारा ठीक हो जाती है। कब्ज बड़ी आंत में जन्म लेता है। बड़ी आंत का कार्य बिना जज़्ब हुए भोज्य पदार्थों का संग्रह करना है, साथ ही छोटी आंत से आने वाले तरल पदार्थ का पानी भी, परंतु यदि आंतों द्वारा ज्यादा पानी सोख लिया जाये तो मल सख्त हो जाता है।

बच्चों में कब्ज होने के दो मुख्य कारण होते हैं, पहला आहार में आवश्यक रफेज (रेशा) नहीं होता। भोज्य पदार्थ जो कब्ज से बचाव करते हैं वो हैं फल (जो कि बाहर की परत छिलकों समेत ही खाये जायें सिर्फ केले व सेब को छोड़कर), फलों का रस, सब्जियां (विशेष रूप से यदि कच्ची खाई जायें), पूरा अनाज, अन्नकण इत्यादि, दूध व दूध से बनी वस्तुएँ कब्ज दूर करती है।

बच्चों में कब्ज होने का दूसरा आम कारण है कि बच्चा मल की इच्छा को रोकता है इस वजह से आंत में पड़े पड़े मल का पानी आँतों द्वारा सोख लिया जाता है और इसी कारण से मल सख्त हो

जाता है। बच्चा मल की इच्छा को इसलिए रोकता है क्योंकि कई बार माता-पिता उसे मल त्योगने के लिए बहुत दबाव डालते हैं। एक बार मल सख्त होने पर उसे त्यागने में काफी तकलीफ होती है। इस डर से भी बच्चा मल त्यागने की इच्छा को दबाता रहता है। कब्ज की वजह से बड़ी आंत का आकार बढ़ता जाता है एवं उसकी माँसपेशियाँ अपना तनाव (मसलटोन) खो बैठती हैं। साथ ही मल त्यागने की प्राकृतिक इच्छा भी कमजोर होती जाती है। इसी वजह से कब्ज जीर्ण/पुरानी हो जाती है।

लक्षण एवं चिन्ह

कब्ज होने के मुख्य लक्षण है – बहुत सख्त, सूखा हुआ सामान्य से बड़े आकार का मल, मल त्यागने के दौरान गुदा द्वार के स्थान पर दर्द होता है और वह कट फट भी सकता है। मल के साथ रक्त भी लगा हो सकता है। इसके अन्य लक्षणों में पेट में ऐंठन, भूख की कमी भी हो सकती है। यदि कब्ज कई हफ्तों तक चले तो कई बार इसके बाद दस्तों की शिकायत भी हो सकती है। इसमें मल की सख्त गाँठों के साथ पतला दस्त होता है। ऐसी अवस्था में यह जानना कि बच्चे को कब्ज है या दस्त कठिन हो जाता है।

चिकित्सा

बच्चे के पेट की जाँच आवश्यक है। किसी शारीरिक असामान्यता के लिए पेट की एक्सरे जाँच की जाती है। चिकित्सा डॉक्टर के बताये गये निर्देश अनुसार ही कि जानी चाहिए।

होम्योपैथिक चिकित्सा

मुलायम मल को त्यागने में भी कठिनाई, बोतल से दूध (गाय या सोया का) पीने वाले बच्चों में कब्ज–*एलुमिना*

सख्त गांठ वाला मल, पेट में गैस का अधिक बनना–*लाइकोपोडियम*

कब्ज व दस्त, लगातार मल त्यागने की इच्छा बनी रहना, मल, सख्त व बड़े आकार का–*नक्स वोमिका*

मल त्यागने की इच्छा न होना, काले सख्त छोटे छोटे गोले (बकरी के मल की भांति) जैसा मल–*ओपियम*

नवजात शिशुओं में कब्ज–*जिंकम मैट*

बड़े आकार के मल को त्यागने में अत्यंत दर्द, थोड़ा मल निकलने के बाद मल का दुबारा अंदर की तरफ चले जाना। गुदा स्थान की त्वचा फटना–*सेनिकुला*

सख्त बड़े आकार का मल, पिनकृमि, गुदा का बाहर की तरफ लटक जाना–*एस्कुलस*

दुर्बल बच्चों में कब्ज, मल के साथ रक्त, अत्यंत ही दुर्गंध युक्त मल–*सोराइनम*

–::::::–

दस्त (Diarrhoea)

तुरंत जानकारी के लिए

लक्षण

- पतले पानी के दस्त
- दस्तों में आँव (म्यूकस) मिला होना
- दस्त में खून की कतरने मिली होना
- पेट में दर्द व ऐंठन
- बुखार
- भूख में कमी
- उल्टियाँ
- वजन कम होना

घर पर चिकित्सा

- बच्चे को दस्तों के साथ उल्टियाँ भी हो रही हों तो पहले उल्टियाँ रोकने की चिकित्सा करें। जब उल्टियाँ रूक जाएं तब दस्तों की चिकित्सा करें।
- बच्चे का ठोस आहार बंद कर सिर्फ तरल पदार्थ ही दें। फल सब्जियां कुछ भी न दें, केवल केला व छिला सेब दे सकते हैं। दूध भी न दें।
- बच्चे के आहार में यदि कोई नया आहार जोड़ा गया हो तो उसे भी तुरंत रोक दें।
- डीहाइड्रेशन से बचाव के लिए बच्चे को जीवन रक्षक घोल (इलेक्ट्रोलाइट मिक्सचर) दें। बाजार में कई प्रकार के ओ॰आर॰एस॰ मिलते हैं, वे दें, नहीं तो घर पर ही जीवन रक्षक घोल तैयार करें। ओ॰ आर॰ एस॰ पर डब्ल्यू॰एच॰ओ॰ का निशान अवश्य देख लें।
- बच्चे को पीने के लिए तरल पदार्थ काफी मात्रा में दें।

सावधानियां

- स्वयं दस्त रोकने की कोई भी दवा न दें।
- ध्यान रहे कि उल्टियाँ व दस्त बच्चे में डीहाइड्रेशन (पानी की कमी) पैदा कर सकते हैं विशेषकर पांच वर्ष से छोटे बच्चे में बहुत ही जल्द शरीर का पानी खत्म हो जाता है जो कि अत्यंत ही घातक होता है।
- उल्टी व दस्त शुरू होने के पश्चात 12 से 24 घंटों के अंदर ही बच्चों में डीहाइड्रेशन हो जाता है।
- डीहाइड्रेशन के लक्षण होने पर तुरंत डॉक्टर से सम्पर्क करें।
- भोजन में ठोस पदार्थ देने से दस्त बढ़ सकते हैं।
- यदि बच्चा काफी मात्रा में तरल पदार्थ ले रहा हो तो ठोस पदार्थ कई दिनों तक बंद किये जा सकते हैं, इससे बच्चे को किसी प्रकार की हानि नहीं होती।
- डिब्बा बंद दूध सही फार्मूले के अनुसार न तैयार करने पर भी बच्चे को दस्त लग सकते हैं।
- कोई नया भोज्य पदार्थ बच्चे के आहार में सम्मिलित करने पर भी बच्चे को दस्त लग सकते हैं।
- कई दवायें (जैसे कि एंटीबायोटिक्स) नवजात शिशुओं में दस्त का कारण हो सकती हैं।

संबंधित विषय

* शरीर में पानी की कमी
* पेचिश
* भोज्य पदार्थों से एलर्जी
* भोज्य पदार्थों से विषाक्ता
* उल्टियाँ

दस्त की अवस्था में बच्चे को पतले पानी जैसा पाखाना होता है। दस्तों को उसके पतलेपन से जानना चाहिए न कि बार बार पाखाना आने को दस्त समझना चाहिए। यदि पाखाना सामान्य हो परंतु बार बार हो तो वह दस्त नहीं कहलाता। दस्तों में पतले पाखाने की मात्रा व संख्या दस्तों की तीव्रता को दर्शाती है।

छोटे बच्चों को दस्त होने पर उन्हें डीहाइड्रेशन की संभावना बहुत अधिक रहती है। बच्चों में दस्तों का कारण भोजन नली में इन्फैक्शन या किसी भोज्य पदार्थ व दवा की एलर्जी हो सकती है। यह इन्फैक्शन, श्वांस का वायरस, आँतों के वायरस या जीवाणु (कोलीफार्म डाइसेंटरी, स्टैफ) और परजीवी (जीआर्डिया, एमीबा) के कारण हो सकता है।

बड़े बच्चों में लगातार लंबे समय तक दस्तों के कारण 'अल्सरेटिव कोलाइटिस' अर्थात् बड़ी आंत में घाव हो जाते हैं या छोटी आंत में सूजन हो जाती है। यह दोनों बीमारियां क्यों होती है इसका कारण अभी तक ज्ञात नहीं हो सका है। सिसटिक फाइब्रोसिस नामक अनुवांशिक रोग में फेफड़े, पेनक्रियाज, पसीने की ग्रंथि और कई बार यकृत तथा अन्य अंग भी प्रभावित होते हैं। इस बीमारी में भी बच्चे को जल्दी-जल्दी दुर्गंधयुक्त दस्त लगते रहते हैं।

चिकित्सा

डॉक्टर द्वारा बताई गई चिकित्सा घर पर ही की जा सकती है। जरूरत पड़ने पर डॉक्टर एक्सरे या सिगमोइंडस्कोपी का सहारा लेते हैं। अत्यधिक दस्त लगने पर अस्पताल में ही चिकित्सा की जानी चाहिए।

होम्योपैथिक चिकित्सा

हरे रंग के झागदार दस्त, बच्चा मां का दूध पीना छोड़ दे, खट्टी दुर्गंध के साथ दस्त, पेट में मरोड़–*इपिकाक*

हरे रंग के झागदार दस्त, बच्चा मां का दूध पीना छोड़ दे, खट्टी दुर्गंध के साथ दस्त, पेट में मरोड़–*मैग कार्ब*

दूध के कारण हरे रंग के दस्त–*मैग म्यूर*

हरे पीले दुर्गंध युक्त खूनी दस्त मल के पहले व पश्चात अत्यधिक पसीना, गैस की आवाज के साथ दस्त–*मर्कसोल*

तली चीजें खाने से हरे पीले पानी की भांति दस्त–*पल्सेटिला*

सुबह के वक्त पेट में मरोड़ के साथ, दुर्गंध युक्त दस्त–*सल्फर*

मां का दूध पीने से दस्त–*कल्क फॉस*

ठोस आहार देने पर दस्त–*चायना*

दांत निकलने वक्त दस्त – *केमोमिला, डल्कामारा, फेरम मैट, रह्यूम, साइलीशिया*

—:::::::—

खूनी दस्त/पेचिश (Dysentery)

तुरंत जानकारी के लिए

लक्षण

- अत्यधिक, रक्त मिश्रित दस्त
- लगातार तेज बुखार
- अत्यधिक कमजोरी

घर पर चिकित्सा

- ऐसे दस्तों को जिनमें रक्त मिला हो स्वयं चिकित्सा न कर डॉक्टर को दिखायें।
- डॉक्टर तक पहुँचने से पहले बच्चे को काफी मात्रा में तरल पदार्थ जैसे कि चाय, पानी, इलैक्ट्रोलाइट मिक्सचर या जीवन रक्षक घोल पीने को दें।
- ठोस भोज्य पदार्थ बच्चे को खाने को न दें। रेशे (फुजला) युक्त भोजन, फल (केला व सेब छोड़कर), सब्जियां, मक्खन इत्यादि बच्चे को न दें।
- बच्चे को दूध पीने को न दें।

सावधानियां

- रक्त मिश्रित दस्त लगने पर डॉक्टर से ही संपर्क करें।
- कैसे भी दस्त दो तीन दिन से ज्यादा लगे रहें तो तुरंत डॉक्टर को बुलायें।
- दस्त लगने के पश्चात 12 से 24 घंटों के अंदर शरीर में पानी की कमी (डीहाइड्रेशन) हो सकती है।

- दस्त रोकने की दवा बच्चे को न दें
- यात्रा करते वक्त भोजन व पानी की सफाई का ध्यान अवश्य रखें।
- डायसेंट्री का शक होने पर बच्चे का मल भली प्रकार साफ करें और बच्चे को भी अन्य लोगों से अलग करें।
- घर में स्वच्छता का विशेष ध्यान रखें।

संबंधित विषय

* जोड़ों का दर्द
* शरीर में पानी की कमी
* दस्त

आमतौर पर डायसेंट्री को अत्यधिक दस्त लगना समझा जाता है जबकि डायसेंट्री विशेष प्रकार के जीवाणुओं द्वारा आंत में इन्फैक्शन होने के कारण होती है। डायसेंट्री के कारण दस्त लग सकते हैं परंतु दस्तों से यह बीमारी भिन्न है। जीवाणुओं के कारण होने वाली डायसेंट्री को 'बेसिलरी डायसेंट्री' व अमीबा के कारण होने वाली को 'एमीबिक डायसेंट्री' कहते हैं।

डायसेंट्री दूषित खान पान के कारण होती है जो खाने-पीने की चीजें विशेष बैक्टीरिया व अमीबा के कारण दूषित हो चुकी हों। स्वस्थ व्यक्ति में यदि डायसेंट्री के जीवाणु हो तो भी वह इस रोग को अन्य लोगों तक फैला सकता है। डायसेंट्री के बिगड़ने पर जोड़ों में दर्द (आथ्राइटिस), मेनिनजाइटिस (मस्तिष्क रोग) व आँतों में घाव जेसी जटिलताएँ पैदा हो सकती हैं।

लक्षण एवं चिन्ह

डायसेंट्री का मुख्य लक्षण दस्त लगना होता है और यह दस्त अक्सर बहुत ज्यादा व रक्त मिश्रित होते हैं। बच्चे को लगातार तेज बुखार रह

सकता है। इसके साथ साथ बच्चा कमजोर व थका प्रतीत होता है। लगातार दस्त होने पर डायसेंट्री का शक किया जा सकता है, यदि दस्त बहुत ज्यादा व रक्त मिले हों।

चिकित्सा

मल की कल्चर जाँच की जाती है तभी निदान संभव है। एंटीबायोटिक्स द्वारा फिर इसका इलाज किया जाता है।

होम्योपैथिक चिकित्सा

पेट में मरोड़ व आँव की टट्टियाँ, आँव में खून–*मर्क कोर*

खून व आँव, उल्टियाँ व मितली आँव का रंग गहरा हरा–*मर्क डल*

हरे रंग की टट्टियाँ, पीला आँव–*केमोमिला*

इरीटेबल बाउल सिंड्रोम, बच्चा कुछ भी खाने के पश्चात पतली आँव की टट्टी करता हो–*ट्रॉम्बीडियम*

जलन के साथ आँव–*केंथेरिस*

डायसेंट्री 200 दवा की एक खुराक प्रतिदिन सुबह तीन दिन तक बच्चे को दें। 15 दिन पश्चात इसे दुबारा दोहरायें।

–:::::::–

आंत्रशोथ (Gastroenteritis)

तुरंत जानकारी के लिए

लक्षण

- अचानक उल्टियाँ
- दस्त लगना
- तेज बुखार, हल्का बुखार अथवा बुखार का न होना
- उल्टियों में थोड़ी मात्रा में रक्त मिला होना

घर पर चिकित्सा

- उल्टियों व दस्तों के रूकने तक बच्चे को सिर्फ तरल पदार्थ ही दें।
- डीहाइड्रेशन (शरीर में पानी की कमी) से बचाव के लिए बच्चे को भरपूर मात्रा में चाय, पानी, इलेक्ट्रोलाइट मिक्सचर, ओ॰आर॰एस॰ पीने को दें।
- बच्चे को दूध न दें।

सावधानियां

- बच्चे को छूने के बाद हाथ भली प्रकार धोयें ताकि रोग फैलने न पाये।
- बीमारी अक्सर गंभीर रूप धारण नहीं करती। हां, छोटे बच्चों में डीहाइड्रेशन के कारण खतरा रहता है।
- छोटे बच्चे को एक्यूट ग्रस्ट्रोएंट्राइटिस होने पर डीहाइड्रेशन के लक्षणों पर नजर रखिये (मूत्र त्यागने में कमी, मुँह का सूखना आँखों का धँसना, सुस्ती आना, तेज या हल्की साँसे, सिर पर

मुलायम सा गड्ढा प्रतीत होना। इनमें से कोई भी लक्षण होने पर तुरंत डॉक्टर से सम्पर्क करें।

- दस्त रोकने की दवायें बच्चे को न दें।
- मल में रक्त आने पर, तेज बुखार, अत्यधिक कमजोरी आने पर व तेज तथा लंबे समय तक दस्त रहने पर (दो तीन दिन से ज्यादा) तुरंत डॉक्टर से मिलें।

संबंधित विषय

* एपेंडिसाइटिस
* शरीर में पानी की कमी
* पेचिश
* भोजन से विषाक्ता
* उल्टियाँ
* बोटुलिज्म
* दस्त
* इन्फ्लूएंजा
* पेट में दर्द

छूत के द्वारा भोजन नली में भयंकर रूप से फैलने वाला संक्रमण 'एक्यूट गेस्ट्रोएंट्राइटिस' कहलाता है। यह अक्सर वायरस द्वारा होता है। ऐसा भी देखा गया है कि इस्चेरीचियसा कोलाई नामक जीवाणु द्वारा भी यह बीमारी होती है। यह जीवाणु आमतौर पर मनुष्यों की आंतों में पाया जाता है और उनको हानि के बदले लाभ ही पहुँचाता है।

यह बीमारी एक से दूसरे बच्चों में बड़ी तेजी से फैलती है। जीवाणुओं या विषाणुओं के सम्पर्क में आने के पश्चात एक से चार दिन के भीतर लक्षण पैदा हो जाते हैं। छोटे बच्चों में यह उनके शरीर में डीहाइड्रेशन (पानी की कमी) के कारण गंभीर रूप भी धारण कर सकती है।

लक्षण एवं चिन्ह

तीक्ष्ण गेस्ट्रोएंट्राइटिस में अचानक ही मरोड़ के साथ उल्टियाँ व दस्त शुरू हो जाते हैं। बीमारी एक से तीन दिन तक और कभी कभी हफ्ते

भर भी रह सकती है। बुखार कभी कभी तो बहुत तेज और कभी हल्का और कई बच्चों में तो बिल्कुल भी नहीं होता है। कभी कभी यदि उल्टियाँ बहुत ज्यादा हो रही हों तो उसमें थोड़ी मात्रा में रक्त भी हो सकता है और चेहरे पर लाल छोटे छोटे धब्बे जिन्हें 'पेटिकी' कहते हैं नज़र आते हैं।

तीक्ष्ण गेस्ट्रोएंट्राइटिस को आसानी से पहचाना जा सकता है। कभी कभी पेचिश व फूड पोइजनिंग के होने पर इस बीमारी का शक पैदा हो सकता है।

चिकित्सा

डॉक्टर समाज में फैली इस बीमारी के होने की परिस्थितियों व अन्य सामान्य शारीरिक परीक्षण द्वारा बीमारी का निदान करते हैं। किसी प्रकार का शक होने पर रक्त व मल की जाँच की जाती है। डॉक्टर की बताई गई चिकित्सा घर में भी की जा सकती है। केवल बच्चे के शरीर में डीहाड्रेशन होने पर अस्पताल में इन्ट्रावेनस फ्लूइड दिये जाने ज़रूरी होते हैं।

होम्योपैथिक चिकित्सा

देखें 'दस्त' 'उल्टियाँ' व 'भोजन से विषाक्ता' की होम्योपैथिक चिकित्सा

—:::::::—

भोज्य पदार्थ से एलर्जी (Food Allergy)

तुरंत जानकारी के लिए

लक्षण

- पेट में मरोड़
- उल्टियाँ
- दस्त
- मल में रक्त का पाया जाना
- पित्ती उछलना
- एक्जीमा
- नाक बहना
- दमा

घर पर चिकित्सा

- यदि आपको ऐसा लगे कि किसी नये भोजन पदार्थ को देने से बच्चे के पेट में मरोड़, दस्त व उल्टियाँ की शिकायत हो तो बच्चे के आहार में से उस पदार्थ को हटा दें।
- बच्चे के आहार में नया भोजन धीरे-धीरे व एक समय में एक ही पदार्थ जोड़ें।

सावधानियां

- एन्जाइम की कमी (मालएब्जोरपशन सिन्ड्रोम) होने पर भी फूड एलर्जी से मिलते जुलते लक्षण होते हैं। कोई बच्चा यदि स्वस्थ न रहे और ऊपर लिखे लक्षण अक्सर नजर आयें तो डॉक्टर से सम्पर्क करें।
- लगातार दस्त लगे रहना एलर्जी या मालएब्जोरपशन समस्या को दर्शाते हैं।
- जब भी बच्चे के आहार में कोई नया आहार जोड़ें तो बच्चे में एलर्जी या किसी और समस्या की तरफ नजर रखें।

संबंधित विषय

* दस्त
* छपाकी
* आँत्रशोथ
* उल्टियाँ

भोज्य पदार्थों से एलर्जी–किसी भी भोजन व पेय पदार्थ के लिए अत्यधिक संवेदनशील होना अधिकतर बड़े बच्चों की अपेक्षा छोटों में पाया जाता है। इसमें बच्चे को उल्टियाँ, दस्त, पेट में मरोड़ होना जो कि कुछ मिनटों से लेकर कुछ घंटों तक किसी भोजन विशेष, पेय पदार्थ व दवा के कारण हो सकता है। गाय का बिना शुद्ध किया हुआ दूध इस प्रकार की एलर्जी का मुख्य कारण होता है। परंतु अंडे, गेहूँ, सोयाबीन से बने पदार्थ, संतरे का रस, टमाटर, चॉकलेट, मछली, बेर व खरबूजे से भी बच्चे को एलर्जी हो सकती है।

मालएब्जोरपशन सिंड्रोम पाचन संस्थान में भोजन को पचाने में सहायक प्राकृतिक रसायनों की कमी के कारण होता है। इसकी वजह से भी भोजन द्वारा एलर्जी से मिलते जुलते लक्षण पैदा हो सकते हैं। आमतौर पर शरीर में प्राकृतिक रसायन जिन्हें कि 'एन्ज़ाइम्स' कहते हैं, पाचन संस्थान में बनते रहते हैं जो कि स्टार्च, वसा, प्रोटीन्स व शूगर को शरीर द्वारा इस्तेमाल किया जाने वाले पदार्थों में विभाजित करते हैं। मालएब्जोरपशन सिंड्रोम में इन एन्जाइम्स की कमी हो जाती है जिसके कारण बच्चा कोई भी भोज्य पदार्थ पचा नहीं पाता। उदाहरण के लिए एक अवस्था जिसे कि 'सिलिएक डीज़ीज' कहते हैं, ग्लूटेन (गेहूं के अंदर पाया जाने वाला स्टार्च) के पाचन में हस्तक्षेप करता है। ऐसे ही सिसटिक फाइब्रोसिस नामक बीमारी में वसा व प्रोटींस के पाचन में बाधा पड़ती है।

लक्षण एवं चिन्ह

पित्ती, एक्जीमा, नाक का बहना व दमा भी फूड एलर्जी के लक्षण हो सकते हैं। कई बार बच्चे के मल में रक्त नज़र आता है। यदि किसी

भोजन विशेष से पेट में मरोड़ व दस्त के लक्षण हों (उल्टी या उल्टी के बगैर) तो इसे भोज्य पदार्थ द्वारा एलर्जी समझा जा सकता है। यदि बच्चा बहुत सारे भोज्य पदार्थ न पचा पा रहा हो तो मालएब्जोरपशन सिंड्रोम का शक किया जा सकता है।

चिकित्सा

डॉक्टर फूड एलर्जी या मालएब्जोरपशन सिंड्रोम का पता बच्चे के आहार में परिवर्तन कर, मल में रक्त, वसा व स्टार्च की उपस्थिति की जाँच कर, पाचन एन्जाइम्स का विश्लेषण, आँत की परत की बायोप्सी जाँच, शूगर टालरेंस टेस्ट, पसीने की जाँच व छाती के एक्सरे द्वारा लगाते हैं। बच्चे की आहार नियंत्रण व पाचन एंजाइम द्वारा चिकित्सा की जाती है।

होम्योपैथिक चिकित्सा

भोज्य पदार्थों की एलर्जी के कारण हुए दस्त व पेट में मरोड़

बंदगोभी से – *ब्रायोनिया, पेट्रोलियम*

अत्यधिक ठंडे पेय पदार्थ, बर्फ से – *एकोनाइट आर्स, ब्रायो*

कॉफी से – *साइक्लेमन*

अँडे से – *चायना आर्स*

तली चीजों से – *पल्स*

फलों से – *सिनकोना, आर्स, पल्स, जिंज़ीबर*

दूध से – *एथूजा, मेगकार्ब, मेगम्यूर*

मीठे भोजन से – *आर्जेंटम, गेंम्बोजिया*

गंदे पानी से – *आलस्टोन, कैम्फर, ज़िंजीबर*

मीट से – *पल्स, एंटिम क्रूड*

देखें 'संबंधित विषयों' की होम्योपैथिक चिकित्सा।

—:::::::—

विषाक्त भोजन (Food Poisoning)

तुरंत जानकारी के लिए

लक्षण

- उल्टियाँ
- पेट में मरोड़
- दस्त
- बुखार का होना या न होना।

घर पर चिकित्सा

- पहले बच्चे की उल्टियाँ रोकने का प्रयत्न कीजिए। उसे सिर्फ पीने के लिए तरल पदार्थ दें।
- उल्टी के रूकते ही दस्तों की चिकित्सा कीजिए। बच्चे को ठोस आहार खाने को न दें। विशेषकर रफेज (फुजला) युक्त भोजन, फल (सेब व केले को छोड़कर) सब्जियां, मक्खन व फैटीमीट बच्चे को खाने को न दें।
- बच्चे को दूध भी न दें।
- बच्चे को पीने के लिए काफी मात्रा में तरल पदार्थ दें जैसे कि चाय, पानी व इक्ट्रोलाइट मिक्सचर, ओ०आर०एस० (जीवन रक्षक घोल) इत्यादि।

सावधानियां

- बच्चे के लंच बॉक्स में ऐसा आहार न रखें जिसे कि ठंडे तापमान (फ्रिंज) में रखने की आवश्यकता होती है।
- उल्टी व दस्त लगने पर बच्चे को काफी मात्रा में तरल पदार्थ पीने को दें अन्यथा डीहाइड्रेशन होने का डर रहता है।

- बच्चे को डायरिया (दस्त) रोकने की दवायें न दें।
- जिस बच्चे को दस्त व उल्टी हो रही हो उस बच्चे को नवजात शिशु से दूर रखें।
- मल में रक्त मिला होने पर, तेज बुखार, अत्यधिक कमजोरी व तेज एवं लंबे समय तक दस्त (2-3 दिन से अधिक) होने पर डॉक्टर से सम्पर्क आवश्यक है।

संबंधित विषय

* बोटूलिज्म	* शरीर में पानी की कमी
* दस्त	* पेचिश
* पेट में दर्द	* उल्टियां

'फूड पोइजनिंग' विषाक्त या दूषित भोजन के कारण आमाशय व आँतों में जीवाणुओं अथवा भोजन में उपस्थित विषाक्त रसायनों के कारण होती है। 'स्टेफाइलोकोकाई' नामक जीवाणु जो बॉइल व एम्पीटीगो का भी कारण होता है, फूड पोइजनिंग करता है। भोजन को तैयार करते वक्त यह जीवाणु उसमें पैदा हो जाता है। इस भोजन को यदि सही प्रकार से फ्रिज इत्यादि में न रखा गया हो तो कुछ ही घंटों में यह जीवाणु विभाजित होकर अपनी संख्या बढ़ा लेते हैं और इनके द्वारा छोड़ा गया विष भोजन को विषाक्त कर देता है। यह जीवाणु अक्सर पेस्ट्री या अन्य स्टार्च युक्त पदार्थ जिन्हें कि ठंडा कर इस्तेमाल किया जाता है जैसे कि सलाद, ठंडा चिकन, जिलेटिन युक्त हैम या बीफ, फैंटी हुई क्रीम व कस्टर्ड इत्यादि में ज्यादा तेजी से पनपते हैं। स्टैफ जीवाणुओं द्वारा दूषित भोजन में न तो बद्‌बू ही होती है और न ही इसका स्वाद बदलता है। इसलिये भोजन को देखकर व खाकर इस जीवाणु की उपस्थिति का पता ही नहीं लगता।

स्टैफ के अतिरिक्त अन्य कई प्रकार के जीवाणु भी हल्की सी पोइजनिंग का कारण हो सकते हैं। दो अन्य गंभीर समस्याएँ डायसेंट्री व बोटूलिज्म भी फूड जोइजनिंग जैसे लक्षण पैदा करते हैं।

लक्षण एवं चिन्ह

दूषित भोजन करने के एक से 6 घंटे के अंदर ही पेट में मरोड़ व दस्त शुरू हो जाते हैं। बच्चे को बुखार भी हो सकता है। लक्षण 12 से 24 घंटों तक रहते हैं।

अक्सर जब बहुत सारे लोग एक ही प्रकार का भोजन करने के पश्चात कुछ ही घंटों के भीतर एक के बाद एक बीमार होते जाते हैं तो वह फूड पोइजनिंग कहलाता है। फूड पोइजनिंग आमतौर पर पिकनिक, पार्टी या बाहर रेस्टोरेंट अथवा होटल में खाना खाने के पश्चात हो सकता है क्योंकि ऐसे में खाना पहले से ही तैयार कर यदि भली भांति संग्रहित न किया जाये तो वह विषाक्त हो सकता है।

चिकित्सा

बच्चे की हालत ज्यादा खराब होने पर अस्पताल में भर्ती कर इन्ट्रावेनस फ्लूइड दिये जाते हैं। खाये गये भोजन के नमूने की भी जांच की जाती है।

होम्योपैथिक चिकित्सा

आर्स, कार्बोवेज, पल्स

दस्तों के साथ – *आर्स, पल्स*

गैस के साथ – *कार्बोवेज*

मितली/उल्टी के साथ – *आर्स*

मछली से – *कार्बोवेज़, पल्स*

मीट से – *आर्स, कार्बोवेज, पल्स*

—:::::::—

बोटूलिज्म (Botulism)

तुरंत जानकारी के लिए

लक्षण

- उबकाई
- उल्टियाँ
- दस्त व पेट में दर्द
- दो वस्तुएं दिखाई देना
- आँख की पुतलियों का फैल जाना
- बोलने, निगलने व साँस लेने में दिक्कत
- लकवा (पेरालिसिस)

घर पर चिकित्सा

- बोटूलिज्म एक घातक बीमारी है और लक्षण देखते ही तुरंत अस्पताल जाना चाहिए।

बच्चे को फ्रिज में रखा भोजन भली प्रकार गर्म करने के पश्चात् ही खाने को दें।

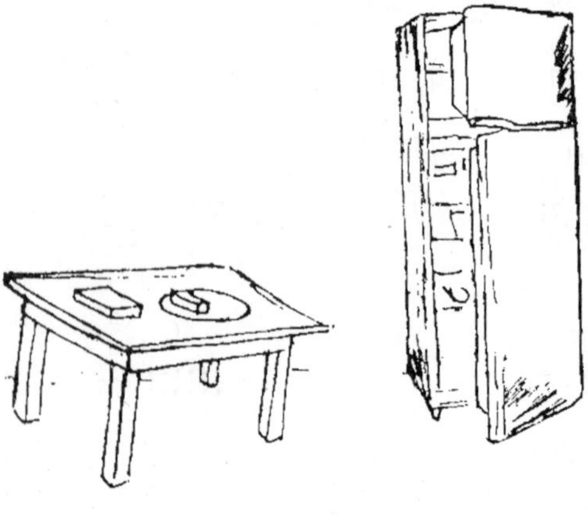

सावधानियां

- बच्चों को कभी बगैर धुले हुए, कच्चे, बगैर छिले हुए फल या सब्जियां अथवा ठीक प्रकार से ना पका हुआ भोज्य पदार्थ और शहद ना दें।
- जंग लगे हुए डिब्बों का भोजन भी इस्तेमाल ना करें।
- डिब्बा बंद पदार्थों को खाने से पहले भली भाँति गर्म करें। 82° सें॰ पर 10 मिनट तक की गर्मी से बोटूलिज्म को पैदा करने वाले जीवाणुओं का जहर समाप्त हो जाता है।
- ध्यान रहे कि बोटूलिज्म के जीवाणुओं द्वारा दूषित भोज्य पदार्थ का रंग स्वाद व गंध सामान्य भोजन जैसी ही होती है।
- घर में किसी भी खाद्य पदार्थ को संरक्षित करने से पहले उसे अच्छी तरह स्ट्रलाइज़ कर लेना चाहिए।

संबंधित विषय

* शरीर में पानी की कमी
* दस्त
* पेचिश
* भोज्य पदार्थों से विषाक्ता
* उल्टियाँ

बोटूलिज्म एक विशेष प्रकार की फूड पॉइजनिंग होती है जो कि 'क्लोकस्ट्रीडियम बोटूलिज्म' नामक जीवाणुओं के जहर द्वारा होती है। ये टेट्नस के जीवाणुओं की भाँति सभी जगह मौजूद रहते हैं। ये जीवाणु ऑक्सीजन रहित वातावरण जैसे कि एअरटाइट बर्तन जो कि स्ट्रलाइज ना किये गये हों, उनके अंदर आसानी से पनप सकते हैं। परंतु 10 गिनट तक 82 सें॰ के ताप पर ये नष्ट हो जाते हैं। डब्बा बंद पदार्थों को खाने से पहले यदि ठीक प्रकार गर्म ना किया गया हो तो बोटूलिज्म

पॉइजनिंग हो सकती है। इसमें समुद्री खाद्य पदार्थ, मशरूम, मीट व सब्जियों जैसे भोज्य पदार्थ हैं जिन्हें कि डिब्बा बंद किया जाता है। कई बार बहुत छोटे बच्चों को शहद देने से भी इस प्रकार की पॉइजनिंग हो जाती है। इसलिए कभी भी बच्चों को बिना शुद्ध (स्टरलाइज़) किया हुआ शहद ना दें। कभी कभी ऐसा भी देखा जाता है कि बच्चों की आंत में ये जीवाणु पैदा हो जाते हैं और बच्चे के शरीर के अंदर एक खतरनाक टॉक्सिन (विष) फैला देते हैं।

लक्षण एवं चिन्ह

12 से 48 घंटों के अंदर ही सभी लक्षण जैसे कि उल्टियाँ, टट्टियां, पेट में दर्द, पुतलियों को फैलना, बोलने, निगलने व साँस लेने में दिक्कत पैदा हो जाती है। इसमे ना तो बुखार ही होता है और ना बेहोशी की अवस्था, पर अचानक ही बच्चे की मृत्यु हो सकती है। उपरोक्त लक्षण होने पर तुरंत डॉक्टर को दिखायें।

चिकित्सा

खाए गए तथा भोज्य पदार्थ, पेट के पदार्थों का अथवा मल का परीक्षण कर इस टॉक्सिन की पहचान की जाती है। इस टॉक्सिन को प्रभावरहित करने के लिए एंटीटॉक्सिन इन्जैक्शन का प्रयोग किया जाता है। पेट की पूरी तरह सफाई की जाती है।

—::::::::—

यकृत शोथ हिपेटाइटिस (Hepatitis)

तुरंत जानकारी के लिए

लक्षण

- भूख में कमी
- उबकाई व उल्टियाँ
- पेट के ऊपरी भाग में दर्द
- पीलिया-(पीली त्वचा), आँखों के सफेद भाग का पीला पड़ना गहरा पीला मूत्र, हल्के रंग का मल।
- बुखार
- सिर दर्द
- सारे शरीर में बेचैनी।

घर पर चिकित्सा

- बच्चे को अन्य लोगों से अलग रखें।
- निदान हो जाने के पश्चात डॉक्टर जिस प्रकार विश्राम, कम वसा युक्त आहार व तरल पदार्थों के प्रयोग को कहे तदानुसार किया जाना चाहिए।

सावधानियां

- हिपेटाइटिस का निदान व चिकित्सा डॉक्टर द्वारा ही की जानी चाहिये।
- बच्चा या परिवार के सभी सदस्य यदि हिपेटाइटिस के सम्पर्क में आये हों तो तुरंत बचाव के लिए वैक्सीन जरूरी है।

- हिपेटाइटिस 'बी' काफी संक्रामक है इसलिए बच्चे को अलग रखें व बीमारी से बचाव के लिए अच्छी व स्वस्थ रखने वाली आदतों को अपनाएँ।
- हिपेटाइटिस 'ए' दूषित पानी व भोजन जैसे कि शैलफिश आदि से फैल सकता है।
- गर्भवती महिला हिपेटाइटिस 'बी' का संक्रमण अपने गर्भ में पल रहे बच्चे को दे सकती है।

संबंधित विषय

* जोड़ों में दर्द
* पीलिया
* दाने (रैश)

हिपेटाइटिस यकृत में होने वाला एक प्रकार का संक्रमण है। दो वायरसों के कारण हिपेटाइटिस होता है। हिपेटाइटिस 'ए' वायरस (विषाणु) इन्फैक्शियस हिपेटाइटिस व हिपेटाइटिस 'बी' विषाणु सिरम हिपेटाइटिस के रोग का कारण होते हैं। इन्फैक्शन मोनोन्युक्लिओसिस रोग की जटिलता स्वरूप भी हिपेटाइटिस हो सकता है। हिपेटाइटिस के कारण यकृत में कई तरह की जटिलतायें हो सकती हैं।

हिपेटाइटिस 'ए' पीड़ित व्यक्ति के मल व रक्त के सम्पर्क में आने से फैलता है। दूषित पानी व भोजन द्वारा भी यह वायरस फैल सकता है। वायरस से सम्पर्क होने के पश्चात 15 से 45 दिन के अंदर लक्षण पैदा होते हैं। रोगी पीलिया की शुरूआत से 3 हफ्ते पहले व पीलिया के खत्म होने के एक हफ्ते पश्चात तक रोग फैला सकने में सक्षम होता है।

हिपेटाइटिस 'बी' दो में से किसी एक तरीके द्वारा फैल सकता है या तो मुँह का निकट सम्पर्क या फिर पीड़ित अथवा कैरियर (जिस व्यक्ति में बीमारी के लक्षण न हों परंतु वायरस उपस्थिति हों) के रक्त

से सम्पर्क। यह अक्सर रक्त ट्रांसफ्यूजन द्वारा व दूषित सुई द्वारा इन्जैक्शन लगाने पर (जैसे कि नशा करने या गुदवाने पर) भी फैल सकता है। गर्भवती महिला के गर्भ में पल रहे बच्चे को भी संक्रमण हो सकता है। वायरस से सम्पर्क के बाद लक्षण नजर आने तक 6 हफ्तों से 6 महीनों तक का समय लग सकता है। इन्क्यूबेशन पीरियड (विषाणुओं से सम्पर्क के बाद लक्षण शुरू होने तक का समय) में भी यह वायरस संक्रमण फैला सकता है, इसके भी लक्षण हिपेटाइटिस 'ए' के समान होते हैं पर धीमी गति से व हल्के रूप में उभरते हैं। जोड़ों का दर्द (आर्थ्राइटिस) व दाने निकलना इसकी आम जटिलताओं में शामिल है।

लक्षण एवं चिन्ह

शुरू के लक्षणों में बुखार, शरीर में बेचैनी, सिर दर्द व कभी कभी जुकाम के लक्षण सामने आते हैं। इस रोग के महत्त्वपूर्ण लक्षण हैं – भूख में अत्यधिक कमी (यह अक्सर उबकाई, उल्टियों व पेट में दर्द का साथ होता है।) व पीलिया (त्वचा में पीलापान, आँखों के सफेद भाग का पीला पड़ना, गहरे पीले रंग का मूत्र व हल्के रंग का अथवा सफेद रंग का मल)। पीलिया दो से चार हफ्तों तक रहता है जिसके तदुपरांत रोगी को अत्यधिक कमजोरी महसूस होती है। यकृत भी अक्सर बढ़ जाता है व उसे छूने में रोगी दर्द महसूस करता है। 'ए' या 'बी' प्रकार का पता डॉक्टर ही रक्त जाँच द्वारा कर पाते हैं।

चिकित्सा

कई बार चिकित्सा के लिए बच्चे को अस्पताल में दाखिल किया जाता है। हिपेटाइटिस 'बी' कब तक संक्रामक है अब इसका पता भी जाँचों द्वारा कर पाना संभव है।

होम्योपेथिक चिकित्सा

यकृत के बायें भाग में सूजन, साँस लेने, हिलने डुलने व छूने पर दर्द, जलन, मितली, खाँसी के साथ पेट के ऊपरी दाहिने भाग में दर्द–*ब्रायोनिया*

यकृत का बढ़ना, लीवर में पीठ के पिछले भाग तक चुभन वाला दर्द, लीवर में सूजन, दायें कंधे के निचले भाग में दर्द, पीलिया–*चेलीडोनियम*

मुँह का कडुवा स्वाद, प्यास भूख न लगना, रात के वक्त हरे रंग की उल्टी, पेट में मरोड़ के साथ सफेद अथवा सलेटी रंग का मल–*मर्क*

कब्ज व दस्त, सख्त मल, दस्त लगने पर गहरे पीले रंग का मल, त्वचा का नम होना, पेट में भारीपन–*कार्डुअसमेरीनस*

–:::::::–

पीलिया (Jaundice)

तुरंत जानकारी के लिए

लक्षण

- त्वचा का पीला पड़ना
- आँखों के सफेद भाग का पीला रंग

घर पर चिकित्सा

- जन्म के पश्चात पहले हफ्ते से शिशु में ध्यान से पीलिए के लक्षण खोजें। यदि लक्षण नजर आयें तो डॉक्टर से सम्पर्क करें।
- बड़े बच्चे को पीलिया होने पर डॉक्टर से निदान करवा फिर घर पर ही चिकित्सा दें।

आँखों के सफेद भाग का पीला पड़ना पीलिया को दर्शाता है।

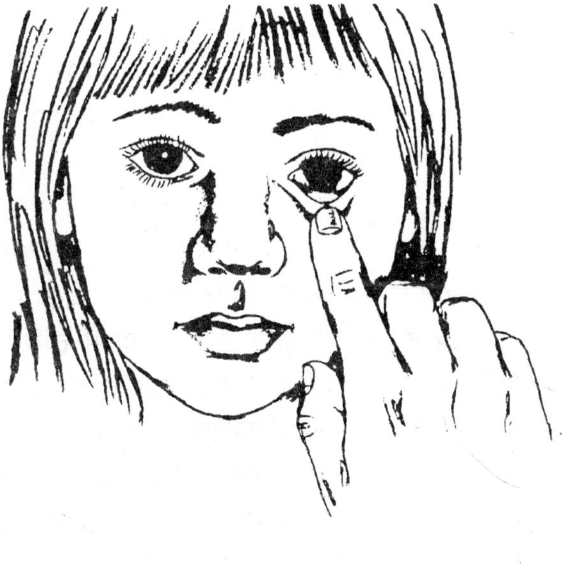

सावधानियां

- जन्म के पश्चात 24 घंटों के भीतर पैदा होने वाला पीलिया अक्सर सामान्य नहीं होता। हां पहले हफ्ते में यदि पीलिया के लक्षण नजर आयें तो वह सामान्य ही होता है।
- पीलिया के साथ यदि बच्चे को बुखार हो जाये और बच्चा खाना पीना छोड़ दे, तो तुरंत डॉक्टर से सम्पर्क करें।
- किसी दवा के कारण यदि पीलिया हो रहा हो तो दवा का इस्तेमाल न करने पर वह स्वयं ठीक हो जाता है।
- अन्य कारणों से पैदा हुए पीलिया में डॉक्टर की राय, जाँच व निदान आवश्यक है।

संबंधित विषय

* रक्त में कमी
* हिपेटाइटिस

यकृत में बनने वाला बिलीरूबीन पदार्थ पित्त में मिलता है, यही पित्त आँतों में पहुंचता है, यदि लीवर (यकृत) में कोई खराबी हो या लीवर ठीक तरह से कार्य नहीं कर रहा हो तो बिलीरूबीन शरीर में इकट्ठा होता जाता है इसी कारण पीलिया 'जॉन्डिस' का रोग होता है। जब लाल रक्त कणिकाएँ तेजी से नष्ट होती है, (सिकल सैल या अन्य प्रकार के एनीमिया में) यकृत बिलीरूबीन को बाइल में परिवर्तन न कर पाये, या बाइल, बाइल डक्ट के द्वारा आँतों में न पहुँच पाये (उदाहरण के लिए बाइल डक्ट की पथरी, सिस्ट या किसी विकृति के कारण बंद हो) तब पीलिया की उत्पत्ति होती है। पीलिया में त्वचा का रंग व आँखों का सफेद भाग बिलीरूबीन के जमा होने के कारण पीला पड़ जाता है।

लगभग 60 प्रतिशत नवजात शिशुओं में व 80 प्रतिशत समय से पहले जन्मे बच्चों में जीवन के प्रथम सप्ताह में पीलिया देखने को मिलता है, परंतु यह एक सामान्य बात है। यह स्वस्थ बच्चों में भी तेजी

से लाल रक्त कणिकाओं के नष्ट होने पर पैदा हो सकता है। इस प्रकार का पीलिया जन्म के बाद बच्चे में दूसरे या तीसरे दिन नज़र आता है और पांच से दस दिन के भीतर स्वयं ठीक हो जाता है और इस प्रकार का पीलिया आमतौर पर किसी प्रकार का नुकसान नहीं पहुँचाता परंतु इसे किसी अन्य असामान्य कारण से पैदा हुए पीलिया से भिन्न कर पाना मुश्किल होता है।

नवजात शिशुओं में रक्त विषाक्ता (ब्लड् पॉइजनिंग) और 'इरेथ्रोब्लास्टोसिस फिटेलिस' के कारण असामान्य पीलिया हो सकता है। ब्लड्पॉइजनिंग में नवजात शिशु में जीवाणु या विषाणु के संक्रमण द्वारा यकृत के नष्ट होने पर लाल रक्त कणिकाएं तेजी से टूटती हैं और इस कारण पीलिया पैदा हो जाता है। इरेथ्रोब्लास्टोसिस फिटेलिस में बच्चे का रक्त मां के रक्त से नहीं मिलता। यह आर एच फैक्टर जिसमें कि मां का रक्त आर॰एच॰ नेगेटिव व बच्चे का पॉजिटिव हो, एबीओ फैक्टर जिसमें मां का रक्त 'ओ' ग्रुप व बच्चे का 'ए' या 'बी' हो या फिर किसी अन्य ब्लड् फैक्टर के कारण ऐसा रक्त का न मिलना देखा जाता है। रक्त में भिन्नता होने पर मां के रक्त में एंटीबॉडीज़ बनने लगती हैं जो कि बच्चे की लाल रक्त कणिकाओं को नष्ट कर देती हैं और इस कारण पीलिया हो जाता है। नवजात शिशु में कई प्रकार के एनीमिया, हिपेटाइटिस व जर्मन मीज़ल्स के कारण भी पीलिया हो सकता है परंतु ऐसा बहुत कम देखने में आता है।

बच्चे के पूरे शरीर में किसी प्रकार के संक्रमण की किसी दवा के दुष्प्रभाव व जहर के कारण भी पीलिया हो सकता है। किंतु ऐसा बहुत कम होता है। एक महीने की उम्र से बड़े बच्चे में पीलिया होने का कारण आमतौर पर हिपेटाइटिस होता है जिसमें कि यकृत की कोशिकाओं के नष्ट होने के कारण बाइल के बनने की क्रिया में बाधा पड़ती है।

नवजात शिशुओं में इरेथ्रोब्लास्टोसिस फिटेलिस व रक्त विषाक्ता के कारण हुआ पीलिया घातक होता है, यदि इसकी तुरंत चिकित्सा न की जाये।

लक्षण एवं चिन्ह

इस अवस्था का पता त्वचा के पीले रंग और आँखों के सफेद भाग के पीले पड़ने से लगता है। इस पीलेपन का सही अंदाजा लगाने के लिए बच्चे को प्राकृतिक रोशनी में देखना चाहिए (कृत्रिम रोशनी से पीले रंग का सही अनुमान नहीं लगा सकते हैं)। पीलिया के लक्षण मिलते ही तुरंत डॉक्टर को दिखाना आवश्यक है।

पीलिया के बढ़ने पर पेशाब का रंग गहरा पीला या संतरी हो जाता है।

चिकित्सा

जिस बच्चे में पीलिया का शक हो उसकी रक्त जांच कर बिलीरूबीन की मात्रा का पता लगाना आवश्यक है।

नवजात शिशु को कई बार अल्ट्रावोइलेट लाइट में रख बिलीरूबीन की मात्रा घटाई जाती है। गंभीर रूप होने पर शिशु का रक्त भी बदला जाता है।

होम्योपैथिक चिकित्सा

चेलीडानियम मेजस – बच्चों में होने वाले पीलिया में यह दवा अच्छा काम करती है इसके अतिरिक्त **चायना** भी दी जाती है। यदि वह दवायें काम न करें तो **लाइकोपोडियम** या **नेट्रमसल्फ** दवा दें।

औजारों की सहायता से बच्चा हुआ हो और उसके सिर में यदि थोड़ी बहुत चोट आई हो तो **नेट्रमसल्फ** अच्छा काम करती है।

—:::::::—

व्रर्ण (Ulcer)

तुरंत जानकारी के लिए

लक्षण

- पेट में दर्द
- उल्टियाँ
- रक्त मिश्रित मल

घर पर चिकित्सा

- अल्सर की शिकायत होने पर बच्चे को घर में आप सिर्फ मुँह द्वारा कोई भी एटांसिड खाने को दे सकते हैं।
- बच्चे को डॉक्टरी राय के अनुसार ही चिकित्सा दें।

सावधानियां

- आमतौर पर अल्सर की वजह से बच्चे पेट दर्द की शिकायत नहीं करते।
- अक्सर वह बच्चे जिनके परिवार में काफी समस्याएं रहती हैं अल्सर से ग्रस्त हो सकते हैं।
- यदि बच्चा तनाव में है तो उसके पेट में दर्द की शिकायत अल्सर की वजह से न होकर तनाव की वजह से हो सकती है।
- यदि परिवार में एक से ज्यादा व्यक्ति अल्सर से पीड़ित हैं तो अल्सर का कारण वशांनुगत न होकर तनाव ही होता है।
- काले रंग का मल केवल मल में रक्त मिले रहने के कारण ही नहीं होता अपितु भोजन में लौह तत्व (आयरन) रहने से भी हो सकता है।

संबंधित विषय

* रक्त की कमी
* रक्त विषाक्ता
* जलना
* मेनिनजाइटिस
* पेट में दर्द

अल्सर यानि वर्ण बड़ों की अपोक्षाकृत बच्चों में कम पाया जाता है, परंतु ऐसा नहीं है कि बच्चों में होता ही नहीं, यहाँ तक कि नवजात शिशु में भी अल्सर की शिकायत हो सकती है। बड़ों की भाँति बच्चों में भी अल्सर आमाशय में व ड्योडिनम (छोटी आंत के ऊपरी भाग) में हो सकता है। सच तो यह है कि ड्योडिनल अल्सर आमाशय के अल्सर के मुकाबले 5 गुना अधिक पाया जाता है।

पारिवारिक तनाव व मतभेदों के बीच पल रहे बच्चों में अल्सर की शिकायत ज्यादा देखने को मिलती है। कई बार अल्सर स्टीरोइड् दवाओं के लंबे इस्तेमाल की वजह से या फिर अत्यधिक जल जाने पर, मस्तिष्क की कोई बीमारी होने पर या मेनिनजाइटिस जैसे इन्फैक्शन की वजह से अथवा रक्त के दूषित होने पर भी हो सकता है।

लक्षण एवं चिन्ह

बड़े बच्चों में अल्सर की शिकायत होने पर वह खाना खाने से पहले या रात में पेट के ऊपरी भाग में दर्द की शिकायत करते हैं और यह दर्द खाना खा
ने के बाद ठीक हो जाता है। छोटे बच्चों में अल्सर की वजह से नाभि के आस पास के भागों में दर्द होता है। यह दर्द आता जाता रहता है और खाना खाने से बढ़ता है। बच्चों में लाल अथवा भूरे रंग की खून की उल्टी हो सकती है या काले रंग का रक्त मिश्रित पाखाना हो सकता

होता। अल्सर का निदान करने के लिए पेट के ऊपरी भाग की एक्सरे जांच जरूरी है परंतु कभी कभी एंडोस्कोपी की भी आवश्यकता पड़ सकती है जिसमें कि भोजन नली के अंदर एक प्रकार का औजार मुँह के रास्ते डाला जाता है और आमाशय को देखा जाता है।

चिकित्सा

बच्चे की शारीरिक जांच व पेट का एक्स रे करवाया जाता है। बच्चे के मल की जांच भी आवश्यक है ताकि मल में खून का पता लग सके। बच्चे के रक्त की भी जांच की जानी चाहिए ताकि शरीर में रक्त की कमी का पता लग सके। डॉक्टर की राय अनुसार बच्चे के भोजन में भी परिवर्तन किया जाना चाहिए। अक्सर तली-भुनी चीज़ें, कैफीन युक्त पेय पदार्थ जैसे चाय, कॉफी तथा एस्प्रीन दवा का इस्तेमाल या जिस दवा के यौगिक में यह दवा मिली हो उस दवा को बंद करना चाहिए। साथ ही तनाव भी कम किया जाना चाहिए। अल्सर की चिकित्सा के दौरान अक्सर जलन कम करने वाली दवायें जैसे कि एंटासिड्स व पेट में ऐंठन कम करने वाली दवायें दी जाती है।

होम्योपैथिक चिकित्सा

विशेषज्ञ की राय पर व निदान के पश्चात ही दवायें दें।

आर्जेंटम नाइट्रिकम, आर्स, एट्रोपिन, जिरेनियन मेक, हाइड्रोस्टिस, काली बाइक, मर्क कोर, आरिन्थो, फोसफोरस, यूरेनियम नाइट्रेट, ग्रेफाइटिस–*गेस्ट्रिक अल्सर*

एनाकार्डियम, काली बाइ, सिम्फाइटम, नक्स वोमिका, यूरेनियम नाइट्रेट–*ड्योडिनल अल्सर*

—:::::::—

उल्टियाँ (Vomiting)

तुरंत जानकारी के लिए

लक्षण

- आमाशय के पदार्थों का तेजी से मुँह द्वारा बाहर निकलना।

घर पर चिकित्सा

- ठोस भोज्य पदार्थ, दूध व एस्प्रिन दवा उल्टियों को बढ़ा देती है; इसलिए उल्टियाँ होने पर इनका प्रयोग न करें।
- बच्चे को ठंडा बर्फ का पानी, कार्बोनेटेड पेय (कोला, लिम्का इत्यादि), चाय, सेब का रस अथवा इलैक्ट्रोलाइट मिक्सचर पीने को दिये जा सकते हैं।
- यदि आपको यह नहीं पता लगे कि बच्चा किस वजह से उल्टी कर रहा है और उल्टियों के साथ साथ पेट में दर्द, बुखार व सिरदर्द हो तो डॉक्टर से सम्पर्क करें।

चाय, शर्बत, शिंक्जवी व फलों का रस बच्चे को पीने को दें।

सावधानियां

- लगातार व ज्यादा उल्टियाँ बच्चे में डीहाइड्रेशन (पानी की कमी) पैदा कर सकती हैं जो कि शिशु के लिए खतरनाक होती है।
- यदि उल्टियाँ व टट्टियाँ एक साथ लगी हों तो पहले उल्टियों पर काबू पाने की कोशिश कीजिए।
- पेट में दर्द यदि उल्टियों के साथ हों तो एपेंडिसाइटिस का शक किया जाना चाहिए।
- कुछ फिनाथायेजिन दवायें जो बड़ों को उल्टियाँ रोकने के लिए दी जाती हैं, वे बच्चों में घातक दुष्प्रभाव डालती हैं, इसलिए ऐसी दवाओं का प्रयोग स्वंय ना करें।
- यदि बच्चा कोई दवा ले रहा हो तो उल्टियाँ उस दवा के कार्य में विघ्न डालती हैं।

संबंधित विषय

* एपेंडिसाइटिस	* सिर दर्द
* कन्कशन	* पीलिया
* शरीर में पानी की कमी	* मेनिनजाइटिस
* दस्त	* वाहन रूग्णता
* एन्सेफ्लाइटिस	* पोइज़निंग
* भोज्य पदार्थों से एलर्जी	* पेट में दर्द
* आंत्रशोथ	* भोजननली में बाहरी वस्तु का अटकना

बाल्यकाल में उल्टियों की शिकायत अक्सर हो ही जाती है। परंतु कई बार अत्यधिक उल्टियाँ होने से बच्चे के शरीर में पानी की कमी हो सकती है या जो दवायें वह ले रहा है उनका असर नहीं हो पाता, ऐसी

अवस्थाओं में डॉक्टरी सलाह आवश्यक है।

ज्यादातर शिशु कई बार थोड़ा बहुत पदार्थ मुँह से निकाल देते हैं। पर यदि ऐसी उल्टी से बच्चे के वजन में कुछ फर्क न पड़ रहा हो तो यह उल्टी न तो खतरनाक है और न ही असामान्य। कई बार दूध का उचित फार्मूला न होना या कुछ प्रकार के भोजन उल्टियों का कारण होते हैं। पहले दो माह में शिशु को बलपूर्वक लगातार उल्टियाँ होना आमाशय के मुँह पर रूकावट (पालोरोस्पाज्म अथवा पायलोरिक स्टीनोसिस) की सूचक हैं।

बच्चों की पाचननली में वायरल इन्फैक्शन (गैस्ट्रोएंट्राईटिस या इन्टेसटाइनल फ्लू) या शरीर में कहीं भी वायरल इन्फैक्शन उल्टियों का कारण हो सकता है। कभी-कभी लेकिन कम पाये जाने वाले कारण हैं – मस्तिष्क में किसी प्रकार का विकार, विष का प्रभाव, एपंडिसाइटिस, अत्यधिक भावनात्मक तनाव, पीलिया, भोजन नली में कोई बाहरी वस्तु, पेट में चोट और यात्रा के दौरान इत्यादि।

लक्षण एवं चिन्ह

उल्टी स्वयं ही एक लक्षण है परंतु इसके कारण की जाँच अन्य मौजूद लक्षणों के आधार पर ही की जाती है।

चिकित्सा

पूर्ण शारीरिक जाँच द्वारा उल्टियों का कारण पता लगाना चाहिए। शरीर में पानी की कमी को देखते हुए आवश्यकता पड़ने पर अस्पताल में भी दाखिल किया जा सकता है।

होम्योपैथिक चिकित्सा

बच्चा दूध न पचा पाये, दूध पीते ही दही की भाँति उल्टियाँ, अत्यधिक कमजोरी, सुस्ती, चेहरे का पीला पड़ना व अत्यधिक पसीना, चेहरा मुर्झाना, बेचैनी, उल्टी के बाद पेट में दर्द–*एथूजा*

फूड पाइजनिंग (भोजन से विषाक्ता) पानी पेट में पहुँचने के पश्चात गर्म होते ही उल्टी, बच्चे को अत्यधिक प्यास व थोड़ी-थोड़ी मात्रा में ठंडापानी पीना–*आर्सेनिक एल्ब*

घबराहट व मानसिक उत्तेजना के साथ उल्टियाँ, उल्टी के पश्चात दौरा पड़ना, न रूक पाने वाली उल्टियाँ, ठंडे पानी की अत्यधिक प्यास–*बैलाडोना*

खट्टी उल्टियाँ, चॉक, कोयला व उबले अंडे खाने की अत्यधिक इच्छा, दूध की अनिच्छा, खट्टा सफेद मल, सिर पर अत्यधिक पसीना–*कल्क कार्ब*

पेट में गड़गड़ाहट के साथ फटे दूध की उल्टियाँ। बच्चे में से खट्टी सी दुर्गंध आना–*मेगकार्ब*

दूध पीने के पश्चात मितली व दही जैसी उल्टियाँ। उल्टियों के पश्चात बच्चा सो जाये। सफर के दौरान उल्टियाँ–*कोकुलस*

आंत्रशोथ, हैजा, अत्यधिक उल्टियाँ व टट्टियाँ–*वरेट्रम एल्ब*

कड़वी उल्टी – *इपीकाक*

पानी की भाँति – *आर्सेनिक*

पीली उल्टी – *फासफोरस, वरट्रेम एल्ब*

दस्तों के साथ – *आर्सेनिक, वरेट्रम*

खाँसी के साथ – *एंटिमटार्ट, ब्रायोनिया, इपीकाक*

गुस्से के कारण उल्टियाँ – *केमोमिला, नक्स*

आइसक्रीम से – *आर्सेनिक*

खसरे में – *एंटिमक्रूड*

मीट खाने पर – *आर्सेनिक*

सफर में – *टेबेकम, कोकुलस*

—:::::::—

धागा कृमि (Thread Worm)

तुरंत जानकारी के लिए

लक्षण

- गुदा स्थान पर जननांगों पर खुजली एवं जलन
- रात को बिस्तर पर पेशाब करना
- पेट में ऐंठन
- योनि व मूत्राशय में शोथ

घर पर चिकित्सा

- कीड़े मारने वाली दवा डाक्टर से परामर्श करने के पश्चात बच्चे को दें।
- बच्चे के नाखून भली भाँति काटकर साफ रखें।

सावधानियां

- यदि परिवार के किसी भी व्यक्ति को धागा कृमि हों तो सभी लोगों को (गर्भवती महिला व नवजात शिशु को छोड़कर) एक ही समय में कीड़े मारने की दवा का प्रयोग करना चाहिए।
- बच्चे के पेट में कीड़े हो गये हों तो पालतु कुत्ते अथवा बिल्ली को इसका दोषी नहीं समझना चाहिए क्योंकि इन जानवरों में यह कृमि नहीं पाया जाता।
- ध्यान रहे कि योनि व मूत्राशय में यदि जल्दी-जल्दी शोथ होता हो तो इसका कारण धागा कृमि भी हो सकता है।
- कीड़े मारने की दवा डॉक्टर की राय पर ही व बताई गई दवा ही लेनी चाहिए।

संबंधित विषय

- एपेंडिसाइटिस
- बिस्तर पर पेशाब करना
- पेट में दर्द
- मूत्रनली में संक्रमण
- योनि स्राव

धागा कृमि (थ्रैडवर्म) को केचुंए का चचेरा भाई कहा जाता है, यह सिर्फ मनुष्यों व बड़ी जाति के लंगूरों में पाया जाता है। एक परिपक्व कृमि आधे से एक संटीमिटर तक लंबा, सफेद रंग व सिलाई के धागे जितना मोटा होता है। यह कृमि मनुष्यों की बड़ी आंत में रहता है और रात के समय अंडे नंगी आँखों से देख पाना संभव नहीं होता। यह अंडे बच्चे के हाथ द्वारा मुंह तक, या जिन खिलौनों से वह खेलता है या जो भोजन खाता है, हाथ से खिलौने व भोजन तक अंडे पहुँच कर बच्चे के मुंह में चले जाते हैं। मुँह से अंडे पहुँचने के पश्चात अंडे में से लारवा निकलते हैं। 2 से 6 हफ्तों के भीतर लारवा परिपक्व कीड़ों में विकसित हो जाता है और अंडे देने में सक्षम होता है। इस तरह इस कृमि का चक्र चलता रहता है। यह कीड़े सफाई न रखने के कारण, हाथों द्वारा दूसरे बच्चों व वयस्कों तक भी पहुँच जाते हैं।

लक्षण एवं चिन्ह

धागा कृमि होने पर बच्चे में थोड़े बहुत ही लक्षण देखने को मिलते हैं। बच्चे रात के समय गुदा व जननागों में खुजली की शिकायत करता है। कई बार बच्चा अचानक ही बिस्तर पर पेशाब करना शुरू कर देता है। यदि काफी मात्रा में कृमि बढ़ जायें तो बच्चे के पेट में मरोड़ उठने लगती है।

इनके कारण एपेंडिसाइटिस का दर्द भी उठ सकता है (जबकि

ऐसा बहुत कम होता है)। कई बार यह कृमि लड़कियों में योनि व मूत्रनाल के सहारे मूत्राशय तक पहुँच कर मूत्राशय व योनि में सूजन पैदा कर देते हैं।

अक्सर रात के वक्त जब बच्चा सो रहा हो या सुबह सोकर उठा हो तब गुदा स्थान को देखने से कृमि रेंगते नजर आते हैं। परंतु रोशनी पड़ते ही यह वापिस गुदा के अंदर छिप जाते हैं, इसलिए शीघ्रता से जांचना आवश्यक है। कई बार बच्चे के मल में कृमि रेंगते नजर आते हैं।

चिकित्सा

कृमि जाँचने के लिए गुदा के स्थान पर साफ टेप चिपका कर उसे निकाल सूक्ष्मदर्शी के नीचे जांच करने पर कृमि के अंडे दिखाई देते हैं।

होम्योपैथिक चिकित्सा

धागा कृमि – *चीलोन, सिना, मर्क डल, मर्क सोल, संटोनिन*

धागा कृमि, बच्चा दांत किटकिटाये, गुदा स्थान पर खुजली विशेषकर रात के समय–*कल्क फ्लोर*

इस दवा का मदरटिंक्चर 10 बूंद आधा कप पानी में मिलाकर दिन में दो समय दें। यह सभी प्रकार के कीड़ों के लिए उपयोगी रहता है–*चीलोन*

बच्चे में रक्त की कमी कीड़ों के कारण–*फेरम फॉस*

जीभ पर सफेद मैल की परत, गुदा स्थान पर अत्यधिक खुजली–*काली म्यूर*

अत्यधिक चिड़चिड़ा बच्चा, भिन्न-भिन्न वस्तुओं की मांग, मिलने पर ठुकराना, अत्यधिक भूख, फिर भी चेहरा पीला पड़ना व आँखों के नीचे काले घेरे, मीठी चीजें खाने की इच्छा, पेट में दर्द, पिन कृमि, हुक वर्म, सभी प्रकार के कीड़ों के लिए उपयोगी–*सिना*

नाक खुजलाना, पेट खराब रहना, भूख न लगना, मांसपेशियों का फड़कना, नींद में बेचैनी, बिस्तर पर पेशाब करना, गोल कृमि व धागा कृमि के लिए उपयोगी दवा है–*सेंटोनिन*

गुदा स्थान पर लगातार खुजली व बेचैनी, गुदा के अंदर सुरसुराहट, बिस्तर पर पेशाब करना गोल कृमि व चपटे कीड़ों में उपयोगी है–*ट्यूक्रियम*

गोल कृमि व बाईं तरफ सिर का दर्द–*स्पाइजेलिया*

फिलिक्स मांस टिक्चर की 10 बूंद आधा कप पानी में मिलाकर दिन में दो बार दें। पेट में दर्द व पेट का फूलना, टट्टियाँ व उल्टियाँ, कीड़ों के कारण पेट में दर्द, मीठी चीजें खाने पर दर्द बढ़े। फीता कृमि के लिए भी अच्छी दवा है।

—:::::::—

हर्निया (Hernia)

तुरंत जानकारी के लिए

लक्षण

इनमें से किसी स्थान पर उभार :-

- उरूसंधि (ग्रोइन) के एकदम ऊपर या नीचे,
- नाभि के एकदम ऊपर या नीचे,
- नाभि पर।

घर पर चिकित्सा

- यदि आपको ऊपर लिखे विशेष स्थानों पर हर्निया का शक हो तो डॉक्टर से परामर्श करें।

सावधानियां

- 'स्ट्रेंगुलेटेड हर्निया' एक आपात्तकालीन स्थिति है और इसे तुरंत ही कुछ घंटों में शल्य चिकित्सा द्वारा ठीक किया जाना चाहिए। हर्निया के स्ट्रेंगुलेटेड होने के चिन्ह : स्थान पर सूजन, भयंकर दर्द, ऊबकाई, उल्टियाँ अत्यधिक कमजोरी व बेहोशी। इन लक्षणों के होने पर तुरंत ही बच्चे को अस्पताल ले जायें।
- पेटी (बैल्ट) या पट्टी बांध कर हर्निया को दबाने की कोशिश बेकार, नुकसान दायक व खतरनाक हो सकती है।
- अंबलाईकल हर्निया में पट्टा बाँधने पर कोई विशेष फायदा नहीं पहुंचता।

संबंधित विषय

* वृषणों का स्थान पर से हटना
* वृषणों का घूम जाना

हर्निया तब पैदा होता है जब शरीर के अंगों को ढकने वाली परत को छेद कर ऊतक बाहर की तरफ निकल जाते हैं, जैसे कि गाड़ियों के टायर में छिद्र होने पर अंदर की ट्यूब बाहर की तरफ निकल जाती है। बच्चों में कई प्रकार के हर्निया हो सकते हैं।

बच्चे में आमतौर पर पाया जाने वाला हर्निया है – 'इनडायरेक्ट इनग्वाइनल हर्निया' जो कि जन्म के समय पर भी हो सकता है परंतु नजर नहीं आता। इस प्रकार का हर्निया बच्चे की उम्र थोड़ी बढ़ जाने के पश्चात ही नजर आता है। यह हर्निया जांघ व पेट के बीच के भाग उरूसंधि (ग्रोइन) के मध्य में उभर आता है। फिर यह बढ़ता हुआ लड़कों में अंडकोषों की तरफ पहुंच जाता है। यह उभार थैलीनुमा आकार का, पेरीटोनियम (पेट के अंदरूनी अंगों को ढ़कने वाली परत) से बना होता है। इस के अंदर छोटी आंत का हिस्सा अथवा आंत के ऊपर की परत का भाग पाया जाता है। कभी कभार इसके अंदर बड़ी आंत का भाग, मूत्राशय व अंडाशय का भाग भी देखा जाता है।

बच्चों में कभी कभार 'फीमोरल हर्निया' भी देखा जाता है जो कि उरूसंधि के नीचे होता है। कभी-कभी पेट की मध्य रेखा में नाभि के ऊपर या नीचे भी हर्निया हो सकता है जिसे की 'वेंट्रल हर्निया' के नाम से जाना जाता है। नवजात शिशुओं में 'अंबलाईकल हर्निया' भी देखा जाता है जो कि नाभि के ऊपर ही होता है। यह पूर्ण रूप में हर्निया नहीं होता क्योंकि इसमें 'सैक' नहीं होता और यह बच्चे के पांच वर्ष की उम्र तक स्वयं ठीक भी हो जाता है।

लक्षण एवं चिन्ह

हर्निया का महत्वपूर्ण लक्षण है – विशेष स्थान पर उभार जैसे कि उरूसंधि के ऊपर, लड़कों के अंडकोष में, लड़कियों में बाहरी योनिफलक में, नाभि पर या नाभि के ऊपर व नीचे।

इन स्थानों में मौजूद हर्निया के सैक को यदि दबाकर, उसके अंदर के भागों को वापिस पेट के अंदर डाला जा सके तो इन्हें 'सिंपल हर्निया' कहा जाता है। यदि हर्निया के सैक को कम न किया जा सके इसे 'इनकारसरेटेड हर्निया' कहते हैं। ये दोनों प्रकार के हर्निया किसी तरह का दर्द व बेचैनी पैदा नहीं करते, इनकी वजह से कभी हल्का सा भारीपन महसूस हो सकता है। यदि हार्निया के अंदर उपस्थिति भागों में रक्त का पहुंचना किसी कारणवश रूक जाये तो इसे 'स्ट्रेंगुलेटेड हर्निया' के नाम से जाना जाता है। इसमें बच्चे को भयंकर दर्द व सूजन हो सकती है।

चिकित्सा

अंबलाईकल हर्निया को छोड़कर अन्य सभी को शल्य चिकित्सा द्वारा ठीक किया जाता है। अंबलाईकल हर्निया अक्सर स्वयं ही ठीक हो जाता है। चूंकि उरूसंधि में होने वाले हर्निया केवल एक तरफ ही नजर आ रहा होता है पर शल्य चिकित्सक दोनों ही तरफ के हर्निया की चिकित्सा करते हैं।

होम्योपैथिक चिकित्सा

उरूसंधि (इनग्वाइनल) का हर्निया – *लाइकोपोडियम, नक्स वोम*

दाईं तरफ – *लाइको*

बाईं तरफ – *नक्स*

नाभि पर (अंबलाईकल) हर्निया – *ब्रायोनिया, केल्क कार्ब*

कारण कब्ज हो तो – *नक्स वोम*

—:::::::—

मूत्रनली में संक्रमण (Urinary Tract Infection)

तुरंत जानकारी के लिए

लक्षण

- बार-बार, न रूक पाने वाले दर्द के साथ पेशाब आना
- मूत्र का टपकना
- बिस्तर पर पेशाब निकल जाना
- पेशाब न रोक पाना
- असामान्य मूत्र
- बुखार, पेट व कमर में दर्द
- लंबे समय से दस्तों की शिकायत व उल्टी
- बाहरी जननांगों में लाली

घर पर चिकित्सा

- बच्चे को घर पर चिकित्सा देने की कोशिश न करें। कोई भी लक्षण होने पर डाक्टर को दिखायें।

सावधानियां

- मूत्रनली में इन्फैक्शन (यू॰टी॰आई॰) लड़कों की अपेक्षा लड़कियों में दस गुना अधिक पाया जाता है।
- घर में यू॰टी॰आई॰ का इलाज करने पर यह रोग धीरे-धीरे क्रॉनिक (जीर्ण) बन जाता है।
- कई बार इस इन्फैक्शन की वजह से सिर्फ बुखार होता है और कोई भी लक्षण नजर नहीं आता।

- पेशाब का नमूना लेते वक्त ध्यान रखें कि बीच का पेशाब इकट्ठा करें।
- बहुत छोटे बच्चे में यू॰टी॰आई॰ होने पर छिपे कारण की जाँच अवश्य की जानी चाहिए।

संबंधित विषय

* बिस्तर पर पेशाब करना
* कब्ज
* दस्त
* बुखार
* गुर्दों का शोथ
* पेट में दर्द
* योनि स्राव

मूत्र नली का इन्फैक्शन (यू॰टी॰आई॰) बचपन में आमतौर पर होने वाला रोग है और यह लड़कों की अपेक्षा लड़कियों में 10 गुना अधिक देखने को मिलता है। किशोरी बनने से पहले लगभग 5 प्रतिशत लड़कियों में यह रोग एक या इससे अधिक बार अवश्य देखने में आता है।

एक वर्ष से कम उम्र के बच्चों को छोड़कर अक्सर बच्चों में किसी भी शारीरिक विकार के बिना यह रोग पैदा हो सकता है। जबकि 5 प्रतिशत लड़कियों व 50 प्रतिशत लड़कों में यू॰टी॰आई॰ शारीरिक विकृति के कारण जो कि मूत्र नली में होती है कि वजह से होता है। इसके फल-स्वरूप मूत्र के प्रवाह में अधूरी या पूरी तरह से रूकावट हो जाती है। ज्यादातर यू॰टी॰आई॰ जीवाणुओं जैसे कि ई॰ कोलाई की वजह से होता है जो कि अन्य भागों में इन्फैक्शन पैदा नहीं कर सकते। ई॰ कोलाई जीवाणु बच्चों व वयस्कों की आँतों में बिना नुकसान पहुंचाये रहते हैं पर जैसे ही ये मूत्र मार्ग में पहुँचते हैं इन्फैक्शन पैदा कर देते हैं। इसके अतिरिक्त यू॰टी॰आई॰ के अन्य कारण लड़कियों की योनि में सूजन, मूत्राशय व मूत्र मार्ग में किसी बाहरी वस्तु की वजह या फिर जटिल कब्ज होते हैं।

मूत्र मार्ग कई सारी नलिकाओं के जोड़ों से बनता है, इसलिए इन्फैक्शन शीघ्र ही एक भाग से दूसरे भागों में फैल जाता है और इसी कारण से कि इन्फैक्शन गुर्दों, (पाइलोनैफराइटिस व पायलाइटिस), मूत्राश्य (सिस्टाइटिस) अथवा मूत्रनली में है, (यूरेथराइटिस) यह अंतर जानना बड़ा मुश्किल हो जाता है।

लक्षण एवं चिन्ह

मूत्र नली के इन्फैक्शन में या तो कोई भी लक्षण नहीं होते (साइलेंट यू०टी०आई०) या फिर कई प्रकार के लक्षण होते हैं जैसे कि बार-बार मूत्र त्यागने की इच्छा होना, दर्द के साथ पेशाब आना, मूत्र का टपकना, बिस्तर पर पेशाब करना, पेशाब रोक न पाना, दुर्गंध युक्त, रक्तमिश्रित मूत्र, बुखार, पेट या कमर में दर्द, उल्टियाँ, लंबे समय तक दस्त व बाहरी जननांगों में लाली इत्यादि। यदि इस इन्फैक्शन का इलाज न किया जाए तो लक्षण कुछ दिनों या हफ्तों के अंदर ठीक हो जाते हैं परंतु कुछ समय बाद फिर उभर कर सामने आ जाते हैं।

यू०टी०आई० का निदान शारीरिक जाँच व पेशाब की जाँच पर निर्भर करता है। लड़कों में इस बीमारी का निदान करते समय मूत्रमार्ग में रूकावट का पता लगाया जाना चाहिए परंतु लड़कियों में यदि दो तीन बार यू०टी०आई० हो जाये या एक बार इन्फैक्शन होने पर दवायें असर न कर रही हों तो छिपे कारण को ढूँढना चाहिए। शिशुओं में चाहे वह लड़का हो या लड़की इन्फैक्शन होने पर कारण की जाँच तुरंत की जानी चाहिए।

चिकित्सा

चिकित्सा के दौरान बच्चे की पूरा शारीरिक जाँचें व मूत्र की जाँच सबसे पहले की जाती है। साथ ही ब्लड्प्रैशर भी चैक किया जाना चाहिए। मूत्र जाँच में यदि इन्फैक्शन निकले तो आमतौर पर एंटीबायोटिक्स दिये जाते हैं। बच्चे के ठीक हो जाने पर दुबारा से मूत्र जाँच की जाती है।

एक बार बच्चे का इन्फैक्शन ठीक हो जाने के पश्चात किसी प्रकार की शारीरिक विकृति का पता लगाने के लिए एक्सरे से जाँच की जाती है। कई बार मूत्राशय व मूत्रनली की जांच भी आवश्यक होती है। यदि मूत्रमार्ग में कोई रूकावट हो तो ऑपरेशन (शल्यचिकित्सा) द्वारा इसे सुधारा जाता है।

होम्योपैथिक चिकित्सा

बच्चा मूत्र त्यागते वक्त दर्द से चिल्लाये, बेचैन बच्चा, मूत्र गर्म, लाल अथवा दर्द के साथ, अचानक तेज बुखार–*एकोनाइट*

पेशाब करते वक्त जलन, बच्चा रात में दर्द व जलन के कारण चिल्लाये, मूत्र का आखिरी बूंद अत्यधिक जलन व दर्द के साथ–*एपिस*

बार-बार मूत्र त्यागने की इच्छा, बूंद-बूंद कर मूत्र आना, मूत्र त्यागने से पहले, त्यागने के वक्त व बाद में अत्यधिक दर्द–*केंथेरिस*

बिस्तर पर पेशाब निकलना, बार बार मूत्र त्यागने की इच्छा, जलन–*इक्वीसेटम*

मूत्र का टपकना, मूत्र की आखिरी बूंद त्यागते वक़्त दर्द, म्यूकस के साथ–*सारसेपेरिला*

बियर के रंग का मूत्र–*सल्फर*

जलन के साथ – *नक्स, सल्फर, केंथेरिस*

अत्यधिक मूत्र – *पल्स*

गहरा भूरा रंग – *सीपिया*

हरा रंग – *मर्क कोर, सेरसेपेरिला*

लाल रंग – *केंथेरिस*

कम मूत्र – *केंथेरिस*

–::::::–

बिस्तर पर पेशाब करना (Bed Wetting)

तुरंत जानकारी के लिए

लक्षण

- 5 वर्ष की आयु उपरांत भी बिस्तर पर पेशाब करना।

घर पर चिकित्सा

- किसी बीमारी की वजह से तो बच्चा पेशाब नहीं कर रहा है यह जानने के लिए डॉक्टरी परामर्श आवश्यक है।
- यदि कोई शारीरिक रोग नहीं है तो धैर्य, शांति व समझदारी से काम लेना चाहिए।
- बच्चे के नीचे रबड़ या प्लास्टिक की शीट्स बिछायें।

सावधानियां

- यदि सामान्य बच्चा अचानक बिस्तर पर पेशाब करना शुरू कर दे तो किसी शारीरिक बीमारी की वजह से ऐसा हो सकता है।
- बच्चे को बिस्तर पर पेशाब करने के लिए डाँटना-फटकारना नहीं चाहिए।

- इसके लिए कभी भी बच्चे को शर्मिंदा ना करें।
- कई बार यह छोटी सी समस्या आपके गुस्सा करने व तनाव की वजह से उग्रता धारण कर सकती है, इसका हमेशा ध्यान रखना चाहिए।

संबंधित विषय

* मधुमेह
* मूत्रनली का संक्रमण

लगभग 10 प्रतिशत बच्चे 5 वर्ष की आयु के ऊपर भी बिस्तर गीला कर देते हैं। किसी भी उम्र के बच्चे का अचानक ही बिस्तर पर पेशाब करना, किसी भी बीमारी की वजह से या फिर थकावट भरी नींद की वजह से हो सकता है। पर यह अवस्था बीमारी के ठीक होने पर स्वयं ठीक हो जाती है।

बिस्तर गीला करने वालों में 5 से 10 प्रतिशत बच्चे किसी बीमारी जैसे कि मूत्रनली की कोई बीमारी या इन्फैक्शन, मधुमेह या न्यूरोलोजिकल समस्या की वजह से बिस्तर गीला करते हैं।

कुछ बच्चे जिनके माता-पिता या अन्य भाई-बहिन भी लंबी उम्र तक बिस्तर गीला करते रहे हैं इस बीमारी का शिकार रहते हैं। कई बार ज्यादा समझाने पर भी बच्चा बिस्तर पर पेशाब कर देता है। इस बीमारी का कोई विशेष कारण तो मालूम नहीं पर अक्सर भावनात्मक तनाव ग्रस्त बच्चों में यह बीमारी अधिक देखने को मिलती है।

चिकित्सा

बच्चे का भली भाँति पूर्ण शारीरिक निरीक्षण व परीक्षण किया जाना चाहिए ताकि शारीरिक बीमारी का पता लग सके। कई बार सोने से पहले बच्चे को तनाव कम करने वाली दवायें भी दी जाती हैं पर इनका प्रयोग अधिकतर निरर्थक ही रहता है और इस तरह की दवाओं का प्रयोग बच्चों के लिए ठीक भी नहीं होता।

होम्योपैथिक चिकित्सा

दुर्गंध युक्त, भूरे रंग का मूत्र, बच्चा हर पल गोद में ही रहना चाहता हो–*बेन्जोइक एसिड*

मूत्रनली में कोई इन्फैक्शन हो, मूत्र में फोसफेट्स अधिक हों–*बेलाडोना*

मूत्र त्यागने का स्वप्न देखते ही नींद के पहले चरण में बिस्तर पर पेशाब निकलना–*क्रिओजोट*

मूत्राशय की मांसपेशियों पर सही नियंत्रण न रख पाना, नींद के पहले चरण में ही पेशाब निकल जाना–*कास्टिकम*

इस दवा का एक चम्मच गर्म पानी में मिलाकर बच्चे को पिलायें–*इक्वीसेटम (टिंक्चर)*

इसकी अतिरिक्त, *सीपिया, सल्फर* इत्यादि भी दिये जाते हैं।

बच्चे के पेट में कीड़े हों और बच्चा बिस्तर पर पेशाब करता हो–*साइलेशिया*

–:::::::–

सूजाक (Gonorrhoea)

तुरंत जानकारी के लिए

लक्षण

लड़कों में

- मूत्र त्यागे वक्त जलन
- लिंग से स्राव

लड़कियों में

- योनि स्राव
- पेट में दर्द
- लड़कियों में गोनोरिया अक्सर लक्षण रहित होता है।

घर पर चिकित्सा

- गोनोरिया का निदान व चिकित्सा डॉक्टर ही करते हैं।
- इस रोग से बचाव का सबसे अच्छा तरीका है कि अपने बच्चे को उपयुक्त व आवश्यक यौन शिक्षा दें।

सावधानियां

- ध्यान रहे कि यौन रोग गोनोरिया किशोर लड़के व लड़कियों को भी यौन संबंध रखने पर हो सकता है।
- यौन अत्याचारों से पीड़ित बच्चे भी इस रोग से ग्रस्त हो जाते हैं।
- गोनोरिया से पीड़ित मां प्रसूति के वक्त गर्भनाल द्वारा यह इन्फैक्शन अपने नवजात शिशु को पहुँचा सकती है।

- लड़कियों में लक्षण रहित होने पर यदि इस रोग का निदान व इलाज न हो पाये तो लड़कियों में बाँझपन हो सकता है।

संबंधित विषय

* गला खराब होना
* योनि स्राव

गोनोरिया का रोग एक ऐसा संक्रमण है जो कि गोनोकोकस नामक जीवाणु द्वारा ही होता है और यौन संबंधों द्वारा फैलता है।

जब एंटीबायोटिक्स दवाओं के बारे में जानकारी नहीं थी तब नवजात जन्मे शिशुओं को गोनोरिया संक्रमित मां के गर्भ से जन्म लेने के पश्चात आँखों में गोनोरिया इन्फैक्शन हो जाता था जिसके फलस्वरूप वो अंधे हो जाते थे। अब बच्चों की आँख में सिल्वर नाइट्रेट डालने व एंटीबायोटिक्स का इस्तेमाल करने पर अंधेपन से बचाव हो जाता है।

आजकल किशोर लड़कों व लड़कियों में यौन संबंध स्थापित हो जाने पर गोनोरिया का खतरा अधिक रहता है, यह एक प्रकार का यौन रोग है।

आजकल गोनोकोकस जीवाणु द्वारा एक अन्य रोग उन किशोरों व छोटे बच्चों में भी देखने में आता है जो यौन अत्याचार का शिकार होते हैं। इसमें गला खराब होना और गुदा में संक्रमण जैसे लक्षण होते हैं, कभी कभी बुखार भी हो सकता है। गला खराब रहने पर आम होने वाली कल्चर जाँच में इस जीवाणु का पता नहीं लग पाता इसलिये बच्चे का पूरी तरह से इलाज नहीं होता और रोग शरीर में पनपता रहता है।

लक्षण एवं चिन्ह

लड़कों में गनोरिया होने पर पेशाब में जलन व लिंग से पीब जैसा स्राव निकलता है। लड़कियों में योनिस्राव व पेट में दर्द हो सकता है। परंतु अक्सर लड़कियों में यह रोग लक्षण रहित होता है।

बिना लक्षणों के रोगी का निदान चतुराई व सचेत रहने पर ही किया जा सकता है।

चिकित्सा

विशेष कल्चर द्वारा ही इस रोग के जीवाणुओं का पता लग सकता है। आजकल बढ़िया व नये एंटीबायोटिक्स द्वारा इलाज संभव है।

—:::::::—

खतना/मुसलमानी करना (Circumcision)

तुरंत जानकारी के लिए

लक्षण

- लिंग की अग्र त्वचा को आगे से काट देना
- मूत्र त्यागने के लिए छोटा द्वार
- खिंची हुई त्वचा आगे न आ पाये।

घर पर चिकित्सा

- कटे हुई भाग को साफ पट्टी के टुकड़े द्वारा पेट्रोलियम जैली लगाकर ढ़क दें, जब तक कि घाव न भरें।
- घाव भरने से पहले पानी द्वारा न धोयें।

सावधानियां

- कुछ बूँदों से ज्यादा रक्तस्राव होने पर डॉक्टर को दिखायें
- इन्फैक्शन के कोई भी लक्षण जैसे कि लाली, सूजन या पीब पड़ जाये तो डॉक्टरी परामर्श लें।
- बच्चे को नहलाते वक्त लिंग की न कटी त्वचा को हटाकर लिंग के उग्रभाग (ग्लांस) को अच्छी तरह साफ करें।
- लड़का यदि विकृत लिंग वाला जन्मा हो तो उसकी मुसलमानी नहीं की जानी चाहिए।

सर्कमसीजन में लिंग के अग्रभाग की त्वचा को काट दिया जाता है। धार्मिक कारणों व शास्त्र पद्धति के अनुसार कुछ एक जातियों में यह प्रथा ज़ारी है।

अक्सर नवजात लड़कों में लिंग के ऊपर की त्वचा का अग्रभाग खुला रहता है जो कि लिंग के आग्रेम भाग ग्लाँस को ढ़के रहता है। प्राकृतिक

मार्ग इतना बड़ा होता है कि लिंग का मूत्र द्वार खुला रहे। परंतु एक अवस्था जिसे 'फिमोसिस' कहते हैं उसमें छिद्र इतना भी खुला नहीं रहता कि त्वचा को पीछे हटाया जा सके और लिंग के अग्रिम भाग ग्लॉस को नहाते वक्त अच्छी तरह साफ किया जा सके। इससे त्वचा के नीचे मोम की भाँति एक पदार्थ जमा होता रहता है जिसे की 'स्मेग्मा' कहते हैं। इसे साफ करना अति आवश्यक है। ऐसी अवस्था में डॉक्टर इसे हल्का सा काटकर पीछे हटा देते हैं। कई बार खींच कर पीछे हटाने से वह त्वचा वहीं रह जाती है, आगे की तरफ नहीं आ सकती तब यह एक तरह का सख्त बंधन बन जाता है जो कि ग्लांस तक आने वाले रक्त को भी रोक देता है। इसे 'पेराफिमोसिस' के नाम से जाना जाता है।

लक्षण एवं चिन्ह

सर्कमसीजन की आवश्यकता तब होती है जब कि बच्चे के लिंग के अगले भाग का मार्ग त्वचा से ढ़का हो या बहुत छोटा हो। पेराफिमोसिस को भी तुरंत काटकर ठीक किया जाना चाहिए।

चिकित्सा

सर्कमसीजन किसी जानकार धार्मिक नेता या फिर डॉक्टर द्वारा ही करवाना चाहिए। इसके बाद यदि इन्फैक्शन हो जाए तो पूरी तरह चिकित्सा की जानी चाहिए।

होम्योपैथिक चिकित्सा

बच्चा आघात (शॉक) की स्थिति में हो – *आर्निका*

गंभीर आघात (शॉक) की स्थिति – *एकोनाइट, स्टेफिसेग्रिया*

बच्चा रात में नींद में उठकर चीखे – *स्ट्रेमोनियम*

उन्माद की स्थिति – *इग्नेशिया*

घाव को भरने के लिए केलेन्डुला मलहम लगायें घाव में संक्रमण होने पर – *हिपर सल्फ, साइलीशिया*

—:::::::—

योनि से रक्तस्राव (Vaginal Bleeding)

तुरंत जानकारी के लिए

लक्षण

- वह रक्तस्राव जो सामान्य मासिक चक्र से हटकर हो

घर पर चिकित्सा

- बच्चे को पेशाब करते वक्त जलन हो, तो टब में पानी भरकर उसमें बच्चे को बिठा कर मूत्र त्याग करवाना चाहिए।
- रक्तस्राव यदि हल्की चोट या कटने की वजह से हुआ हो तो घर पर चिकित्सा की जा सकती है। अन्य किसी भी प्रकार का योनि रक्तस्राव होने पर डॉक्टरी राय आवश्यक होती है।

सावधानियां

- यदि लड़की नौ या दस वर्ष से छोटी आयु की हो, उसकी स्तन बढ़ोतरी चाहे हुई हो या न हो और उसकी योनि से रक्तस्राव हो रहा हो तो डॉक्टर को दिखाना आवश्यक है।
- यदि सैक्स संबंधी किसी प्रकार की छेड़छाड़ की वजह से रक्तस्राव हुआ हो तो तुरंत ही डॉक्टर को दिखाना चाहिए।
- लड़कियों में जन्म के पश्चात दो हफ्ते के भीतर योनि से रक्तस्राव हो सकता है।

संबंधित विषय

* चोट
* योनिस्राव

लड़कियों में जन्म के पश्चात पहले दो हफ्तों के भीतर योनि से रक्तस्राव हो सकता है, यह अक्सर लड़कियों में जन्म के बाद माँ के हारमोन्स की कमी की वजह से होता है। योनि से रक्तस्राव होने का मुख्य कारण हालाँकि मासिक धर्म होता है जो कि अक्सर 9 वर्ष से 17 वर्ष की आयु के बीच कभी भी शुरू हो सकता है। इसे किशोरावस्था (प्यूबर्टी) की शुरूआत माना जाता है। कई बार किशोरावस्था 9 वर्ष की आयु से पहले 5-6 वर्ष की आयु में भी शुरू हो सकती है और "प्रीकोंशियस प्यूबर्टी" (अकाल प्रौढ़ता) के नाम से जाना जाता है। इन दोनों अवस्थाओं में चाहे वह सामान्य मासिक धर्म हो या फिर प्रीकोंशियस प्यूबर्टी, पहला मासिक स्राव स्तनों के विकास के पश्चात ही होगा।

जिन लड़कियों में स्तन की बढ़ोतरी के बगैर रक्तस्राव हो तो यह अक्सर चोट की वजह से होता है। योनि भाग में घाव चाहे वह बड़ा ही क्यों न हो बगैर संक्रमण व निशान के जल्द ही ठीक हो जाता है।

योनि से रक्तस्राव होने के कम पाये जाने वाले कारण हैं–

योनि में सूजन, योनि में कोई बाहरी वस्तु, यूरेथरा (मूत्रनाल) की परत का अपने स्थान पर से हटना और योनि अथवा गर्भाशय में गाँठ (ट्यूमर) का होना इत्यादि।

लक्षण एवं चिन्ह

इसका लक्षण अथवा चिन्ह सामने ही नजर आ जाता है परंतु निदान के लिए योनि भाग की जाँच आवश्यक होती है। जाँच के दौरान यह पता लगाना चाहिए कि रक्त योनि द्वार से, मूत्र द्वार से या फिर आसपास के ऊत्तकों में चोट की वजह से या गुदा से आ रहा है।

चिकित्सा

इसकी चिकित्सा रक्तस्राव के कारण पर निर्भर करती हैं। योनि भाग व गुदा की जाँच द्वारा योनि से रक्तस्राव का कारण पता लगाना आवश्यक है। कई बार कूल्हे की एक्सरे जाँच भी की जाती है। यदि मूत्र नाल की परतें नीचे की तरफ खिसक गई हों (प्रोलेप्स) तो शल्य चिकित्सा की आवश्यकता होती है।

होम्योपैथिक चिकित्सा

समय से पहले मासिक स्राव – *कल्क कार्ब, कल्क फॉस, चायना, सेबाइना।*

अन्य किसी कारण से रक्तस्राव होने पर होम्योपैथिक विशेषज्ञ की राय लें। 'देखें संबंधित विषय'।

—:::::::—

योनि स्राव (Vaginal Discharge)

तुरंत जानकारी के लिए

लक्षण

- पीब का जैसा, रक्तमिश्रित खुजलीवाला अथवा बद्बूदार स्राव।

घर पर चिकित्सा

- थ्रेड वर्म (धागा कृमि) या मूत्र मार्ग में इन्फैक्शन की जाँच कीजिए।
- अपने बच्चे को सूती कच्छे (पेंटीज) पहनने को दीजिए।
- सफाई के लिए किसी प्रकार की रसायन सामग्री इस्तेमाल न कीजिए।
- बच्चे को सिखाइये कि शौच व मूत्र त्यागने के बाद भली प्रकार उन स्थानों को साफ किया जाए।

सावधानियां

- नहाने के वक्त रसायनिक पदार्थों के इस्तेमाल की वजह से भी स्राव हो सकता है।
- जन्म के दो हफ्ते के दौरान व मासिक चक्र आरम्भ होने के दो वर्ष पहले से ही लड़कियों में स्राव हो सकता है। लेकिन यह स्राव बद्बूरहित और सुविधाजनक हो तो सामान्य ही माना जाता है।

संबंधित विषय

* सूजाक
* हरपीज़ सिम्पलैक्स
* धागा कृमि
* मूत्र नली का संक्रमण
* योनि से रक्त स्राव

योनि से जन्म के दो हफ्तों के दौरान या महीना अथवा मासिक शुरू होने से एक, दो वर्ष पहले म्यूकस (चिपचिपा लेस जैसा) स्राव होना सामान्य है। यह स्राव बहुत ज्यादा मात्रा में भी हो सकता है परंतु यह न तो खुजली या बैचेनी पैदा करता है और न ही दुर्गंध युक्त होता है।

ऐसा योनि का स्राव जो अंग के आसपास की त्वचा में खुजली, दर्द व बेचैनी पैदा करे या बद्‌बूदार हो तो वह असामान्य है। ऐसा स्राव कृत्रिम धागों से बने वस्त्र पहनने पर, नहाने के पानी में रसायनों के मिलाने से या शौच के बाद स्थान ठीक प्रकार से न साफ किए जाने पर हो सकता है। कई बार धागा कृमि (थ्रेडवर्म) मूत्रनाल का इन्फैक्शन, हस्तमैथुन, योनि में कोई बाहरी वस्तु अथवा गंदगी की वजह भी योनि स्राव का कारण बन सकते हैं। योनि में इन्फैक्शन (वैजीनाइटिस) जो कि जीवाणु, विषाणु या यीस्ट (फफूंद) की वजह से होता है, योनि स्राव को जन्म देते हैं।

लक्षण एवं चिन्ह

किशोरावस्था में होने वाला दुर्गंध रहित स्राव सामान्य होता है। परंतु यदि स्राव जननांगों में खुजली व जलन पैदा करता है या फिर पीब की भांति रक्त मिश्रित हो अथवा उसमें से दुर्गंध आती हो तो अवश्य ही कोई कारण होता है। अतः डॉक्टर द्वारा इसकी जाँच आवश्यक होती है।

चिकित्सा

आपका चिकित्सक या स्त्री रोग विशेषज्ञ पूरी जाँच करेगा (कई बार गुदा द्वार की जाँच भी की जाती है)। स्राव की कल्चर जाँच भी जरूरी है। साथ ही मूत्र जाँच भी की जानी चाहिए। कई बार कूल्हे की एक्सरे जाँच भी करवाई जाती है।

इस रोग की चिकित्सा बीमारी के कारण के ऊपर निर्भर करती है कि एंटीबायोटिक्स दिये जाएं या कीड़े मारने की दवा, फफूंद नष्ट करने की दवा अथवा हार्मोन्स की दवायें दी जाएं।

होम्योपैथिक चिकित्सा

छोटी बच्चियों में दूध के भाँति स्राव–*कल्क कार्ब*

कृमि (कीड़ों) के कारण योनि स्राव–*सिना*

क्यूबेबा, कोलोफाइलम, मर्क, सीपिया, पल्स, डॉक्टरी राय पर दें।

—:::::::—

वृषणों का ऐंठना (Torsion of Testis)

तुरंत जानकारी के लिए

लक्षण

- वृषणों में बढ़ता हुआ दर्द व सूजन
- अंडकोष की थैली (स्क्रोटम) की त्वचा के रंग में परिवर्तन
- मितली आना
- उल्टियाँ
- पेट के निचले भाग में दर्द
- बुखार।

घर पर चिकित्सा

- ऐसे में तुरंत ही आपात्त कालीन चिकित्सा की आवश्यकता होती है।

सावधानियां

- इस अवस्था में स्वयं घर पर चिकित्सा की कोशिश न कीजिए तुरंत ही बच्चे को डॉक्टर के पास ले जाएं।
- यदि टेसटिस के पास दर्द व सूजन बढ़ रही हो और वहां की त्वचा का रंग बदल जाए तो बच्चे को शीघ्र ही डॉक्टर के पास ले जाएं।
- जिस लड़के के वृषण थैली में न हो और पेट के निचले भाग अथवा ग्रोइन में दर्द हो तो टेसटिस के मुड़ने का शक किया जाना चाहिए।
- टेसटिस पर चोट या नील पड़ने के पश्चात दर्द बढ़ता जा रहा हो तब भी टॉर्शन का शक किया जाना चाहिए।
- टेसटिस के मुड़ने पर हर घंटा कीमती है इसलिए बिना समय नष्ट किए हुए शल्य चिकित्सा की जानी जरूरी होती है।

संबंधित विषय

* चोट लगना
* ग्रंथियों में सूजन
* हर्निया
* टेसटिस का स्थान पर न होना

बिना किसी कारण के ही लड़के की सेक्स ग्रंथि टेसटिस के मुड़ने पर उस जगह के रक्त का दौरा रूक सकता है। हालाँकि यह अवस्था उन लड़कों में अधिक देखने को मिलती है जिनके टेसटिस (वृषण) नीचे न उतरे हों, परंतु उन लड़कों में भी जिनके वृषण कोषों (थैली) में सामान्य रूप से पड़े रहें यह समस्या उत्पन्न हो सकती है। कई बार हल्की चोट के कारण भी ऐसा हो सकता है।

लक्षण एवं चिन्ह

मुड़े हुए टेसटिस (टेसटिस टॉर्शन) में सबसे पहले हल्की सूजन के साथ दर्द होता है। कुछ ही घंटों में इस स्थान पर अत्यधिक पीड़ा होने लगती है और सूजन भी बढ़ जाती है। वृषण व उसके आसपास की त्वचा का रंग बदल कर लाल अथवा नीला हो जाता है और बच्चे को मितली या उल्टियों के साथ पेट के निचले भागों में दर्द और बुखार हो जाता है।

उन वृषणों का घूमना (टॉर्शन) जो कि थैली के अंदर आ चुके हैं अन्य रोगों की आशंका भी पैदा कर सकता है जैसे कि इन्फैक्शन (ओर्काइटिस), स्ट्रैंगूलेटेड हर्निया, या थैली में नील पड़ना इत्यादि। उन वृषणों का टॉर्शन जो कि नीचे नहीं उतरी हों उनमें श्रोणि के भाग में हर्निया व लिंफ ग्लैंड का शक पैदा हो सकता है। पेट के निचले भाग में दर्द का लक्षण नीचे न उतरे हुए वृषणों के मुड़ने का शक पैदा करते हैं हालाँकि इसका निदान इस अवस्था में मुश्किल होता है।

कई बार अंडकोषों के एक भाग जिसे की टेसटिस की एपेंडिक्स कहते हैं मुड़ने पर भी इसी तरह के परंतु कम तीव्र लक्षण पैदा होते हैं। परंतु दोनों ही अवस्थाओं में शीघ्र चिकित्सा की आवश्यकता होती है।

चिकित्सा

डॉक्टर तुरंत ही शल्य चिकित्सा कर मुड़ी हुई टेसटिस को सीधा कर देते हैं और साथ ही इसे थैली (स्क्रोटम) से जोड़ देते हैं ताकि दुबारा यह स्थिति पैदा न हो सके।

यदि लक्षण पैदा होने के 24 घंटों के अंदर शल्य चिकित्सा न की जाये तो टेसटिस हमेशा के लिए नष्ट हो सकते हैं।

—:::::::—

वृषणों का सही स्थान पर ना होना

(Testis Undescended)

तुरंत जानकारी के लिए

लक्षण

✤ जन्म के समय अंडकोष की थैली (स्क्रोटम) में एक या दोनों ही टेसटिस (वृषणों) का न पाया जाना

घर पर चिकित्सा

❊ समय-समय पर बच्चे के अंडकोषों का निरीक्षण करते रहें। यदि टेसटिस जगह पर न मिले तो डॉक्टर से सम्पर्क करें।

सावधानियां

◆ नीचे अपने स्थान पर न उतरी हुई टेसटिस में चोट लगने, मुड़ने व कैंसर होने का भय रहता है।

◆ सात वर्ष की उम्र से पहले यदि इस अवस्था को शल्य चिकित्सा द्वारा ठीक न किया जाये तो शरीर के ताप से टेसटिस का हमेशा के लिए नष्ट होने का भय रहता है और यह अपना सामान्य कार्य-वीर्य बनाने में भी असमर्थ हो जाते हैं।

◆ अनडिसेंडेड टेसटिस व माइग्रेट्री अथवा रिट्रेक्टाइल टेसटिस के अंतर को जानना आवश्यक है क्योंकि रिट्रेक्टाइल टेसटिस स्वयं ठीक हो जाती है।

◆ अनडिसेंडेड टेसटिस का निदान डॉक्टर द्वारा ही करवाना चाहिए क्योंकि कभी-कभी हर्निया व सूजी हुई लिंफ ग्रंथि भी ऐसे ही

लक्षण एवं चिन्ह पैदा करते हैं।

- 4 से 7 वर्ष की आयु के बीच इस अवस्था को ठीक किया जाना आवश्यक है।

संबंधित विषय

* ग्रंथियों में सूजन
* हर्निया
* टेसटिस का मुड़ना

गर्भस्थ शिशु में सेक्स ग्रंथि दोनों वृषण (टेसटिस) गुर्दों के साथ ही पड़े रहते हैं। जन्म से पहले ही यह नीचे उतरकर अंडकोषों की थैली स्क्रोटम में आ जाती है। पूरे समय पश्चात, जन्म होने पर एक से 2 प्रतिशत व समय से पहले जन्मे लड़कों में 20 से 30 प्रतिशत एक या दोनों ही टेसटिस अपनी जगह पर नहीं पहुंच पाते, तब इसे 'अनडिसेंडेड टेसटिस' के नाम से जाना जाता है।

अनडिसेंडेड टेसटिस या अपने स्थान पर न उतरी हुई टेसटिस पेट या ग्रोइन (जांघ/उरू) में पड़ी रहती है। परंतु जन्म के कुछ महीनों या शुरू के वर्षों में यह वृषण उतरकर अपने स्थान पर पहुंच जाते हैं। परंतु हर एक में ऐसा नहीं हो सकता।

जो वृषण (टेसटिस) नीचे न उतरें हों उनमें चोट लगने, मुड़ने या कैंसर होने का भय रहता है। जब बच्चा 7 वर्ष की उम्र तक पहुँचता है और इस अवस्था को ठीक नहीं किया जाता है तो नीचे न उतरे हुए वृषण शरीर के ताप से नष्ट हो जाते हैं। वे सूख (एट्रोफी) जाते हैं और वीर्य बनाने की क्षमता खो बैठते हैं।

लक्षण एवं चिन्ह

जन्म के समय अंडकोष की थैली (स्क्रोटम) के अंदर एक या दोनों ही टेसटिस मौजूद नहीं होते, परंतु रिट्रेक्टाइल टेसटिस की अवस्था में भी

ऐसा हो सकता है जिसमें कि टेसटिस स्क्रोटम में आने के पश्चात खिंच कर ग्रोइन में चले जाते हैं। बच्चे की बढ़ोतरी होने पर यह अवस्था स्वयं ठीक होती जाती है। ग्रोइन में पड़ी अनडिसेंडेड टेसटिस हर्निया या स्वोलन लिंफनोड (सूजी हुई लिंफ ग्रंथि) का शक पैदा कर सकती है।

चिकित्सा

डॉक्टर भली भाँति बच्चे की जांच करते हैं। ज्यादातर 4 से 7 वर्ष की आयु के बीच शल्य चिकित्सा कर टेसटिस को नीचे स्क्रोटम में लाया जाता है।

—:::::::—

गुर्दे का शोथ (Nephritis)

तुरंत जानकारी के लिए

लक्षण

- मूत्र का रंग बदलना
- आँखों में सूजन
- सिर दर्द
- रक्त चाप का बढ़ना

घर पर चिकित्सा

- अक्सर नेफराइटिस का पता ही नहीं लग पाता परंतु यदि इन लक्षणों का जरा सा भी शक हो तो तुरंत डॉक्टरी जाँचें आवश्यक हैं।

आँखों के निचले भाग में सूजन

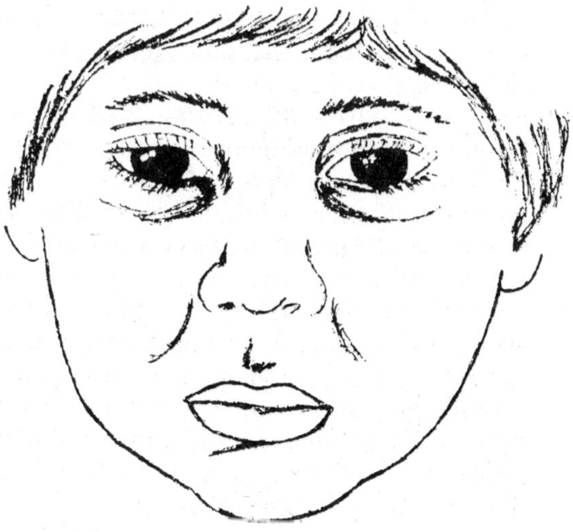

सावधानियां

- यदि बच्चे की आँख में सूजन हो और पेशाब की मात्रा कम अथवा गहरे रंग का मूत्र हो तो बच्चे में नेफराइटिस का शक किया जा सकता है।
- लक्षणों को ध्यान में रखते हुए यदि जरा सा भी शक हो तो तुरंत बच्चे को डॉक्टर के पास ले जाएं।
- अक्सर स्ट्रैप इन्फैक्शन के बाद ही नेफराइटिस होता है। यदि बच्चे का गला खराब अथवा इम्पीटिगो की चिकित्सा भी की जा रही हो तब भी नेफराइटिस के लक्षणों की तरफ ध्यान रखना जरूरी है।

संबंधित विषय

* उच्च रक्तचाप
* इम्पीटिगो
* स्ट्रैप थ्रोट
* मूत्रनली का संक्रमण

नेफराइटिस यानि गुर्दों में शोथ के कई कारण व कई प्रकार होते हैं परंतु बच्चों में अक्सर स्ट्रेप्टोकोकस नामक जीवाणु के संक्रमण के पश्चात जैसे कि गले में इन्फैक्शन, स्कार्लेट फीवर, स्ट्रैप इन्फैक्शन के कारण, इम्पीटिगो के बाद नेफराइटिस हो सकता है। स्ट्रैप संक्रमण के पश्चात एक से तीन हफ्तों बाद हल्के स्तर के नेफराइटिस के लक्षण पैदा होते हैं। अक्सर नेफराइटिस के लक्षण बिना चिकित्सा के ही ठीक भी हो जाते हैं। उनका पता ही नहीं लगता। कभी-कभी लक्षण काफी गंभीर व तीव्र होते हैं। अक्सर बच्चों में यह रोग स्वयं ठीक हो जाता है परंतु कुछ एक में जीर्ण गुर्दों के रोग भी जन्म ले लेते हैं।

लक्षण एवं चिन्ह

ज्यादातर बच्चों में नेफराइटिस का पहला लक्षण लाल-भूरे रंग का मूत्र या रक्त मिला मूत्र होता है। बच्चे की आँखों में सूजन और 38 या 39 सेंटीग्रेड का बुखार कुछ दिनों तक रह सकता है। गंभीर रूप होने पर तेज बुखार, सिर दर्द, उल्टियाँ, रक्तचाप का बढ़ जाना व दौरों, पेशाब आना जैसे लक्षण पैदा हो जाते हैं। मूत्र की जाँच पर रोग का निदान किया जाता है। नाक व गले के स्राव की जाँच करने पर स्ट्रैप इन्फैक्शन निदान को सही साबित करता है।

चिकित्सा

नेफराइटिस शक पैदा होने पर डॉक्टर ब्लड्प्रैशर की जांच करते हैं। गले की कल्चर जाँच व मूत्र तथा रक्त की जाँच भी की जाती है। एलोपैथिक चिकित्सा में बच्चों को कुछ दिन तक एंटबायोटिक्स दिये जाते हैं। रोग की तीव्र अवस्था में बच्चे को पूर्ण आराम की आवश्यकता होती है। रोग की गंभीर अवस्था में अस्पताल में भर्ती कर ब्लड्प्रैशर व दौरों पर नजर रखी जाती है। कुछ एक में लंबे समय तक दवायें दी जाती हैं।

होम्योपैथिक चिकित्सा

ऐसे रोगों की चिकित्सा के लिए होम्योपैथिक विशेषज्ञ की राय पर ही दवा देनी चाहिए।

एकोनाइट, एपिस, आर्सेनिक, बर्बेरिसवल्गा, केन सेटाइवा, केंथेरिस, चीमाफिला, हैलीबोरस, हिपर, काली क्लोर, मर्क सोल, फोसफोरस, स्कवीला, टेरीबिंथ, वेसीकेरिया, वरेट्रम एल्ब, कोक्स लिंफ, प्लमबम मेट, सोलिडेगो, बेंजोइक एसिड, कोपाइवा इत्यादि दवायें लक्षणों के आधार पर दी जाती हैं।

—:::::::—

जोड़ों का दर्द (Arthritis)

तुरंत जानकारी के लिए

लक्षण

- जोड़ों में सूजन व लाली
- जोड़ को हिलाने डुलाने में कठिनाई
- जोड़ को छूने में दर्द व गर्मी का अनुभव
- बुखार

घर पर चिकित्सा

- घर पर स्वयं चिकित्सा ना करें, डॉक्टरी परामर्श आवश्यक है।
- जब तक डाक्टर ना मिले कोई दर्द निवारक दे सकते हैं।
- प्रभावित जोड़ को आराम दें।

सावधानियां

- इन्फैक्शन की वजह से होने वाले आर्थराइटिस को तुरंत 24 घंटे के अंदर ही आपात्तकालीन चिकित्सा की आवश्यकता होती है, नहीं तो जोड़ हमेशा के लिए खराब हो सकता है।
- रह्योमेटोइड आर्थराइटिस/संधिवात में आपात्तकालीन चिकित्सा तो नहीं पर तुरंत चिकित्सा की आवश्यकता होती है।
- यदि बच्चे को लंबे समय से बुखार के साथ जोड़ों में दर्द व गर्दन में अकड़ाहट जैसे लक्षण हैं तो रह्योमेटोइड आर्थरायटिस हो सकता है।

संबंधित विषय

* बढ़ोतरी में होने वाले दर्द
* कूल्हे में तकलीफ
* घुटने में दर्द
* पंक्चर वूंडस
* मोच

आर्थरायटिस जोड़ या जोड़ों में एक तरह की सूजन (इन्फ्लेमेशन) होती है। इसके अंतर्गत हाथों व पाँवों की उँगलियों के जोड़, कलाई, टखना, कोहनी घुटने, कंधे, कूल्हे, जबड़े व रीढ़ की हड्डी के जोड़ प्रभावित हो सकते हैं। आमतौर पर बच्चों में छः तरह के आर्थ्रराइटिस देखने को मिलते हैं। रह्योमेटोइड आर्थरायटिस, तीव्र रह्योमेटिक ज्वर, इन्फैक्शियस आर्थरायटिस, एलर्जिक आर्थरायटिस, वायरस द्वारा इन्फैक्शन के बाद आर्थरायटिस और रूबेला द्वारा आर्थरायटिस।

रह्योमेटोइड आर्थरायटिस बच्चे को एक वर्ष की उम्र के बाद कभी भी हो सकता है। इससे एक या एक से ज्यादा जोड़ प्रभावित हो सकते हैं। जोड़ में सूजन, अकड़ाहट, गर्मी और हल्का या मध्यम दर्जे का दर्द हो सकता है। आमतौर पर जोड़ लाल नहीं होता। 50 प्रतिशत बच्चों में गर्दन भी प्रभावित हो सकती है। आर्थरायटिस अन्य लक्षण जैसे बुखार, चिड़चिड़ापन, भूख ना लगना तथा बारीक लाल रंग के दानों जैसे लक्षणों से महीनों पहले या बाद में कभी भी हो सकता है।

तीव्र रह्योमेटिक ज्वर के साथ होने वाले आर्थरायटिस में अक्सर काफी सारे जोड़ प्रभावित हो जाते हैं। उनमें सूजन, लाली व छूने में भयंकर दर्द होता है। बुखार के साथ अन्य आम बीमारी जैसे सभी लक्षण देखने को मिलते हैं।

इन्फैक्शियस आर्थरायटिस जोड़ों में भिन्न-भिन्न प्रकार के जीवाणुओं द्वारा इन्फैक्शन की वजह से होता है जैसे स्टेफाइलो, स्ट्रैप्टो,

न्यूमोकोकल और सालमोनेला इन्फैक्शन। इस प्रकार का आर्थरायटिस अक्सर एक वर्ष से कम आयु के बच्चों में देखने को मिलता है। बड़े बच्चों में जोड़ के पास कोई घाव हो तो इस प्रकार का आर्थरायटिस होने की संभावना होती है।

एलर्जिक आर्थरायटिस में जोड़ में अकड़ाहट, सूजन व लाली आ जाती है, पर दर्द हल्का होता है। ऐसी अवस्था किसी भी एलर्जी के कारण जैसे कि – कीड़े के काटने, दवा, भोजन या हवा द्वारा हो सकती है।

पोस्ट वायरल आर्थरायटिस किसी भी बीमारी जो कि वायरस से जुड़ी हो उसके बाद हो सकता है। इसके लक्षण आमतौर पर रह्योमेटोइड आर्थरायटिस जैसे होते हैं। इस प्रकार का आर्थरायटिस बिना चिकित्सा के स्वयं ही ठीक हो जाता है। आर्थरायटिस ऑफ रूबेला, रूबेला (जर्मन मीज़ल्स) की वजह से होने वाला आर्थरायटिस है। रूबेला वैक्सीन के दुष्प्रभाव से भी हो सकता है। बिना किसी चिकित्सा के इस प्रकार का आर्थरायटिस भी जोड़ को बिना नुकसान पहुँचाये स्वयं ठीक हो जाता है।

लक्षण एवं चिन्ह

जोड़ में दर्द या उसको हिलाने-डुलाने में कठिनाई हो तो आर्थरायटिस की संभावना हो सकती है, बशर्ते की जोड़ में कोई चोट ना लगी हो। ऐसे में डॉक्टर से परामर्श करना चाहिए।

चिकित्सा

आर्थरायटिस का प्रकार/किस्म जानने के लिए विभिन्न तरह की जाँचें की जाती हैं जैसे कि – एक्सरे, विशेष प्रकार की रक्त जाँचें, ब्लड कल्चर, जोड़ से पानी निकाल कर उसकी जाँच, इलैक्ट्रोकार्डियोग्राम व मल की जाँच। दवाओं में एंटीबायोटिक्स, दर्द निवारक व कभी-कभी मुँह द्वारा स्टीरोइड्स भी दिये जाते हैं। एलर्जिक आर्थरायटिस में एंटीहिस्टेमिंस दिये जाते हैं।

होम्योपैथिक चिकित्सा

दस्त अचानक बंद करने के पश्चात हुआ जोड़ों का दर्द जिसमें कंधे, हथेली व टखने के जोड़ प्रभावित होते हैं। टाँगों में सूखापन (पतली होती जाती हैं)–*एब्रोटेनम*

जोड़ों में अचानक तेज दर्द व सूजन–*एकोनाइट*

सूजन व लाली–*बैलाडोना*

घुटने का सूज जाना व उसे हिला न पाना। जोड़ों में लाली, सूजन व गर्माहट, जरा सा भी हिलाने-डुलाने में तकलीफ, दबाने व दर्द की तरफ सोने से आराम–*ब्रायोनिया*

जोड़ों का शोथ, अत्यधिक पसीना, छाती में दर्द, पेट खराब होना–*रेहम्नस केल*

पैरों के टखने से दर्द शुरू होकर घुटने, कोहनी व हथेली की तरफ ऊपर को बढ़े, गर्म सिकाई से दर्द बढ़ना, बर्फ या ठंडी सिकाई से आराम–*लीडम पाल*

पहले कुछ कदम चलने में दर्द, लगातार चलते रहने से दर्द में आराम–*रस टॉक्स*

पुराना जोड़ों का दर्द जो कि जोड़ को विकृत कर दे–*स्टैल*

इसके अतिरिक्त *कास्टिकम, रोडोड्रेन्ड्रान, एक्टिया स्पाइकेटा, डल्का, मेडोरीनम, पल्स, गुएकम* इत्यादि भी लक्षणों के आधार पर दिये जाते हैं।

–:::::::–

कमर का दर्द (Back Ache)

तुरंत जानकारी के लिए

लक्षण

- कमर में दर्द
- माँस पेशियों में तनाव व जकड़न
- अकड़ाहट

घर पर चिकित्सा

- बच्चे को आराम से बिस्तर पर लेटे रहने दें।
- दर्द निवारक दें।
- हल्के गर्म पानी से स्नाव करवायें या कपड़ा गर्म कर उस स्थान पर गर्म सिकाई करें।
- तख्त का इस्तेमाल करें, सख्त गद्दा पलंग पर बिछा सकते हैं या फिर गद्दे के नीचे प्लाई का टुकड़ा रखें।
- कोई भी थकावट वाला कार्य बच्चे को ना करने दें।

सावधानियां

- यदि कमर में दर्द, बुखार के साथ हो, पेशाब करने में कोई परेशानी हो या फिर बहुत तेज दर्द एक ही जगह पर हो तो डॉक्टरी सलाह लें।
- माँसपेशियों को शिथिल करने वाली दवायें जब तक डॉक्टर ना कहें, बच्चे को स्वयं ना दें।
- रीढ़ की हड्डी की बनावट में कोई परिवर्तन नजर आये तब भी डॉक्टर को अवश्य दिखायें।

संबंधित विषय
* जोड़ों में दर्द
* मूत्रनली में संक्रमण

कमर का दर्द, कमर के किसी भी भाग में हो सकता है। इसमें कमर में जकड़न व अकड़ाहट आ जाती है। कमर का दर्द बड़े व्यक्तियों में जितना देखा जाता है, उतना ही आमतौर पर बच्चों में भी होता है। बच्चों को जैसे ही दर्द का ज्ञान होता है और वे इसे बता पाने में सक्षम होते हैं, तब वे अक्सर ही कमर दर्द की शिकायत करते हैं। किशोरावस्था के दौरान ये दर्द अधिक देखने में आता है।

अक्सर कमर में दर्द किसी थकावट वाली क्रिया की वजह से होता है। इससे कमर की माँसपेशियों व अस्थिबंधक तन्तुओं (लिगामेंट्स) में तनाव आ जाता है। कमर का दर्द आमतौर पर मामूली किस्म का होता है जो बिना इलाज भी स्वयं ठीक हो जाता है।

कमर में दर्द के अन्य खतरनाक कारण हैं – गुर्दों में कोई खराबी या इन्फैक्शन, मेरूदंड की असामान्य बनावट/घुमाव, दबाव से फ्रैक्चर (ये अक्सर चोट लगने की वजह से होता है) और आर्थरायटिस।

लक्षण एवं चिन्ह

कमर की माँसपेशियों में तनाव की वजह से दर्द होता है। ये रीढ़ की हड्डी के किसी एक तरफ भी हो सकता है। यह दर्द, झुकने व मुड़ने से बढ़ता है। आराम के दौरान दर्द कम महसूस होता है। यदि शारीरिक क्रियाओं को कम कर, आराम किया जाए तो दर्द स्वयं ठीक हो जाता है।

गुर्दों की बीमारी के कारण जो कमर में दर्द होता है वह कमर के एक तरफ ही होता है। उसके साथ मूत्र संबंधी परेशानी भी हो सकती है, जैसे कि पेशाब करने के दौरान जलन व दर्द, पेशाब का रंग बदलना व बार बार पेशाब का आना इत्यादि।

मोच की वजह से कमर का दर्द, मेरूदंड के नजदीक सिर्फ एक

स्थान पर या फिर मेरूदंड के साथ साथ ज्यादा भाग में भी हो सकता है।

मेरूदंड की किसी हड्डी की बीमारी या रीढ़ की हड्डी के असामान्य घुमाव (स्कोलिओसिस) में दर्द हड्डी के साथ-साथ व कभी-कभी एक ही स्थान पर सीमित रहता है।

चिकित्सा

कई बार जैसी चिकित्सा आप घर पर कर रहे हों या डॉक्टरी चिकित्सा हो, एक जैसी हो सकती है। परंतु ज्यादा दर्द होने पर या कोई असामान्यता नजर आने पर बच्चे का ठीक प्रकार से परीक्षण किया जाना चाहिए। पेशाब की जाँच, एक्सरे व खून की जाँच जरूरी है। किस कारण से कमर का दर्द है, यह जानकर चिकित्सा की जाती है। कई बार डॉक्टर कुछ व्यायाम करने की राय देते हैं या अस्पताल में रखकर ट्रेक्शन इत्यादि भी दिये जाते हैं।

होम्योपैथिक चिकित्सा

कंधे के बीच के भाग में दर्द – *फोस्फोरस*
सबसे निचले गुदास्थि (टेलबोन) में दर्द – *हाइपेरीकम, जिंकम*
कमर के निचले भाग में दर्द – *ब्राइयोनिया, कल्क कार्ब, कल्क फ्लोर, डल्कामारा, फेरम-मैट, हाइपेरीकम, काली कार्ब, लाइको, मर्कसोल, नेट्रमम्यूर, नक्स वोम, फोसफोरस, पल्स, रोडोडेंड्रोन, रसटॉक्स, सीपिया, सल्फ।*

दर्द के कारण

कमर के बल गिरने से – *साइलिशिया*
ठंड लगने से – *डल्का, नक्सवोम*
चोट से – *रसटॉक्स*
मोच से – *रसटॉक्स*
भार उठाने से – *कल्क कार्ब, लाईको, रसटॉक्स*

—::::::::—

बढ़ोतरी के दौरान होने वाले दर्द

(Growing Pains)

तुरंत जानकारी के लिए

लक्षण

- पैरों व टाँगों में दर्द जबकि बच्चा आराम कर रहा हो।

घर पर चिकित्सा

- दर्द वाले स्थान पर मालिश व सिकाई की जा सकती है।
- कोई दर्द निवारक दवा दी जा सकती है।
- बच्चे को सख्त व मजबूत जूते पहना कर दर्द की तीव्रता को कम किया जा सकता है।
- ग्रोंइगपेन्स कई बार बहुत ही भयंकर होते हैं। ऐसे में बच्चे को आश्वासन देकर व ढांढस बंधवाकर आराम पहुँचाने का प्रयत्न करना चाहिये।

सावधानियां

- रात में अक्सर एक ही स्थान पर बच्चा यदि दर्द की शिकायत करता हो तो डॉक्टर को दिखाना चाहिए।

संबंधित विषय

* जोड़ों का दर्द

'ग्रोइंग पेन्स' शारीरिक विकास के वक्त के दर्द की एक ऐसी अवस्था है जिसका नाम निर्देशन पूर्णतया सत्य नहीं है। बढ़ने वाले बच्चों में सामान्यतः पाँवों व टाँगों में दर्द हो ही जाता है। यह दर्द बढ़ोत्तरी के कारण नहीं अपितु उन माँसपेशियों व जोड़ों को अत्यधिक इस्तेमाल करने पर होता है जो अभी पूरी तरह विकसित नहीं हुए होते। छोटे बच्चे काफी क्रियाशील होते हैं। इस वजह से उनके जोड़ व माँसपेशियाँ प्रभावित हो जाती हैं।

लक्षण एवं चिन्ह

ग्रोइंग पेन्स जाँघों, पिंडलियों व पाँवों में कहीं भी हो सकते हैं। कई बार यह दर्द इतने भयंकर होते हैं कि बच्चा नींद में जग जाता है।

ग्रोंइग पेन्स को पहचाने का एक महत्त्वपूर्ण लक्षण हैं कि बच्चे को यह दर्द आराम करते वक्त ही होते हैं। जब बच्चा कार्य में व्यस्त होता है या चंचलता कर रहा होता है उस वक्त ये दर्द नहीं होते। यह अक्सर रात को या नींद के दौरान ही बच्चे को उठते हैं। यही लक्षण ग्रोंइग पेन्स में होने वाले दर्द को अन्य बीमारियों से अलग करता है जिनमें कि दर्द बच्चे को दिन भर के कार्यों व खेलने वक्त नहीं सताते और न ही इसके साथ बच्चे को बुखार व अन्य लक्षण पाये जाते हैं।

चिकित्सा

डॉक्टर पूरा शारीरिक परीक्षण कर अन्य बीमारियों के लिए जाँच करते हैं। हड्डियों के किसी रोग के लिए एक्सरे जाँच भी करवाई जा सकती है।

होम्योपैथिक चिकित्सा

ऐसे दर्द होने पर बच्चों को *कल्क फॉस* **6** व *मेगफॉस* **6** दिन में दो बार खाने को दें।

पैर में ऐंठन (क्रैंप) हो तो *क्यूप्रम मैट, फोसफोरिक एसिड, गुएकम* भी दिये जाते हैं।

—:::::::—

घुटने का दर्द (Knee Pain)

तुरंत जानकारी के लिए

लक्षण

- घुटने में दर्द व सूजन
- टाँग सीधी करने में कठिनाई

घर पर चिकित्सा

- बच्चे को पूर्णतया आराम आवश्यक है।

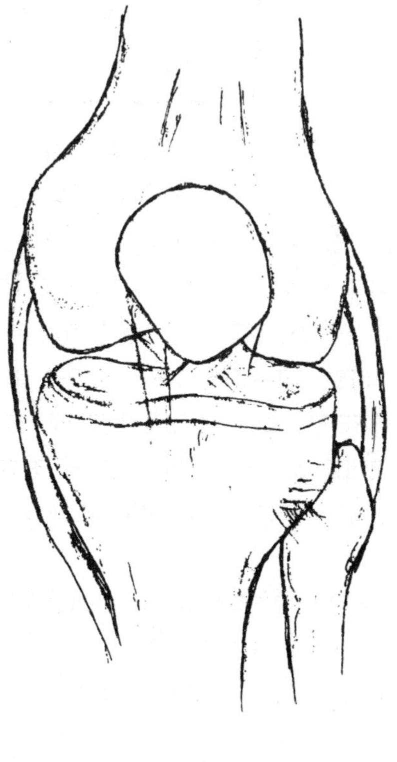

घुटने की बनावट के कारण घुटने में कई प्रकार की चोटों की आशंका रहती है।

सावधानियां

- बच्चे के घुटने में सूजन हो और बच्चा टाँग सीधी न कर पाये तो डॉक्टर से सम्पर्क करें। बच्चे को घुटने पर भार न डालने दें।
- ध्यान रखें कि घुटने का दर्द, कूल्हे की किसी समस्या के कारण भी हो सकता है।

संबंधित विषय

* जोड़ों का दर्द
* मोच व हड्डी का स्थान से हिलना
* कूल्हे की हड्डी से संबंधित समस्यायें

शरीर के जोड़ों में घुटने का जोड़ बनावट के कारण काफी जटिल जोड़ होता है। घुटने में चार हड्डियां इकट्ठे जुड़ती हैं – जाँघ की 'फीमर' निचली टाँग की 'टिबिया' व 'फिबुला' और घुटने की टोपीनुमा 'पेटेला'। घुटने के बीचों बीच 2 घुमावदार, मुलायम उपास्थि व दो स्नायु (लिगामैंट्स) होते हैं जो कि इन हड्डियों को बाँधे रहते हैं। इनके साथ-साथ घुटने में अन्य जोड़ों की भांति अन्य उपास्थि व स्नायु भी होते हैं। इस बनावट के कारण घुटने में कई तरह की तकलीफ हो सकती है, जैसे कि रह्यूमेटोइड आर्थरायटिस या खेलने कूदने के दौरान चोट लगना और कई बार कूल्हे में तकलीफ के कारण भी घुटना प्रभावित हो सकता है।

किशोरों में टिबिया हड्डी के ऊपरी सिरे पर दर्द के साथ सूजन भी हो सकती है। बॉल इत्यादि में जोर से टाँग मारने पर या ऊपर चढ़ते वक्त घुटने की माँसपेशियां खिंच सकती हैं।

लक्षण एवं चिन्ह

बिना सूजन के यदि घुटने के इर्द गिर्द दर्द हो तो यह दर्शाता है कि घुटने के नीचे बिछे उपस्थि व स्नायु में चोट लगी है।

घुटने में सूजन जोड़ या किसी अंदरूनी चोट के कारण होती है। घुटने में दर्द के कारण का निदान रोगी द्वारा बताई गई हिस्टरी, लक्षणों के होने या न होने अथवा दर्द की जगह पर निर्भर करता है।

चिकित्सा

एक्सरे (घुटने) के पश्चात ही किसी निदान पर पहुँच कर चिकित्सा की जाती है।

होम्योपैथिक चिकित्सा

सीढ़ियां चढ़ने पर पटेला हिल जाये – *केनेबिस, सोटाइवा*

सूजन – *एकोनाइट, एपिस, ब्रायोनिया, हीपरसल्फ, आयोडिनम, काली आयोड, पल्स, रसटॉक्स, साइलीशिया।*

—:::::::—

कोहनी का जोड़ से हटना (Dislocated Elbow)

तुरंत जानकारी के लिए

लक्षण

- बाँह में दर्द (कोहनी से हथेली तक कहीं भी)
- हाथ को ऐसे रखना कि हथेली अंदर की तरफ रहे
- हथेली को सामने की तरफ घुमाने में दर्द
- कलई व हाथ में सूजन
- बाँह में झटका या खिंचा होना

घर पर चिकित्सा

- जैसे ही आपको कोहनी के स्थांतरण का पता लगे तो तुरंत डॉक्टर को मिलें।
- यदि जल्दी जल्दी कोहनी जोड़ से हटे तो डॉक्टर द्वारा इसे सही करने की जानकारी प्राप्त करें।

बच्चे के हाथ अथवा कलाई में अचानक झटका लगने से, अक्सर माता पिता गिरते बच्चे को बचाने का प्रयत्न कर रहे हों या गलत तरीके से गोद में उठायें, कोहनी का जोड़ खिसक सकता है।

डिसलोकेटेड एल्बो वाला बच्चा अपने हाथ को हथेली अंदर की तरफ रखते हुए पकड़े रहता है।

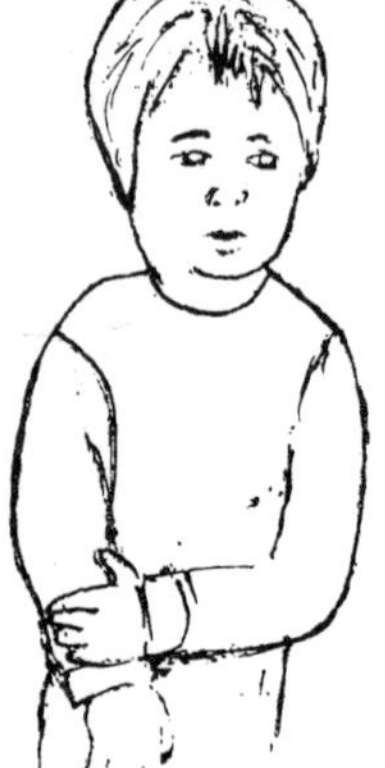

सावधानियां

- स्वयं से हिले जोड़ को ठीक करने का प्रयत्न न करें।
- बाँह में फ्रैक्चर (हड्डी में दरार) होने पर भी इसी प्रकार के लक्षण होते हैं, जब तक आपको पूरी जानकारी न हो तो जोड़ को स्वयं न हिलायें।
- कुछ ही घंटों के अंदर ही हिला जोड़ ठीक किया जाना चाहिए।
- जोड़ के खिसकने के पश्चात 3 हफ्तों तक विशेष सावधानी बरतनी चाहिये अन्यथा जोड़ आसानी से स्वस्थ होने के अंतराल में पुनः खिसक सकता है।

संबंधित विषय

* हड्डी को टूटना
* मोच
* हड्डी का स्थान से हटना

'डिसलोकेटेड' एल्बो वह अवस्था होती है, जब जोड़ के अंदर हड्डी अपने सही स्थान पर से हट जाये। एक से तीन वर्ष तक की आयु के बच्चों में यह अक्सर देखने को मिलता है।

कोहनी में दो अलग अलग जोड़ होते हैं। बड़े जोड़ को 'हिंज ज्वाइंट' कहते हैं जिसके कारण ऊपरी बाँह से संबंध रखते हुए आगे की बांह मोड़ने व सीधा करने का कार्य होता है। छोटा जोड़ आगे की बाँह मोड़ने व सीधा करने का कार्य होता है। छोटा जोड़ आगे की बाँह की दो हड्डियों रेडियस व अल्ना के ऊपरी सिरों के बीच होता है। इस जोड़ को 'रेडिओअल्नर ज्वाइंट' के नाम से जाना जाता है, इसके कारण आगे की बाँह को घुमाने का कार्य होता है। बच्चे के हाथ व कलाई में झटका लगने से यही जोड़ थोड़ा सा खिसक जाता है। जब बच्चे को हथेलियों से पकड़

कर घुमाया जाये या बच्चा गिरने से बचाव के लिए कोई चीज पकड़ कर लटक जाये तो इस जोड़ में झटका लगने अथवा खिंचने से यह जोड़ अपने स्थान पर से थोड़ा खिसक जाता है।

लक्षण एवं चिन्ह

दुर्घटना के कारण जोड़ के स्थान पर से हटने के पश्चात तुरंत ही दर्द का अनुभव होता है। बच्चा उस हाथ को हिलाता नहीं है और दूसरे हाथ से प्रभावित हाथ को इस प्रकार पकड़े रहता है कि हथेली पीछे की तरफ रहे। हथेली को आगे की तरफ घुमाने में दर्द होता है। हाथ व कलाई में सूजन कुछ घंटे पश्चात होती है।

यदि बाँह खिंची हो और बच्चा हथेली को पीछे की तरफ रखते हुए दूसरे हाथ से बाँह को पकड़े रहे तो डिसलोकेटेड एल्बो समझा जा सकता है परंतु कलाई में लगी चोट के कारण भी बच्चा ऐसा ही करता है।

चिकित्सा

एक्सरे द्वारा यह जांच कर ली जानी चाहिए कि कहीं हड्डी तो नहीं टूटी। फिर डॉक्टर ही इस जोड़ को सही जगह पर बिठा देते हैं। ध्यान रहे कि मालिश वालों से जोड़ ठीक न करवायें।

—:::::::—

टाँग की विकृतियाँ (Bow Legs and Knock Knees)

तुरंत जानकारी के लिए

लक्षण

- टाँगों का घुटने के पास से बाहर की तरफ झुकना
- टाँगों का घुटने के पास से अंदर की तरफ मुड़ना

घर पर चिकित्सा

- यदि आप अपने बच्चे में इस प्रकार की विकृति देखें तो डॉक्टर को दिखायें।

सावधानियां

- डॉक्टर की राय के बगैर 'आर्थोपेडिक शूज' का इस्तेमाल न करें।
- रिकेट्स से बचाव के लिए बच्चे को विटामिन 'डी' की पूरी मात्रा दें।
- दूध से भरपूर मात्रा में विटामिन 'डी' मिलता है।

हल्के स्तर की विकृति बच्चे के बढ़ने पर धीरे-धीरे स्वयं ठीक हो जाती है।

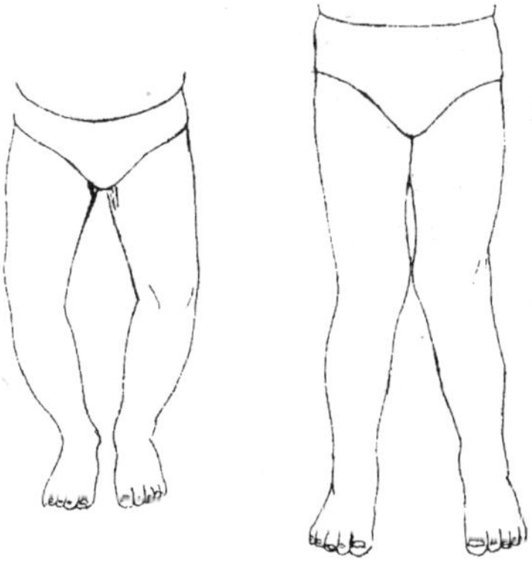

- अपनी मर्जी से बच्चे को विटामिन 'डी' भी न दें जब तक डॉक्टर आपको इसकी राय न दें क्योंकि विटामिन 'डी' की ज्यादा मात्रा हानिकारक होती है।

बोलैग्स और नॉकनीज़ टाँगों की ऐसी दो विकृतियां हैं जिसमें की बच्चे की टाँगें सीधी नहीं रहती। बोलैग्स में टाँगें बाहर की तरफ मुड़ जाती हैं व घुटने काफी दूर हो जाते हैं जबकि नॉकनीज़ में टाँगें अंदर की तरफ मुड़ने से घुटने बहुत नजदीक आ जाते हैं और आपस में टकराने लगते हैं।

आमतौर पर एक सामान्य बच्चा जब सीधा खड़ा हो तो इस अवस्था में एक पैर के घुटने व टखने की हड्डियां दूसरे पैर की हड्डियों को हल्के से छूती हैं। छोटे शिशुओं में उन्हें पेट या कमर के बल लिटा कर घुटने व अँगूठे सीधे रखते हुए, उनकी टाँगों को खींचना चाहिए। यदि टखने की हड्डियाँ आपस में छुएँ किंतु घुटनों की नहीं, तो बच्चा बोलैग्स है। यदि घुटने को छुएँ पर टखने को नहीं, तो नॉकनीज है। पर इस तरह की जाँच पूरी तरह से ठीक हालात नहीं दर्शाती। अक्सर सभी छोटे बच्चे जब तक चलना शुरू नहीं करते तो बोलैग्ड प्रतीत होते हैं। पर धीरे-धीरे 2 वर्ष की उम्र तक यह अवस्था ठीक हो जाती है। स्कूल जाने की उम्र से पहले बच्चे, जो थोड़े मोटे होते हैं उनके घुटने जुड़े से लगते हैं परंतु धीरे-धीरे स्वयं ठीक हो जाते हैं। वास्तव में बोलैग्स ओर नॉकनीज़ या तो वंशानुगत होते हैं या फिर रिकेट्स नामक रोग जो कि विटामिन 'डी' की कमी से होता है, की वजह से होते हैं।

लक्षण एवं चिन्ह

बच्चे के पैर के अँगूठे को आगे की तरफ रखते हुए बच्चे को सीधा खड़ा कीजिए। फिर टखनों व घुटनों के बीच की दूरी देखिये। यह दूरी हर एक बच्चे में भिन्न-भिन्न हो सकती है। परंतु असामान्य दिखाई देने पर डॉक्टर से सम्पर्क करें।

चिकित्सा

बच्चे के घुटनों की एक्सरे जाँच व रक्तपरीक्षण किया जाता है। जरूरत पड़ने पर 'आर्थोपेडिक शूज़' बच्चे को पहनाने पड़ते हैं।

—:::::::—

नितम्ब संधि भंग (Dislocated Hips)

तुरंत जानकारी के लिए

लक्षण

- जन्म से ही जोड़ का हटे होना
- बच्चा एक टांग को ज्यादा हिलाये
- नितम्ब की परतें दोनों तरफ एक जैसी न हों
- श्रोणि (पेट व जांघ के बीच का भाग) की रेखायें समानांतर न हो।
- बच्चा लंगड़ाये
- बच्चा हंस के समान डग मगा कर चले।

घर पर चिकित्सा

- डॉक्टर को ही दिखायें

बच्चे के नितम्बों व कूल्हे की जन्म के समय व एक वर्ष की आयु तक समय समय पर जांच आवश्यक है ताकि डिस्लेकेटेड हिप का निदान जल्दी किया जा सके।

सावधानियां

- नितम्बों के जोड़ का डिस्लोकेशन एक विकृती पैदा करने वाली स्थिति है इसलिए इसे तुरंत ही ठीक किया जाना चाहिए।
- ध्यान रखें कि बच्चे की एक वर्ष की आयु होने तक, समय समय पर डॉक्टर बच्चे के कूल्हों व नितम्बों की जाँच करें।
- यदि आपके बच्चे की दोनों टाँगों की लम्बाई, आकार, स्थिति व हिलने डुलने की क्रिया एक समान न हो तो डॉक्टर को बतायें।

संबंधित विषय

* मोच व हड्डी का स्थान पर से हटना

'डिस्लोकेटेड हिप' वह अवस्था होती है जब जाँघ की हड्डी नितंब पेटी के अंदर अपने स्थान पर नहीं होती। जन्म से पहले अथवा बाद में बच्चे की नितंब पेटी की बढ़ोतरी धीरे-धीरे होती है। अन्ततः जाँघ की हड्डी (फीमर) जब बच्चा खड़े होने और चलने लगता है उस समय या उससे पहले ही अपने स्थान पर से हट जाती है। इसका कोई कारण तो निश्चित रूप से नहीं बताया जा सकता परंतु कुछ एक में यह वशांनुगत होता है। कुछ बच्चों में ऐसा लगता है कि जन्म से पहले ही गर्भ में उनकी टाँगें असामान्य ढंग से रही होंगी।

हड्डी के हट जाने पर यदि इस अवस्था का पता ही न लगे तो बाद में इसे ठीक करना बहुत मुश्किल होता है। यदि एक नितम्ब में डिस्लोकेशन हो और बच्चे का चलना शुरू करने से पहले ही इस अवस्था को ठीक न किया जाए तो बच्चा लंगड़ा कर चलेगा और यदि दोनों ही तरफ डिस्लोकशन हो तो बच्चा हंस के समान डगमगाकर चलेगा।

लक्षण एवं चिन्ह

यदि एक तरफ की हड्डी अपने स्थान पर से हटी है तो बच्चा एक टाँग को दूसरी टाँग की अपेक्षा कम हिलायेगा। नितम्बों की परतें व श्रोणि (उरू संधि/पेट व जाँघों के बीच का भाग) की रेखायें दोनों तरफ एक जैसी नहीं होंगी। जो बच्चा चलने लग गया हो तो वह लंगड़ा कर या डगमगा कर चलेगा।

चिकित्सा

हर बार बच्चे के कूल्हे की जाँच की जानी आवश्यक है। इन जाँचों के दौरान डॉक्टर को इस विकृति का पता जल्द ही लग सकता है। जरा सा भी शक होने पर दोनों कूल्हों की एक्सरे जाँच करवाने पर तुरंत ही बीमारी का पता लग सकता है।

अक्सर जन्म के समय इस बीमारी का निदान नहीं हो पाता परंतु जितनी जल्दी लक्षण पहचान लिये जायें और यदि जोड़ न हिला हो तो विशेषज्ञ इस विकृति को ठीक कर पाते हैं। अन्यथा जोड़ के डिस्लोकेशन के पश्चात शल्य चिकित्सा द्वारा ही जोड़ ठीक किया जा सकता है।

यदि आप व आपका डॉक्टर ध्यान से बच्चे का निरीक्षण करें तो इस समस्या का जल्द निदान कर पूरी तरह से इलाज संभव होता है।

—:::::::—

कूल्हे की बीमारी (Hip Problem)

तुरंत जानकारी के लिए

लक्षण

- कूल्हे या घुटने में दर्द
- लंगड़ाना
- कूल्हे के जोड़ को पूरी तरह न हिला पाना
- हल्का बुखार (एक्यूट साइनोवाइटिस में)

घर पर चिकित्सा

- बच्चे को तीन चार दिन बिल्कुल भी चलने न दें।
- यदि आराम न आये तो डॉक्टर को दिखायें।

सावधानियां

- घुटने में दर्द भी कूल्हे की बीमारी का लक्षण हो सकता है।
- गंभीर आर्थराइटिस के रोग में भी कूल्हे में दर्द लंगड़ाने के लक्षण हो सकते हैं। यदि बच्चे को कूल्हे में तकलीफ के साथ तेज बुखार भी हो तो तुरंत डॉक्टर को बुलायें।
- कूल्हे के कुछ रोगों में यदि समय पर चिकित्सा न की जाए तो कूल्हे का जोड़ हमेशा के लिए विकृत हो सकता है।

संबंधित विषय

* जोड़ों का दर्द
* चोट व मोच
* घुटने का दर्द
* कूल्हे की हड्डी का स्थान पर से हटना

बच्चों में जोड़ों के दर्द की प्रवृत्ति रहती है पर अक्सर यह दर्द होते हैं व ठीक हो जाते हैं और खतरनाक व गंभीर भी नहीं होते जैसे कि मोच आना, या ग्रोइंग पेन्स। कभी बच्चों में आर्थराइटिस के कारण भी कूल्हे के जोड़ प्रभावित हो जाते हैं। नवजात शिशुओं व घुटने के बल चलने वाले बच्चों में कई बार कूल्हे की हड्डी स्थान पर से हट जाने के कारण भी कूल्हे के जोड़ में दर्द हो सकता है। कूल्हे में दर्द के तीन विशेष कारण भी हैं जो कि अक्सर बच्चों में ही देखे जाते हैं।

'एक्यूट स.इनोवाइटिस' में कूल्हे के जोड़ (हिप ज्वाइंट) के अंदर चोट के कारण दर्द उठता है। यह अक्सर विषाणु द्वारा हुई बीमारी के साथ जुड़ा रहता है और यह अवस्था बिना नुकसान पहुँचाये स्वयं ठीक हो जाती है। यह किसी भी उम्र में हो सकता है किन्तु 2 से 6 वर्ष की आयु में अक्सर देखने को मिलता है।

'लैग-काव-पर्थिस' एक ऐसी गंभीर बीमारी है जिसमें कि जाँघ की हड्डी का ऊपरी भाग मुलायम होकर विकृत हो जाता है। इसका कारण अभी तक ज्ञात नहीं हो सका किंतु यह 4 से 10 वर्ष तक की आयु में लड़कियों की अपेक्षा लड़कों को अधिक प्रभावित करती है। यदि इस रोग का इलाज न किया जाए तो हमेशा के लिए गंभीर विकृति पैदा हो जाती है।

'स्लिप्ड फीमोरल एपीफाइसिस' एक ऐसी अवस्था है जिसका कारण नहीं मालूम, परंतु यह किसी चोट के बाद काफी देर से सामने

उभर कर आती है। यह अक्सर किशोरावस्था में और मोटे बच्चों में देखने को मिलती है। यदि इसका भी इलाज न किया जाए तो गंभीर विकृति पैदा हो जाती है।

लक्षण एवं चिन्ह

ऊपर बताई गई तीनों अवस्थाओं में कूल्हे में दर्द के साथ लंगड़ापन भी होता है। इस बात का ध्यान रखना चाहिए कि घुटने में दर्द के कारण भी कूल्हे में तकलीफ हो सकती है। एक्यूट साइनोवाइटिस में कभी-कभी हल्का बुखार भी हो सकता है। इस तीनों अवस्थाओं में कूल्हे को हिलाना-डुलाना मुश्किल हो सकता है जैसे कि टाँग को सीधा करना या मोड़ना, अंदर या बाहर की तरफ घुमाना इत्यादि।

चिकित्सा

बच्चे की पूरी जाँच कर कूल्हे की एक्सरे जाँच करवाई जाती है। हालाँकि शुरू में इन बीमारियों का एक्सरे द्वारा भी कुछ मालूम नहीं पड़ता। बच्चे को पूर्णतया बिस्तर पर आराम करने की राय दी जाती है। अस्पताल में 'ट्रेक्शन' भी दिया जाता है। आर्थराइटिस की भी जाँच की जाती है। स्लिप्ड एपीफाइसिस को केवल शल्य चिकित्सा द्वारा ही ठीक किया जा सकता है। 'लैग काव पर्थिस' रोग में बच्चे की टाँग पर भार न पड़े, इस कारण कई महीनों तक उसका चलना-फिरना बंद कर दिया जाता है। कई बार शल्य चिकित्सा की भी आवश्यकता पड़ सकती है।

सपाट पाँव (Flat Feet)

तुरंत जानकारी के लिए

लक्षण

- पैर के तलुवों में आर्च (घुमाव) का न होना
- सारा तलुवा जमीन को स्पर्श करता है।
- बच्चा पैर के अंदर के किनारों के सहारे चलता है
- जूतों का ऊपरी भाग का अंदर की तरफ से टूटना
- जूते की एड़ी व तलुओं के अंदर के सिरों का टूटना
- थोड़े से व्यायाम के बाद ही पैरों में दर्द।

घर पर चिकित्सा

- यदि बच्चे की तीन वर्ष की आयु हो जाने के पश्चात भी बच्चे के सपाट पैर नजर आयें तो प्रतिदिन पांच से दस मिनट तक बच्चे को नंगे पैर खड़ा कीजिए।
- यदि 6 से 8 वर्ष तक की उम्र के बच्चे के पाँव फ्लैट (सपाट) नजर आयें तो बच्चे को प्रतिदिन 10 मिनट तक नंगे पाँव, पैर के बाहरी सिरों पर पंजे को कसते हुए चलने को कहें।

सावधानियां

- लगभग दो-ढाई वर्ष की उम्र तक के बच्चों के पैर सपाट हों तो घबराने की कोई आवश्यकता नहीं क्योंकि जब तक बच्चा तीन चार वर्ष का नहीं हो जाता पैर की आर्च पूरी तरह नहीं बन पाती।

- लड़खड़ाकर चलने वाली उम्र के बच्चों को तब तक जूते नहीं पहनाने चाहिए जब तक कि वे सख्त सतह पर बिना सहारे के न चलने लगें।
- विशेष प्रकार के जूते बिना डॉक्टर की राय के बच्चे को न पहनायें।
- ज्यादा व्यायाम के बाद पैरों में दर्द होना स्वाभाविक है।

सपाट पैर वह अवस्था होती है जब पैर की हड्डियां व माँसपेशियां पैर में घुमाव नहीं बना पाती और जमीन पर पैर रखने पर पूरा पैर जमीन को छूता है।

नये जन्मे बच्चे के पैर का तलुवा सीधा व सपाट होता है इसे 'फिजियोलोजिकल फ्लैट फीट' भी कहा जाता है। जब तक बच्चा बगैर सहारे के चलना शुरू नहीं करता तब तक पैर में आर्च (घुमाव) बनना शुरू नहीं होता। तीन से चार वर्ष की आयु में यह आर्च पूरी तरह बनने लगती है।

लक्षण एवं चिन्ह

सपाट पैर होने पर, जब बच्चा खड़ा होता है तब आर्च नहीं बनती। बच्चा तलुवे के अंदर के सिरों पर चलता है। इस भाँति चलने से बच्चे के जूते का ऊपरी भाग टूट जाता है और एड़ी व तले के अंदर के किनारे घिस जाते हैं। बच्चा थोड़ा सा भी व्यायाम करने पर पैरों में दर्द की शिकायत करता है।

बच्चे के पैर में आर्च बनी है कि नहीं इसका पता ठीक प्रकार से तब लगता है जब बच्चा पंजों पर खड़ा होता है।

चिकित्सा

डॉक्टर आर्च का पता लगाने के लिए बच्चे को चलाकर, खड़ा कर, पंजों के बल खड़ा कर पूर्ण जाँच करते हैं। इसके साथ ही पैर के जोड़ों

की कार्य क्षमता, पैर की माँसपेशियों की मजबूती व तंतुओं की मजबूती की भी जाँच की जाती है। डॉक्टंर फटे हुए जूतों की भी जाँच करते हैं। कभी-कभी पैर की एक्सरे जाँच भी की जाती है। बच्चे की उम्र व इन सभी बातों को ध्यान में रखते हुए पैर के व्यायाम व विशेष जूते डॉक्टर बच्चे के लिए बताते हैं।

मोच व हड्डी का स्थान पर से हटना

(Sprain and Dislocations)

तुरंत जानकारी के लिए

लक्षण

- ✤ मोच आना
- ✤ दर्द सूजन
- ✤ छूने में दर्द
- ✤ स्थान में अकड़ाहट
- ✤ आंतरिक रक्तस्राव
- ✤ हड्डी का स्थान पर से हटना
- ✤ विकृत भाग का उभार नज़र आना
- ✤ जोड़ को हिलाने डुलाने में असमर्थता।

घर पर चिकित्सा

- ❊ हड्डी के स्थान पर से हटने पर घर में चिकित्सा न करें।
- ❊ मोच के भाग को पूर्णतया आराम पहुँचाने पर मोच ठीक हो जाती है।
- ❊ ठंडे पानी की सिकाई कर सकते हैं।
- ❊ कोई भी दर्द निवारक दवा दें।

सावधानियां

- यदि मोच आये स्थान पर आराम देने पर ठीक होने के लक्षण न नजर आयें तो हड्डी में फ्रैक्चर (टूटने) का शक किया जाना चाहिए।
- स्थान से हटी हड्डी को सही स्थान में लाने के पश्चात भी जोड़ को कुछ समय तक हिलाना नहीं चाहिए।
- अत्यधिक भयंकर मोच आने पर यदि ठीक प्रकार चिकित्सा न की जाए तो जोड़ हमेशा के लिए कमजोर पड़ जाता है।

संबंधित विषय

- कोहनी का स्थान पर से हटना
- कूल्हे की हड्डी का हटना
- फ्रैक्चर (हड्डी टूटना)
- घुटने में दर्द

शरीर के सभी जोड़ स्नायु (लिगामेंट्स) से घिरे रहते हैं जो कि एक प्रकार के सख्त संयोजी ऊतक होते हैं और हड्डियों को जोड़े रखने में सहायक होते हैं। जोड़ यदि जितना घूम पाता है उससे अधिक घूम जाए तो यह लिगामेंट्स आधे या पूरे ही टूट जाते हैं। इसी को 'मोच आना' (स्प्रेन) कहा जाता है।

यदि लिगामेंट बुरी तरह से टूट जाए और हड्डी जोड़ के स्थान से खिसक जाए तो यह 'डिस्लोकेशन' कहलाता है। डिस्लोकेशन में मोच के लक्षणों के साथ-साथ अलग से विकृत स्थान नजर आता है और हिली हड्डी को सही स्थान पर बैठा देने के पश्चात भी कई हफ्तों तक जोड़ को हिलाने में तकलीफ होती है।

मोच आना बच्चों में अक्सर होता रहता है। परंतु कोहनी स्थान पर से हटने के इलावा अन्य प्रकार के डिस्लोकेशन कम देखने में आते हैं। अक्सर उँगलियों, अंगूठों, टखने, गर्दन व कमर में मोच के लक्षण

अधिक देखने को मिलते हैं। उँगलियों, अँगूठे, घुटने व कंधों का डिस्लोकेशन भी हो सकता है।

लक्षण एवं चिन्ह

मोच के स्थान पर दर्द, सूजन, उस स्थान एवं जोड़ को न हिला पाना व आंतरिक रक्तस्राव के लक्षण देखने में आते हैं। यदि जोड़ मुड़ जाये या जोर से खिंच जाए तो हल्के या मध्यम स्तर की मोच आ सकती है।

डिस्लोकेशन में अलग से उभरा हुआ स्थान नजर आता है इसलिए इसे आसानी से पहचाना जा सकता है। इसके अतिरिक्त जोड़ को बिल्कुल भी न हिला पाना डिस्लोकेशन की ही पहचान है।

हड्डी का फ्रैक्चर (टूटना) केवल एक्सरे जाँच द्वारा ही पता लग सकता है।

चिकित्सा

चोट लगे जोड़ की डॉक्टर पूरी तरह जाँच करते हैं। हड्डी टूटने का शक होने पर एक्सरे जाँच की जाती है।

होम्योपैथिक चिकित्सा

मोच की प्रमुख औषधि, चोट खाई रक्त वाहिनियों की मरम्मत, सूजन में कमी लाना, पीड़ा कम करना तथा मानसिक आघात पर काबू पाना–*आर्निका*

प्रभावित भाग को मामूली सा भी हिलाने-डुलाने पर भयंकर पीड़ा–*ब्रायोनिया*

दुखन तथा पीड़ा, जोड़ में अकड़ाहट, स्नायु तथा कन्डराओं में अकड़ाहट, धीरे-धीरे हिलने-डुलने से दर्द में कमी–*रस टॉक्स*

स्नायु कन्डराओं की चोट पर अचूक प्रभाव, स्नायु का खिंच जाना अथवा फट जाना, नई व पुरानी मोच–*रूटा*

पुरानी मोच, जोड़ का विकृत होना–*कल्क कार्ब*

विशेषतया एड़ी पर प्रभाव, सूजन तथा पेशियों में खिंचाव रहना–*स्ट्रोशिया कार्ब*

–:::::::–

हड्डी का टूटना (Fracture)

तुरंत जानकारी के लिए

लक्षण

- हड्डी में विकृती का नजर आना या महसूस होना
- हड्डी को हिलाने-डुलाने से दर्द का बढ़ना
- दबाने से दर्द होना
- सूजन
- नील पड़ना

घर पर चिकित्सा

- हड्डी टूटने का शक होने पर डॉक्टर को दिखायें।
- हड्डी टूटने व चोट लगने पर, उस भाग को हिलने डुलने से बचायें।
- टूटे हुए पैर व बाँह को स्पिलिंट (लकड़ियों की तख्ती/समाचार पत्र की मोटी तह बनाकर) से सहारा दें।
- टूटी हुई टाँग, पैर व पंजों पर बच्चे को भार न डालने दें।

सावधानियां

- फ्रैक्चर हुई हड्डी को यदि पहले ही ठीक न किया जाए तो हड्डी में विकृति होने का डर रहता है।

महत्त्वपूर्ण

✤ यदि रीढ़ की हड्डी या गर्दन की हड्डी में फ्रैक्चर होने का शक हो तो बच्चे को बिल्कुल भी न हिलायें डुलायें। तुरंत ही एंबुलेंस बुलाकर बच्चे को अस्पताल ले जाएं।

संबंधित विषय

* स्थान से हटी कोहनी
* मोच एवं स्थान-च्युति

हड्डी का टूटना, चटकना, दरार पड़ना या फ्रैक्चर होना सभी का अर्थ एक ही है। चूंकि बच्चों की हड्डियों में लगातार बढ़ोतरी होती रहती है इसलिए वयस्कों की तुलना में यह फ्रैक्चर थोड़े भिन्न होते हैं। उदाहरण के लिए, टूटी हुई हड्डी वयस्कों के मुकाबले बच्चें में जल्दी जुड़ जाती हैं। कोई भी फ्रैक्चर यदि गंदी अवस्थाओं में ठीक हो रहा हो तो टूटी हुई हड्डी विकृत हो सकती है, परंतु बच्चों में यह विकृती स्वयं ठीक हो सकती है क्योंकि हड्डी में लगातार बढ़ोतरी होती रहती है। कई बार फ्रैक्चर ठीक होने के दौरान हड्डी घूम या मुड़ जाती है तब भी विकृत हुई हड्डी को ठीक करना मुश्किल हो जाता है। बच्चों में कुछ प्रकार के फ्रैक्चर (लंबी हड्डियों के दोनों सिरे जहां कार्टिलेज होते हैं) होने पर हड्डियों की बढ़ोतरी रूक जाती है और इस वजह से बड़ी विकृती हो सकती है।

लक्षण एवं चिन्ह

हड्डी यदि जगह से हिल गई हो तो विकृति होने पर फ्रैक्चर देखा व महसूस किया जा सकता है। अक्सर फ्रैक्चर में देखने लायक विकृति नहीं होती। फ्रैक्चर वाली जगह पर दर्द होता है जो कि टूटी हुई हड्डी को हिलाने पर अधिक बढ़ता है। दबाने पर भी स्थान में दर्द महसूस होता है और यह दर्द टूटे हुए स्थान पर बहुत ज्यादा महसूस होता है।

टूटा हुआ भाग ठीक प्रकार से हिलने डुलने का कार्य नहीं कर पाता। फ्रैक्चर हुए भाग पर सूजन भी हो जाती है। नील भी अक्सर पड़ सकता है पर फ्रैक्चर के कुछ दिनों बाद फ्रैक्चर हुई जगह से कई सेंटीमीटर दूरी पर नील का धब्बा दिखाई पड़ सकता है।

चिकित्सा

डॉक्टर चोट को देखकर एक्सरे की राय देते हैं। चिकित्सा इस बात पर निर्भर करती है कि कौन सी हड्डी टूटी है और एक्सरे जांच क्या बताती है?

होम्योपैथिक चिकित्सा

आर्निका, ब्रायोनिया, कल्क कार्ब, कल्क फॉस, साइलीशिया, सिंफाइटम। सबसे पहले *आर्निका* 200 की खुराक दें। हड्डी को सही स्थान में बैठाने के पश्चात हड्डी को जल्द जुड़ने व दर्द दूर करने में *सिंफाइटम* सहायक है।

टूटे भाग को प्लास्टर के पश्चात भी हिलने डुलने में तकलीफ हो तो *ब्रायोनिया* दें।

सूजन व नील होने पर *आर्निका* दें।

—:::::::—

खरोंच या रगड़ (Abrasion)

तुरंत जानकारी के लिए

लक्षण

- त्वचा की ऊपरी परत में हल्की चोट जिसमें कि घाव गहरा ना होकर लंबा व चौड़ा हो।

घर पर चिकित्सा

- घाव को पानी व साबुन से अच्छी तरह धोयें। ध्यान रहें कि त्वचा के ऊपर मिट्टी, धूल व कोई बाहरी वस्तु चिपकी ना रहे।
- पट्टी व हल्के दबाव द्वारा जख्म को ढ़क कर रक्तस्राव को रोकें।
- यदि घाव में कोई गंदगी ना रहे तो दर्दनाशक एंटीसेप्टिक लगाकर घाव को ढ़क दें जब तक कि वह पूरी तरह ठीक ना हो जाये।
- यदि आवश्यकता हो तो घाव को हल्के से रगड़ कर गंदगी को हटाया जा सकता है। कोई भी ऐंटीबॉयोटिक क्रीम लगाकर घाव की खुरंड को मुलायम रखना चाहिए।

बचपन में खरोंच या रगड़, बच्चों में आमतौर पर लगने वाली चोटें हैं।

सावधानियां

- ऐसी चोटें जिसमें की त्वचा पूरी तरह से चपेट में आई हो स्वयं घर पर उपचार ना करें। बच्चे को तुरंत ही डॉक्टर के पास ले जायें।
- एब्रेजन में यदि गंदगी या धूल मिट्टी रह गई हो तो वह इन्फैक्शन का कारण बन सकती है।
- खरोंच यदि ऐसे स्थान पर आई हो जैसे कि जोड़ (जो स्थान लगातार हिलने डुलने में इस्तेमाल होता है) उस पर समय समय पर मलहम (ऑइंटमेंट) लगाना चाहिए ताकि त्वचा फटने से बच सकें।
- ऐसी खरोंच जिसमें कि पूरे भाग में से रक्तस्राव हो रहा हो, डॉक्टर को अवश्य दिखा लेना चाहिए।
- ध्यान रहे कि बच्चे को समय पर टिटनेस का टीका लगा हो।

संबंधित विषय

* कटना
* रोग प्रतिरोधक टीके
* इंपीटिगो
* पंक्चर वूंड्स
* टेटनस

चोट की वजह से त्वचा के ऊपरी भाग का बहुत हल्के से अलग होना 'एब्रेजन' कहलाता है। इसे खरोंच व रगड़ भी कह सकते हैं। लेकिन कटने व अन्य घावों से यह भिन्न होता है क्योंकि एब्रेजन त्वचा में गहरा ना होकर चौड़ा व लंबा होता है। बच्चों को लगने वाली चोटों में ये सबसे कम खतरनाक व अक्सर लगने वाली चोट होती है। ज्यादातर

खरोंचें कुछ समय पश्चात बिना निशान छोड़े स्वयं ठीक हो जाती हैं। यदि खरोंच को साफ करते वक्त भली भाँति साफ न किया जाए तो उसमें चिपकी धूल मिट्टी हमेशा के लिए त्वचा के अंदर बंद हो जाती है और इन्फैक्शन का कारण बनती है।

लक्षण एवं चिन्ह

एब्रेजन आसानी से पहचाना जा सकता है। ये सिर्फ ऊपरी खरोंच होती हैं। जब तक कि पूरी त्वचा की मोटाई में चोट ना लगी हो, खरोंच वाली त्वचा के सिर्फ कुछ एक भागों से ही हल्का खून निकलता है, इसे पहली या दूसरी डिग्री का एब्रेजन कहा जाता है। यदि त्वचा के रगड़ वाले पूरे भाग में से खून निकल रहा हो इसे तीसरी डिग्री का एब्रेजन कहते हैं। ऐसे में डॉक्टर को दिखाना जरूरी है क्योंकि ऐसी चोटें ठीक होने के बाद निशान छोड़ सकती हैं।

होम्योपैथिक चिकित्सा

त्वचा पर कहीं भी रगड़ लगने पर *आर्निका मोनटेना* 200 शक्ति में दिन में तीन बार दें। त्वचा कटी फटी हो तो *आर्निका लोशन* भी लगा सकते हैं। मांसपेशियों, ऊतकों तथा रक्तवाहिनियों पर बेलिसपर दवा अच्छा असर करती है। इसके इलावा रूटा, *सिमफाइटम, हेमामेलिस* व *कोनियम* भी दिये जाते हैं।

केलेन्डुला टिंक्चर से खरोंच को साफ करें यह एंटीसेप्टिक दवा कि तरह कार्य करता है।

—:::::::—

जानवरों द्वारा काटना (Animal Bites)

तुरंत जानकारी के लिए

लक्षण

- काटने का निशान
- पंजे के निशान
- खरोंच

घर पर चिकित्सा

- पानी तथा साबुन से पांच दस मिनट तक घाव को पोंछिये और फिर साफ पानी से धो डालिए।
- हल्के जख्म पर एंटीसेप्टिक लगा सकते हैं।
- घाव गहरा हो तो तुरंत डॉक्टर से मिलिए।
- जानवर से निपटने के लिए संबंधित विभाग को फोन कीजिए।
- यह आवश्यक है – जानवरों के काटने पर यदि त्वचा कट-फट गई हो तो इन्फैक्शन या टेटनस होने का डर रहता है।

ध्यान रहे कि बच्चे को नियमित टेटनस बूस्टर डोज मिला हो।

※ मनुष्य का काटना भी जानवरों के काटने के समान है। इसलिए किसी व्यक्ति के काटने पर भी डॉक्टर से अवश्य संपर्क करें।

सावधानियां

- ◆ यदि घाव में दर्द हो और उसके आसपास लाली सी दिखने लगे तो तुरंत डॉक्टर को दिखाइये।
- ◆ ध्यान रखिए कि बच्चे को नियमित टेटनस बूस्टर मिला हो।
- ◆ बच्चे को पालतू जानवरों के साथ ध्यान से खेलना सिखाइये व जंगली जानवरों से दूर रखिये।

संबंधित विषय

* खरोंच
* नील पड़ना
* केट स्क्रैच फीवर
* कटना
* पंक्चर वूंड्स
* टेटनस

जानवरों के काटने से त्वचा कट फट सकती है, उसमें घाव हो सकता है या फिर उसकी परतें उखड़ सकती हैं। जानवर के काटने से कई बार घातक प्रभाव भी हो सकते हैं। एक तो जानवर के मुँह में उपस्थित जीवाणुओं द्वारा इन्फैक्शन या फिर टेटनस या रेबीज जैसी बीमारियाँ हो सकती हैं।

टेटनस एक खतरनाक बीमारी है। इसके किटाणु धूल, मिट्टी व जानवरों तथा व्यक्ति की आँतों तथा आँतों से निकले मल पदार्थों में पाये जाते हैं। ये किटाणु शरीर के अंदर जानवरों द्वारा काटे गये घाव या खरोंच के माध्यम से आसानी से प्रवेश कर जाते हैं। टेटनस से बचाव के लिए वैक्सीन उपलब्ध है।

रेबीज़ एक घातक जानलेवा बीमारी है जो कि व्यक्ति के मस्तिष्क पर हमला करती है और किसी भी स्तनधारी जीव में हो सकती है। ये एक वायरस द्वारा फैलती है। बीमार जानवर के थूक में यह वायरस पाया जाता है।

लक्षण

अगर जानवर के काटने पर सिर्फ खरोंच आई है तो घबराने की कोई बात नहीं लेकिन घाव बना हो, चाहे वह पंजे से ही क्यों न हो, तब डॉक्टर को अवश्य दिखाना चाहिए।

चिकित्सा

घाव को साफ किया जाना चाहिए। एंटी टेटनस की आवश्यकता होने पर टेटनस का डोज़ मिलना चाहिए। घाव में इन्फैक्शन से बचाव के लिए एंटीबायोटिक्स दिये जाते हैं। सांप द्वारा काटे जाने पर सांप पकड़ा जा सके तो उसे मार कर उसकी जांच की जानी चाहिए कि वह जहरीला है कि नहीं, फिर उसी अनुसार एंटीवेनम दिया जाना चाहिए।

जानवरों के काटने पर होम्योपैथिक चिकित्सा

हाइपेरीकम पर्फ सूजन व नील को दूर करने के लिए पहले *आर्निका* 200 की एक खुराक दें उसके पश्चात यदि दर्द अधिक हो तो हर घंटे में *हाइपेरीकम* की खुराक दें। इसी दवा का टिंक्चर (एक्सटर्नल) घाव को साफ करने के लिए इस्तेमाल करें।

काटे हुए स्थान का भाग नीला पड़ जाये–*लेकेसिस*

लीडम घाव को पकने से रोकता है। किसी भी जानवर या कीड़े के काटने पर चाहे वह जहरीला हो या नहीं लीडम अच्छी दवा है–*लीडम पाल*

—:::::::—

कटना (Cuts)

तुरंत जानकारी के लिए

लक्षण

- त्वचा का अलग होना या फटना
- रक्त स्राव

घर पर चिकित्सा

- सबसे पहले रक्तस्राव को रोकिये। साफ कपड़े य गॉज द्वारा कट स्थान को दस मिनट तक तेज दबाव के साथ दबाइये।
- खून बंद हो जाने के बाद घाव वाले स्थान को साबुन व साफ पानी से धोयें, यदि तब भी रक्त स्राव बंद न हो तो तुरंत ही डॉक्टर को दिखायें।
- घर पर यदि घाव की चिकित्सा की जा रही हो तो ध्यान रखें कि न चिपकने वाला एंटीसेप्टिक मलहम ही लगायें।
- घाव को ढकने के लिए सदैव साफ पट्टी अथवा गॉज व कपड़े का इस्तेमाल करें ताकि इन्फैक्शन से बचाव किया जा सके।
- प्रतिदिन घाव की जाँच करें कि क़हीं इन्फैक्शन तो नहीं।

सावधानियां

- घाव में से निकलने वाले रक्तस्राव को रोकने के लिए टॉर्नीक्वेट (बंध) का इस्तेमाल न करें। टॉर्नीक्वेट का इस्तेमाल केवल बाँह या टाँग के आधे व पूरे कटने पर ही किया जाना चाहिए।
- यदि घाव में टाँके लगवाने की आवश्यकता हो तो आठ घंटे के भीतर ही टाँके अवश्य लगवा लें ताकि घाव में इन्फैक्शन न होने पाये।

- यदि घाव में इन्फैक्शन के लक्षण जैसे की सूजन, पीब, लाल खून की धारी सी निकलती प्रतीत हो तो तुरंत डॉक्टर को दिखायें।
- ध्यान रहे कि बच्चे को समय समय पर टेटनस बूस्टर दिया गया हो।

संबंधित विषय

* खरोंच
* जानवरों द्वारा काटना
* पंक्चर वूंड्स
* टेटनस

कहीं पर भी त्वचा के फटने व खून निकलने से 'कट' को पहचाना जा सकता है। अधिक कटने पर तुरंत ही अस्पताल में घाव की चिकित्सा की जानी चाहिए।

लक्षण एवं चिन्ह

घाव कितना गहरा है, किस प्रकार कटा है, या फिर कितनी चौड़ाई व किस स्थान पर कटा है, इसको देखने के बाद ही कहा जा सकता है कि चिकित्सा अस्पताल में की जानी चाहिए या घर पर। बहुत गहरा घाव होने पर डॉक्टर द्वारा ही चिकित्सा की जानी चाहिए। चेहरे के कुछ भागों पर घाव होने या फिर शरीर के किसी जोड़ के पास कटने पर टाँकें लगवाना आवश्यक होता है।

चिकित्सा

यदि घाव के किनारे कट फटे हों तो उसमें गंदगी फँसने से इन्फैक्शन का भय रहता है। ऐसी अवस्था में डॉक्टर द्वारा ही घाव पूर्णतया साफ किया जाना चाहिए। उसके बाद ही टाँके लगाये जाते हैं।

होम्योपैथिक चिकत्सा

स्थान को *केलेन्डुला टिंक्चर* से साफ करें।

चोट में से –

चटक लाल रंग का रक्त – *फोसफोरस*

क्लॉट न बन पा रहा हो – *फोसफोरस*

चोट का स्थान बुरी तरह से दब (पिचक) गया हो – *हाइपेरिकम*

सूजन हो – *हिपर सल्फ, साइलीशिया*

कटे हुए स्थान के इर्द गिर्द लाली हो – *हिपर सल्फ*

घाव के अंदर धूल मिट्टी फंसी प्रतीत हो – *साईलीशिया*

घाव के अंदर पस हो – *कल्क सल्फ*

अत्यधिक दर्द – *केलेन्डुला*

देखें 'सबंधित विषयों' की चिकित्सा

–:::::::–

जन्म के निशान (Birth Marks)

तुरंत जानकारी के लिए

लक्षण

- शरीर पर लाल, जामुनी या नारंगी रंग के चिन्ह
- पीठ व नितम्बों में नीले, काले धब्बे, भूरे या काले तिल

घर पर चिकित्सा

- अधिकतर चिकित्सा की आवश्यकता नहीं होती।
- लाल रंग के धब्बों को रगड़ना व खुजलाना नहीं चाहिए। यदि इनसे खून निकले तो गॉज (पट्टी का टुकड़ा) रख कर हल्के से दबाना चाहिए ताकि रक्तस्राव रूक जाए।

सावधानियां

- यदि लाल चकत्तों में किसी किस्म का स्राव, लाली या दुर्गंध आये तो तुरंत डॉक्टर से संपर्क कीजिए।
- कभी-कभी परंतु बहुत कम इन चकत्तों से रक्तस्राव हो सकता है जो कि एनीमिया का कारण बन जाता है।

लाल रंग के धब्बों से रक्तस्राव होने पर गॉज द्वारा हल्के से स्थान को दबायें।

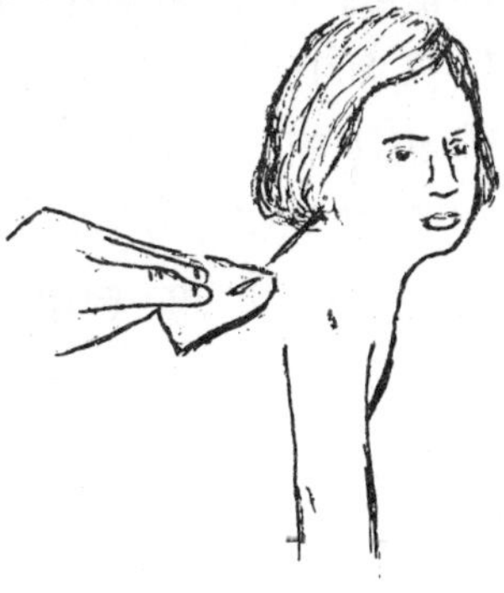

संबंधित विषय

* रक्त की कमी
* मस्से

बर्थ मार्क्स वो चिन्ह होते हैं जो जन्म से बच्चे के शरीर पर होते हैं। लगभग 50 प्रतिशत बच्चों में जन्म के समय माथे, ऊपर की पलकों, ऊपरी होंठ, सिर के पिछले भाग या गर्दन पर लाल अथवा नारंगी रंग के धब्बे पाये जाते हैं। परंतु एक वर्ष की उम्र आने तक धीरे-धीरे ये धब्बे फीके पड़ जाते हैं।

दस में से एक बच्चे में एक या अधिक लाल रंग के धब्बे जन्म के बाद पहले महीने तक उभर आते हैं। ये धब्बे अक्सर जन्म के समय नजर नहीं आते या फिर हल्का सा धब्बा त्वचा पर नजर आता है। जैसे-जैसे बच्चा बढ़ता है ये धब्बे चटक लाल रंग के हो जाते हैं। ये त्वचा पर से थोड़े उभरे हुए व 6 से 50 मिलीमीटर तक के आकार के हो सकते हैं। ये शरीर के किसी भी भाग पर हो जाते हैं और हफ्ते, महीनों में ही काफी बढ़ जाते हैं। धीरे-धीरे ये स्वयं ही हल्के पड़ते जाते हैं व सिकुड़ जाते हैं। लगभग सभी बच्चों में 5 से 6 वर्ष, तक की आयु में ये गायब हो जाते हैं।

दो अन्य किस्म के – 'पोर्टवाइन मार्कस' व 'पिगमेंटेड मोल्स' (तिल या मस्से) भी कई बच्चों के शरीर पर देखने को मिलते हैं। ये छोटे अथवा बड़े एवं शरीर के किसी भी भाग में हो सकते हैं। इनकी बढ़ोतरी बच्चों के शरीर की बढ़ोतरी के अनुपात में होती है। पोर्टवाइन मार्क्स समतल, मुलायम व जामुनी रंग के होते हैं, जबकि पिगमेंटेड मोल्स काले अथवा भूरे रंग के और त्वचा से थोड़े उभरे हुए तथा बाल समेत भी हो सकते हैं।

लक्षण एवं चिन्ह

प्रत्येक बर्थ मार्क की पहचान उसको देखकर की जा सकती है।

चिकित्सा

कभी-कभी मस्सों को शल्य चिकित्सा द्वारा निकलवाना पड़ सकता है। स्ट्राबैरी मार्क्स के लिए कभी-कभी स्टीरोइड्स द्वारा चिकित्सा की जाती है। पोर्टवाइन मार्क्स के लिए अभी लेज़र चिकित्सा परीक्षण के तौर पर इस्तेमाल की जा रही है।

होम्योपैथिक चिकित्सा

कभी-कभी होम्योपैथिक दवा *थूजा* इसमें अच्छा कार्य करती है। 6 से 12 पोटेंसी में दिन में 2 बार दें। साथ ही *थूजा टिंक्चर* भी उस स्थान पर प्रतिदिन दो बार एक माह तक लगायें।

—:::::::—

फफोले (Blisters)

तुरंत जानकारी के लिए

लक्षण

- त्वचा पर पानी का फफोला

घर पर चिकित्सा

- फफोले के ऊपर गॉज रखें या पट्टी बांधें।
- यदि वो फट जाए तो ढीली पड़ी खाल को हल्के से निकाल दें फिर साबुन पानी से साफ कर पट्टी बाँधें।
- फफोले में लाली आने पर या दर्द होने पर उसमें इन्फैक्शन का भय रहता है, तब डॉक्टर को अवश्य दिखाएं।

सावधानियां

- रगड़ व जलने की वजह से हुए फफालों को ना फोड़ें।
- यदि लाल धारी फफोलों से फैलती हुई नजर आयें तो डॉक्टरी परामर्श अवश्य लें।

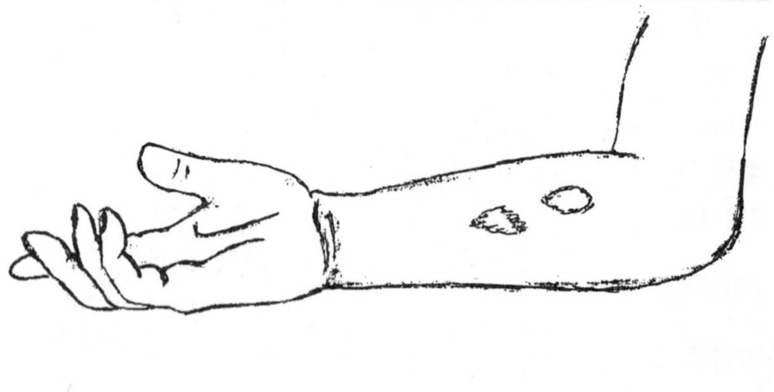

संबंधित विषय

* एथलीट्स फुट (पैरों का दर्द)
* रक्त विषाक्ता
* जलना
* चिकन पॉक्स
* हरपीज़ सिंपलैक्स
* इम्पीटिगो

ब्लीस्टर या फफोला त्वचा की परत पर साफ पानी भरा हुआ दाने जैसे होता है। ये जलने (रसायन या आग द्वारा), रगड़ खाने, विषाणु या जीवाणुओं के संक्रमण, कीड़े के काटने या किसी एलर्जी की वजह से हो सकते हैं। ये छोटे या बड़े किसी भी आकार व नाप के हो सकते हैं।

लक्षण एवं चिन्ह

फफोलों को देखकर आसानी से पहचाना जा सकता है। इसका कारण कभी-कभी फफोले के होने वाले स्थान को देखकर भी जाना जा सकता है, जैसे कि हथेली व तलुओं पर फफोले घर्षण (रगड़ खाने) की वजह से होते हैं। पैरों पर फफोले अक्सर जूते या चप्पल के काटने पर हो सकते हैं। तलुओं व पैर की उँगलियों में फफोले फंगल इन्फैक्शन की वजह से हो सकते हैं। नाखूनों के कोने व उँगलियों में फफोले अक्सर इन्फैक्शन की वजह से ही होते हैं।

चिकित्सा

फफोलों में इन्फैक्शन होने पर एंटीबायोटिक्स दिये जाते हैं।

होम्योपैथिक चिकित्सा

कास्टिकम, लाइको, नेट्रमम्यूर

जलन होने पर – *लाइको, केंथेरिस*

दर्द होने पर – *कास्टिकम*

जीभ के सिरे पर – *कास्टिकम, लाइको नेट्रमम्यूर*

जूतों के काटने पर फफोले – *एलियम सीपा*

—:::::::—

फुंसी (Boils)

तुरंत जानकारी के लिए

लक्षण

- दर्द
- लाली व मवाद

घर पर चिकित्सा

- गर्म पानी से सिकाई करें।
- यदि फुंसी में से कुछ निकले तो साफ पट्टी द्वारा उसे पोंछें।
- आसपास की त्वचा को साबुन व पानी से भली भाँति साफ करें।

सावधानियां

- यदि मुँह में बॉइल्स हों या शरीर में ज्यादा संख्या में हों तो डाक्टर को अवश्य दिखा लें।
- बॉइल्स को फोड़ने अथवा नोंचने की कोशिश ना करें।
- छोटे घाव या कीड़े के काटने का उपचार न करने पर बॉइल्स होने का डर रहता है।

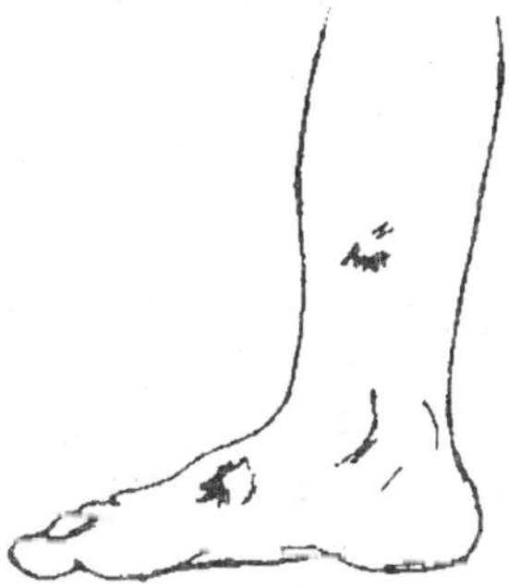

संबंधित विषय

* खरोंच
* मुँहासे
* कटना
* कीड़ों द्वारा काटना
* पंक्चर वूंड्स
* गुहेरी

त्वचा के नीचे बॉइल्स या फुंसी हो जाती है। ये अक्सर 'हीमोलिटिकस स्टेफाइलोकोकस ऑरियस' नामक जीवाणु की वजह से होती है। फुंसी को उसकी लाली, दर्द व बीच में पस (पीब) देखकर पहचाना जा सकता है। ये पीब त्वचा से बाहर निकलता है। पस जीवित व नष्ट हुई श्वेत रक्त कोशिकाओं व मरे व जीवित जीवाणुओं से मिलकर बनी होती है। इसीलिए पस द्वारा इन्फैक्शन त्वचा के आसपास के भाग में अथवा अन्य लोगों को फैल सकती है।

कोई भी छोटी सी पीब भरी फुंसी 'पसच्यूल' कहलाती है। बड़ी फुँसी जिसमें कि कई मुँह बन गये हों 'कारबंकल' कहलाती है। आँख की पलक में फुंसी 'स्टाई' (गुहेरी) कहलाती है। जब एक ही साथ बहुत सारे बॉइल्स त्वचा पर हों तो यह अवस्था 'फरंकुलोसिस' कहलाती है। 'एबसेस' में त्वचा को छोड़कर शरीर के और किसी भाग जैसे कि माँसपेशी, मस्तिष्क, हड्डी या अंदर के अंगों में कहीं भी पस जमा हो सकता है। एबसेस, बॉइल की ही भाँति होता है मगर ये स्टेफ जीवाणु को छोड़कर अन्य दूसरे जीवाणुओं की वजह से हो सकता है। स्टेफ जीवाणु अक्सर स्वस्थ व्यक्ति के नाक, गले व त्वचा में बगैर नुकसान पहुँचाये रहते हैं। ये त्वचा को किसी किस्म का नुकसान नहीं पहुँचाते जब तक कि त्वचा कटी फटी ना हो। यदि त्वचा के कटने फटने पर ये जीवाणु शरीर के भीतर पहुँच जाएँ तभी ये इन्फैक्शन का कारण बनते हैं।

लक्षण एवं चिन्ह

लाली दर्द व पीब की वजह से बॉइल्स को पहचाना जाता है।

चिकित्सा

बड़ी फुंसी को फोड़कर उसकी पीब की जाँच की जाती है ताकि जीवाणुओं के बारे में पूरी जानकारी हो सके तथा उसी अनुसार दवा का चुनाव किया जाता है।

होम्योपैथिक चिकित्सा

छोटी-छोटी असंख्य फुंसियाँ–*आर्निका*

बार-बार होने वाली फुंसियाँ ऐसी जगहों पर जहां माँसपेशियां कम हों जैसे कि ठोडी इत्यादि–*कल्क पिकरेटा*

फुंसियाँ, सिर पर फुंसियाँ, चेहरे पर पपड़ीदार फुंसियाँ–*काली म्यूर*

ठोडी पर फुंसियाँ, लाल रंग की फुंसियाँ जिनमें दिन में खुजली होती हो। बदबूदार पसीना–*साइलीशिया*

त्वचा गंदी नजर आये, बार बार फुंसियाँ होती हों, खुजली व जलन, खुजलाने व पानी से साफ करने पर खुजली बढ़ जाये–*सल्फर*

पस वाली फुंसियाँ, जिनमें अत्यधिक दर्द हो–*हिपर सल्फ*

इसे पानी में मिलाकर त्वचा को साफ करें। 5 बूंदें आधा कप पानी में मिलाकर दिन में दो बार बच्चे को दें, यदि बार-बार फुंसियाँ होने की प्रवृत्ति हो–*इचीनेशिया टिंक्चर*

स्टेफाइलोकोकस 200 की एक खुराक हफ्ते में एक बार तीन हफ्तों तक दें।

—:::::::—

नीला पड़ना (Bruises)

तुरंत जानकारी के लिए

लक्षण

- त्वचा पर काले, नीले, जामुनी, लाल, पीले या हरे रंग के धब्बे।

घर पर चिकित्सा

- चोट लगने पर तुरंत बर्फ या ठंडी पट्टी रक्तस्राव को रोक कर नीले बनने से बचाव करे।
- 24 घंटे पश्चात चोट पर गर्म सिकाई की जा सकती है।

सावधानियां

- यदि नील के धब्बे बिना किसी चोट के शरीर पर अचानक उभर आयें तो डॉक्टर को दिखायें।
- छोटे-छोटे रक्त के धब्बे यदि शरीर पर दिखाई दें तो तुरंत चिकित्सा की आवश्यकता होती है। यदि इसके साथ बुखार व बेहोशी की हालत हो तो आपात्तकालीन चिकित्सा के लिए जायें।

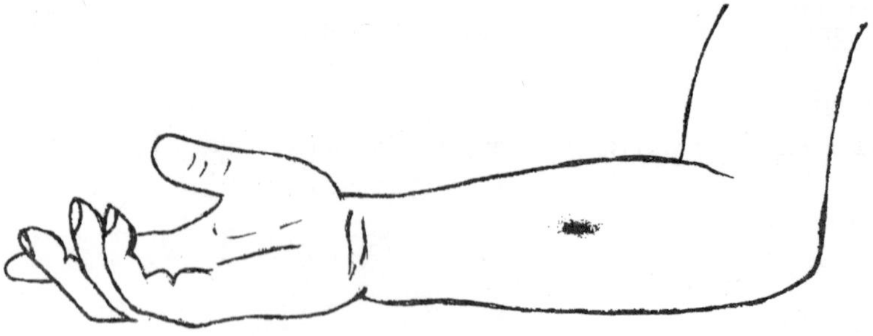

ब्रूज़ेज त्वचा के नीचे की छोटी-बड़ी रक्तनलिकाओं में से रक्त स्राव होने की वजह से बनते हैं। यह पिन के सिर के आकार से लेकर कई सेंटीमीटर तक बड़े हो सकते हैं। ब्रूज़ेज अक्सर नीले या काले रंग के होते हैं। यह यदि त्वचा के बिल्कुल नज़दीक होते हैं तो जामुनी या लाल रंग के प्रतीत होते हैं। आँख के सफेद भाग में हमेशा रक्त की भाँति लाल रंग के होते हैं। ब्रूजेज से रक्त जब वापिस रक्तनलिका में जाने लगता है तो ब्रूज पीले या हरे रंग का दिखाई देता है।

यदि रक्त तंतुओं या हड्डियों के टूटने की वजह से ऊतकों (टीशूज) के बीच से निकला हो तो त्वचा तक ब्रूज उभरने में कई दिन लग सकते हैं। बाहर निकला रक्त शरीर के विभिन्न भागों में भी पहुंच सकता है। उदाहरण के लिए सिर में लगी चोट आँख में नीला धब्बा या ब्लैक आई बना सकती है।

अधिकतर ब्रूज़ेज शारीरिक चोट लगने के कारण होते हैं। अधिक चुस्त बच्चों में चोट लगते रहने की वजह से अक्सर नील पड़ जाते हैं। गोरे बच्चों में कालों की अपेक्षा नील अधिक देखने को मिलते हैं। ये पिंडली, घुटनों, बाँहों व जाँघों पर अधिकतर पाये जाते हैं और इनके ठीक होने में दिनों से हफ्तों तक का समय लग सकता है जो कि इनके आकार पर निर्भर करता है।

एक भिन्न प्रकार के स्पॉनटेनियस ब्रूजेज अचानक ही शरीर पर बिना चोट के बन जाते हैं। यह छोटी-छोटी रक्तनलिकाओं के टूटने पर (स्कर्वी या विटामिन 'सी' की कमी से) होते हैं या फिर किसी इन्फैक्शन अथवा एलर्जी के कारण रक्तनलिकाओं के टूटने की वजह से भी हो सकते हैं।

एक अन्य प्रकार के ब्रूज़ भी होते हैं जिन्हें कि 'पेटेकिया' के नाम से जाना जाता है। यह पिन के सिर के आकार से लेकर 1/8 इंच तक बड़े हो सकते हैं और अनगिनत छोटे-छोटे चटक लाल रंग के 100 से भी ज्यादा संख्या में होते हैं। कभी-कभी तेजी से खाँसी या उल्टी आने पर शरीर में गर्दन से ऊपर ऐसी ब्रूज़ देखने को मिलते

हैं। कई बार त्वचा पर चोट लगने पर भी इस प्रकार के पेटेकिया हो सकते हैं।

लक्षण एवं चिन्ह

ब्रूज़ेज को त्वचा पर देखकर आसानी से पहचाना जा सकता है। एक साधारण जाँच द्वारा भी इसका निदान किया जा सकता है।

ब्रूज़ को दबाने पर इनका रंग फीका या सफेद नहीं पड़ता जबकि अन्य लाल जामुनी निशान या त्वचा के दाने दबाने पर फीके पड़ जाते हैं।

चिकित्सा

स्पॉनटेनियस ब्रूज अथवा पेटेकिया होने पर रक्त की सभी जाँचें आवश्यक होती हैं।

होम्योपैथिक चिकित्सा

आर्निका, बेलिसपर, लीडम पॉल, सल्फ एसिड

काली नीली चोट – *सल्फ एसिड*

दर्द के साथ – *आर्निका, बेलिसपर*

सूजन – *आर्निका*

त्वचा का रंग बदलना – *लीडम।*

—:::::::—

जलना (Burns)

तुरंत जानकारी के लिए

लक्षण

- दर्द, त्वचा में लाली
- फफोले
- काली झुलसी त्वचा
- नष्ट् हुई सफेद त्वचा

घर पर चिकित्सा

- फफोले पड़ी व झुलसी हुई त्वचा की घर पर चिकित्सा न करें सिर्फ गीले, स्वच्छ कपड़े से जली त्वचा को ढक दें, कोई भी मलहम या ऑइंटमेंट ना लगायें, तुरंत डॉक्टर से मिलें।
- जलने पर यदि त्वचा सिर्फ लाल हुई हो तो तुरंत ठंडे पानी में प्रभावित भाग को डुबोयें। इसमें पैट्रोलियम जैली या कोई मलहम हल्के से लगाया जा सकता है।
- धूप से जलने पर (सन बर्न), इसके प्रभाव को खत्म करने वाले मलहम लगाकर त्वचा को खुला ही छोड़ दें।

सावधानियां

- बहुत ज्यादा जल जाने पर बच्चा (बेहोशी) की अवस्था में जा सकता है। उसके लक्षणों को पहचान कर तुरंत ही शॉक को दूर करने की चिकित्सा कीजिए।
- बच्चे को एक पल के लिए भी अकेला न छोड़ें।

- ज्वलनशील पदार्थ बच्चे की पहुँच से दूर रखें।
- बिजली के उपकरण व प्लग पॉइंट से बच्चे को हमेशा दूर रखिये।
- टेटनस बूस्टर की बच्चे को नियमित खुराक दी गई हो, इसका भी ध्यान रखें।

शॉक या सदमे के लक्षण

- बेहोशी, नब्ज का हल्का पड़ना, चेहरा पीला/फीका पड़ना, ठंडे पसीने व ठंड लगना, साँस का तेज गति से चलना, बैचेनी, हाथ पैर ठंडे पड़ना व व्याकुलता।

शॉक की चिकित्सा

- बच्चे को सीधा लिटाएँ, बाकी शरीर के मुकाबले सिर थोड़ा नीचा रखें।
- बच्चे को गर्मी पहुँचायें
- कुछ भी खाने-पीने को न दें।
- तुरंत अस्पताल ले जाएँ।

संबंधित विषय

* फफोले
* आघात (शॉक)
* धूप से जलना
* टेटनस

बर्न्स त्वचा की ऐसी चोट है जो कि अत्यधिक ताप या रसायन (अम्ल अथवा क्षार) या फिर बिजली द्वारा जलने पर होती है। जलने का स्थान, त्वचा की गहराई व कितना भाग जला है, जलने की तीव्रता दर्शाते हैं। इस आधार पर बर्न्स को तीन भागों में विभाजित किया जाता है।

फर्स्ट डिग्री बर्न्स – त्वचा का लाल पड़ना और दर्द का होना, एक दो दिन बाद फफोले भी पड़ सकते हैं। सन बर्न्स, धूप की जलन फर्स्ट डिग्री बर्न्स का एक अच्छा उदाहरण हैं। इस प्रकार के बर्न्स खतरनाक नहीं होते।

सेकेंड डिग्री – जलने के तुरंत बाद त्वचा पर अत्यधिक लाली व फफोले नजर आते हैं।

थर्ड डिग्री – इसमें त्वचा पूरी तरह से जल जाती है। त्वचा पर फफोले व त्वचा काली अथवा सफेद नजर आती है। यदि त्वचा के दस प्रतिशत भाग पर दूसरी व तीसरी डिग्री का बर्न हुआ हो तो तुरंत डॉक्टर को दिखाना चाहिए। इस प्रकार के बर्न्स खतरनाक होते हैं।

ज्यादा जल जाने पर बच्चा सदमे की अवस्था में जा सकता है, इसलिए तुरंत ही अस्पताल जाना चाहिए। उँगलियों के जोड़ों व मुँह के जलने से कई तरह की विकृतियां हो सकती हैं।

लक्षण एवं चिन्ह

जलने पर त्वचा का लाल होना, फफोले पड़ना अथवा झुलसने जैसे चिन्ह सामने नजर आते हैं।

चिकित्सा

थर्ड डिग्री के बर्न होने पर, सेकेंड डिग्री के ऐसे बर्न्स जो त्वचा के 10 प्रतिशत से ज्यादा भाग पर हों या फिर मुँह अथवा उँगलियों के जोड़ों पर बर्न्स हों तो अस्पताल में भर्ती कर तुरंत चिकित्सा की जानी चाहिए। जली त्वचा पर मरहम पट्टी की आवश्यकता होती है। साथ ही शरीर में पानी की कमी को दूर करने के लिए इंट्रावेनस फ्लूइड भी दिया जाता है। जरूरत पड़ने पर एंटीबायोटिक्स व प्लास्टिक सर्जरी भी की जाती है।

होम्यापैथिक चिकित्सा

त्वचा के ऊपरी भाग का जलना, जलन व चुभन की भाँति दर्द, आसपास के भाग में सूजन, ठंडी सिकाई से आराम–*एपिस*

केंथेरिस टिंक्चर की 20 बूंदें एक गिलास बर्फ के पानी में मिलाकर जले भाग पर सिकाई करें। इससे न तो छाले पड़ते हैं और न ही सूजन होती है।

आर्टिका यूरेन्स लाल चकत्ते पड़ने के साथ जलन व चुभन वाला दर्द हो। इस दवा के मदर टिंक्चर को भी जले स्थान पर लगाया जा सकता है।

जलने पर – *आर्सेनिक, केन्थेरिस, कास्टिकम, काली बाइक, आर्टिका यूरेन्स*

गहरा जलने पर – *काली बाइ*

हल्का जलने पर – *आर्टिका यूरेन्स*

दर्द, जलन वाला – *आर्सेनिक, केन्थेरिस, कास्टिकम, आर्टिका यूरेन्स*

दर्द, चुभन वाला – *आर्टिका यूरेन्स*

सेकेंड डिग्री बर्न्स – *केन्थेरिस*

जल्द ठीक न हो रहा हो – *काली बाई*

थर्ड डिग्री बर्न – *कास्टिकम*

छालों के साथ – *आर्सेनिक, केन्थेरिस, कास्टिकम*

ठंडी सिकाई से आराम – *केन्थेरिस*

गर्म सिकाई से आराम – *आर्सेनिक*

—:::::::—

गहरे घाव (Puncture Wounds)

तुरंत जानकारी के लिए

लक्षण

- घाव चौड़ा या लंबा होने के बजाय गहरा हो

घर पर चिकित्सा

- घाव को सफाई से धोयें, फिर कोई एंटीसेप्टिक लगायें।
- यदि घाव के अंदर कोई बाहरी वस्तु फँसी हो तो स्थान को साफ पट्टी से ढक दें। घाव में किसी प्रकार के संक्रमण के लक्षण न पैदा हों, इसके लिए रोज घाव को ध्यान से देखें।
- यदि कोई बाहरी वस्तु घाव में फँसी हुई नजर आये तो बच्चे को डॉक्टर के पास ले जाएं।

सावधानियां

- यदि घाव के पास वाले जोड़ में लाली, सूजन अथवा अकड़ाहट हो तो तुरंत डॉक्टर से सम्पर्क करें।
- पंक्चर वूंड यदि पेट, छाती अथवा जोड़ में हो तो तुरंत डॉक्टरी चिकित्सा के लिए जायें।
- कोई भी बाहरी वस्तु जैसे कि सुई, छुरी/चाकू घाव में फँसे हों तो इन्हें स्वयं निकालने का प्रयत्न न कर तुरंत डॉक्टर के पास जायें।
- ध्यान रखें कि बच्चे को टेटनेस का टीका समय समय पर लगा हो।

संबंधित विषय

* खरोंच
* जोड़ों का दर्द
* कटना
* रोग प्रतिरोधक टीके
* टेटनस

घाव जो कि त्वचा को छेदते हैं उनमें खरोंच (एब्रेजन) कटना (लेसीरेशन) व चुभना (पंक्चर) मुख्य हैं। पंक्चर में घाव लम्बा व चौड़ा होने के बजाय गहरा होता है। बच्चों में अक्सर ऐसे घाव, नाखून, सुई, पिन, छुरी या चाकू के चुभने के कारण होते हैं।

ऊपर से छोटा सा घाव परंतु अंदर गहरा होने के कारण पंक्चर घाव ज्यादा खतरनाक होते हैं।

एक तो टेटनस के कीटाणु अंदर घुसते हैं और हवा न होने के कारण जल्दी ही काफी मात्रा में अपनी संख्या बढ़ा लेते हैं, इसलिए पंक्चर वूंड में टेटनस होने का खतरा अधिक होता है; दूसरा इस घाव को अन्दर तक साफ करना मुश्किल होता है इसलिए संक्रमण का भय अधिक होता है, तीसरा यह त्वचा को छेदते हुए शरीर में काफी गहराई तक पहुंच सकते हैं, चौथा कि पंक्चर वूंड में कोई भी बाहरी वस्तु अंदर फँस सकती है जिसका पता लगाना व निकालना मुश्किल होता है।

लक्षण एवं चिन्ह

पंक्चर वूंड को देखकर ही पहचाना जा सकता है। इस प्रकार के घाव में यह जानना आवश्यक होता है कि ऐसा घाव कितना गहरा है, इसमें कोई बाहरी वस्तु जैसे कि टूटी हुई सुई, लकड़ी या ग्लास का टुकड़ा तो नहीं फँसा हुआ है या घाव के अंदर किसी प्रकार का इन्फैक्शन (संक्रमण) तो नहीं।

चिकित्सा

डॉक्टर भी इस घाव को अंदर से पूरी तरह साफ नहीं कर पाते। किसी बाहरी वस्तु का पता लगाने के लिए डॉक्टर इसे छूकर या एक्सरे जाँच द्वारा पता लगाते हैं। यदि कोई वस्तु घाव में फँसी होती है तो उसे शल्य चिकित्सा द्वारा बाहर निकाला जाता है। घाव में संक्रमण होने पर एंटीबायोटिक्स द्वारा चिकित्सा की जाती है।

होम्योपैथिक चिकित्सा

कील, चाकू या सुई के कारण हथेली या पाँव में पंक्चरवूंड हुआ हो तो *लीडमपाल* व *हाइपेरिकम* दवा की 200 पोटेंसी की 3 खुराक दिन में तीन बार दें। यह दवायें सेप्टिक होने से अथवा टेटनेस से बचाव करती हैं।

घाव को *केलेंडुला टिंक्चर* से भी साफ करें।

—:::::::—

त्वचा पर दाने (Rash)

तुरंत जानकारी के लिए

लक्षण

✤ त्वचा पर लाल धब्बे अथवा दाने

घर पर चिकित्सा

⁂ दानों के कारण त्वचा में अत्यंत खुजली हो तो बच्चे को गर्म पानी से नहला दें या दानों पर केलेमाइन लोशन लगायें।

सावधानियां

◆ दाने अगर कुछ दिन में ठीक हो जायें और फिर दुबारा न उभरें तो उसमें चिंता की आवश्यकता नहीं।

◆ बीमारी के कारण उभरे दाने बीमारी के ठीक होने पर या रोग की चिकित्सा किये जाने पर स्वयं ठीक हो जाते हैं।

हल्के गुनगुने पानी से स्नान द्वारा बच्चे को आराम पहुँचता है।

संबंधित विषय

* चिकन पॉक्स
* एक्ज़ीमा
* भोज्य पदार्थों से एलर्जी
* गर्मी से दाने
* हर्पीज
* छपाकी
* इम्पीटीगो
* खसरा
* नैपी रैश
* दाद
* शिंगल

त्वचा पर लाल धब्बे या महीन से दाग रैश कहलाते हैं। इनमें अक्सर खुजली लगती है। रैश शरीर के किसी एक भाग या पूरे शरीर पर हो सकते हैं।

त्वचा पर दाने सूर्य की गर्मी के प्रभाव से, गर्मी में, सर्दी में अथवा घर में इस्तेमाल होने वाली वस्तुओं में मिले रसायन के कारण जैसे कि ऊन या कपड़ों से हो सकते हैं। कई भोज्य पदार्थों से – जैसे कि कुछ में स्ट्राबेरीज से रैश हो सकती है यह उस भोज्य पदार्थ की एलर्जी के कारण होता है, इसलिए इन्हें एलर्जिक रैश भी कहा जाता है।

रैश किसी बीमारी के कारण जिनमें कि त्वचा पर दाने उभरना भी एक लक्षण होता है जैसे कि खसरा, चिकन पॉक्स इत्यादि में भी देखा जाता है। कुछ एक यौन रोगों जैसे कि हर्पीज व सिफलिस इत्यादि में भी त्वचा में दाने उभर आते हैं।

यदि रैश के उभरने का कारण दूर कर दिया जाए तो रैश स्वयं ही ठीक हो जाते हैं।

लक्षण एवं चिन्ह

रैश के दाने को देख कर ही पहचाना जा सकता है। परंतु किसी रोग के कारण हुई रैश के साथ बीमारी के अन्य लक्षण भी मौजूद होते हैं।

चिकित्सा

एलर्जी के कारण हुए रैश में एलर्जी दूर करने की दवा देनी पड़ती है। रैश के ऊपर ठंडक पहुँचाने वाले लोशन लगाये जा सकते हैं। यदि किसी बीमारी के कारण रैश हो तो डॉक्टर उस रोग की चिकित्सा करते हैं।

होम्योपैथिक चिकित्सा

देखें 'संबंधित विषयों' की चिकित्सा

—:::::::—

दाद (Ring Worm)

तुरंत जानकारी के लिए

लक्षण

- लाल चकत्ते जिन पर सफेद परत/रूसी सी जमी हो

घर पर चिकित्सा

- संक्रमित स्थान को साफ एवं सूखा रखें
- कोई भी एंटीफंगल मलहम लगाया जा सकता है।

सावधानियां

- घर पर दवायें लगाने से यदि आराम न मिले तब डॉक्टर को दिखायें।
- किसी मलहम के उपयोग से अगर रोग बढ़ जाये तो तुरंत डॉक्टर को दिखायें।

लाल रंग के अँडाकार/गोल चकत्ते

संबंधित विषय

* पैरों का दाद
* त्वचा पर दाने

दाद या रिंगवर्म त्वचा में होने वाला फफूँद का संक्रमण है। संक्रमित व्यक्ति से सीधा सम्पर्क होने पर या संक्रमित पालतू जानवर से सम्पर्क होने पर अथवा इनके द्वारा संक्रमित चीजों जैसे कि कंघी, तौलिया, तकिये, कपड़ों अथवा फर्श से भी यह इन्फैक्शन फैल सकती है।

लक्षण एवं चिन्ह

विभिन्न प्रकार की फफूँद शरीर के विभिन्न अंगों को प्रभावित करती हैं। सिर में 'टीनिया केपीटिस' नामक फफूँद के कारण संक्रमण होता है जिससे सिर में परत वाले गंज के चकत्ते से पड़ जाते हैं।

शरीर में 'टीनिया कोर्पोरिस' के कारण गोल या अंडाकार रंग के लाल एवं परत वाले चकत्ते पड़ते हैं जिनका ठीक होना मध्य से शुरू होता है। जंघाओं में 'टीनिया क्रूरिस' लाल अथवा भूरे दानों के रूप में नज़र आता है जिसके किनारें थोड़े उभरे हुए से नजर आते हैं। पैरों में यह 'टीनिया पेडिस' कहलाता है। इसे एथलीट्स फुट के नाम से भी जाना जाता है। यह अक्सर पैरों की उँगलिंयों के बीच होता है परंतु कभी-कभी टखने या टाँगों पर भी फैल जाता है।

चिकित्सा

बच्चे के रोग का विवरण व ध्यान से संक्रमित स्थान को देखने पर डॉक्टर इस रोग को आसानी से पहचान सकते हैं। ऐलोपैथिक चिकित्सा में अक्सर एंटीफंगल मलहम लगाने के लिए दिए जाते हैं।

होम्योपैथिक चिकित्सा

बैसीलिनम दाद की मुख्यतम औषधि है। 200 शक्ति की मात्रा एक सप्ताह में एक बार 3 हफ्तों तक दें। फिर एक महीने पश्चात 1000 की मात्रा की एक खुराक 3 महीनों तक दें।

दाद पेट की गड़बड़ी के साथ, खट्टे डकार, पेट में अधिक अम्ल बनना–*सल्फर*

सीपिया, कल्केरिया कार्ब, टेलूरियम भी दी जाती है।

—:::::::—

स्केबीज़ (Scabies)

तुरंत जानकारी के लिए

लक्षण

- तेज खुजली
- त्वचा पर छोटे लाल रंग के दाने या भूरी/काली लकीरें।

घर पर चिकित्सा

- बच्चे को खुजली दूर करने के लिए कोई दवा दी जानी चाहिए।
- डॉक्टर द्वारा बताई गई सभी सावधनियां बरतनी चाहिए तथा परिवार के सभी लोगों की एक साथ चिकित्सा की जानी चाहिए।
- संक्रमित बच्चे के पहने हुए वस्त्र, बिस्तर व तौलिया अलग से गर्म पानी में धोये जाने चाहिए ताकि रोग के कीटाणु मर सकें।

सावधानियां

- स्तनपान कराने वाली मां के निप्पलों के आसपास की त्वचा में यदि स्केबीज हो तो वह बच्चे के चेहरे पर भी फैल सकती है।
- बच्चे के खुजलाने पर अन्य दूसरे संक्रमण होने का भय रहता है।
- कोई भी दवा इस रोग में इस्तेमाल करने से पहले डॉक्टरी राय अवश्य लें।
- स्केबीज का रोग परिवार के एक सदस्य को होने पर अन्य में आसानी से फैल सकता है। इसलिए सभी लोगों को इसका इलाज एक साथ करवाना चाहिए।

संबंधित विषय

* सिर पर जुँएं
* इम्पीटिगो

स्केबीज़ त्वचा में होने वाला संक्रमण है जो केवल सूक्ष्मदर्शी से दिखाई पड़ने वाले कीटाणु साकोप्टस स्केबी द्वारा फैलता है। यह कीट त्वचा के नीचे छोटी सी सुरंगनुमा गड्ढा बनाकर उसी में अंडे देता है। अंडे जल्द ही दो हफ्ते में परिपक्व कीट में बदल जाते हैं। यह परिपक्व कीट बालों की जड़ के नीचे इकट्ठे होकर मिलते हैं और इस तरह से चक्र चलता रहता है। स्केबीज का संक्रमण काफी आसानी से सीधे सम्पर्क द्वारा फैलता है। पालतू जानवरों द्वारा यह इन्फैक्शन न के बराबर फैलता है।

यह संक्रमण विशेषतया उँगलियों के बीच में, हथेली व कलाई के भीतरी भाग में, बगलों में, कमर में नाड़ा बांधने वाले स्थान पर व पुरुषों के लिंग में देखा जाता है। चूंकि यह जीव महिलाओं के निप्पल के आसपास की त्वचा में भी हमला करता है इसलिए स्तनपान करने वाले बच्चों के चेहरों पर भी यह संक्रमण देखा जा सकता है।

लक्षण एवं चिन्ह

इस कीट द्वारा गड्ढा बनाकर रहने व त्वचा में एलर्जी के कारण लगातार भयंकर खुजली होती है। जब बच्चा खुजली से राहत पाने के लिए खुजलाता है तो इसी के साथ दूसरे संक्रमण भी हो जाते हैं।

इस रोग का निदान त्वचा के प्रभावित स्थान व छोटे लाल बिंदु जो कि कीट का बिल में घुसने का रास्ता होता है, उसे देखकर लगाया जाता है। कई बार त्वचा के ऊपर काली या भूरे रंग की महीन रेखाओं को जो कि कीट के रेंगने वाले रास्ते पर बनी होती है, देखा जा सकता है।

चिकित्सा

इसमें खुजली को दूर करने व अन्य संक्रमणों को दूर करने की दवा दी जाती है।

होम्योपैथिक चिकित्सा

सल्फर, सोराइनम, सीपिया, मिजोरियम, हिपर, क्रोटनटिग, एन्थ्रोक विशेषज्ञ की राय पर परिवार के सभी लोगों सहित रोगी बच्चे को दें। सल्फर का मलहम शरीर पर लगायें।

—::::::—

एक्ज़ीमा (Eczema)

तुरंत जानकारी के लिए

लक्षण

- सूखी, परतों वाली, गुलाबी दानों से भरी त्वचा
- त्वचा पर खुजली

घर पर चिकित्सा

- यदि बच्चे के भोजन में कोई नया भोज्य पदार्थ शामिल किया गया हो और बच्चे को दाने निकल आये हों तो तुरंत ही उस नये भोजन को रोक दें।
- यदि इस नये भोजन को रोकने के बाद 4 से 7 दिन के अंदर बच्चे के दाने ठीक न हों तो वह सभी भोज्य पदार्थ बच्चे को न दें जिनसे कि एक्जीमा होने की संभावना रहती है।
- त्वचा के सम्पर्क में आने वाली वस्तुओं की भी जाँच करें।
- त्वचा को सूखने न दें।
- बच्चे को नहलाने के लिए मृदुल दवायुक्त साबुन का ही प्रयोग करें।
- एक्ज़ीमा के ठीक हो जाने पर रोका गया भोजन धीरे-धीरे शुरू करें।
- दुबारा से एक-एक भोज्य पदार्थ को हर हफ्ते जोड़ने से एलर्जी पैदा करने वाले भोज्य पदार्थ का पता लगाना आसान हो जाता है इसलिए उस भोज्य पदार्थ को खाने के लिए न दें।

सावधानियां

- दानों (रैश) में यदि इन्फैक्शन हो गई हो या बहुत ज्यादा खुजली हो तो डॉक्टर को दिखायें।
- यदि दाने एक हफ्ते तक घर के इलाज से ठीक न हों तो डॉक्टर से सम्पर्क करें।
- जब आप अपने बच्चे के भोजन में कोई नया भोज्य पदार्थ जोड़ते हैं तो दानों के लक्षण की भी जाँच करते रहिये।
- यदि आपके बच्चे को गाय के दूध अथवा सोया दूध से एलर्जी होती हो तो डॉक्टर की राय अनुसार कोई दूसरा दूध इस्तेमाल कीजिए।
- तारकोल मिले मलहम का इस्तेमाल किया जा सकता है परंतु इन्हें लगाकर बच्चे को धूप से अलग बिठायें।
- बच्चे को सूती वस्त्र पहनायें।

संबंधित विषय

* दमा
* सिर पर पपड़ी
* आँखों में एलर्जी
* भोज्य पदार्थों से एलर्जी
* हे फीवर
* हरपीज़ सिम्पलैक्स
* इम्पीटिगो
* दाद
* रैश (दाने)

भोज्य पदार्थ जो एक्ज़ीमा कर सकते हैं। (एक वर्ष की आयु से छोटे बच्चे)	भोज्य पदार्थ जिनसे एक्ज़ीमा हो सकता है। (एक वर्ष की आयु से बड़े बच्चे)	पदार्थ जिनसे एक्ज़ीमा हो सकता है।
गाय का दूध	रसीले फल व जूस	साबुन
दूध के बने भोज्य पदार्थ	चॉकलेट	डिटरजेंट
गेहूँ का आटा	मेवे	ऊन
अंडे	पीनट बटर	कृत्रिम धागे से बने वस्त्र
रसीले फल व जूस	मछली	
चॉकलेट	शैलशिफ	स्ट्रैच कॉटन फ्रेबिक
मेवे	टमाटर व टमाटर का रस	कपड़े रंगने की डाई (विशेषकर लाल व नीले)
पीनट बटर/मक्खन	डिब्बाबंद पेय पदार्थ	
मछली	मिठाई	जल शोधक पदार्थ
शैलफिश	आइसक्रीम	सौंदर्य प्रसाधन की वस्तुएं
टमाटर व टमाटर का रस	मसाले (नमक को छोड़कर), मकई, बेर	धातु, प्लास्टिक

एक्ज़ीमा बच्चों में आमतौर पर पाये जाने वाला व छूत के द्वारा न फैलने वाला एक त्वचा रोग है। अक्सर 1 वर्ष से लेकर 2 वर्ष तक की आयु के बच्चों में ज्यादा देखने को मिलता है परंतु बचपन में कभी भी यह त्वचा रोग हो सकता है।

एक्ज़ीमा जैसे रोग का सही कारण बता पाना थोड़ा मुश्किल होता है परंतु यह रोग माता पिता से बच्चों में चला जाता है। एक्ज़ीमा में एलर्जी की वजह से त्वचा में सूजन आ जाती है। जिन बच्चों में एक्जीमा बाद में होता है उन बच्चों को अन्य एलर्जी जैसे कि हे फीवर, दमा व आँखों में एलर्जी होने की भी संभावना रहती है।

कई बार एक्ज़ीमा भोजन, पेय पदार्थों व दवाइयों (विटामिन इत्यादि से भी) की एलर्जी के कारण भी हो सकता है। त्वचा के सम्पर्क में आने वाली वस्तुओं से एलर्जी के कारण भी यह हो सकता है। कुछ बच्चों में ऐसी स्थितियाँ जैसे कि गर्म या ठंडा या गुस्से के भाव पूरी त्वचा में खुजली व परत (स्केल्स) पैदा कर सकते हैं।

एक्जीमा से प्रभावित त्वचा में आसानी से इन्फैक्शन हो सकता है विशेषकर ऐसी त्वचा को खुजलाने पर एक्ज़ीमा से आमतौर पर होने वाली जटिलतायें होती हैं – हरपीज़ सिंपलैक्स वायरस या वैक्सीनिया वायरस द्वारा इन्फैक्शन और इम्पीटिगो।

लक्षण एवं चिन्ह

एक्जीमा के दाने सूखे हुए, परत वाले, गुलाबी व खुजली के साथ होते हैं। रगड़ने व खुजलाने से दाने लाल हो जाते हैं। इस में बुखार व अन्य लक्षण नहीं होते जब तक कि खुजलाने के कारण इन्फैक्शन न हो गया हो।

बच्चों में एक्ज़ीमा अक्सर गालों व मुँह के आसपास के भाग में शुरू होता है। नितम्बों या शरीर के किसी अन्य भाग में भी यह हो सकता है। आमतौर पर घुटनों के पीछे व कुहनियों के अगले भाग में यह होता हे। एक्ज़ीमा पूरे शरीर में फैल जाए ऐसा अक्सर कम

होता है। कई बार यह शरीर में गोलाकार सिक्के की भाँति चकत्तों के रूप में फैला रहता है जिसे 'नूम्मूलर एक्ज़ीमा' कहते है। ऐसे गोलाकार चकत्तों के रूप में जब एक्ज़ीमा होता है तब इसे दाद व टीरिएसिस रोजिया से निदान करने में मुश्किल होती है। कभी-कभी एक्जीमा सैबोरिया के साथ भी देखने को मिलता है जैसे कि क्रैडल कैप में।

चिकित्सा

डॉक्टर को एक्ज़ीमा का कारण ज्ञात करने में मदद कीजिए। घर में बड़े बच्चों को भी यदि इसकी शिकायत रही हो तो डॉक्टर को बताइये। क्रीम, मलहम व लोशन इसमें लगाने को दिये जाते हैं। यदि एक्ज़ीमा में इन्फैक्शन हो गया हो तो मुँह द्वारा एंटीबायोटिक्स भी खाने को दिये जा सकते हैं।

होम्योपैथिक चिकित्सा

महीन छोटे-छोटे लाल दाने अत्यंत ही खुजली के साथ चेहरे पर हो *लीडम* एक अच्छा होम्योपैथिक एंटीबायोटिक है।

लाल परतदार गोलाकार चकत्ते जिनमें अत्यंत ही खुजली हो और बाहरी परत के नीचे कुछ स्राव सा जमा नजर आये–*मीजोरियम*

हाथों पर सूखा एक्ज़ीमा जो नमी के मौसम में हो–*रस टॉक्स*

इसके अतिरिक्त *ग्रेफाइटिस, सोराइनम, सल्फर* इत्यादि का भी प्रयोग किया जाता है।

बाहरी सतह पर लगाने के लिए *केलैन्डुल* या *'अर्टिका यूरेन्स'* लोशन या टिंक्चर का इस्तेमाल करें।

—:::::::—

हर्पिज सिम्पलैक्स (Herpes Simplex)

तुरंत जानकारी के लिए

लक्षण

- ओरल हर्पिज़
- मुँह की अंदर की परत में व आँख के गोले में दर्द वाले घाव
- लाल, सूजे हुए मसूढ़े व उनमें दर्द
- गर्दन की सूजी हुई लसिका ग्रंथियाँ (लिफंनोड्स)
- बुखार
- होठों में फीवर ब्लिस्टर
- जेनिटल हर्पिज
- जननांगों में दर्द भरे घाव व छाले (ब्लिस्टर)

घर पर चिकित्सा

- ओरल हर्पिज में मुँह के दर्द को कम करने के लिए दर्द निवारक ले सकते हैं
- थोड़ा बड़ा बच्चा हो तो हल्के नमक मिले गुनगुने पानी से कुल्ले कर सकते हैं
- जेनिटल हर्पिज़ में जननांगों के दर्द व सूजन से राहत पाने के लिए गर्म पानी से सेका जा सकता है।

सावधानियां

- आँखों में हर्पिज के लक्षण देखने पर तुरंत ही नेत्र रोग विशेषज्ञ से संपर्क करें।

- नवजात शिशु को हर्पिज़ से संक्रमित व्यक्ति व बच्चे से दूर रखें।
- ध्यान रहे कि हर्पिज़ से संक्रमित गर्भवती महिला प्रसूति के वक्त अपने शिशु तक यह संक्रमण पहुंचा सकती है।

संबंधित विषय

* मसूड़ों में फुंसी
* इम्पीटीगो

हर्पिज सिम्पलैक्स एक प्रकार का अत्यंत ही संक्रामक रोग है जो कि 'हर्पिज वायरस होमिनिस' टाइप। व 2 के कारण होता है। अक्सर यह मुँह में होता है। तब इसे केंकर सोर' और जब मुँह के नज़दीक, होंठों पर होता है तब 'फीवर ब्लिस्टर' के नाम से जाना जाता है। संक्रमित व्यक्ति से सीधा सम्पर्क होने पर यह संक्रमण फैलता है।

टाइप 1 का संक्रमण 'ओरल हर्पिज़' कहलाता है और अक्सर चार वर्ष की उम्र से नीचे के बच्चों में देखा जाता है। पर यह रोग किसी भी उम्र में हो सकता है। एक बार संक्रमण शरीर में पहुँच जाये तो कई महीनों व वर्षों तक शरीर में रहता है, कभी तो आजीवन व्यक्ति के शरीर में ही वास करता है। जब कभी शरीर में रोग प्रतिरोधक शक्ति कम होती है (जैसे कि बुखार, सनबर्न, थकावट व मानसिक तनाव) यह छिपा हुआ वायरस क्रियाशील होकर लक्षण उत्पन्न कर देता है।

टाइप 2 के वायरस का संक्रमण 'जेनिटल हर्पिज कहलाता है, यह भी ओरल हर्पिज की भांति संक्रामक व बार-बार उभर कर आने वाला रोग है। यह अधिकतर व आमतौर पर यौन संबंधों से फैलता है। यदि छाले (ब्लिस्टर) जननांगों पर उपस्थित हों। मां यदि जेनिटल हर्पिज़ से संक्रमित है तो प्रसूति के वक्त बच्चे में यह संक्रमण पहुंच सकता है। इस स्थिति में बच्चे को भयंकर संक्रमण व उसकी मृत्यु की संभावना 50 प्रतिशत तक रहती है।

लक्षण एवं चिन्ह

ओरल हर्पिज (टाइप 1 संक्रमण) के कारण मुँह (होंठ, गाल, जीभ व तलुए) की अंदरूनी परत में कई घाव देखे जाते हैं। आँख के गोले में भी इस प्रकार के घाव हो सकते हैं। इन घावों (अल्सर) में भयंकर दर्द के साथ लाली, मसूड़ों का सूज जाना व गर्दन की गिल्टियों (लिंफ नोड्स) में सूजन पायी जाती है। बच्चे को 40-41 डिग्री सेंटिग्रेड तक बुखार भी हो सकता है। केंकर सोर मुँह के अन्य घावों जैसे कि गमबॉइल से भिन्न प्रकार के नजर आते हैं। ये खुले लाल रंग के गड्ढे की भाँति के घाव होते हैं जबकि गमबॉइल्स म्यूकस मेम्ब्रेन से ऊपर को उठे हुए होते हैं। ओरल हर्पिज में जब फीवर ब्लीस्टर होते हैं तब इन्हें कई बार ग़लती से इम्पीटिगो के छाले समझ लिया जाता है। ओरल हर्पिज 7 से 10 दिन तक रह सकती है। परंतु इसका वायरस शरीर में छिपी हुई अवस्था में उपस्थित रहता है, दुबारा से यह जब भी उभर कर नजर आते हैं तभी संक्रमण फैला सकते हैं।

जेनिटल हर्पिज (टाइप 2 इन्फैक्शन) के कारण जननांगों में छाले व दर्द वाले घाव होते हैं। छाले (ब्लीस्टर) के होने पर जेनिटल हर्पिज भी संक्रमक होती है व अक्सर बार-बार हो जाती है।

चिकित्सा

आँखों में हर्पिज होने पर आँखों में डालने की दवा दी जाती है। यदि बच्चे के मुँह में काफी घाव हो गये हों तो अस्पताल में दाखिल कर चिकित्सा की जाती है। बच्चा जब तक अपना भोजन सामान्य रूप में न निगल पाये उसे इंट्रावेनस फ्लूइड दिये जाते हैं।

गर्भवती महिला को यदि जेनिटल हर्पिज हो तो बच्चे की शल्यचिकित्सा द्वारा प्रसूति करवाना ठीक रहता है।

—:::::::—

पैर में फफूँद (Athletes Foot)

तुरंत जानकारी के लिए

लक्षण

- पैर की उँगलियों के बीच खुजली
- पैरों की त्वचा का फटना, गलना या पपड़ी सी निकलना

घर पर चिकित्सा

- कोई भी फफूँद को नष्ट करने वाला एंटीफंगल ऑइन्टमेंट लगाया जा सकता है।
- रबड़ के या प्लास्टिक के तलुए वाले जूते नहीं पहनने चाहिए।
- हमेशा सूती मोजे पहनने चाहिए।
- यदि फिर भी फफूँद ठीक ना हो रही हो तो डॉक्टर को दिखाना चाहिए।

बच्चे को सूती मोजे पहनाएँ।

सावधानियां

- जब तक पूरी तरह से त्वचा सामान्य ना हो जाए पूरा इलाज करना चाहिए।
- कई बार एथलीट फुट के लिए लगाई गई दवाओं में से कुछ बच्चों की त्वचा में परेशानी व दुष्प्रभाव पैदा कर सकती हैं, ऐसे में उस दवा का इस्तेमाल बंद कर डॉक्टर से परामर्श करें।
- पैरों को खुजलाना नहीं चाहिए। इससे फफूंद में अन्य प्रकार के इन्फैक्शन होने का डर रहता है।
- चमड़े के जूते या चप्पल पहनिये।
- नहाने के बाद पैरों को अच्छी तरह सुखाइये।

संबंधित विषय

* एक्ज़िमा
* दाने (रैश)

'एथलीट्स फुट' (पैर का दर्द) सिर्फ खिलाड़ियों को नहीं वरन् किसी को भी हो सकता है, नमी व गर्मी वाली स्थिति में यह बीमारी पनपती है। इसीलिए गर्मी व बरसात के मौसम में यह बीमारी अक्सर देखने में आती है। इसे इन्फैक्शियस बीमारी भी कहा जाता है, मगर ऐसा है नहीं। यह पैर में फफूँद पैदा हो जाने की वजह से होती है और फफूँद गर्म व नमी की स्थिति में ही पनपती है। इसलिए जूते पहनने वाले व्यक्तियों के पैरों में यह बीमारी दाद के रूप में शुरू होती है। बच्चों व औरतों में यह कम देखने को मिलती है।

लक्षण एवं चिन्ह

ज्यादातर यह पाँव की चौथी व पाँचवी उँगली के बीच में शुरू होती है क्योंकि पैर के इसी स्थान में जगह कम होती है, जूतों के बीच पैर

सख्त रहने से गर्मी बढ़ती है और इन्फैक्शन शुरू हो जाता है। फिर धीरे-धीरे यह साथ की उँगलियों में भी फैलता जाता है। जिन बच्चों के पाँव अक्सर गीले रहते हैं उनके पाँवों में भी यह बीमारी बड़ी आसानी से पनपने लगती है। पैरों की उँगलियों की त्वचा फटने लगती है और उसमें सफेद सी परतें जम जाती है। त्वचा के फटने से उसमें और दूसरे इन्फैक्शन होने का डर रहता है। तब इसमें काफी दर्द व चलने फिरने में कठिनाई होने लगती है। फफूँद के ऊपर और दूसरे इन्फैक्शन हो जाने की वजह से उनमें से पानी भी रिसने लगता है। कभी-कभी पैरों के तलुओं में छाले भी पड़ जाते हैं। सिर्फ पैरों की उँगलियों के बीच ही नहीं बल्कि तलुओं में भी रोग फैल जाता है। तलुए सख्त, चमड़े जैसे व चॉक की तरह सफेद हो जाते हैं।

चिकित्सा

एंटीफंगल दवाओं का इस्तेमाल किया जाता है। फफूँद के ऊपर यदि अन्य जीवाणुओं का इन्फैक्शन हो गया हो तो एंटीबायोटिक्स भी दिये जाते हैं। आमतौर पर एथलीट्स फुट के लिए लंबे समय तक इलाज करना पड़ता है। ऊपर से पैर की त्वचा साधारण भी दिखाई दे तब भी कुछ लंबे समय तक दवा खानी पड़ती है ताकि इन्फैक्शन पूरी तरह से ठीक हो सके।

होम्योपैथिक चिकित्सा

पैरों में बदबूदार अत्यधिक पसीना व उँगलियों का फटना–*साइलीशिया इचीनेशिया* व *कैलेन्डूला टिंक्चर* पानी में मिलाकर उस में पैर को डुबोयें। इन्हीं दवाओं के मलहम पैर पर लगाये जा सकते हैं।

–:::::::–

गंजापन (Baldness)

तुरंत जानकारी के लिए

लक्षण

- सिर से चकत्ते के रूप में बाल उड़ना
- पूरे सिर से बाल उड़ना
- सिर की त्वचा से पपड़ियां अथवा खाल उतरना।
- आधे टूटे बालों से खुरदुरी त्वचा।

घर पर चिकित्सा

- सिर के बाल यदि चकत्ते के रूप में उड़ गये हों (ऐलोपेशिया एरियेटा), इसकी घर पर चिकित्सा असंभव है।
- वशांनुगत व जन्मजात गंजापन ठीक करना अत्यंत ही मुश्किल है।

सावधानियां

- अपनी इच्छानुसार बाल उगाने वाली दवायें या वस्तुएँ विज्ञापनों को देखकर, सुनकर अथवा पढ़कर इस्तेमाल ना करें।
- इसके लिए सौन्दर्य विशेषज्ञ के बदले, त्वचा रोग विशेषज्ञ (डर्मेटोलिजिस्ट) से सम्पर्क करें।

संबंधित विषय

* इम्पीटिगो
* दाद

गंजेपन में सिर के सारे बाल उड़ जाते हैं या फिर कहीं कहीं पर बाल उड़ने से चकत्ते से बन जाते हैं। कुछ बच्चे कभी-कभी जन्म से ही गंजे पैदा होते हैं या फिर कुछ एक के पूरे सिर पर बाल आने में 2 वर्ष तक लग जाते हैं।

नवजात शिशु कई बार अपना सिर तकिया पर रगड़ते हैं, इस वजह से वहाँ के बाल उड़ जाते हैं लेकिन वे बाल दुबारा से उग आते हैं। सख्त बाल बाँधने से भी कई बार उस स्थान से बाल टूट जाते हैं और गंजापन सा नजर आता है। बच्चे जो अपने बालों को मरोड़ते रहते हैं, उनके भी बाल झड़ जाते हैं।

भावनात्मक तनाव ग्रस्त बच्चे कई बार अपने बाल नोंच कर उखाड़ देते हैं जिसे मेडिकल भाषा में 'ट्राइकोटिलोमेनिया' के नाम से जाना जाता है।

'एलोपेशिया एरिएटा' नामक बीमारी में बाल छोटे-छोटे गोलागार चकत्तों के रूप में उड़ जाते हैं और गंजी जगह हल्की गुलाबी या सामान्य त्वचा जैसी प्रतीत होती है। यह अवस्था महीनों से वर्षों तक रह सकती है। कभी-कभी, धीरे-धीरे पूरा सिर भी इस रोग की चपेट में आ जाता है।

सिर में दाद (रिंग वर्म) हो जाने से भी गंजेपन के चकत्ते नजर आते हैं। इसमें सिर की त्वचा में से परतें भी निकलती हैं।

वशांनुगत गंजापन अक्सर लड़कों में अधिक होता है। इसमें सिर के ऊपरी व किनारे के भागों से बाल झड़ने शुरू होते हैं।

किशोर अक्सर कंघी पर बाल निकलने में सोचते हैं कि वे गंजे हो रहे हैं पर ऐसे बाल झड़ना सामान्य है। इन झड़े हुए बालों की जगह नये बाल जल्द ही उग आते हैं।

पेराथाइरोइड ग्रंथि के असामान्य कार्य करने की वजह से जिसे 'हाईपरपेराथाइरोडिज्म' के नाम से जाना जाता है, बाल किसी-किसी स्थान पर से झड़ जाते हैं बाल झड़ने के साथ इस बीमारी के अन्य लक्षणों द्वारा इसे पहचाना जाता है।

सिर की त्वचा में 'इम्पीटिगो' नामक बीमारी व अन्य संक्रमणों की वजह से भी गंजापन हो सकता है।

लक्षण एवं चिन्ह

कोई भी इन्फैक्शन हो तो वह त्वचा पर नजर आता है। यदि बच्चा बालों को मरोड़ रहा हो या सिर रगड़ता हो तो इस तरफ ध्यान देना चाहिए कि बच्चे को मना किया जाए।

चिकित्सा

विशेष संतुलित आहार खासतौर पर विटामिन 'डी' युक्त आहार लेना चाहिए। एलोपेशिया एरिएटा के लिए कई बार स्टीरोइड्स दिये जाते हैं।

होम्योपैथिक चिकित्सा

यह दवा बालों की जड़ों को प्रभावित करती है। त्वचा में चिकनाई नजर आना इसका मुख्य लक्षण है–*नेट्रमम्यूर*

सिर में खुजली, फराश (रूसी), बालों का गुच्छों में झड़ना–*फास्फोरस*

सिर में गंज उड़ जाना, बालों का चिपकना व गंज के स्थान पर अत्यधिक खुजली लगना–*विनका माइनर*

इसके अतिरिक्त *फ्लोरिक एसिड* या *वेस्बेडिन* नामक दवा भी इस्तेमाल की जाती है।

1. **केन्थेरिस टिंक्चर – 1 भाग**
2. **आर्निका टिंक्चर – 1 भाग**
3. **जेबोरंडी टिंक्चर – 1 भाग**

तीनों एक-एक भाग तीन भाग नारियल के तेल में मिलाकर सिर पर मालिश करें।

—:::::::—

सिर में पपड़ी जमना (Cradle Cap)

तुरंत जानकारी के लिए

लक्षण

- पीली परत वाली पपड़ी का त्वचा पर जमना
- बालों को छोटे छोटे चकत्तों में उड़ना

घर पर चिकित्सा

- धीरे-धीरे साबुन या शैम्पू से सिर साफ करने पर यह पपड़ी उतर जाती है।
- पपड़ी के न उतरने पर डॉक्टर की राय से कोई विशेष शैम्पू इस्तेमाल किया जा सकता है।
- जरूरत पड़ने पर विशेष प्रकार का मलहम भी डॉक्टर की राय के अनुसार बच्चे के सिर पर लगाया जा सकता है।

सिर पर हल्की पपड़ी के जमने पर हर रोज बच्चे का सिर पर शैम्पू या हल्का साबुन लगाकर, हाथ में कपड़ा लपेटकर, सिर को इस भाँति पकड़ बल पूर्वक रगड़ें। फिर साफ पानी से धोकर अच्छी तरह सुखा लें।

सावधानियां

- मेडीकेटेड शैम्पू या दवा लगाते वक्त ध्यान रखें कि बच्चे की आँख में वह न जाने पायें।
- यदि सिर की त्वचा में लाली या खुजली जैसे लक्षण पैदा हों तो दवा व शैम्पू का इस्तेमाल बंद कर दें।

संबंधित विषय

* एक्ज़ीमा

'क्रेडल कैप' (सेबोरिक डर्मेटाइटिस) त्वचा की ऐसी बीमारी है जिसमें कि सिर की त्वचा पर पीले रंग की परत वाली या सख्त सी पपड़ी जम जाती है। यह परतें तेल व नष्ट हुई त्वचा की कोशिकाओं के मिलने से बनती है। नवजात शिशुओं में यह रोग काफी देखने को मिलता है पर पांच वर्ष की आयु तक के बच्चों में भी देखा जा सकता है। अस्थायी समय के लिए सिर से बाल भी उड़ सकते हैं।

लक्षण एवं चिन्ह

इसको देख कर ही इस रोग को पहचाना जा सकता है। पपड़ी के चकत्ते अक्सर बच्चे के सिर की मुलायम त्वचा से शुरू होकर कभी-कभी कान के पिछले भाग या माथे तक भी पहुँच जाते हैं।

चिकित्सा

त्वचा रोग विशेषज्ञ को दिखायें ताकि यह पता लग सके कि यह क्रेडल कैप ही है या कोई अन्य बीमारी। कभी-कभी जब मेडिकेटेड शैम्पू व मलहम से यह पपड़ी ठीक नहीं होती तब स्टीरोइड्स क्रीम इस्तेमाल के लिए दी जाती है।

क्रेडल कैप की होम्योपैथिक चिकित्सा

सिर पर अत्यधिक पसीना, बच्चे में से खट्टी सी दुर्गंध आना, सिर पर मोटी पपड़ी की परत जमना–*केल्कार्ब*

पतले दुबले बच्चे जिन्हें अत्यधिक गैस की शिकायत हो–*लाइको*

सिर पर सूखी परत जमना, अत्यधिक खुजली–*सल्फर*

–:::::::–

सिर में जूँ पड़ना (Head Lice)

तुरंत जानकारी के लिए

लक्षण

- सिर में खुजली
- गर्दन पर पपड़ीदार दाने
- खुजलाने पर सिर में घाव
- सिर के नीचे गर्दन के लिंफ नोड्स बढ़ना
- बालों में चिपके जूँ के अंडे (लीख)

घर पर चिकित्सा

- रूसी झाड़ने व कंघी करने पर झड़ जाती है परंतु लीखें बालों में चिपकी रहती हैं।
- जूँ व लीखों को नष्ट करने के लिए डॉक्टर द्वारा बताया गया शैम्पू इस्तेमाल करें। ध्यान रहे कि दवायुक्त शैम्पू बच्चे की आँखों व मुँह में न जायें। डॉक्टर द्वारा बताये गये निर्देशों अनुसार ही शैम्पू इस्तेमाल करें।

अपने बच्चे की सिर की जाँच नियमित तौर पर करते रहनी चाहिए क्योंकि स्कूल जाने वाले बच्चों में अक्सर एक दूसरे से जूँऐं फैल जाती हैं।

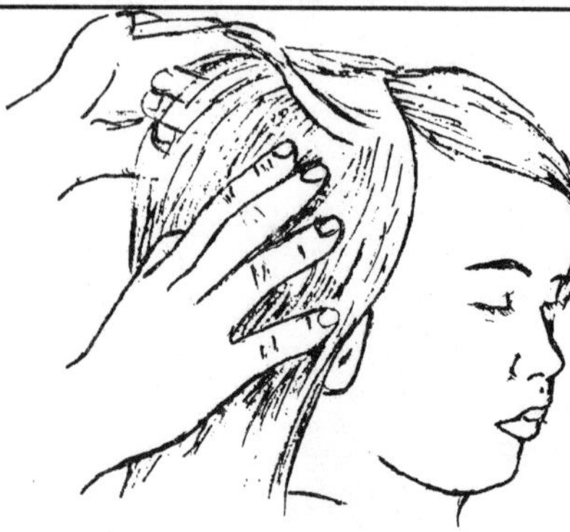

- सिरके में पानी मिलाकर बालों को धोया जा सकता है। उसके पश्चात बारीक कंघी द्वारा बालों से लीखें अलग की जा सकती है।
- बालों में इस्तेमाल किये जाने वाले कंघी व ब्रश को भली प्रकार साफ करें। तकिये व बच्चे की टोपी धोकर साफ करनी चाहिए।
- घर के अन्य लोगों में भी जूँ व लीखों की जाँच की जानी चाहिए।

सावधानियां

- यदि घर के किसी भी सदस्य के सिर में जूँ पड़ गई हो तो अन्य सभी लोगों को अपने सिर की जाँच करवा लेनी चाहिए।
- जूँ नष्ट करने वाले शैम्पू को इस्तेमाल करने में ध्यान रखना चाहिये कि यह आँख व मुँह में न जायें क्योंकि यह मुँह द्वारा निगले जाने पर अन्य खतरे पैदा कर सकता है।
- जूँ पड़ने के साथ यदि सिर में घाव हो गये हों या गर्दन के लिंफ नोड्स बढ़ गये हों तो डॉक्टर से अवश्य परामर्श करें।

सिर की जूँ एक बहुत ही छोटा परजीवी है जिनका आकार 3 मिलीमीटर से लंबा नहीं होता। इनका रंग भूरा सलेटी सा होता है और छः टाँगें होती हैं। यह सिर्फ मनुष्यों में ही पाई जाती है जानवरों में नहीं। जूँ एक व्यक्ति से दूसरे व्यक्ति तक आसानी से पहुँच जाती है। सिर की जूँ सिर में ही त्वचा के पास रहती है, त्वचा को छेद कर वहां से जूँ रक्त चूसती रहती है। जूँ के जो अंडे बालों में चिपके रहते हैं उनका रंग दूध की भांति सफेद व चमकीला होता है। सिर में रूसी (डेन्ड्रफ) की तरह ये लीखें साफ दिखाई पड़ती हैं। सिर में जूँऐं अक्सर स्कूल पढ़ने वाले बच्चों में ज्यादा देखने को मिलती है।

लक्षण एवं चिन्ह

जूँओं के कारण सिर में खुजली होती है, कई बार गर्दन पर, बालों के नीचे लाल सूखी परत वाले दाने भी नजर आते हैं। खुजलाने के

कारण सिर में घाव भी बन जाते हैं। कई बार गर्दन के लिंफ नोड्स भी सूज जाते हैं।

असंख्य जूँएं पड़ने पर ही बच्चे के सिर में जूँ नजर आती है। एक दो जूँ सिर में ढूँढना मुश्किल होता है। बच्चे के बालों पर चिपकी लीखें देखी जा सकती हैं। हालाँकि लीखें रूसी के ही आकार और रंग जैसी होती हैं परंतु रूसी फूँक मारने व झाड़ने पर झड़ जाती हैं परंतु लीखें बालों के साथ चिपकी रहती हैं और नाखूनों के द्वारा ही इन्हें मुश्किल से नोंचकर निकाला जा सकता है।

चिकित्सा

डॉक्टर इसके लिए जो भी राय दें आप घर पर उसी प्रकार चिकित्सा कर सकते हैं। यदि सिर में घाव हो गये हों और गर्दन के लिंफ नोड्स सूज गये हों तो दवायें लेनी पड़ती हैं।

होम्योपैथिक चिकित्सा

स्टेफिसोग्रिया मदर टिंक्चर बच्चे के सिर में दो तीन बार मलें। सिर में अत्यधिक खुजली हो तो *स्टैफिसेग्रिया* खाने को भी दें।

त्वचा में जूँ – *लाइको पोडियम* हमेशा के लिए जूँ खत्म हो जाये या बार-बार न हों इसके लिए *बैसीलिनिम* या *सोराइनम* 200 की एक खुराक प्रति सप्ताह एक महीने तक दें।

—:::::::—

गर्मी के दाने (Heat Rash)

तुरंत जानकारी के लिए

लक्षण

- गालों, गर्दन, कंधों, पीठ व जंघाओं पर त्वचा के प्रत्येक छिद्र को घेरे हुए महीन गुलाबी व लाल रंग के दाने।

घर पर चिकित्सा

- जितना भी संभव हो सके बच्चे को ठंडे वातावरण में रखें।
- ठंडे पानी से बच्चे को स्वच्छतापूर्वक नहलायें।
- ध्यान रहे कि बच्चे को ज्यादा कपड़े न पहनायें।
- गर्मियों में प्रीकली हीट पाउडर का प्रयोग करें।

सावधानियां

- पाउडर को सावधानी पूर्वक बच्चे को लगायें। इसे छिड़के नहीं अन्यथा फेफड़ों में सूजन का भय रहता है।

दाने होने पर जहां तक हो सके बच्चे को ठंडे वातावरण में रखें। कुछ समय के लिए बच्चे को बिना वस्त्रों के ही खेलने दें।

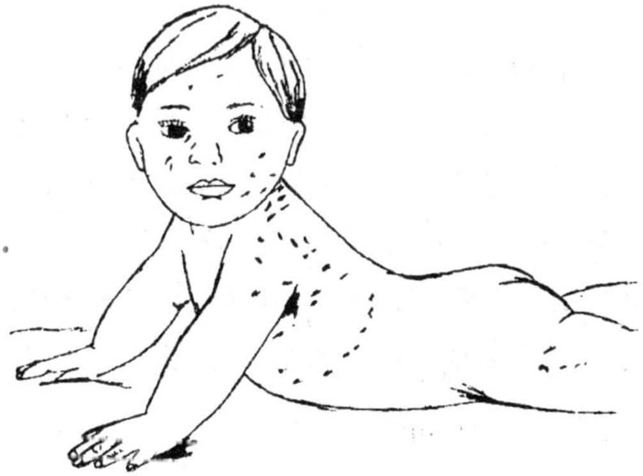

- बच्चे को अत्यधिक कपड़े पहनाने से हीट रैश होती है। जितने ताप की आवश्यकता आपको होती है उतनी ही बच्चे को भी होता है। उसे ज्यादा ताप की आवश्यकता नहीं होती।
- बच्चे के बिस्तर को धोने के लिए कठोर साबुन व ब्लीच का प्रयोग न करें। कई बार इन चद्दरों से दाने बढ़ जाते हैं।
- बच्चे के शरीर पर दाने होने पर चिकनाई युक्त लोशन न लगायें।

संबंधित विषय

* नैपी रेश
* दाने (रैश)

गर्मी के दाने त्वचा पर होने वाला एक हल्के प्रकार का रोग है जो कि त्वचा पर मौजूद पसीने की ग्रंथियों के बंद होने पर होता है। इन्हें 'प्रीकली हीट' अथवा 'माइलिएरिया' के नाम से भी जाना जाता है और किसी भी उम्र के बच्चों में आमतौर पर देखा जाता है। बच्चों को गर्मियों के मौसम में अक्सर यह दाने निकलते हैं। सर्दियों में भी यह दाने बच्चे के शरीर पर निकल सकते हैं यदि उसे काफी गर्म कपड़े पहना दिये जायें।

लक्षण एवं चिन्ह

गर्मी के कारण निकलने वाले दाने पिन के सिर के आकार के व असंख्य होते हैं। यह दाने हल्के गुलाबी रंग के अथवा लाल रंग के होते हैं। कभी-कभी इनमें पानी सा भी भरा नजर आता है। इनमें अत्यधिक खुजली लगती है व खुजलाने पर त्वचा में निशान भी बन जाते हैं। यदि मेंग्नीफाइंग ग्लास (बड़ा कर दिखाने वाला लेंस) द्वारा इन दानों को अच्छी रोशनी में देखा जाये तो पसीने की ग्रंथि के हर छिद्र के मुँह पर दाना दिखाई देता है।

यह दाने अक्सर गालों, गर्दन, कंधों, पीठ व जंघाओं के पास देखे जाते हैं। मूत्र में गीले हुए वस्त्र पहने रहने पर भी बच्चों में ऐसे दाने पैदा हो जाते हैं। गर्म, नमी का मौसम व पसीने के कारण उत्पन्न इन दानों को देखकर पहचाना जा सकता है।

चिकित्सा

इसमें किसी विशेष डॉक्टरी चिकित्सा की आवश्यकता नहीं पड़ती।

होम्योपैथिक चिकित्सा

नैट्रमम्यूर, सल्फर, अर्टिकायूरेन्स शरीर के ऊपरी भाग में दाने (प्रीकलीहीट) हो तो *सीज़ीजियम जेम मदर टिंक्चर* की 10 बूँदें आधा कप पानी में मिलाकर दिन में दो बार दें।

—:::::::—

सूर्य के ताप द्वारा त्वचा का जलना

(Sun Burn)

तुरंत जानकारी के लिए

लक्षण

- लाल, फफोले युक्त त्वचा, त्वचा में दर्द
- त्वचा में दर्द व जलन

घर पर चिकित्सा

- धूप में निकलने से पहले बच्चे की सुरक्षा का ध्यान रखें।
- यदि त्वचा धूप में निकलने के कारण झुलस गई हो तो उस पर ठंडे पानी की पट्टी रखें।
- फफोले पड़ गये हों उन्हें फूटने से बचायें।
- दर्द, जलन व खुजली के लिए डॉक्टरी राय पर दवा दें।

सावधानियां

- आजकल सनस्क्रीन लोशन उपलब्ध हैं। धूप में जाने से पहले उनका प्रयोग करें।
- पानी से सनस्क्रीन लोशन घुल जाते हैं। इसलिए पानी के प्रयोग के पश्चात इन्हें दुबारा लगाना चाहिए।
- कई बार खिड़की से पड़ने वाली धूप से भी बच्चे की त्वचा प्रभावित हो सकती है, इस बात का ध्यान रखें।

- बच्चे को धूप से सनबर्न के साथ यदि बुखार व अत्यधिक थकावट व कमजोरी भी है तो डॉक्टर की राय अवश्य लें।
- अत्यधिक गोरी त्वचा वाले शिशु व बच्चे छाया व बादलों से घिरे दिनों में भी सनबर्न का शिकार हो सकते हैं।

संबंधित विषय

- * छाले
- * जलना

सनर्बन आमतौर पर 1 डिग्री के बर्न होते हैं जो त्वचा में सूरज की गर्मी के प्रभाव के कारण पैदा होते हैं। यह उन बच्चों में जिनकी गोरी त्वचा होती हैं अधिक देखने में आते हैं।

लक्षण एवं चिन्ह

इसके कारण त्वचा में सूजन, फफोले व दर्द होता है। कई बार सूरज की गर्मी के प्रभाव से त्वचा में दाने उभर आते हैं।

चिकित्सा

जिस प्रकार जली त्वचा की चिकित्सा की जाती है वही चिकित्सा ही सनबर्न में भी की जाती है। तीर्व रूप में रोग उभरा हो तो अस्पताल में भर्ती कर चिकित्सा की जाती है।

होम्योपैथिक चिकित्सा

बच्चे की त्वचा में **कैलेन्डुला टिंक्चर** एक भाग व पानी मिलाकर लगायें।

लीडम पाल – धूप में जाने से निशान पड़ गये हों या छाले हों।

—:::::::—

छपाकी/पित्ती (Urticaria)

तुरंत जानकारी के लिए

लक्षण

- लाल उठे हुए चकत्ते
- खुजंली लगना
- पित्तियों का आकार बदलता रहता है।

घर पर चिकित्सा

- ठंडे पानी से शरीर को धोयें केलेमाइन लोशन लगा सकते हैं।
- यदि एलर्जी के कारण छपाकी हो तो बच्चे को डॉक्टर द्वारा बताई गई दवा छपाकी होने पर देनी चाहिए।

सावधानियां

- बच्चे की जीभ में यदि छपाकी हो तो तुरंत डॉक्टर को दिखायें।
- यदि बच्चे को खाँसी हो, साँस लेने व निगलने में कठिनाई हो तो तुरंत डॉक्टरे से मिलें।
- यदि बच्चे को छपाकी के साथ बुखार भी हो तो डॉक्टर गले की जाँच करते हैं ताकि स्ट्रैप जीवाणुओं का निदान हो सके।
- यदि एलर्जी की दवा देने पर भी छपाकी खत्म न हो तो डॉक्टर से सम्पर्क करें।

संबंधित विषय

* जोड़ों का दर्द
* भोज्य पदार्थों से एलर्जी
* कीड़ों का डंक मारना अथवा काटना
* दाने
* स्ट्रैप थ्रोट

पित्ती 'आर्टिकेरिया' या छपाकी त्वचा में होने वाली वह प्रक्रिया ह जो लगभग 20 प्रतिशत बच्चों में कभी न कभी या अक्सर होती ही रहती है। यह त्वचा के किसी भी भाग में हो सकती है और लगभग 95 प्रतिशत उन बच्चों में देखी जाती है जिन्हें किसी भोज्य अथवा पेय पदार्थ या दवाओं से एलर्जी हो। अक्सर खट्टी रसीले फल, चॉकलेट, मेवे, टमाटर, बेर, मसाले, मिठाई, फलों के रस या कृत्रिम गंध लिए खाद्य पदार्थ इस तरह का रिएक्शन पैदा करते हैं।

शरीर के किसी थोड़े से भाग में छपाकी का होना भोजन अथवा दवाओं की एलर्जी के कारण न होकर भिन्न कारणों से हो सकता है जैसे कि बच्चे ने किसी पौधे, दवा या सौन्दर्य प्रसाधन की वस्तु को छुआ हो, कुत्ते या बिल्ली की लार, कीड़े के काटने व डंक मारने, अत्यधिक गर्मी व सर्दी के कारण या फिर कुछ सूँघने जैसे कि पराग कण, कीट नाशक, जानवरों के महीन बालों के कारण भी पित्ती/छपाकी हो सकती है। स्ट्रेप्टोकोकस जीवाणु अथवा कुछ दवायें भी पित्ती पैदा कर सकती हैं जिन्हें कि 'इरीदेमा मल्टीफोर्मी' के नाम से जाना जाता है।

लक्षण एवं चिन्ह

पित्ती 5 मि॰मी॰ से लेकर कई सेंटीमीटर तक उठे हुए लाल चकत्ते से होते हैं जिनमें खुजली भी लगती है। इनका महत्त्वपूर्ण लक्षण होता है कि इनका आकार बदलता रहता है यह आती जाती रहती है। शरीर के अन्य दाने इस भाँति आकार नहीं बदलते।

कई बार कीड़े के काटने पर पैदा हुई छपाकी अर्टिकेरिया की भाँति नजर आती है परंतु यह अर्टिकेरिया की भाँति आती जाती नहीं रहती। छपाकी जो कीड़े के काटने पर एलर्जी के कारण पैदा हुई हो वह काटे गए स्थान से कुछ दूरी पर होती है। एलर्जिक आर्थराइटिस के कारण भी कई बार छपाकी हो जाती हैं परंतु इसमें इसके साथ जोड़ दर्द करते हैं एवं लाल होकर सूज जाते हैं। वह छपाकी जिन्हें कि इरीदेमा मल्टीफोर्मी के नाम से जाना जाता है ऐसे लगते हैं मानो कि त्वचा पर भिन्न-भिन्न आकार के लाल चकत्ते पेंट कर दिये हों।

चिकित्सा

ऐलोपैथिक चिकित्सा के दौरान डॉक्टर एपीनेफराइन व एंटीहिस्टेमाइन बच्चे को देते हें। यदि इन छपकियों के होने का कारण पता न लग पाये तो त्वचा की जाँच करवाई जाती है। स्ट्रैप इन्फैक्शन को जाँचने के लिए गले की जाँच की जाती है। जोड़ों में सूजन हो तो आर्थरायटिस के लिए जाँच की जाती हैं।

होम्योपैथिक चिकित्सा

अचानक से त्वचा का लाल होना, खुजली व बुखार–*एकोनाइट*
अत्यधिक सूजन, चुभन वाला दर्द, लाली जो कि ठंडे पानी से धोने पर कम हो जाये–*एपिस*
छपाकी में सूजन व जलन, गर्मी से आराम पहुँचे–*आर्सेनिक*
अचानक छपाकी उठे फिर अचानक ही खत्म हो जाये–*एंटीपाइरिन*
पेट में कीड़े होने के कारण छपाकी–*सिना*
मछली से एलर्जी होने के कारण छपाकी, बिस्तर पर पेशाब निकलना, स्टीरोइड्स मिली दवाओं के कारण छपाकी का दब जाना, दवा छोड़ते ही छपाको उभर आना–*अर्टिका यूरेन्स*

—:::::::—

त्वचा रोग (Impetigo)

तुरंत जानकारी के लिए

लक्षण

- पतले, पीले पीब युक्त फफोले
- फफोले फटने के पश्चात खुले घाव
- पीब के सूखने के बाद सख्त शहद की भाँति पपड़ी

घर पर चिकित्सा

- हल्के स्तर का रोग होने पर जमी पपड़ी को खुरच कर स्थान को साबुन पानी से धोयें फिर बताई गई दवा/मलहम समय समय पर लगायें।
- घाव के स्थान को साफ पट्टी अथवा कपड़े से ढक दें ताकि बच्चा खुजलाकर संक्रमण न फैला सके।

सावधानियां

- इम्पीटिगो एक भयंकर संक्रमण वाला रोग है।
- हल्के घाव व खरोंच में आसानी से संक्रमण हो सकता है, इन्फैक्शन से बचाव के लिए हर घाव को साबुन व पानी से धोकर साफ पट्टी से ढक देना चाहिए।
- संक्रमित बच्चे के कपड़े घर के अन्य सदस्यों के कपड़ों से अलग धोने चाहिए इससे अन्य लोगों को इन्फैक्शन होने का भय नहीं रहता।
- यदि घर पर चिकित्सा द्वारा रोग ठीक हो रहा हो तो पूरी तरह घाव ठीक होने तक चिकित्सा करनी चाहिए।

- इस रोग को पूरी तरह ठीक होने में काफी समय लगता है परंतु यदि घर में की गई चिकित्सा से लाभ न हो रहा हो तो अस्पताल में डॉक्टर को दिखायें।

संबंधित विषय

* खरोंच
* एक्ज़ीमा
* कीड़ों का काटना
* गुर्दे का शोथ
* दाने (रैश)

'इम्पीटिगो' एक प्रकार का भयंकर संक्रमण वाला त्वचा रोग है जो कि त्वचा की बाहरी परतों को प्रभावित करता है। यह 'स्टेफाइलो' या 'स्ट्रेप्टो' कोकस नामक जीवाणुओं के कारण होता है। यह जीवाणु संक्रमित व्यक्ति के सीधे सम्पर्क में आने पर या उस व्यक्ति की चीजें, तौलिया इत्यादि छूने से बच्चे तक पहुँच जाते हैं। जीवाणुओं का बच्चे के शरीर से संपर्क होने के पश्चात 2 से पांच दिन के अंदर बच्चे में त्वचा रोग के लक्षण पैदा हो जाते हैं।.

लक्षण एवं चिन्ह

इम्पीटिगो में त्वचा पर आसानी से फटने वाले फफोले बन जाते हैं और उन में पतला पीला पीब भरा रहता है। शुरू में यदि त्वचा में चोट लगी हो, त्वचा छिली हो या कीड़े ने काटा हो अथवा कोई चर्म रोग हो तो जीवाणु वहां पहुँच जाते हैं। यदि बच्चा किसी स्थान पर खुजलाये तो वहीं फफोला पड़ जाता है। फिर वहीं फफोला फूटकर खुला घाव रह जाता है जिसमें से पीब रिसता रहता है और घाव का आकार बढ़ता रहता है। घाव में से रिसने वाला पदार्थ जमकर पीली पपड़ी सी जमा देता है जो सूखे हुए शहद

के समान प्रतीत होती है। इम्पीटिगो शीघ्र ही फैलने लगता है क्योंकि बच्चा अपने हाथों से इस भाग को खुजलाकर शरीर के अन्य स्थानों को छू देता है। किसी जीवाणु के कारण संक्रमण हुआ है इसका पता केवल प्रयोगशाला की जाँच से ही लग सकता है। यदि स्ट्रेप्टो कोकस जीवाणु के कारण संक्रमण हो तो गुर्दे के रोग के बारे में पता लगाना आवश्यक है।

चिकित्सा

स्ट्रेप्टोकोकस संक्रमण का पता लगाने के लिए गले की कल्चर जाँच आवश्यक है। स्टेफाइलो इन्फैक्शन होने पर उचित एंटीबायोटिक्स खाने व लगाने को दिय जाते हैं।

होम्योपैथिक चिकित्सा

पीब वाली फुंसी, शहद की भाँति पपड़ी, सूखी त्वचा, बिस्तर की गर्मी से खुजली, जीभ में सफेद मैल की परत–*एंटिम क्रूड*

पीब वाली फुंसियाँ जो त्वचा पर लाल नीला धब्बा छोड़ दें–*एंटिमटार्ट*

सूखी त्वचा पर फुंसियाँ, बदबूदार पीब, खुजलाने व ठंडे पानी से धोने पर जलन, सूजन इत्यादि–*आर्सेनिक*

पुराना इंपीटिगो, खुजली न होना सख्त हल्के पीले रंग की पपड़ी जमना–*साइकूटा*

चेहरे, हाथ व जननांगों में खुजली जो ठंड व बरसात के मौसम में बढ़े–*डल्कामारा*

चेचक के जैसे दाने अत्यधिक जलन वाला दर्द व खुजली, मोटी पपड़ी के नीचे गाढ़ा स्राव–*कालीबाइक*

लाल सूजी त्वचा, अत्यधिक खुजली, जलन–*रसटॉक्स*

यह दवा भी इम्पीटिगो में अत्यंत अच्छा कार्य करती है–*मर्कसोल*

स्टेफाइलोकोकस 200 या *स्टैपटोकोकस* 200 की एक खुराक प्रति सप्ताह 3 सप्ताह तक बच्चे को दें।

नैपी रैश (Nappy Rash)

तुरंत जानकारी के लिए

लक्षण

- त्वचा का लाल होना, खुरदरापन व परतें सी जमना
- त्वचा में एमोनिया की गंध
- लाल धब्बे

घर पर चिकित्सा

- बच्चे का कच्छा/लंगोट अथवा जांघिये के गीला होने पर उसे तुरंत बदल डालें।
- कच्छे के बाहर की पकड़ ढीली रहे। बहुत सख्त जांघिये न पहनायें जिनमें कि हवा ही न जा सके।
- बच्चे के जांघिये धोने के लिए अच्छे साबुन व डिटर्जेंट का प्रयोग करें।
- साधारण नैपी रैश में डॉक्टर की राय लेकर कोई मलहम लगायें।
- एमोनिया के कारण रैश हो तो बच्चे के निचले स्थानों को जल्दी जल्दी साफ पानी से धो डालें और सख्त कच्छे न पहनायें।
- एलर्जी के कारण रैश हो तो ध्यान रखें कि किस भोजन, पेय पदार्थ या दवा से बच्चे को एलर्जी हो रही है।
- किसी संक्रमण के कारण रैश हो तो साबुन पानी से धोकर कोई मलहम लगायें।

सावधानियां

- यदि रैश बढ़ती जायें तो तुरंत डॉक्टर को दिखायें।
- बच्चे को रैश के साथ बुखार, बैचेनी, भूख में कमी या अन्य कोई लक्षण हो तब भी पहले डॉक्टर से सलाह लें।
- कोई भी मलहम लगाने से पहले डॉक्टर की राय अवश्य ले लें।

संबंधित विषय

* चिकन पॉक्स
* क्रेडल कैप (सिर में दाने)
* एक्ज़ीमा
* भोज्य पदार्थों से एलर्जी
* इम्पीटिगो
* खसरा
* दाने (रैश)

कच्छा या जंघिया पहनने वाले स्थान पर त्वचा में दाने उभरने की अवस्था को 'नैपी रैश' कहते हैं। लगभग सभी बच्चों में नैपी रैश हो जाती है। यह दाने नमी, मूत्र व कच्छों के कपड़े में मिले रसायनों के कारण होते हैं।

लक्षण एवं चिन्ह

नैपी रैश के कारण पैदा होने वाले दानों को देखकर व उनके स्थान को देखकर अंदाजा लगाना आसान है।

साधारण प्रकार की नैपी रैश में त्वचा खुरदरी, लाल व परतदार मालूम होती है। जिस-जिस स्थान पर कच्छे का त्वचा से सम्पर्क रहता है उन स्थानों पर दाने उभर आते हैं। कच्छों को धोने के लिए जिन वस्तुओं का प्रयोग किया जाता है जैसे कि साबुन डिटर्जेंट, ब्लीच व व्हाइ्टनर उनके कारण त्वचा में

लक्षण उभर आते हैं। प्लास्टिक या रबड़ की पैन्ट यदि सूती कच्छे के ऊपर पहनाई गई है तब भी कई बार एलर्जी के कारण दाने उभर आते हैं। आजकल डिस्पोजेबल नैपीज़ बच्चे को पहनाई जाती हैं। कई बार इनको बनाने में इस्तेमाल हुए रसायनों के कारण भी त्वचा में दाने उभर आते हैं।

कई बार पेशाब में निकले अमोनिया के कारण भी दाने उभर आते हैं, यह तब होता है जब बच्चे के मूत्र में भीगे कच्छे/जांघियों को लंबे समय तक बदला न जाए।

यदि बच्चे की जंघाओं पर दाने नजर आयें तो शरीर में और स्थानों पर दाने तो नहीं इसको जाँच लेना चाहिए क्योंकि कभी-कभी वे भोज्य पदार्थ या दवा की एलर्जी के कारण या फिर चिकन पॉक्स या खसरे के दाने भी हो सकते हैं। परंतु यह दाने पूरे शरीर में अन्य कई स्थानों पर होते हैं।

चिकित्सा

दानों का स्थान देखकर इस रोग की पुष्टि की जाती है।

होम्योपैथिक चिकित्सा

केलेन्डुला मलहम दिन में कई बार स्थान को साफ कर लेने के पश्चात लगायें। यदि इस मलहम से आराम न मिले तो *सिम्फाइटम मलहम* लगायें।

त्वचा लाल, चमकदार गर्म, न ढकने से आराम, गर्माहट व छूने में तकलीफ–*एपिस मेल*

लाल त्वचा, खुजली, फटी त्वचा सूखी हुई, रक्तस्राव जहाँ त्वचा मिलती हो जैसे कि जंघाओं या कूल्हों के बीच दाने–*पेट्रोलियम*

जलन, खुजली, खाल की परतें सी उखड़ना, ढकने से आराम, ठंड के प्रभाव से अधिक बढ़ना–*रसटॉक्स*

त्वचा को धोने से रोग बढ़े, लाल त्वचा खुजली व जलन, कटी फटी त्वचा, रक्त बहना, न ढकने से रोग में आराम–*सल्फर*

–:::::::–

मस्से (Warts)

तुरंत जानकारी के लिए

लक्षण

- त्वचा पर कहीं भी खुरदरी उठी हुई संरचना

घर पर चिकित्सा

- नियमानुसार मस्सों को छोड़ देना चाहिए
- डॉक्टर की सलाह पर आँख की पलक या मुँह के मस्सों के अतिरिक्त शरीर के अन्य भागों में लगाने की दवा इस्तेमाल की जा सकती है।

सावधानियां

- किसी प्रकार का उपचार इसमें सफल नतीजे नहीं दिखाता, या तो मस्से चिकित्सा के दौरान फैल जाते हैं या फिर दुबारा से उभर आते हैं।
- घर पर मस्सों का इलाज यदि वो पलक पर, मुँह में या फिर नाखूनों के नीचे की त्वचा क्यूटिकल में हों, न करें।
- यदि आसपास की त्वचा लाल हो जाये या उसमें दर्द होने लगे तो घर पर की जाने वाली चिकित्सा रोक दें।
- ज्यादातर मस्से तब तक हानिकारक नहीं होते जब तक कि उनमें से रक्त ना निकले या उनमें किसी प्रकार का इन्फैक्शन न हो जाए।

संबंधित विषय

* वायरस

एक विशेष प्रकार के वायरस द्वारा त्वचा की बढ़ोतरी मस्से का रूप धारण कर लेती है। मस्से चाहे विभिन्न प्रकार के दिखाई दें परंतु एक ही वायरस उनका मूल कारण होता है।

मस्से सीधे संपर्क में आने से या फिर खुजलाने से फैलते हैं। पैर के तलुओं में मस्से वाला व्यक्ति यदि नंगे पैर चले और उसी मार्ग पर दूसरा स्वस्थ व्यक्ति भी चले तो पीछे वाले व्यक्ति को भी मस्से हो जाएंगे।

लगभग 67 प्रतिशत बच्चों में यदि मस्से हो भी जायें तो दो तीन वर्षों में स्वयं ही ठीक हो जाते हैं। 95 प्रतिशत मस्से 10 वर्ष के भीतर ठीक हो जाते हैं। फिर भी कुछ मस्सों में चिकित्सा की आवश्यकता पड़ती है। पैरों के तलुओं में होने वाले मस्से में दर्द की वजह से चिकित्सा की जरूरत पड़ती है। नाखूनों के नीचे होने वाले मस्सों की चिकित्सा न की जाए तो नाखून हमेशा के लिए विकृत हो सकता है। आँखों व पलकों में होने वाले मस्सों की सौंदर्यवश चिकित्सा करनी पड़ती है। अन्य मस्से जिनसे किसी प्रकार की परेशानी जैसे कि रक्तस्राव या मस्सों में इन्फैक्शन न हो तो चिकित्सा की आवश्यकता नहीं होती।

लक्षण एवं चिन्ह

आमतौर पर पाया जाने वाला मस्सा, खुरदरा, त्वचा से ऊपर उठा 3 से 25 मिली मीटर आकार का त्वचा पर कहीं भी हो सकता है। तरूणों में पाये जाने वाला मस्सा छोटा, चिकना व गुलाबी रंग का अक्सर हाथों पर होता है। पैरों के तलुओं में होने वाले मस्से प्लांटर वार्ट्स के नाम से जाने जाते हैं और इनके आसपास का भाग कड़ा हो जाता है।

चिकित्सा

अक्सर एसिडपोडोफाइलिन, इलैक्ट्रिक कॉट्राइजेशन (जलाना), शल्य चिकित्सा (क्यूरेटिंग), लिक्विड्नाइट्रोजन, सौलिड कार्बनडाइऑक्साइड या फिनोल द्वारा चिकित्सा की जाती है।

होम्योपैथिक चिकित्सा

थूजा एक अच्छी दवा है पर इसे डॉक्टरी राय पर ही दें, अन्यथा इसका सेवन हानिकारक है। *थूजा* 6 से 30 हफ्ते में दो बार देकर एक हफ्ते तक न दें। फिर दुबारा एक हफ्ते तक दें। इसके अतिरिक्त *एंटिमक्रूड*, *रूटा* भी दी जाती है। *थूजा टिंक्चर* सीधा ही मस्सों पर लगाना चाहिए।

रक्तस्राव पर मस्सों को धोना–*नाइट्रिक एसिड*

ऐसे मस्से जिनकी जड़ मुलायम, परंतु शिखर कठोर हो–*कास्टिकम*

–:::::::–

नाखूनों की अंतः वृद्धि (Ingrowing Toenails)

तुरंत जानकारी के लिए

लक्षण

- अंगूठे के नाखून के बाहरी भाग में सूजन लाली व दर्द
- संक्रमित भाग से पतले पानी की भाँति पीब का रिसना
- नाखून के बाहर लाल परत जमना

घर पर चिकित्सा

- गर्म पानी में पैर को डुबोयें
- फिर यदि संभव हो तो सावधानी पूर्वक बढ़े नाखून को काट दें।

सावधानियां

- ध्यान रखें कि बच्चों को हमेशा पैर में फिट जूते ही पहनायें बहुत सख्त व आगे से नुकीले जूते न पहनायें।
- बच्चे के नाखून सही तरीके से काटें।

नाखूनों को ठीक प्रकार से काटने पर इस समस्या से बचा जा सकता है।

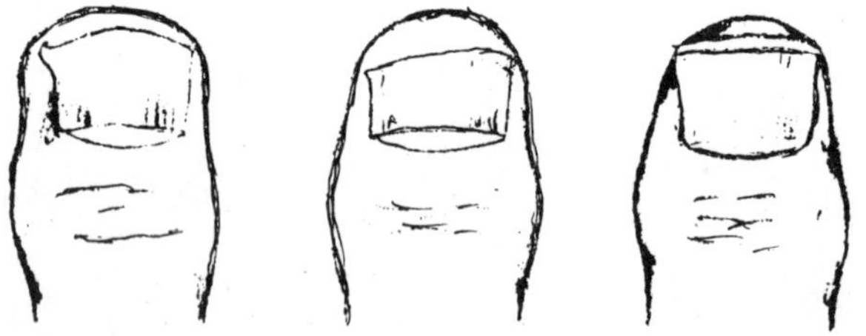

इन्ग्रोटोनेल गलत तरीके से काटना सही तरीके से काटना

कभी-कभी पैरों के अँगूठे के नाखून, नाखूनों के आसपास की त्वचा को छेदते हुए अँगूठे के अंदर घुस जाते हैं। एक बार त्वचा के छिदने पर वहाँ इन्फैक्शन हो जाता है। इस संक्रमण के कारण अँगूठा सूज जाता है और उसकी वजह से नाखून अँगूठे में और भी अंदर घुस जाता है। इस अवस्था को 'इन्ग्रोन टोनेल' कहा जाता है और यह तब तक ठीक नहीं हो सकता है जब तक कि नाखून अँगूठे में धंसा रहे।

शुरू में घाव बनने का कारण पैरों में सख्त जूते या अँगूठे में चोट लगना होता है या फिर नाखून काटते वक्त उसका सिरा ठीक प्रकार न काटा जाये तो नाखून बढ़ने पर वही सिरा अँगूठे के अंदर धँस जाता है।

अक्सर बच्चों में पैर का अँगूठा इस प्रकार संक्रमित होता है परंतु यह रोग किसी भी उंगली में हो सकता है।

लक्षण एवं चिन्ह

अँगूठा सूज कर लाल हो जाता है उसमें दर्द होता है। नाखून के नीचे पतले पानी की भाँति पीब भर जाती है। छूने में दर्द, लाली व सूजन लगातार बढ़ती रहती है और पूरे नाखून के किनारे में संक्रमण फैल जाता है।

चिकित्सा

यदि घर में आप इस समस्या से न निपट पायें तो डॉक्टर फंसा हुआ नाखून का टुकड़ा उस भाग को सुन्न कर बाहर निकाल देते हैं। यदि यह समस्या बार बार उभरे तब हल्की शल्य चिकित्सा कर नाखून का आकार छोटा कर दिया जाता है।

होम्योपैथिक चिकित्सा

कास्टिकम, ग्रेफाइट्स, मैग पोल आस्ट (साऊथपोल ऑफ मेगनेट), *नाईट्रिक एसिड, साइलीशिया* लक्षणों को देखते हुए प्रयोग की जाती है।

—:::::::—

आघात (Shock)

तुरंत जानकारी के लिए

आपात्तकालीन लक्षण

* तुरंत ही आपात्तकालीन चिकित्सा मिलनी आवश्यक है।

आपात्तकालीन चिकित्सा

❖ (1) जीवन रक्षा के लिए आवश्यक प्राथमिक चिकित्सा दी जानी चाहिए। बच्चे के रक्तस्राव को तुरंत रोकने का प्रयत्न करना चाहिए, शरीर के अंदर हवा पहुँचनी आवश्यक है।

❖ (2) तुरंत ही पुलिस या चिकित्सा व्यवसाय से संबंधित लोगों की मदद लेनी चाहिए।

❖ (3) बच्चे को सपाट सतह पर लिटा कर सिर को शेश शरीर से थोड़ा नीचे रखना चाहिए (यदि सिर पर चोट न लगी हो तो)।

❖ (4) सिर पर चोट लगी हो तो बच्चे को सपाट जगह पर सीधा लेटा देना चाहिए।

❖ (5) बच्चे को पानी अथवा भोजन नहीं देना चाहिए।

यदि आपको शक है कि बच्चे में शॉक की अवस्था पैदा हुई है तो बच्चे का सिर शरीर से थोड़ा नीचा रख लिटायें।

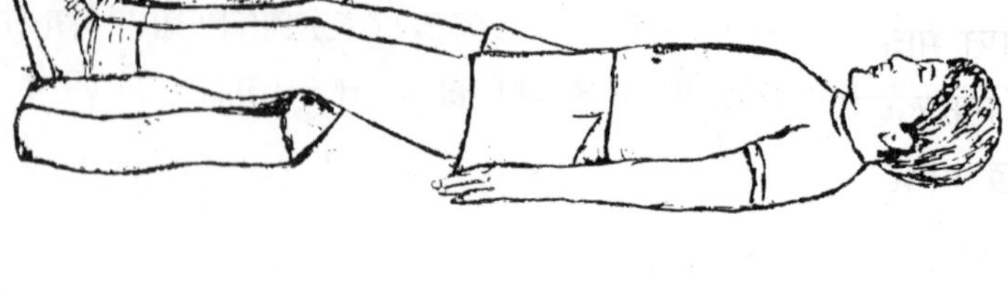

लक्षण

- ✤ कमजोरी
- ✤ बेहोशी
- ✤ तेज या मंद नब्ज
- ✤ शरीर का रंग पीला/फीका पड़ना
- ✤ नम ठंडी त्वचा
- ✤ ठंडा पसीना
- ✤ ठंड लगना
- ✤ मुँह का सूखना
- ✤ मितली
- ✤ तेज साँसें
- ✤ बेचैनी
- ✤ व्याकुलता

सावधानियां

- ◆ यदि प्रभावित बच्चे को तुरंत ही आपात्तकालीन चिकित्सा न मिले तो शॉक अत्यंत घातक सिद्ध होता है।

संबंधित विषय

* जलना
* दस्त
* फ्रैक्चर/हड्डी का टूटना
* कीड़ों का डंक मारना या काटना
* जहर फैलना
* उल्टियाँ

ब्लड्प्रैशर (रक्तचाप) अचानक ही बहुत कम हो जाये या रक्तपरिसंचलन संस्थान कार्य करना बंद कर दे, तब इस कारण शरीर के अंगों को पर्याप्त मात्रा में रक्त न मिलने पर 'शॉक' की अवस्था जन्म लेती है। यह एक खतरनाक अवस्था है–यदि शीघ्र ही चिकित्सा न मिले तो घातक सिद्ध होती है।

अक्सर शॉक तब होता है जब शरीर से काफी मात्रा में रक्त व जैवपदार्थ (बॉडी फ्लूइड्स) बाहर निकल जायें। रक्तनलिकाओं के फैल जाने पर यदि रक्त पूरे शरीर में दौरा न कर एक ही स्थान पर इकट्ठा हो जाये तब यह स्थिति पैदा होती है। भयंकर दुर्घटना होने अथवा चोट लगने, जल जाने व शरीर में जहर फैल जाने के कारण शॉक का खतरा रहता है। किसी भयंकर संक्रमण के पश्चात् घाव व हड्डी टूटने पर, रक्तस्राव (अत्यधिक व न रूक पाने के कारण), कीड़ों के डंक मारने पर (जिन लोगों में भयानक एलर्जी पैदा होती है), अत्यधिक उल्टियाँ या दस्त लगने पर, दिल का दौरा पड़ने पर या कुछ दवाओं के दुष्प्रभावों के कारण शॉक की स्थिति पैदा हो सकती है।

लक्षण एवं चिकित्सा

कमजोरी, बेहोशी, तीव्र या हल्की नब्ज, शरीर का पीला/सफेद पड़ना, त्वचा का नम व ठंडा होना, ठंडे पसीने छूटना, ठंड लगना, मुँह का सूखना, मितली, जल्दी जल्दी साँसें भरना, बैचेनी व व्याकुलता के लक्षण आदि 'शॉक' की स्थिति पैदा होने पर देखे जाते हैं।

चिकित्सा

ऐसे बच्चे को तुरंत अस्पताल में भर्ती कर रक्त अथवा बॉडी फ्लूइड्स नस में सूई द्वारा पहुंचाने आवश्यक होते हैं।

होम्योपैथिक चिकित्सा

चोट के कारण शॉक – *एकोनाइट, आर्निका, हाइपेरिकम, लेकेसिस, ओपियम, स्टैफ*

भावनात्मक चोट – *इग्नेशिया, एसिड फॉस*

—:::::::—

कीड़े मकोड़ों का काटना व डंक मारना (Insects Bites and Stings)

तुरंत जानकारी के लिए

आपात्तकालीन लक्षण

* एलर्जी
* छपाकी/पित्ती

आपात्तकालीन चिकित्सा

* एलर्जी पैदा होने पर बच्चे को तुरंत नजदीक के अस्पताल ले जायें।

लक्षण

* सूजन
* खुजली
* घाव में डंक नजर आना (मधुमक्खी के काटने पर)
* कमजोरी व साँस लेने में परेशानी (टिक्स के काटने पर)

घर पर चिकित्सा

* बर्फ लगाकर सूजन कम करें।
* खुजली दूर करने के लिए केलेमाइन लोशन लगायें।
* सूजन व खुजली दूर करने के लिए कोई दवा दें।
* टिक यदि त्वचा पर चिपकी रहे तो माचिस की जलती तिली को बुझाकर टिक के ऊपर छुआ दें।

सावधानियां

- बच्चे का पूरा शरीर ढकने वाले वस्त्र पहनायें व कीड़े दूर भगाने वाली क्रीम का इस्तेमाल करें।
- मच्छरों से बचाव के लिए मच्छर दानी का भी प्रयोग कर सकते हैं।
- घर के आसपास गंदगी के स्थानों को साफ रखें। घर मे मकड़ियों के जाले न लगने दें।

संबंधित विषय

* दमा
* एनसिफलाइटिस
* छपाकी
* इम्पीटिगो

कीड़ों के काटने व डंक मारने के कारण अक्सर बच्चों में थोड़ी बहुत तकलीफ हो सकती है। आमतौर पर कीड़े के काटने के स्थान पर बच्चे द्वारा खुजाए जाने पर इंपीटिगो हो सकता है।

कीड़ों के काटने पर कई तरह की बीमारियां हो सकती है। जैसे कि वायरल एपसिफलाइटिस मच्छरों के काटने पर फैलता है। पिस्सू प्लेग फैलाते हैं।

कुछ व्यक्तियों में मधुमक्खियों, ततैयों व बर्रों के काटने पर डंक के कारण भयंकर एलर्जी पैदा हो जाती है। सारे शरीर में छपाकी, दमा व रक्त के दौरे में रूकावट पैदा हो सकती है जिस कारण मृत्यु भी हो सकती है।

कुछ बच्चों में मच्छरों, मक्खियों व जूँओं से भी एलर्जी पैदा हो सकती हैं पर यह डंक के कारण पैदा हुई एलर्जी से कम गंभीर होती है।

लक्षण एवं चिन्ह

उड़ने वाले कीड़े शरीर के खुले स्थानों पर काटते हैं। रेंगने वाले कीड़े कहीं भी काट सकते हैं। खटमल तीन से पांच जगह सीधी पंक्ति में 2 से 4 से॰मी॰ की दूरी पर काटते हैं। मधुमक्खी काटे गये स्थान पर अपना डंक छोड़ देती है। टिक (किलनी) काफी समय तक त्वचा से चिपकी रहती है और खून चूस कर फूली हुई छोटी सी किशमिश की भाँति प्रतीत होती है।

चिकित्सा

एलर्जी कम करने की दवाएँ दी जाती हैं।

होम्योपैथिक चिकित्सा

किसी भी कीड़े ने काटा हो हाइपेरिकम टिंक्चर लगायें। यदि सूजन रहे तो कुछ समय तक *हाइपेरिकम टिंक्चर* से भीगी पट्टी उस पर रख दें जब तक कि सूजन कम न हो।

जलन, खुजली, त्वचा में सूजन व लाली, ठंडे पानी से आराम किसी भी प्रकार की भयंकर एलर्जी चाहे वह कीड़े के काटने से या डंक मारने से हो या किसी भोज्य पदार्थों अथवा पैंसलीन दवा से हो आपात्तकालीन चिकित्सा का इंतजार करने तक *एपिस* दवा की खुराक देते हैं।

स्नायु (नर्व) के रास्ते में कीड़े ने काटा हो, भयंकर तेज दर्द–*हाइपेरिकम*

भाग नीला पड़ जाये। लीडम, स्टैफ, थूजा भी दी जा सकती है–*लेकेसिस*

लीडम सेप्टिक से भी बचाव करता है।

—:::::::—

विषाक्ता (Poisoning)

तुरंत जानकारी के लिए

आपात्तकालीन लक्षण

* तुरंत ही आपात्तकालीन चिकित्सा दें।

आपात्तकालीन चिकित्सा

- तुरंत ही पता लगायें कि बच्चे ने कौन सा विष, कितनी मात्रा में कब लिया है?
- तुरंत डॉक्टर को बुलायें।

लक्षण

- विष के ऊपर निर्भर करता है कि लक्षण क्या होंगे?
- साँस का तेज चलना
- कानों में आवाजें सुनाई पड़ना
- मितली आना
- अत्यधिक उत्तेजना
- होंठ, मुँह व जीभ में जले के से निशान पड़ना
- बेहोशी
- पेट में दर्द
- उल्टियाँ
- रक्त मिश्रित उल्टियाँ

सावधानियां

- हमेशा डॉक्टर व निकट के अस्पताल के फोन न॰ पास में रखें ताकि जरूरत पड़ने पर ढूंढने में समय व्यर्थ न हो।
- सभी विषैले पदार्थ बच्चे की पहुंच से दूर रखें। ऐसे पदार्थ हो सके तो ताले में बंद रखने चाहिए।
- खतरनाक पदार्थ उन्हीं डिब्बों में रखने चाहिए जिन में वे पैक किये गये हों।

- कभी भी दवा बगैर नाम के किसी बर्तन में नहीं रखनी चाहिए।
- ध्यान रखें कि आपका बच्चा किसी दूसरे घर में जाकर विषैली पदार्थ के सम्पर्क में न आये।
- ध्यान रहे कि चिकित्सा इस बात पर निर्भर करती है कि कौन सा विष बच्चे के अंदर गया है। कुछ विष ऐसे है जिनमें उल्टी होने पर बच्चे की दशा बिगड़ सकती है।
- बच्चा पूरी तरह से होश में न हो तो उसे उल्टी करवाने की कोशिश न करें।

कोई भी पदार्थ ज्यादा मात्रा में ले लिया जाये चाहे वह पानी ही क्यों न हो, विष का सा प्रभाव डालता है। पर कुछ पदार्थ थोड़ी मात्रा में ही जानबूझ कर या दुर्घटना वश निगले जायें तो वह शरीर को हानि पहुँचाते हैं। एक वर्ष से 5 वर्ष तक की आयु के बच्चों में साबुन, कपड़े धोने के डिटर्जेन्ट, क्लीनजर्स, ब्लीचर्स, विटामिन्स, आयरन टॉनिक, कीड़े मारने की दवायें (इन्सैक्टीसाइड्स) पॉलिश, हार्मोंस या नींद की दवाओं द्वारा शरीर में जहर फैलता है। पेट्रोल, मिट्टी का तेल, तेजाब, एल्कली, कपड़ों को सुरक्षित रखने वाली नेफ्थलीन की गोलियाँ व कपूर थोड़ी मात्रा में भी अत्यंत हानिकारक होते हैं।

लक्षण एवं चिन्ह

कौन सा विष बच्चों ने पिया या खाया है इस तथ्य को मद्देनजर रखकर निदान किया जाता है। यदि एसिड्स (तेजाब) या एल्कली पी गई हो तो होठों, मुँह व जीभ में जले के से फफोले पड़ जाते हैं। अत्यधिक आयरन टॉनिक पिया हो तो पेट में दर्द, उल्टियाँ व कई बार खून की उल्टियाँ व बेहोशी के लक्षण होते हैं।

चिकित्सा

पहले ट्यूब डालकर आमाशय की सफाई की जाती है। चिकित्सा इस बात पर निर्भर करती है कि बच्चे ने कौन सा विष खाया अथवा पिया है।

वस्तु निगलना (Swallowing of Objects)

तुरंत जानकारी के लिए

आपात्तकालीन लक्षण

* दम घुटना
* न तो साँस ले पाना और न ही चिल्ला पाना

आपात्तकालीन चिकित्सा

* तुरंत ही डॉक्टर को या एम्बुलेंस बुलायें।

लक्षण

* गले व छाती में दर्द
* निगलने मे कठिनाई
* पेट में दर्द
* उल्टियाँ

घर पर चिकित्सा

* यदि बच्चे ने छोटी व मुलायम सतह वाली वस्तु निगली है तो वह स्वयं ही बिना किसी चिकित्सा के मल के साथ बाहर निकल जाती है, इसलिए जब तक वस्तु न निकले तब तक बच्चे के मल की जाँच करते रहिये।
* यदि एक हफ्ते तक निगली गई वस्तु बाहर न निकले तो डॉक्टर को बताइये।

सावधानियां

- बच्चे को कोई भी लेक्जेटिव या मल निकालने वाली वस्तु न दें।
- भोजन नाल में अटकी वस्तु को शीघ्र ही निकालना आवश्यक होता है।
- यदि वस्तु निगले हुए हफ्ता बीत गया है परंतु वस्तु मल में नहीं निकली हो तो डॉक्टर को बतायें।

संबंधित विषय

* दम घुटना (चोकिंग)

लगभग 95 प्रतिशत से ऊपर बच्चे, छोटे सिक्के के आकार की वस्तुएं यदि निगल भी लेते हैं तो वह बच्चे के मल द्वारा शरीर को बिना हानि पहुँचाये शरीर से बाहर निकल आती हैं। जबकि बड़े आकार की वस्तुएं भोजन नली (इसोफेगस) में ही फंस जाती है। नुकीली वस्तुएं (पिन, सुई, हड्डी, माचिस की तिली, कांच के टुकड़े अथवा नाखून) टॉन्सिल्स, गले अथवा भोजन नली में फंस सकती है। दाँत खुरचने वाले टूथपिक इत्यादि आमाशय में ही फँस जाते हैं तब उन्हें शल्य चिकित्सा द्वारा ही बाहर निकाला जाता है।

लक्षण एवं चिन्ह

यह इस बात पर निर्भर करता है कि वस्तु कहां फँसी है इससे दम घुटना, गले अथवा छाती में दर्द या परेशानी और निगलने में कठिनाई हो सकती है। जैसे ही बाहरी वस्तु आमाशय में पहुंच जाये तो कोई लक्षण नहीं होते बशर्ते कि वस्तु भोजन नली में न फँसी हो। तब पेट में दर्द, उल्टियाँ व बुखार हो सकता है। यदि बच्चे ने कोई धातु की वस्तु निगली हो तब एक्सरे जाँच द्वारा निगली गई वस्तु कहां है, पता लगाया जा सकता है परंतु लकड़ी, प्लास्टिक व कांच की वस्तु का पता नहीं लग सकता।

चिकित्सा

डॉक्टर बच्चे के गले की जाँच करते हैं। यदि वस्तु गले व भोजन नली में फँसी है तो शल्य औजार डालकर निकाला जाता है। कभी-कभी एक्सरे जाँच द्वारा अटकी हुई वस्तु का स्थान पता लगाया जाता है। तत्पश्चात यदि आमाशय में है तो कुछ हफ्तों तक इंतजार कर यदि वस्तु न निकले तो शल्य चिकित्सा द्वारा उसे निकाला जाता है। आंतों में अटकी वस्तु एक हफ्ते तक यदि मल के साथ बाहर न निकले तो शल्य चिकित्सा का सहारा लिया जाता है।

दम घुटना (Choking)

तुरंत जानकारी के लिए

* तुरंत ही आपात्तकालीन चिकित्सा की आवश्यकता पड़ती है।

ध्यान दें

- यदि पूरी तरह साँस का मार्ग बंद हो चुका है तो आपके पास चंद मिनट ही होते हैं जिसमें कि आप बच्चे को मौत से बचा सकते हैं।

लक्षण

- साँस न ले पाना
- चीख पाने अथवा बोल पाने में असमर्थता
- शरीर का नीला पड़ना

आपात्तकालीन चिकित्सा

- तुरंत ही एंबूलेंस या किसी भी गाड़ी द्वारा बच्चे को नजदीक के अस्पताल में ले जाएं।

अपनी गोद में बच्चे को उल्टा लिटायें; सिर व गर्दन को इस प्रकार एक हाथ से सहारा दें फिर जोर से पीठ पर चार मुक्के मारें।

❖ बच्चे को एक मिनट तक स्वयं खाँसनें दें ताकि फँसी वस्तु बाहर निकल जाये यदि सफलता न मिले तो :-

बच्चे को उल्टा लिटाकर उसके सिर को अपनी गोद में रखें। सिर व गर्दन को सहारा दें ताकि गर्दन की हड्डी पर चोट न लगे। फिर चार समय पीठ पर तेजी से मुक्के मारें।

❖ यदि फँसी वस्तु के बाहर निकलने पर भी बच्चा साँस न ले पा रहा है तो मुँह से मुँह मिलाकर कृत्रिम साँस दें।

सावधानियां

◆ उँगलियां या कोई वस्तु गले में डालकर फँसी वस्तु निकालने का प्रयत्न न करें।

◆ जब तक फँसी वस्तु बाहर न निकले तब तक मुँह से मुँह मिलाकर कृत्रिम साँस न दें।

◆ बच्चे की पीठ को थपथपाने से पहले सिर व गर्दन को सहारा दें।

◆ खिलौने के ढीले पड़े भाग, मोती और छोटी छोटी वस्तुएं जैसे पैसे के सिक्के इत्यादि बच्चे की पहुँच से दूर रखें ताकि ऐसी स्थिति उत्पन्न न हो।

◆ शिशुओं व छोटे बच्चों को मटर के दाने, पॉप कार्न्स या सख्त टॉफियाँ अथवा गोलियों जैसी वस्तुएं खाने को न दें।

◆ बच्चा उल्टियाँ कर रहा हो तो उसे सीधा न लिटाकर टेढ़ा अथवा उल्टा कर दें ताकि उल्टियों में निकले पदार्थ गले में न फँसे।

दम घुटना वास्तव में एक आपात्तकालीन स्थिति है। जिसमें चंद मिनट ही जीवन व मौत का फैसला कर देते हैं। किसी भी वस्तु को निगलना दम घुटने का एक गंभीर कारण होता है। निगली हुई वस्तु जब साँस द्वार पर अटक जाती है तब बच्चा साँस नहीं ले पाता। इस अवस्था को दो महत्त्वपूर्ण लक्षणों द्वारा पहचाना जा सकता है। बच्चा साँस के लिए तड़पता है और दूसरा वो न तो बोल पाता है और न ही रो सकता है।

यदि फँसी वस्तु न निकले तो धीरे-धीरे बच्चा नीला पड़ता जाता है, ऐंठ जाता है और बेहोश हो जाता है। यदि फँसी वस्तु श्वास नली को पूरी तरह बंद कर दे तो मस्तिष्क के पूरी तरह नष्ट होने/अथवा मृत्यु के बीच कुछ ही पल शेष रह जाते हैं।

कार्क के आकार की वस्तुएं अक्सर बच्चों के गले में फंस सकती हैं। आमतौर पर फँसने वाली वस्तुएं होती हैं – मटर या मुंगफली के दाने, गोलियां (टेबलैट्स), खिलौनों के छोटे-छोटे भाग व टूटी हुई आँखें या बटन, चूसने वाली सख्त गोलियां या टॉफियां इत्यादि। कभी-कभी उल्टी करते वक्त यदि बच्चा साँस ले ले तो उल्टी में निकाला गया सख्त भाग भी गले में फँस सकता है।

कई बार तेज खाँसी से भी बच्चे का दम घुट सकता है पर इसमें बच्चा साँस के लिए तड़पता है मगर साथ ही बोल या रो भी सकता है। इस तरह की खाँसी से दम घुटने की चिकित्सा को 'क्रूप' के अंतर्गत देखें।

लक्षण एवं चिन्ह

दम घुटने के केवल दो ही महत्त्वपूर्ण लक्षण हैं–

(1) साँस के लिए तड़पना

(2) ना रो सकता है और ही बोल पाता है

चिकित्सा

पूरी तरह साँस द्वार बंद हो जाने पर बच्चा डॉक्टर तक पहुँचा पाना भी मुश्किल होता है। अक्सर ऐसे बच्चों की अटकी वस्तु न निकल पाने पर उनकी तुरंत ही मृत्यु हो जाती है। कई बार ट्रेकियोटोमी (गर्दन से शल्य चिकित्सा) द्वारा साँस नली को खोलकर फँसी वस्तु निकाली जाती है। बच्चे को ऑक्सीजन, कृत्रिम श्वास व सुई द्वारा तरल पदार्थ (इंट्राविनस फ्लूइड) दिये जाते हैं।

—:::::::—

लू लगना [उष्माघात] (Heat Stroke)

तुरंत जानकारी के लिए

आपात्तकालीन लक्षण

* तुरंत ही आपात्तकालीन चिकित्सा की जानी चाहिए।

महत्त्वपूर्ण

- यदि चिकित्सा मिलने पर बच्चा तुरंत ही चंद मिनटों में पहली अवस्था में ना लौटे तो उसे आपात्तकालीन देखरेख की आवश्यकता होती है।

लक्षण

- उबकाई
- सूखी गर्म त्वचा
- साँस लेने में कठिनाई
- चक्कर आना
- मुँह सूखना
- तेज बुखार
- पसीने का न आना

आपात्तकालीन चिकित्सा

- तुरंत ही प्राथमिक चिकित्सा शुरू कर आपात्तकालीन चिकित्सा के लिए डॉक्टर के पास पहुँचें या डॉक्टर को बुलायें।
- बच्चे के कपड़े उतारकर उसे छायादार स्थान पर पैरों को सिर से थोड़ा ऊपर कर लिटायें।
- बच्चे के शरीर पर ठंडा पानी डालें, बर्फ रगड़ें व हवा करें, ताकि वाष्पोत्सर्जन हो।
- बच्चे को होश आने पर और शरीर का ताप सामान्य होने पर पानी या फलों का रस दें ताकि शरीर में पानी व लवणों की पूर्ति हो सके।
- बच्चों को निगरानी में रखें, यदि दुबारा पैदा हों तो पुनः चिकित्सा दें।

सावधानियां

- हीट स्ट्रोक घातक हो सकता है यदि बच्चे को तुरंत चिकित्सा न मिले।
- हीट स्ट्रोक अक्सर तेज गर्मी व नमी के बढ़ने पर होता है।
- एक बार ऊष्माघात होने पर एक हफ्ते के अंदर यदि श्रम वाला कार्य किया जाये तो पुनः उष्माघात होने की आशंका रहती है।
- हीटस्ट्रोक की संभावनाएं पानी की कमी, अत्यधिक पसीने के बाद, उल्टी व दस्त होने पर अधिक बढ़ जाती हैं।

संबंधित विषय

* शरीर में पानी की कमी
* आघात (शॉक)

लू लगने को ही 'हीटस्ट्रौक' अथवा उष्माघात के नाम से जाना जाता है। इसमें अचानक ही शरीर का ताप अनियंत्रित होकर बढ़ जाता है। उष्माघात तब होता है जब शरीर को अत्यधिक ताप सहना पड़ता है और पसीने की अत्यधिकता के कारण शरीर में हुई पानी की कमी को पूरा नहीं किया जाता। शरीर में पानी तत्व की कमी होने पर डीहाइड्रेशन के कारण रक्त की मात्रा कम हो जाती है।

इस स्थिति में शरीर को निर्णय करना पड़ता है कि रक्त की कम मात्रा अंदर के अंगों को दी जाये या त्वचा को, चूंकि अंदर के अंग ज्यादा महत्वपूर्ण हैं इसलिए रक्त उनको दे दिया जाता है। उसी समय शरीर से पसीना बाहर फेंकने की क्षमता भी क्षीण होती जाती है। अब इन दो कारणों से स्थिति गंभीर हो जाती है। एक तो शरीर में पसीना न बनने के कारण वाष्पोत्सर्जन की क्रिया में बाधा पड़ती है, इससे त्वचा शरीर को ठंडक नहीं पहुँचा पाती और दूसरा यह कि त्वचा को रक्त की मात्रा कम मिल रही होती है तो ज्यादा गर्मी त्वचा से ही बाहर निकलती है। त्वचा में रक्त की कम मात्रा पहुँचने व पसीना बाहर न निकाल पाना दोनों ही कारण मिलकर त्वचा का ताप बढ़ा देते हैं।

यदि इस अवस्था में जल्दी व भली प्रकार उचित चिकित्सा न की जाये तो मस्तिष्क का हमेशा के लिए नष्ट होना व मृत्यु भी हो सकती है। जब शरीर में रक्त की मात्रा कम हो जाये तो इसका अर्थ है कि शरीर में दौरे के लिए पूरा रक्त नहीं है। इस कारण व्यक्ति शॉक (आघात) की अवस्था में पहुँच जाता है। इसके साथ ही शरीर का ताप अधिक बढ़ जाने से रक्त में क्लॉट (थक्का) बनने की क्षमता भी कम होती जाती है, जिस कारण रक्तनालिकाओं से शरीर के अंगों में रक्तस्राव होने लगता है।

हीट स्ट्रोक गर्मियों के मौसम में किसी भी बच्चे अथवा एथलीट को अत्यधिक थकावट वाला कार्य करने पर हो सकता है। एक बार हीट स्ट्रोक होने पर यदि बच्चा एक हफ्ते के अंदर पुनः कोई श्रम वाला कार्य करे तो उसे दुबारा से स्ट्रोक होने की संभावनाएं रहती है। पानी की कमी, अत्यधिक पसीना, उल्टियाँ व दस्त, सभी शरीर में लू लगने की संभावनाओं को बढ़ाते हैं।

लक्षण एवं चिन्ह

उष्माघात के होने पर बच्चे का मुँह सूखता है, साँस लेने में तकलीफ होना, चक्कर आना, मितली व आँखों से धुँधला दिखाई देने के लक्षण होते हैं। हीटस्ट्रोक के मुख्य लक्षण हैं – अत्यंत गर्म त्वचा में सूखापन, तेज बुखार, पसीने का न होना जिस कारण बच्चा बेहोश हो जाता है।

चिकित्सा

शरीर में इंट्राविनस फ्लूइड दिये जाते हैं।

होम्योपैथिक चिकित्सा

चेहरा लाल, त्वचा गर्म व चमकीली प्रतीत होना, सिर में घूमेरी, माथे में धकधक करता सिर दर्द, कष्टदायक श्वास–*बैलाडोना*

सिर में फड़कने जैसा या फटता हुआ सिर दर्द, बुखार–*ग्लोनोइन*

चेहरा लाल एवं गर्म, नशा सा छाना, प्यास का अभाव, बुखार कंपकपी के साथ–*जेल्सीमियम*

अधिक प्यास, सिर में हथोड़े लगने जैसा दर्द, बुखार–*नेट्रमम्यूर*।

—:::::::—

इनसे घबरायें नहीं

हर परिवार अधूरा है जब तक उस परिवार में कोई बच्चा न हो। जब बच्चे का जन्म होता है तो खुशी के साथ साथ जुड़े कई प्रश्न भी दिमाग में उठते हैं और कई बार तो चिंता का विषय बन जाते हैं।

शुरू के कुछ दिन तो अस्पताल या नर्सिंग होम में बीत जाते हैं किन्तु जब आप बच्चे को लेकर घर आते हैं तो चिंता सताने लगती है, खासतौर पर उन माता पिता को जिनके घर में कोई बड़ा-बूढ़ा न हो। घर में सास या माँ के होने पर नई माँ यह जान सकती है कि बच्चे को सीधा कैसे पकड़ें, दूध पिलाने के बाद बच्चे को डकार कैसे दिलवायें, बच्चे को कैसे नहलायें, उसकी नाभि कैसे साफ करें इत्यादि।

तो चलिये कुछ आमतौर पर होने वाली चिंताओं व उनके निवारण के बारे में जानें जो कि बच्चे की देखभाल का एक महत्त्वपूर्ण अंग होता है।

किटाणु – अक्सर डॉक्टर इस बात के लिए मना करते हैं कि बच्चे के जन्म के पहले तीन हफ्तों में बच्चे को बहुत सारे लोगों के सम्पर्क से बचायें, जानते हैं क्यों? क्योंकि इसी समय माँ व बच्चे को इन्फैक्शन ज्यादा होने की संभावनाएँ बनी रहती हैं। सभी मेहमान व रिश्तेदार पास पड़ोसी व उनके बच्चे, नये बच्चे को देखने आते हैं और यदि आप सावधानी नहीं बरतेगें तो बच्चे व माँ दोनों को ही किसी भी व्यक्ति से इन्फैक्शन होने का डर रहता है।

आँखें – नवजात शिशु तेज रोशनी बर्दाश्त नहीं कर पाता इसलिए उस कमरे में हल्के प्रकाश का प्रबंध करें। प्रतिदिन साफ रूई के गीले फोये से हल्के हाथों द्वारा बच्चे की आँखें पोछें, ध्यान रहे कि फोये से रगड़े नहीं।

कान – यदि तेज आवाज जो आपको अच्छी नहीं लग रही हो तो बच्चे

को भी अच्छी नहीं लगती। ध्यान रहे कि बच्चे को नहलाते वक्त उसके कान में पानी न जाये और यदि बच्चे के कान साफ करने हों तो छोटा सा रूई का फोया बना हल्के से कान साफ करने चाहिए अन्यथा कान में चोट लगने का भय रहता है।

सिर की मुलायम जगह–इसे मेडिकल भाषा में 'एंटीरियर फोंटेनेल' के नाम से जाना जाता है। यह वह जगह होती है जहाँ सिर की हड्डी मिली नहीं होती, ध्यान से देखने पर यह जगह फड़कती हुई नजर आती है, इससे माता पिता घबरा जाते हैं। पर इसमें डरने की कोई बात नहीं। सिर के इस भाग पर त्वचा की मोटी 'कनवस' की भाँति परत होती है जो अंदर के भागों की रक्षा करती है। धीरे-धीरे यह जगह हड्डी के जुड़ने पर ओझल हो जाती है।

त्वचा – कुछ एक बच्चों में जन्म के एक दो दिन पश्चात त्वचा का रंग पीला नज़र आता है। यह 'फिजियोलोजिकल जांडिस' के नाम से जाना जाता है। परंतु हफ्ते भर बाद धीरे-धीरे त्वचा का रंग सामान्य होने लगता है।

बच्चे की त्वचा सूखकर कई बार झड़ने लगती है ऐसे में समय-समय पर तेल लगायें।

लंगोट या कच्छे हमेशा सूखे हुए इस्तेमाल करें उस स्थान की त्वचा को साफ व सूखा रखें अन्यथा डायपर रैश होने का डर रहता है।

नाभि – नाभि की जगह पर निकली काली भद्दी-सी ट्यूब दो हफ्ते के समय में स्वयं ही सूख कर झड़ जाती है। हमेशा ध्यान रखें कि इसे सूखा रखा जाए अन्यथा इन्फैक्शन हो सकता है।

नाखून – बच्चे अक्सर लंबे व मुलायम नाखूनों के साथ जन्म लेते हैं। जन्म के दो दिन पश्चात जब बच्चा सोया हो तो सावधानी से इन्हें काट दें। बच्चा जब उठा हो तब नाखून काटते वक्त उसकी हलचल से उसे चोट लग सकती है।

पेट व पाखाना–बच्चा यदि 5 या इससे भी ज्यादा बार प्रतिदिन पाखाना करे तो यह सामान्य है, इनमें घबराना नहीं चाहिए। इसीलिए तो जन्म से पहले ही बच्चे के लिए दर्जनों नेपीज़/लंगोट तैयार किये जाते हैं। कुछ बच्चे दिन में एक ही बार पाखाना करते हैं और कुछ दो दिन में एक बार करते हैं इसमें घबराने की कोई बात नहीं। पाखाने का रंग शुरू के कुछ दिनों तक हरा, काला और फिर चटक पीला होता है। मां का दूध पीने वाले बच्चे अक्सर पहले दस्त की भाँति पाखाना करते हैं।

फेफड़े व साँस–बच्चे बड़ों की अपेक्षा जल्दी जल्दी साँस लेते हैं। कई बार साँस में घर्र घर्र की आवाज भी सुनाई देती है। पर इससे घबराना नहीं चाहिए, यह भी समान्य अवस्था होती है।

यदि बच्चा 20 सेकेंड या उससे ज्यादा समय के लिए साँस लेना बंद कर दे और नीला पड़ जाये तो तुरंत आपात्तकालीन चिकित्सा के लिए जाना चाहिए।

बच्चे का रोना–छोटा नवजात शिशु थोड़ी-थोड़ी देर में रोने लगता है। यह उसकी भूख का लक्षण है। शुरू में कई बार माँ को पर्याप्त मात्रा में दूध नहीं आता या वह ठीक प्रकार से बच्चे को दूध नहीं पिला पाती तो बच्चा भूख के कारण रोने लगता है। इतने छोटे बच्चे का समय ना बाँधें कि तीन घंटे बाद ही उसे दूध पिलायेंगे, थोड़ी-थोड़ी देर में बच्चे को दूध पिला सकते हैं और हाँ ध्यान रखें कि माँ अपना दूध ही बच्चे को पिलाये। पेट भरने के बाद भी बच्चा रोता हो तो उसका बिस्तर व कपड़े भली प्रकार से देख लें कि कहीं उसे कुछ चुभ तो नहीं रहा। इसलिए बच्चे को हल्के मुलायम कपड़े पहनाने चाहिए। जहाँ तक हो सके सूती कपड़े पहनाने चाहिए। उनमें बटन इत्यादि अधिक न लगे हों, इस का भी ध्यान रखें।

यदि आप इन थोड़ी बहुत बातों को ध्यान में रखेंगे तो ना तो बच्चा ही परेशान होगा और न ही आपही।

आपका बढ़ता हुआ बच्चा— इस पर नज़र रखिये

प्री स्कूल अथवा बच्चे के स्कूल में प्रवेश से पहले के वर्ष बच्चे के विकास एवं बढ़ोत्तरी के प्रमुख वर्ष होते हैं। लड़कियों में 10 वर्ष व लड़कों में 12 वर्ष की उम्र से पहले नियमित रूप से लगातार शारीरिक विकास होता है एक बच्चे का औसतन वजन 3 से 3.5 कि॰ग्रा॰ प्रतिवर्ष बढ़ता है, साथ ही लम्बाई में भी 6 से॰मी॰ के लगभग प्रतिवर्ष वृद्धि होती रहती है। 5 से 12 वर्ष की आयु के बीच बच्चे के मस्तिष्क का आकार एक वयस्क के मस्तिष्क के आकार जितना बढ़ जाता है।

छठे वर्ष की आयु में प्रथम जाड़ 'मोलर' का पहला स्थायी दाँत निकलना आरंभ होता है। 7 वें वर्ष तक अधिकतर यह दाँत पूरी तरह निकल आते हैं। एक बार जब यह जाड़ें निकलनी आरम्भ हो जाती हैं तब बच्चे के अस्थायी 'दूध' के दाँत झड़ने शुरू हो जाते हैं। तत्पश्चात आनेवाले पाँच वर्षों में अस्थायी दाँतों के स्थान पर स्थायी, पंक्के दाँत 4 दाँत प्रतिवर्ष की उम्र के पश्चात ही निकलते हैं। स्कूल जाने के प्रारम्भिक वर्षों में तेज़ी से शारीरिक वृद्धि होती है। रीढ़ की हड्डी सीधी तन जाती हैं परंतु बच्चे का शरीर लचीला रहने के कारण शरीर की आकृति ऐसी नज़र आती है जो कि मातापिता व अध्यापकों के लिए चिंता का विषय बन जाती है। हल्के स्तर के घुटने जुड़ना (नॉकनी) व सपाट तलुवे (फ्लैट फुट) स्वयं ही 4-6 वर्ष की आयु तक ठीक हो जाते हैं।

बच्चे को खेलकूद दौड़ने-भागने व ऊँचाई में चढ़ने पर अत्यंत ही आनंद आता है और उसकी यह क्रियायें बढ़ जाती हैं।

लसिका ग्रंथियों व ऊतकों का विकास तेजी से बढ़ जाता है। इस उम्र के बच्चों में अक्सर टोंसिल्स व एडीनाइड्स निकलवाने की

सलाह भी दी जाती है जो कि गलत है क्योंकि इस उम्र में विकास के साथ साथ इनका बढ़ना भी देखा जाता है।

श्वसन संबंधी संक्रमण इस उम्र में बहुत अधिक होते हैं। एक वयस्क व शिशुओं की अपेक्षा बढ़ने वाले बच्चे में यह संक्रमण अधिक देखने को मिलते हैं। स्कूल जाने वाले बच्चे में श्वसन संक्रमण प्रतिवर्ष छः से सात बार बच्चे को प्रभावित करते हैं। इसमें चिंता का कोई कारण नहीं, इसे सामान्य ही समझा जाना चाहिए।

इसी समय बच्चे का मानसिक विकास भी तेजी से होता है। समझने व समझाने की क्रियायें बढ़ती हैं। चित्रों को देखकर बच्चे समझने व व्याख्या करने की क्षमता रखते हैं और इस क्षमता का लगातार विकास होता रहता है।

बच्चे का अधिक समय घर की अपेक्षा स्कूल मे बीतने के कारण बच्चा आत्मनिर्भर बनने की कोशिश करता है। बढ़ता हुआ बच्चा उद्देश्यों व व्यावहारिक प्रमाणों की पूर्ति के लिए घर से बाहर की तरफ अपना दृष्टिकोण बढ़ाता है ओर इस कारण उसके व्यवहार में परिवर्तन माता पिता के लिए चिंता का विषय बन जाता है। घर से बाहर की परिस्थितियों में बच्चा ठीक प्रकार से समझौता कर पाये इसके लिए माता पिता को बच्चे के प्रति प्यार भरा रवैया अपनाना चाहिए और बच्चे की स्थिति परिवर्तनों पर पूरी नज़र रखनी चाहिए। ऐसा ध्यान रखने पर बच्चे के शारीरिक एवं मानसिक विकास संतुलन के काफी सहायता मिलती है।

इस उम्र में बच्चे में कर्त्तव्य पालन, जिम्मेदारी व वास्तविक सफलता का एहसास पैदा करना एक महत्त्वपूर्ण कार्य है और ऐसे में यदि बच्चा अपने माता पिता की उम्मीदों पर खरा न उतरे तो उनमें यानि अभिभावकों व बच्चे दोनों में ही परेशानी, निराशा व तनाव का माहौल पैदा हो जाता है और पहली बार जब बच्चे को असफलता का एहसास होता है तो वह तनाव, चिंता व दुश्मनी एवं विरोधी रवैये को अपना लेते हैं। समाज विरोधी व्यवहार को अपनाकर बच्चा अपनी पहचान बनाने की कोशिश करता है। अभिभावकों व अध्यापकों की थोड़ी चतुराई व समझदारी से बच्चे में पैदा होने वाली इस प्रकार की समस्याओं से निपटा जा सकता है।

—:::::::—

विटामिन बच्चों के शरीर के लिए क्यों जरूरी ?

विटामिन भोजन के जीवनदायी तत्त्व है। यह एक प्रकार के कार्बनिक यौगिक होते हैं जो कि विभिन्न सूक्ष्म मात्राओं में प्राकृतिक खाद्य पदार्थों में पाये जाते हैं और उनकी अंगों की सामान्य वृद्धि एवं स्वस्थ जीवन के लिए नितांत आवश्यकता होती है। अँगों को इन्हें बाहर से यानि वातावरर्ण से ही प्राप्त करना होताहै, क्योंकि सामान्य रूप से अंगों में इनके संश्लेषण की क्षमता नहीं होती है। किंतु कभी कभी अपनी आवश्यकता हेतु इनका निर्माण कर लेते हैं जैसे कि विटामिन 'डी' मनुष्य द्वारा प्रकाश की सहायता से संश्लेषित की जाती है।

विटामिन कम मात्रा में लेने पर ही प्रभावी होते हैं क्योंकि यह शक्ति प्रदान नहीं करते हैं पर शक्ति परिवर्तन हेतु तथा चयापचय (मेटाबोलिज्म) नियन्त्रण हेतु अनिवार्य होते हैं। विटामिन की कमी होने से अनेक प्रकार के रोग हो जाते हैं तथा चयापचय प्रक्रिया अवरूद्ध होती है, इससे शरीर की वृद्धि भी रूक जाती है। इन विटामिनों की कमी से जो रोग होते हैं एवं विटामिन किन लवणों से बनते हैं, इस आधार पर विटामिनों को भिन्न-भिन्न नाम दिये जाते हैं।

विटामिन 'ए' – इसकी केवल मनुष्यों व अन्य रीढ़ धारी जंतुओं को आवश्यकता होती है। यह विटामिन दृष्टि क्रियाशीलता के लिए ज़रूरी होता है। इसकी कमी से एपिथीलियल कोशिकाओं में क्षीणता आ जाती है तथा रात्रि अन्धता (नाइट् ब्लाइंडनैस) और नेत्र शुष्कता नामक रोग होते हैं। यह विटामिन मछली के यकृत (लीवर) तेल, दुग्ध, वसा, तथा हरी साग सब्जियों

में केरोटीन के रूप में पाया जाता है।

विटामिन 'बी' – यह विटामिन कई विटामिनों का समूह होता है जैसे कि विटामिन बी1, बी2,बी3, बी4, बी5, बी6, बी10, बी11, बी12, बी14, बी15, इत्यादि। यहाँ हम विटामिन बी12 की बात करते हैं क्योंकि यह शरीर के लिए अत्यंत ही आवश्यक विटामिन है। यह विटामिन लाल रूधिर कोशिकाओं की परिपक्वता तथा सामान्य तंत्रिकीय क्रियाओं के लिए अनिवार्य होता है।

इस विटामिन की कमी से परनीशियस एनिमिया नामक रोग होने की संभावना रहती है।

विटामिन 'सी' – यह विटामिन दाँत, हड्डी, मांसपेशियों की दीवारों में पाये जाने वाले कोशिका पदार्थ के लिए आवश्यक होता है। इसकी कमी से स्कर्वी नामक रोग होता है। यह ऊष्मा (ताप) से नष्ट हो जाता है।

विटामिन 'डी' – इनकी आवश्यकता विटामिन 'बी' की तरह मनुष्य व अन्य रीढ़ धारी जंतुओं को होती है। इसकी न्यूनता से बच्चों में रिकेट्स नामक रोग होता है। इस विटामिन की कमी से यह रोग इसलिए होता है क्योंकि इसका प्रभाव कैलशियम और फॉस्फेट के अवशोषण और निक्षेपण पर होता है। सामान्य रूप से कॉड लिवर ऑइल में यह सबसे अधिक पाया जाता है।

विटामिन 'के' – रक्त का थक्का (क्लॉट) बनाने हेतु यह विटामिन अनिवार्य होता है। इससे यकृत में प्रोथोंमबिन का निर्माण होता है, जिससे रक्त का थक्का बनता है। इसकी न्यूनता का रक्त प्रवाह पर प्रभाव पड़ता है। यह विटामिन रक्त स्राव को रोकने वाला होता है तथा यह पालक, बंदगोभी, फूलगोभी, टमाटर एवं सोयाबीन के तेल में पाया जाता है।

जीवन के लिए इन उपयोगी तत्त्वों यानि विटामिंस की आवश्यकता को नज़र अंदाज नहीं करना चाहिए। वैसे तो प्राकृतिक खाद्य पदार्थों से हमें यह विटामिन प्राप्त हो जाते हैं, बशर्ते की हम संतुलित भोजन लेते हों। पर यदि हमारे शरीर में इन विटामिनों की कमी हो जाए तो भिन्न-भिन्न प्रकार के रोग हो सकते हैं। इसलिए समय समय पर डॉक्टरी राय के अनुसार यदि आपके बच्चे के शरीर को इन विटामिनों की आवश्यकता पड़े तो दवाओं द्वारा इनकी पूर्ति की जानी चाहिए।

—:::::::—

स्वास्थ्य संबंधित आवश्यक जानकारी

इन्फैक्शन से बचाव के लिए — क्या करें! क्या नहीं !!

- साफ सफाई का पूर्णतया ध्यान रखें। खाना खाने से पहले, शौचालय जाने के पश्चात व पालतू जानवरों को पकड़ने के बाद अपने हाथ अवश्य धोयें। बच्चों को इसके लिए उत्साहित करें।
- जुकाम होने पर भी अपने हाथ बार-बार धोयें।
- माँस, मुर्ग़ी, अंडे या दूध का कच्चे रूप में इस्तेमाल न करें। माँस को पका कर व दूध को उबाल कर ही प्रयोग करें। भोजन को भी अच्छी तरह पका कर खायें ताकि सभी बैक्टीरिया नष्ट हो सकें।
- नुकीलें दाँतों वाले जन्तुओं जैसे कि चूहा, गिलहरी, बिल्ली, कुत्ते इत्यादि व खटमल तथा मच्छरों के सम्पर्क से बचें।
- झरनों व तालाब का पानी न पीयें। घर में भी पीने वाले पानी का इस्तेमाल करने से पहले पानी को उबाल या छान लें।
- अपनी उँगलियों को बार-बार मुँह अथवा आँखों में न डालें। इससे कीटाणुओं के फैलने की आशंका रहती है।
- हर बार बीमार पड़ने पर एंटीबायोटिक दवाओं का इस्तेमाल न करें। इससे शरीर की रोगों से लड़ने की क्षमता कम होती जाती है और शरीर दवा का आदी होता रहता है। इन्फैक्शन होने पर ली गई दवा फिर जीवाणुओं पर अपना असर नहीं दिखा पाती।
- समय-समय पर रोग प्रतिरोधक टीके अवश्य लगवा लेने चाहिए। इससे जानलेवा बीमारियों से रक्षा होती है।

- अपने खाने पीने के लिए अलग बर्तन ही इस्तेमाल करने चाहिए ताकि एक दूसरे के इन्फैक्शन से बचा जा सके।
- इन्फैक्शन के आम लक्षणों जैसे कि शरीर के तापमान का 100° फैरनहाइट से अधिक बढ़ना, पसीना व ठंड लगना तथा त्वचा पर इन्फैक्शन होने के कारण लाली व उस भाग का गर्म होना इत्यादि लक्षणों की पूरी जानकारी रखनी चाहिए।
- बीमार पड़ने पर डॉक्टर से सम्पर्क करने में देर नहीं करनी चाहिए क्योंकि कई घातक बीमारियों की शुरू में ही चिकित्सा करवा लेने पर बच्चों को बचाया जा सकता है।

हमेशा ध्यान रखें कि अच्छे स्वास्थ्य को बनायें रखने के लिए इन्फैक्शन से हर पल अपना बचाव करें व इन्फैक्शन होने पर तुरंत डॉक्टरी राय लें। इन्फैक्शन रोकने वाली एंटीबायोटिक दवाओं का प्रयोग अपनी इच्छा से न करें। इनका प्रयोग डॉक्टरी निर्देश के अनुसार पूरे समय तक करें।

—:::::::—

पोलियो व इसका उन्मूलन

बच्चे हमारे राष्ट्र का सुनहरा भविष्य है। परंतु यह भयानक बीमारी पोलिया कई बच्चों को अपनी चपेट में लेकर, स्थायी पक्षाघात कर हमेशा के लिए उन्हें अपाहिज बना देती है। दुर्भाग्यवश भारत में प्रतिवर्ष पोलियो के रोगियों की संख्या बढ़ती जा रही है। वर्ष 1993 में भारत में ही विश्व के 60 प्रतिशत पोलियों के रोगी सामने आये। राजधानी दिल्ली में जहाँ की जनसंख्या पूरे देश की मात्र एक प्रतिशत है वहां लगभग 10 प्रतिशत रोगी देखने को मिले। दिल्ली के सेंटीनल सेंटर स्थित पोलियो उपचार केन्द्र में प्रतिवर्ष लगभग 1500 से ऊपर ऐसे मामलें देखने को मिलते हैं जिनमें कि 25 प्रतिशत बच्चों को पोलियो की 3 नियमित खुराकें पहले ही पिलाई जा चुकी होती हैं।

नियमित पोलिया वैक्सीन पिलाने के बाद भी पोलियो के रोग का कारण यह है कि ओरल पोलियो वैक्सीन की क्षमता लगभग 70 प्रतिशत के आसपास रहती है। साथ ही अक्सर ऐसा भी होता है कि औषधि (वैक्सीन) को अस्पताल, डिस्पेंसरीज या नर्सिंग होम एवं स्वास्थ्य केन्द्रों तक लाने, ले जाने व रख रखाव के दौरान उचित तापक्रम न बनायें रखने पर वैक्सीन की गुणवत्ता पर नकारात्मक प्रभाव पड़ता है। परंतु बड़ी संख्या में पोलियो के लगातार आक्रमण का कारण है – समाज में उपस्थित पोलियो वायरस; जिसके प्रकोप से केवल वे बच्चे ही पीड़ित नहीं है जिनको कि पोलियो की दवा नहीं दी गई है बल्कि वे भी हैं जिन्हें कि पोलियो की दवा उचित समय पर मिल चुकी है।

पोलियो का रोग जानवरों को नहीं होता सिर्फ मनुष्य ही इससे पीड़ित होते हैं इसलिए समाज से पोलियो का उन्मूलन संभव है। पोलियो

पर नियंत्रण पाने व इसके वायरस से पूर्ण छुटकारा पाने के लिए क्या किया जाए, इससे पहले ये जानना अति आवश्यक है कि पोलियो वायरस का जीवन चक्र क्या है? यह कैसे फैलता व संक्रमण करता है?

पोलियोग्रस्त रोगी के शरीर से यह वायरस मल द्वारा बाहर निकलता है। पानी के साथ बहा देने पर यह नष्ट नहीं होता बल्कि कहीं पर पाइप लाइन में कुछ गड़बड़ी हो तो पीने वाले पानी तक पहुँच कर उसे भी दूषित कर देता है। उसी दूषित पानी के सहारे यह वायरस छोटे बच्चों की आँतों तक पहुँच जाते हैं। 3 वर्ष से छोटी आयु के बच्चों पर ही इनका संक्रमण होता है। बच्चों की आँत में पहुँच कर छः से आठ हफ्तों के अंदर ही यह अपना घर आँत में बना लेते हैं। वहीं से अपना भोजन लेते हैं व अपनी संख्या बढ़ाते जाते हें। बड़ी संख्या में वहीं पैदा होकर मल द्वारा बाहर निकलते रहते हैं और अपना जीवन चक्र पूरा करते रहते हैं । कुछ एक वायरस आँतों से बच्चे के रक्त में प्रवेश कर 'स्पाइनल कोर्ड' (मेरूदंड) तक पहुँच कर उसे नष्ट कर देते हैं। इसी वजह से लकवा पड़ता है और बच्चा हमेशा के लिए अपाहिज हो जाता है। 3 वर्ष से छोटे बच्चों की आँत ही वह असुरक्षित स्थान है जहाँ यह पोलियो वायरस शरण लेकर पलने लगते हैं।

बच्चे को जब ओरल पोलिया वैक्सीन दी जाती है तब उसके द्वारा दुर्बल पोलियो वायरस शरीर के अंदर पहुँचा दिये जाते हैं। यह वैक्सीन द्वारा पहुँचे वायरस भी आँत के अंदर जगह बनाकर बढ़ने लगते हैं। यह बीमारी पैदा करने में सक्षम नहीं होते परंतु बच्चे को पोलियो वायरस के संक्रमण से बचा लेते हैं। सामान्य तौर पर जब बच्चे को पोलियो की 3 खुराक पिलाई जाती है तो कुछ बच्चे पूर्ण रूप से सुरक्षित हो जाते हैं किंतु कुछ बच्चे लगभग 25 प्रतिशत असुरक्षित रहते हैं। यही असुरक्षित बच्चे पोलियो वायरस को पनाह दिए रहते हैं और समाज में यह बीमारी बरकरार रहती है।

इसलिए यदि हम समाज से पोलियो वायरस को हटाना चाहते हैं तो हमें कम समय के अंदर ही सभी सुरक्षित बच्चों से इस वायरस

को खत्म करना होगा। इस जानकारी के आधार पर यह निर्धारित किया गया कि सभी असुरक्षित उम्र के बच्चों का 'साइमलटेनियस मास इम्यूनाइज़ेशन' कर दिया जाए क्योंकि यह जानना बहुत मुश्किल है कि कौन से बच्चे किस वर्ग में है और किन का इम्यूनाइज़ेशन किया जाना चाहिए। इस एकमात्र तकनीक को 'पल्स इम्यूनाइज़ेशन' का नाम दिया गया। इस तकनीक का लेटिन अमेरिका के कई देशों में सफल प्रयोग किया गया।

इस तकनीक व अन्य देशों में इसके सफल प्रयोगों को देखते हुए भारत में इस प्रयोग के लिए दिल्ली प्रदेश को चुना गया क्योंकि आँकड़ों के अनुसार दिल्ली में ही पोलियो की बढ़ी दर पाई गयी। दिल्ली प्रदेश की सरकार ने पोलियो के लिए पल्स इम्यूनाइज़ेशन अक्टूबर व दिसम्बर मास के पहले रविवार को प्रतिवर्ष करने का फैसला किया। इसकी शुरूआत गांधी जयंती के दिन 2 अक्टूबर 1994 में कर दी गई थी।

पोलियो से बचाव के लिए अपने बच्चे को सही स्थान पर ले जाकर अवश्य पोलियो वैक्सीन दिलवायें।

—:::::::—

रोग प्रतिरोधक टीके – राष्ट्रीय टीकाकरण तालिका

किस के लिए	कब	क्या	कैसे
गर्भवती स्त्री	गर्भवस्था के दौरान (जल्द से जल्द)	टी.टी. 1	मांसपेशी में
	टी.टी. 1 के एक महीने बाद	टी.टी. 2 या बूस्टर	मांसपेशी में
शिशु (एक महीने से कम आयु के)	जन्म पर	बी.सी.जी.	त्वचा में
	$1\frac{1}{2}$ महीने	डी.पी.टी.1 ओ.पी.वी.1	डी.टी.पी. मांसपेशी में
	$2\frac{1}{2}$ महीने	डी.पी.टी. 2,	ओ.पी.वी.
			मुँह द्वारा (ओरल)
		ओ.पी.वी.2	
	$3\frac{1}{2}$ महीने	डी.पी.टी. 3,	
		ओ.पी.वी. 3	
बच्चे (एक वर्ष के ऊपर)	9 माह	मीजल्स (खसरा)	त्वचा स्तर के नीचे
	16-24 माह	डी.पी.टी. बूस्टर	मांसपेशी में
	16-24 माह	डी.पी.वी. बूस्टर	मुँह द्वारा
	5 वर्ष	डी.टी.	मांसपेशी में
	10 वर्ष	टी.टी.	मांसपेशी में
	16 वर्ष	टी.टी.	मांसपेशी में

मात्रा – सभी की 0.5 मि॰ली॰ सिर्फ बी॰सी॰जी॰ की 0.1 मि॰ली॰ और पोलियो वैक्सीन की 2 बूँदें।

पहले, दूसरे व तीसरे डी॰पी॰टी॰ व ओ॰पी॰वी॰ कम से कम एक माह के अंतराल पर दिये जाने चाहिए। पूरे लाभ के लिए पूरा वैक्सीन कोर्स ठीक उम्र पर व ठीक प्रकार से दिया जाना चाहिए। कंभी देर हो जाये तो दुबारा शुरू से टीकाकरण की जरूरत नहीं होती। बल्कि बचे हुए बाकि टीके समय पर देने चाहिए। बच्चे के पहले जन्मदिन से पहले ही सभी टीके उसे मिल जाने चाहिए।

गर्भवती स्त्री को टी॰टी॰ की पहली खुराक जल्द ही मिल जानी चाहिए। यदि पिछले तीन सालों में कभी भी टी॰टी॰ लगा हो तो उसे सिर्फ बूस्टर डोज़ की ही जरूरत होगी।

कुपोषण, हल्की खाँसी, जुखाम, बुखार या दस्त व छोटी मोटी बीमारियों के दौरान वैक्सीन देने से किसी प्रकार की कोई हानि नहीं होती। बच्चों में तेज बुखार या कोई भयंकर बीमारी होने पर बिना डॉक्टरी राय के वैक्सीन नहीं देना चाहिए। यदि किसी बच्चे को डी॰पी॰टी॰ वैक्सीन की पहली खुराक के पश्चात अतिरिक्त दुष्प्रभाव हुए हों तो दूसरी व तीसरी खुराक ना देकर सिर्फ डी॰टी॰ की एक ही खुराक देनी चाहिए। इस विषय पर डॉक्टर से राय लें।

प्रकृति ने जन्म के समय से ही बच्चे के शरीर को रोगों से लड़ने की अद्‌भुत शक्ति होती है और फिर माँ के दूध से भी बच्चे को यह शक्ति मिलती रहती है। लेकिन एक वर्ष से छोटी उम्र का बच्चा कई घातक बीमारियों जैसे कि टी॰बी॰, डिफ्थीरिया या पोलियो जैसी बीमारियों का शिकार हो सकता है। इन रोगों से बचाव के लिए बच्चे को टीके लगाये जाते हैं जो बच्चों के शरीर के अंदर इन रोगों के लिए रोग प्रतिरोधक शक्ति पैदा कर देते हैं।

चाहे आप समय पर अपने बच्चे को वैक्सीन की खुराक देते रहते हों लेकिन उसके बाद भी बच्चे के अंदर इन रोगों से लड़ने की शक्ति ना हो तो बच्चा इन बीमारियों का शिकार हो जायेगा। इसका कारण क्या होगा?

कारण यह हो सकता है कि बच्चे को जो वैक्सीन दी गई हो वह प्रभावशाली ही ना हो। इसके लिए ध्यान रखें कि सही स्थान जैसे कि अस्पताल, डिंस्पेंसरी या स्वास्थ्य केन्द्रों पर जाकर ही अपने बच्चे को टीके लगवायें।

वैक्सीन लगाने के बाद हल्का बुखार, जिस जगह पर इन्जैक्शन लगा हो थोड़ी सूजन व दर्द होना स्वाभाविक है। मीजल्स वैक्सीन के एक हफ्ते बाद कभी-कभी हल्के दाने त्वचा पर नज़र आ सकते हैं। बी॰सी॰जी॰ के बाद तीसरे या चौथे हफ्ते उस जगह पर छोटी सख्त फुंसी सी हो जाती है, जो अक्सर छूने में दर्द करती है। यह फुंसी छठें हफ्ते तक 6-10 मि॰मी॰ व्यास तक बढ़ सकती है। धीरे-धीरे इसके अंदर पीब (मवाद) भर जाती है और यह मुलायम हो जाती है। फिर 10-12 हफ्तों के अंदर एक निशान छोड़कर ये खत्म हो जाती है। इसके लिए इलाज की आवश्यकता नहीं होती। लेकिन कभी-कभी डी॰पी॰टी॰ वैक्सीन के बाद दौरे या बेहोशी की स्थिति भी हो सकती है, ऐसे में इस वैक्सीन की अगली खुराक न देकर सिर्फ डी॰टी॰ की एक ही खुराक देनी चाहिये।

यदि वैक्सीन लगाने वाली सूई ठीक प्रकार से स्ट्रलाइज़ड न की गई हो तो इन्जैक्शन वाले स्थान पर फोड़ा बन सकता है। इसलिए डिसपोजेबल नीडल व सिरिंज इस्तेमाल करें। यदि सूई की नोंक ठीक ना हो तो भी उस जगह पर दर्द हो सकता है। कई बार वैक्सीन के दुष्प्रभाव भी हो सकते हैं खासतौर पर मीजल्स वैक्सीन कई बार मृत्यु का कारण बन सकती है, यदि पूरी सावधानियां ना बरती जाएं।

हम सभी को इन वैक्सींस के प्रभाव, दुष्प्रभाव, रखने के तरीके लगाने के तरीकों को समझना चाहिए। कहीं पर भी थोड़ी सी असावधानी जानलेवा बन सकती है। जहां एक तरफ भयानक बीमारियों से बचने के लिए हम वैक्सीन्स लगवाते हैं वहीं दूसरी तरफ खराब हुए वैक्सीन या ठीक प्रकार न लगाने के कारण वही जान बचाने वाले वैक्सीन जान भी ले सकते हैं।

समाप्त